영상, 역사를 비추다

한국현대사 영상자료해제집 VIII

국립영화제작소 문화영화 해제집 2

영상, 역사를 비추다
한국현대사 영상자료해제집 VIII

국립영화제작소 문화영화 해제집 2

초판 1쇄 발행   2017년 5월 31일

엮은이 ㅣ 허 은
펴낸이 ㅣ 윤 관 백
펴낸곳 ㅣ 도서출판선인

등   록 ㅣ 제5-77호(1998.11.4)
주   소 ㅣ 서울시 마포구 마포대로 4다길 4 곳마루 B/D 1층
전   화 ㅣ 02)718-6252/6257
팩   스 ㅣ 02)718-6253
E-mail ㅣ sunin72@chol.com

정가 42,000원

ISBN   979-11-6068-101-7   94910
ISBN   979-11-6068-093-5   (세트)

"이 저서는 2011년 정부(교육과학기술부)의 재원으로 한국학중앙연구원의
지원을 받아 수행된 연구임(AKS-2011-EAB-3101)"

영상, 역사를 비추다
한국현대사 영상자료해제집 Ⅷ

국립영화제작소 문화영화 해제집 2

허 은 편

도서출판 선인

▌해제집을 펴내면서

한국현대사 영상자료해제집은 고려대 한국사연구소 역사영상융합연구팀이 2011년부터 3년에 걸쳐 진행한 '한국 근현대 영상자료 수집 및 DB구축' 프로젝트의 결과물 중 하나이다. 6년 전 30여 명으로 구성된 역사영상융합연구팀은 세 가지 목표를 가지고 토대연구를 추진했다.

첫째, 한국 근현대사 관련 기록 영상자료를 최대한 망라하는 영상물 데이터베이스(DB) 구축을 목표로 삼았다. 사업을 시작할 때까지 이는 국내의 어떤 기관도 수행하지 못한 일이었다. 프로젝트가 완수되면 국내외 한국 근현대사 관련 기록 영상자료의 정보가 최초로 종합·정리되고, 특히 해외에 산재된 상당분량의 영상물이 새롭게 발굴·정리될 것이라 기대했다.

둘째, 역사학, 언론정보, 영화문화를 전공한 연구자들이 결합하여 체계적인 해제를 수행하고 주요 영상을 선별하여 해제집을 발간하는 것을 과제로 삼았다. 역사연구와 영상연구가 결합된 해제가 수행되어야 향후 역사학 분야뿐만 아니라 각 분과학문 연구에도 유용하게 활용될 수 있는 깊이 있는 DB를 구축할 수 있다고 보았기 때문이다.

셋째, 훼손이나 소멸될 가능성이 높은 자료를 우선 수집하고, 수집된 자료를 체계적으로 보존하며 동시에 그 활용을 극대화 하는 방안을 강구하고자 했다. 사적으로 수집된 영상자료는 논외로 하더라도 공공기관에서 수집한 해외소재 영상물조차 '공공재'로서 접근성이나 활용도가 크게 떨어지는 경우가 많았다. 당연한 언급이지만, 연구자와 대중이 영상자료를 수월하게 활용할 수 있을 때 영상을 활용한 새로운 역사쓰기의 가능성이 크게 확장될 수 있다.

이상의 세 가지 목표를 가지고 진행한 연구는 한국학중앙연구원, 한국영상자료원 등과 협조하에 부족하나마 가시적인 성과를 이룰 수 있었다. 해외수집영상물의 안정적인 보존은 한국영상자료원이 맡아주었고, 영상자료의 접근성과 활용도를 극대화하기 위해 누리집(고려대학교 한국사연구소 '한국근현대 영상아카이브' http://kfilm.khistory.org)을 구축하여 수집한 기록영상물을 쉽게 접근하고 활용할 수 있도록 했다. 학문 융합적인 접근을 통해 체계적인 해제를 수행한다는 목표는 단계별 카탈로깅 진행과 한국 현대사 영상자료 해제집의 발간을 통하여, 일단락을 맺은 셈이다.

9권의 해제집은 크게 뉴스영화와 문화영화 해제로 구성되어 있다. 이 영상물들을 해제하는데 집중한 이유는 사료적 가치가 높음에도 불구하고, 역사학을 포함한 인문학 분야는 말할 것도 없고 한국영화사 연구 분야에서도 큰 주목을 받지 못했기 때문이다. 해제 범위는 8·15해방 이후부터 박정희 정권시기까지 대한민국 현대사와 관련된 영상자료로 한정했고, 다양한 역사적 사실들을 다루기 위해 연구팀이 소장하지 않은 영상자료에서도 선별하여 해제를 진행했다. 해외수집영상에 일제 강점기 영상도 일부 있으나, 해제집의 주안점은 한국현대사에 대한 이해를 높이는데 두었다. 움직이는 영상을 활자로 옮기는 작업은 영상미디어史를 쓰기 위한 불가결한 과정이지만, 활자화된 영상 정보가 다양한 해석의 가능성을 차단하지 않을까 우려된다. 이러한 우려를 최소화하기 위해 '한국근현대 영상아카이브' 누리집에서 가능한 한 많은 영상물을 시청할 수 있도록 했으니 함께 활용해 주기를 바란다.

토대연구의 완료가 예상보다 3년을 더 경과한 셈이니 늦어도 많이 늦었다고 할 수 있다. 역사—영상 연구의 기반을 마련한다는 원대한 목표를 갖고 진행한 토대연구는 일사천리로 진행될 수 없었다. 역사학 분야에서 영상 연구가 일천하여 두 번의 국제학술회의와 연구서 발간을 통하여 문제의식을 공유하고, 영상 독해력도 갖추어 가야했다. 여기에 홈페이지 구축과 해제집 발간까지 병행한 6년은 프로젝트팀에게는 짧기만 한 기간이었다.

영상 자료의 수집과 해제 과정은 많은 인내와 높은 집중력을 지속적으로 요구하는 작업이다. 하나의 영상을 사료로 만드는 과정은 영상과 관련된 문헌정보, 영상 속 시각·청각 정보 등을 종합적으로 정리할 때 가능하다. 연구의 정량적 평가에 시달리는 요즘, 지리하고 힘들뿐만 아니라 생색내기도 어려운 토대구축 연구를 같이 해준 전임연구원·공동연구원 선생님들과 녹취, 번역, 해제 집필 등 다양한 방식으로 참여한 모든 분들께 진심으로 감사를 드린다. 특히 각각 문화영화, 미국지역 수집영상물, 유럽지역 수집영상물의 최종 책임 편집을 맡아 정리하고, 각 해제집의 소개글을 작성해 주신 박선영, 양정심, 박희태 세 분께 다시 한번 감사드린다.

기초해제에서부터 최종 교정까지 대학원생들이 많은 수고를 해 주었다. 대학원 박사, 석사 지도학생들의 헌신적인 참여가 없었다면 이러한 규모의 토대연구는 엄두도 내지 못했을 것이다. 충분한 장학금을 주며 연구에 전념할 수 있는 여건을 마련해 줄 수 없는 현실에서 연구 프로젝트는 계륵과도 같은 존재이다. 특히 영상자료는 문헌사료가 중심인 역사학에서 연구외적 작업이 되기 십상이라 우려가 컸는데, 참여 대학원생들은 인내와 성실로 여러 난관을 끝까지 함께 극복해 주었다. 이주호, 금보운, 서홍석 세 명의 박사과정 학생들은 마지막까지 마무리 작업을 하느라 수고가 더 컸다.

이외에도 다 열거할 수 없을 정도로 많은 분들의 도움이 있었다. 영상자료 수집에서 조준형 팀장님을 비롯한 한국영상자료원의 도움이 컸으며, 연구 진행과 자료수집 그리고 해제에 공동연구원분들이 많은 힘을 실어주셨다. 일본 및 중국 현지에서 자료조사와 수집을 맡아 주었던 도쿄대의 정지혜, 남의영 연구원, 푸단대 순커즈 교수에게 감사드린다. 또한 사업기간 지원을 아끼지 않았으며, 해제집 발간도 인내심을 갖고 기다려 준 한국학중앙연구원에 감사의 뜻을 전하지 않을 수 없다. 끝으로 한국근현대 영상자료 해제집 발간을 흔쾌히 맡아주신 선인출판 윤관백 사장님과 편집교열에 수고해 주신 편집부 여러분께 감사드린다.

많은 분들의 헌신적인 참여와 도움으로 해제집을 발간할 수 있었지만, 새로운 시도에 따른 내용적 오류나 분석방법의 미숙함이 많이 눈에 띄리라 본다. 여러분들로부터 질정을 받으며 향후 지속적으로 수정, 보완해 나가도록 하겠다.

한국인뿐만 아니라 수많은 외국인들이 격동적으로 전개된 한국현대사를 영상으로 담았고, 그 결과 방대한 분량의 영상자료들이 전 세계 각국에 흩어져 한국현대사를 우리 앞에 펼쳐 보이고 있다. 이 해제집은 그중 일부를 다루었을 뿐이다. 여기서 거의 다루지 못한 북한과 구 공산진영 국가들에 흩어져 있는 영상들은 여러 연구자와 관계기관에 의해 수집·정리되고 있다. 남북한 각각의 역사가 아닌 20세기 한반도사 또는 한민족사를 위한 영상DB 구축이 머지않아 이루어지기를 고대한다.

21세기 초입에 우리는 개항, 식민지배, 분단과 전쟁, 산업화와 민주화 등 좌절과 희망의 20세기를 차분히 재성찰하며 냉전분단시대가 남긴 질곡과 유제를 극복·청산할 방향을 모색해야 한다. 한국현대사 영상자료 해제집이 20세기 냉전분단시대를 넘어서는 역사, 그리고 활자 미디어를 넘어서는 새로운 역사쓰기를 모색하는 이들에게 디딤돌이 된다면 이는 연구팀원 모두에게 큰 기쁨일 것이다.

2017년 5월
연구팀원을 대표하여
허은 씀

차 례

국립영화제작소 문화영화

초혼

제 명	초혼
영문제명	Invocation
출 처	초혼
제작국가	대한민국
제작년도	1965년
상영시간	20분 49초
제공언어	한국어, 영어
제 작	국립영화제작소
형 식	실사
컬 러	흑백
사운드	유

▎영상요약

이 영상은 우리나라 전설을 배경으로 한 무용극으로, 여성 주인공이 무당의 굿을 통해 죽은 연인의 혼을 불러내어 함께 시간을 보낸다. 혼이 돌아갈 시간이 되어 연인이 다시 저승으로 돌아가자 여성 주인공이 연인 무덤 옆에서 죽게 되는 내용을 담고 있다.

▎연구해제

우리나라에서 최초로 만들어진 "무용영화"로 평가된 〈초혼〉은 아시아영화제와 일본 주요도시(도쿄, 교토, 오사카 등)에서 개최된 '코리언 필림 페스티벌(한국영화예술제)'에 참가하기 위해 국립영화제작소에서 제작했다. 자막을 영어로 제작한 것은 이 때문이라 할 수 있다. 이 영화는 일본에서 열린 12회 아시아영화제에 참가했으며 USIS가 제작한 문화영화 〈한라산〉, 〈새일터〉와 국립영화제작소가 제작한 〈바닷가 사람들〉과 함께 출품된 비극영화 4편 중 한 편에 속했다. 양종해 감독은 이 영화로 비극(非劇)부문 최우수 감독상을 수상함으로써, 1964년 〈열반〉의 수상에 이어 2년 연속 수상의 영예를 누렸다. 원작 모윤숙, 촬영 허동학, 음악 정윤주, 안무와 주연을 고전무용가 강선영이 담당했으며, 그 외 송범, 최희선 등의 무용가와 황무봉 무용연구생이 출연했다.

〈초혼〉은 약혼자의 죽음을 슬퍼하던 한 여인이 그의 무덤가에 와서 애달픈 춤을 추다가 잠이 들자, 죽은 약혼자의 혼령이 꿈속에 나타난다. 사랑의 춤을 추며 함께 하던 혼령은 아침이 밝아오자 여인만 남겨두고 다시 떠난다는 내용의 무용극으로, 영화적 편집 및 특수효과를 사용하여 실제 로케이션에서 촬영했다.

감독 양종해는 "우리의 풍속과 생활, 그리고 민속적인 매력을 구미선진국에 전달하여 그쪽 시장을 개척하는데 문화영화 이상의 길은 없다"(동아, 1966.5.31)고 역설하면서 〈둑〉(제7회 아시아영화제 기획상), 〈열반〉(11회 아시아영화제 작품상), 〈초혼〉(12회 아시아영화제 최우수 감독상) 등의 문화영화로 해외 시장을 개척하고 우리나라 문화영화 수준을 국제적인 것으로 만들었다는 평가를 받았다.

이와 같이 제작된 〈초혼〉과 〈열반(한국의 불교)〉(1963) 등의 영화는 "해외대상의 한국 문화영화를 발전"시켰으며, "비교적 선전색을 뺀 문화영화"로 "해외에 배포 활용하여 호평"을 얻었다. 예를 들어 1966년 1월 재외공보관에 지원한 문화영화로는 〈열반〉, 〈초혼〉, 〈홍도〉, 〈속리산〉, 〈한국의 전통음악〉 등 9편 74벌과 한국을 소개하는 영화 〈This is Korea〉, 〈한국의 교육체계〉, 〈한국의 농업〉, 〈한국의 초대〉, 〈가족계획〉 등 9편 19벌이었다.

▋ 참고문헌

「第12回 아시아映畵祭」, 『동아일보』, 1965년 4월 20일.
「男優主演賞에 金振奎 아시아映畵祭서 또한 凱歌」, 『동아일보』, 1965년 5월 15일.
「6國이 競艶하는 銀幕의 온퍼레이드 第12回 아시아映畵祭」, 『동아일보』, 1965년 5월 8일.
문화공보부, 『문화공보 30년』, 고려서적주식회사, 1979.

▋ 화면묘사

00:01 자막 "This film is based on a Korean legend which expresses the woman's passionate love for her late sweetheart. The woman wanders at night, looking for the spirit of her dead love. Through the help of Mudang or witch-doctor, the sprit appears and the two get married, but the sprit is destined to return where it belongs before dawn, so the demon appear just before dawn to take the sprit away. The frustrated woman becomes unconscious and wanders in the mist again"

00:20 제목 자막 "招魂 invocation"

00:40 안개가 낀 산속이 비춰지고 이어 흰 소복을 입은 여성 무용수(무용가 강선영)이 등장하여 춤을 추기 시작함. 산속의 이곳 저곳을 옮겨 다니며 무용을 지속

03:55 산속에 고택이 보이고 이어 무용을 하다 쓰러지는 여성 무용수

04:23 멀리 떨어진 무덤을 보면서 기도와 무용을 하는 무용수. 연인의 환생을 천지신령에게 기원하는 노래가 배경음악임

06:36 여성 무용수가 고택의 대들보를 잡고 미끄러지듯 쓰러지자 검은 도포를 입고 하얀 부채를 든 무당이 나타나 굿판을 벌이는 곳으로 여성 무용수를 안내함

07:08 굿판에는 흰 옷을 입은 다른 무당들이 무리를 지어 모닥불을 중심으로 굿을 벌이고 있음. 기도를 하는 여성 무용수와 굿이 지속됨

09:28 굿이 끝나고 무당들은 모두 사라짐. 이후 여성 무용수가 멀리 무덤 근처를 보자 안개 사이로 여성 무용수의 연인 역을 맡은 남성 무용수(무용가 송범)이 등장. 주위에는 선녀 복장을 한 여성 20여 명이 남성을 둘러싸고 있음

11:14 해후를 하는 연인의 모습이 비춰짐. 함께 무용을 하는 장면이 보이고 배경음악으로는 "사랑가"가 들림

12:18 앞선 배경인 고택에서 함께 무용을 하는 연인

13:35 가마행렬이 보이고 이어 전통혼례복장을 한 남성 무용수와 여성 무용수가 안개가 낀 숲 사이로 비춰짐. 농악대 복장을 한 10여 명이 주위에서 무용을 하고 이어 주인공 연인도 함께 어울려 춤을 추기 시작

15:07 검은 탈을 쓴 인물들이 갑자기 등장하여 주인공 연인을 추격하고 이어 탈춤을 시작. 탈춤을 추는 무리 가운데서 갇혀버린 주인공 연인과 이어 탈을 쓴 인물들이 주인공 여인을 떼어 냄

16:52 남성 주인공은 다시 무덤으로 이끌려가 사라지고 이 모습을 지켜보는 여성 무용수

17:54 혼자가 된 여성 무용수가 다시 춤을 추기 시작함. 춤을 추며 산속을 방황하기 시작. 안개가 낀 배경이 지속적으로 비춰짐

19:55 자신의 연인 무덤 옆에서 쓰러진 여성 무용수

20:24 자막 "국립영화제작소"

20:32 자막 "감독 양종해 촬영 허동학 원작 모윤숙"

20:35 자막 "안무 강선영 무용단 출연 송범 강선영"

20:42 자막 "음악 양악/최창권 국악/기영희 창/김소희"

20:46 자막 "1965년 제작"

▌ 내레이션

(내레이션 없음)

밀수 합동 수사반 특별 활동

출처	밀수 합동 수사반 특별 활동
제작국가	대한민국
제작년도	1966년
상영시간	16분 36초
제공언어	한국어
제작	국립영화제작소
제공	밀수사범특별 합동수사반
형식	실사/애니메이션
컬러	흑백
사운드	유

▌ 영상요약

1966년 1월 8일부터 1월 11일까지 우리나라와 일본 간 공동규제수역과 전관수역 내의 어로작업을 빙자해서 물물교환에 의한 밀수행위가 성행하고 있다는 풍설의 사실 여부를 확인하기 위해, 밀수사범 특별합동수사반이 해군 함정PCEC 55함인 옥포함에 승선하여 대마도부터 제주도, 동해까지 감시하고 돌아오는 과정을 기록했다.

▌ 연구해제

〈밀수 합동 수사반 특별 활동〉은 1966년 1월 8일부터 1월 11일까지 밀수행위 조사를 위해 밀수 합동 수사반이 해군 함정PCEC 55함인 옥포함에 승선해 대마도부터 제주도, 동해까지를 감시하고 돌아오는 과정을 기록한 영상이다.

1960년대 국산 공산품의 부족으로 인한 밀수가 지속적으로 사회문제화 되었다는 것은 〈대한뉴스〉(「밀수품 소각」, 제355호, 1962년 3월 10일자, 「밀수방지」, 제499호, 1964년 12월 19일자, 「외래품 단속」, 제533호, 1966년 8월 21일자, 「건설의 메아리」, 제559호, 1966년 2월 24일자, 「사회악을 뿌리 뽑자」, 제562호, 1966년 3월 19일자, 「밀수 추방 작전」, 제681호, 1968년 6월 29일자 등)와 문화영화(〈배격하자 외제품! 애용하자 국산품〉(1963), 〈5대 사회악〉(1966)등)로도 확인할 수 있다. 특히 부산 지역의 밀수입과 세관의 비리 문제는 한국전쟁기부터 고질적인 사회문제로 지적되었다. 이 영상의 배경이 되는 1965~1966년 한일관계의 변화로 인한 밀수 사건이 증가함에 따라 밀수 수사반의 규모가 확대되었는데, 정부는 언론 매체를 통해 이러한 활동을 적극적으로 홍보하였다. 1965년 6월 22일 한일기본조약 타결 직전인 6월 18일, 대통령 지시로 밀수단속을 위한 군·경·검·세관 합동 수사반이 조직되었다는 것은 밀수사범의 증가에 대한 대비뿐만 아니라 정부에 대한 비판을 완화하고자 하는 대처임을 확인할 수 있다.

이 영상은 정부가 '5대 사회악'으로 명명한 밀수, 도벌, 탈세, 폭력, 마약 중 대일관계가 개입되는 밀수 문제를 처리하기 위해 적극적으로 대처하고 있다는 것을 계속해서 강조한다. 1965년 1월 19일부터 1966년 1월 15일까지의 밀수사범 검거실적을 알리며 시작되는 영상은 4일간 해상에서 이루어진 합동 수사반의 활동을 보여준 후, 해상에서 밀수가 불가능한 5가지 이유를 들어 밀수 감시가 잘 이루어지고 있다는 것을 강조하며 끝을 맺는다. 수사반이 승선한 옥포함이 부산항을 출발해 대마도(大馬島)의 이즈하라(嚴原)를 거쳐 남해의 공동규제수역을 감시하고 부산항으로 되돌아오는 4일간의 과정은 밀수 단속에 대한 정부의 대처를 시각적으로 전시하는 효과를 가져온다.

그러나 이러한 선전에도 불구하고 부산의 밀수 합동 수사반 특별 활동은 1966년 5월 한국비료의 사카린 원료 밀수 사건이 벌어지며 곧바로 위기 국면에 들어섰다. 이 사건으로 영상에 등장하는 합동 수사반 단장 서주연은 해임되었고, 전 부산 세관장 문용섭은 구속되었다. 사회에 큰 파장을 일으킨 대기업 밀수 사건이 신문지상에 연일 오르내렸음에도 불구하고 국립영화제작소는 밀수 합동 수사반과 부산세관이 연결된 사카린 원료 밀수 사건을 뉴스나 문화영화로 제작하지 않았다. 참고로 이 영상을 제공한 밀수 사범 특별합동수사반은 1970년 9월 관세청 출범 직후까지 존속했다.

▌참고문헌

「밀수단속수사반 루트 근절키로」, 『동아일보』, 1965년 6월 19일.

「밀수선 영덕호 피격침몰」, 『동아일보』, 1965년 8월 3일.

「밀수왕국 이즈하라」, 『경향신문』, 1965년 8월 4일.

「공동수역서 물물교환 밀수 성행」, 『동아일보』, 1966년 1월 5일.

「서(徐) 밀수합동수사 본부장 해임」, 『경향신문』, 1966년 9월 20일.

「재벌과 언론과 공익」, 『경향신문』, 1966년 9월 22일.

「전 부산세관장 문용섭 씨 긴급구속」, 『매일경제』, 1966년 9월 27일.

「합동수사반도 수사」, 『동아일보』, 1966년 9월 27일.

김주호, 「근·현대사 한국의 시대적 밀수품목과 검거사례에 대한 연구」, 창원대학교 석사학위논문, 2008.

차철욱, 「1950년대 한국-일본의 밀무역 구조와 상품」, 『역사와 경계』 74, 2010.

▌화면묘사

00:00 항구에 정박한 배들의 모습

00:22 밀수행위를 감시하는 감시선들

01:21 "1965년 1월 19일부터 66년 1월 15일까지의 밀수사범 검거실적"을 표로 정리해 보여줌. "건수 2,168건 인원 2,511명(구속 352명)(불구속 2,159명), 압수금액 319,537,845원 압수선박 40척 중 1척 격침 나이롱선원 수첩취소자 395명(부산 194명 마산 98명 여수 103명)"

01:50 압수된 밀수선박들을 정박해놓은 모습

02:20 압수한 잡화류, 의류, 화장품류 등의 밀수품들과 밀수범들의 사진을 보여줌

02:58 제목 자막 "밀수 합동 수사반 특별 활동"

03:04 부산항에 정박한 해군함정 옥포함에 서주연 단장 일행이 승선하는 모습

03:30 "옥포 PCEC-55 ROKS,OUKPO" 현판이 보임. 선내에서 회의하는 서주연 단장을 비롯한 수사반의 모습

03:47 배에서 바라보는 부산항 전경

04:10 옥포함 승조원에게 기념품 증정하는 서주연 단장

04:17 옥포함의 항로를 지도에 애니메이션 효과를 주어 보여줌

04:29 배에서 바라보는 대마도 근해와 항해중인 옥포함 내부를 보여줌

04:50 이즈하라 전경. "テルミ-化粧品"(테루미화장품), "中井商店出張所"(나카이상점출장소), "在日大韓婦人會大馬島*"(재일대한부인회대마도*), "鈴木産業"(스즈키산업), "日韓貿易"(일한무역) 등의 건물이 보임

05:36 이즈하라 항구에 정박중인 해광호의 사진

05:47 밀수선 영덕호의 사진

05:54 항해중인 옥포함의 모습

06:25 어로작업중인 우리나라 어선들

06:56 항해중인 옥포함에서 바라본 바다와 함정 내부의 모습

07:06 추자 군도 근해의 모습

07:20 옥포함의 항로를 지도에 애니메이션 효과로 보여줌

07:27 흑산도 근해 공동규제수역 내에서 조풍호와 조우한 옥포함

07:46 조풍호 선장에게 상황 설명을 듣는 수사단

08:34 항해하는 옥포함

09:05 옥포함의 항로를 지도에 애니메이션 효과로 보여줌

09:12 제주 어민의 어선을 만난 옥포함

09:39	옥포함의 항로를 지도에 애니메이션 효과로 보여줌
09:44	항해하는 옥포함에서 바라본 바다의 모습들
10:02	보트를 타고 방어진에 도착한 수사단
10:33	방어진에 정박중인 K337 어선의 모습
10:42	"방어진어업협동조합" 현판과 "어민의 협동으로 수산한국 이룩하자" 팻말이 붙어 있는 건물
10:51	항구에서 어망 보수 중인 어민들
11:10	어민들의 출어를 둘러보고 떠나는 수사단
11:33	항해하는 옥포함과 어로작업 중인 우리나라 어선들의 모습
12:25	옥포함의 항로를 지도에 애니메이션 효과를 주어 보여줌
12:36	북한산호와 조우한 옥포함
13:00	바다를 탐색하는 수사단장과 바다에서 어로작업 중인 우리나라 어선들의 모습
13:05	공동규제수역에서 어로작업중인 니코마루(一光丸)를 비롯한 일본 어선들과 우리나라 어선들의 모습
13:57	옥포함의 항로를 지도에 애니메이션 효과를 주어 보여줌
14:03	항공기 세스나 화랑호에 탑승한 수사단
14:19	화랑호의 항로를 지도에 애니메이션 효과를 주어 보여줌
14:26	항공기에서 바라본 일본 지도선의 북상 모습
14:36	항공기에서 해상을 관찰하는 수사관들
14:41	항공기에서 바라본 우리나라 어선들의 모습
14:47	화랑호의 항로를 지도에 애니메이션 효과를 주어 보여줌
14:56	대마도 해상에서 어로작업 중인 일본 어선들의 모습
15:22	KNP라고 표기된 항공기 날개의 모습
15:24	해상에서 어로작업 중인 어선들의 모습
15:30	화랑호의 항로를 지도에 애니메이션 효과를 주어 보여줌
15:34	회의중인 수사단의 모습
15:40	자막 "1. 大海의 파도 때문에 小型 어선의 接線이 곤란하다"
15:48	자막 "2. 大部分의 日本 어선은 회사 소속이기 때문에 出漁時 밀수품 積船이 不可能하다"

15:57 자막 "3. 事前에 조직적인 계획 없이는 漁船間의 物物交換이 不可能하다"

16:06 자막 "4. 彼我 漁船間의 거리의 차이와 指導船의 경계 때문에 밀수 행위는 不可
能하다"

16:13 자막 "5. 단속 철저 때문에 一般 漁船으로는 밀수 행위가 不可能하다"

16:32 자막 "끝 제공 밀수사범특별 합동수사반 제작 국립영화제작소"

▌내레이션

00:20 오늘도 이 많은 우리의 감시선들이 산업발전을 저해하고 있는 밀수행위를 단속
하고 있다. 한 나라의 밀수 행위가 성행한다는 것은 그만큼 그 나라의 경제발
전을 저해 할 뿐만 아니라 자립경제의 터전을 허무는 것이다.

01:21 1965년 1월 19일부터 66년 1월 15일까지의 밀수사범 검거실적을 보면은 총 건
수 이천백예순여덟 건에다 검거인원이 이천오백열한 명, 압수금액이 3억 원을
넘고, 압수선박이 마흔 척 그리고 나이롱선원 수첩취소자가 삼백아흔다섯 명이
었다.

01:51 그동안 압수된 밀수선박들은 거의 휘발유 엔진으로서 최고 시속 20 내지 30노
트나 되므로 우리 경비정으로써는 도저히 따를 수 없는 실정이었다.

02:20 한편 여태까지의 밀수 행위 상황을 살펴보면은 최학태, 윤호용 등을 비롯한 많
은 밀수범들은 밀수 전과범들로서 5·16 이후 일부는 검거되고 일부는 도피 중
에 있다가 제3공화국 수립 경축 대사령에 의해서 사면되자 다시 밀수망을 조직
하고 밀수 쾌속정까지 신조한 후에 소위 해상밀수특수대를 조직하고 일본 대마
도의 이즈하라를 내왕하면서 연간 2,000,000달러 상당의 조잡한 일제 물건을
마구 사들여서 한국의 산업발전을 저해 해왔던 것이다.

03:04 1966년 1월 8일 열네 시 30분 부산 제1부두에 정박 대기 중인 해군 함정PCEC
55함인 옥포함에 서주연 단장을 비롯한 일행 열세 명이 승함, 그 임무 수행에
나섰다. 이번의 임무는 공동규제수역 또는 전관수역 내에서 어로작업을 빙자해
서 물물교환에 의한 밀수행위가 성행하고 있다는 풍설에 사실 여부를 확인하기
위한 것이었다. 승함한 수사반 일행은 우선 항로에 대한 브리핑을 들으면서 부
산항을 출발했다

03:50 한때 밀수 우범지로 악명 높았던 청학동 7반과 9반, 신선대, 영도 등을 두루 살피면서 10노트의 시속으로 대마도 배면을 향해서 달렸다. 옥포함 승조원의 절도 있고 민활한 활동을 치하하면서 약간의 부식과 기념품을 증정했다.

04:28 조사단은 대마도 근해 배치돼 있다는 수산진흥원 지도선을 무전으로 호출 약 15해리를 항해, 부산과 대마도 간의 공동규제수역까지 이르렀으나 배치돼 있다는 지도선을 만나지 못해서 끝내 아쉬운 감을 감추지 못하면서 대마도 앞을 돌아서 서해 쪽으로 가기로 했다. 부산에서 대마도 북단까지 65해리, 밀수의 본거지인 이즈하라까지는 78해리로서 밀수 쾌속정으로 불과 세 시간이면은 이즈하라에 도달할 수 있는 것이다. 이즈하라에는 스즈키상회, 동서무역, 일한상회 등 도합 여덟 개 상사가 이러한 변칙무역이라는 미명하에 밀수행위를 감행해 온 것이다. 대한 밀수액은 놀랍게도 대마도 연간 예산의 절반을 점하고 있다는 것이며 또 얼마만한 예산을 소비했는지 그 천문학적 숫자는 아무도 모르고 있는 것이다.

05:31 그러나 작년 2월 19일 밀수사범 특별합동수사반이 발족한 지 불과 두 달 남짓해서 이 대마도의 밀수행위를 봉쇄하고 이제는 이즈하라 항구에는 밀수선 해광호 한 정만이 발이 묶여있을 뿐이다. 지난해 8월 밀수선 영덕호가 일본 대마도 근처에서 우리 감시선에 의해서 격침 당한 일도 있었다. 아무리 봐도 대마도는 우리 영토라는 단장의 유모어를 들으면서 항해를 계속했다.

06:26 잔잔한 바다 위에 고요가 깔리기 시작할 무렵 한 척의 우리나라 어선을 발견했으나 상어 세 마리밖에 잡지 못했다는 것이었다. 계속 전관수역 내 서남방향으로 67해리를 항해해서 1월 9일 네 시경 상백도 근해에 이르기까지 일본 어선의 어로작업은 발견치 못했으며 상어와 잡어를 잡고 있는 우리 어선만이 드문드문 보였을 뿐이다.

06:56 다시 난호도 근해 배치돼 있는 무등산호와의 교신을 꾀했으나 응신이 없어 항해는 그대로 계속했다. 1월 9일 새벽 여섯 시 반 경 68해리를 항해해서 추자군도 근해에 이르렀을 때에도 피아간 조업 중인 어선은 없었고 망망한 대해뿐이었다.

07:22 그리해서 계속 66해리를 항해, 홍도를 경유해서 이날 열세 시 경 북위 34도 52분 동경 124도 45분 지점인 흑산도 근해 공동규제수역 내에서 우리어선 조풍호를

만났다.

07:46 이 조풍호 선장으로부터 여러 가지 상황 설명을 들었다. 선장의 말은 이 배가 지도선으로서 작년 12월 19일부터 주로 서해와 제주 해상의 해로 지도 임무를 맡고 나왔으나 전관수역 내에서 일본 어선을 목격한 사실은 전혀 없으며 각 도에서 파견돼 있는 지도선으로부터도 그와 같은 보고를 해 온 일이 없다는 것이었다. 서해 일대는 현 시기로 봐서 성어기가 아닌 까닭 같다는 등의 현황을 청취했는데 이 조풍호는 농림부 소속 지도선으로서 매일 3회 이상 즉 아홉 시에, 열두 시에, 열여섯 시에 당일의 상황보고를 받고 있었다.

08:44 이날 스물세 시 30분경 북위 33도 44분 동경 125도 해상에서 약 30여 척의 우리 어선만이 야간 어로작업을 하고 있는 것을 발견했다.

09:06 조풍호와 헤어져서 남쪽으로 항해하고 있을 때인 10일 0시경부터 거칠기 시작한 파도는 3.5미터로 높아지자 시속을 8해리로 낮추고 서행, 10일 열 시 30분경 제주항 1,000미터 전방에 이르러서 수사반 일부는 제주도 어민으로부터 제주도 주위 전관수역과 공동규제수역 내에서의 어로작업 상황에 대한 정보를 수집하라는 지시를 하고 제주항에 상륙시켰다.

09:40 이 걷잡을 수 없는 풍랑을 헤치며 다음 임무 수행을 위해서 동해 쪽으로 항해를 계속했다. 11일 새벽 한 시경 124해리를 항해해서 홍도 남방 15해리 근해에 이르렀으나 역시 일본 어선은 발견치 못했으며 그대로 동북 방향으로 북상해갔다.

10:04 11일 아침 아홉 시 방어진에 ** 후 옥포함의 보트로 방어진 어업협동조합에 상륙했다.

10:45 어업협동조합에서는 조합 이사장으로부터 여러 가지 상황 설명을 들었다. 설명 내용에 의하면은 일본 어선이 왕왕 전관수역 내에서 어로작업을 했다는 것이며 10일에도 감포항 동방 8.9해리 해상인 전관수역 내에서 일본 어선이 어로작업한다는 보고를 받은 바도 있다는 것이었다.

11:15 우리는 그곳 어민의 출어를 위한 준비를 잠깐 둘러본 후 일본 어선이 출현한다는 지점을 향해서 출발했다.

11:46 그러나 드문드문 우리 어선의 작업밖에 볼 수 없었다.

12:26 1월 11일 열세 시 20분경 북위 35도 47분 동경 129도 48분 해상에서 우리의 어

로지도선인 수산진흥원 소속 북한산호를 만나 일본 어선의 작업 현황을 문의했으나 목격한 사실이 없다는 것이었다.

12:56 우리 수사반은 다시 담포 구룡포 간의 공동규제수역을 내왕하면서 피하의 어선을 탐색한 바 약 31척의 우리나라 어선만이 어로작업을 하고 있었다. 이날 11일 열다섯 시경 북위 35도 42분 동경 129도 46분의 공동규제수역 해상에서 일본 어선 니코마루 외 7척이 어로작업에만 전념하고 있음을 목격했다. 그리고 우리 어선도 가끔 보였다.

13:56 이날 열아홉 시 30분경 일흔일곱 시간 750해리의 항해를 끝내고 무사히 부산항에 귀항했다. 다음날인 1월 13일 열한 시 35분경 방원중, 이상훈 수사관과 이명길 경감은 치안국 항공대 부산 기지대 소속 항공기 세스나 화랑호에 탑승하고 우선 동해 지구 답사를 출발했다. 같은 날 열 시 15분 감포 동방 15해리 상공에서 일본 수산진흥원 소속 지도선 한 척이 구룡포 방면으로 북상 중에 있음을 발견했을 뿐 그 외 일본 어선은 발견치 못했다. 다만 감포 동방에서 우리 어선 30여 척이 출항 중에 있음을 발견했다.

14:51 역시 이날 열세 시 38분경 대마도 남단 18해리 지점인 공동규제수역 상공에서 일본 어선 여덟 척을 발견했으며 전관수역 내에서의 일본 어선의 어로작업 상황은 발견치 못했다.

15:30 같은 날 열네 시 25분 부산 기지에 귀착했다. 이상 답사한 바에 의거, 피아 어선 간에 의해서 밀수가 이루어질 수 있는 지의 여부에 대해서 판단해 보면은 첫째 공동규제구역은 내해가 아닌 대해이므로 항상 파도하에서 30 내지 50톤 급의 어선은 접선하기가 곤란하며, 둘째로 일본 어선의 대부분은 회사 소속 어선이 많으므로 출어 시 밀수품을 접선하기가 어려우며, 셋째 사전에 조직적이고 치밀한 계획이 없이 알지 못하는 어선 간에 물물교환이란 기대할 수 없으며, 넷째 피아 어선 간의 거리가 수 해리씩 간격을 두고 있을 뿐만 아니라 쌍방의 지도선이 경계를 철저히 하고 있다는 점, 다섯째로 밀수 전용선 40척을 검거, 압수한 현 단계로서는 소위 특공대에 의한 밀수선이 아닌 일반 어선으로서는 밀수가 곤란하다는 점 등에 비추어서 공동규제수역 내에서의 양국 어선 간의 밀수행위는 불가능한 것으로 판정했다.

월남전선 1

제 명	월남전선
출 처	월남전선
제작국가	대한민국
제작년도	1966년
상영시간	18분 50초

제공언어	한국어
제작	국립영화제작소
제공	공보부
형식	실사/애니메이션
컬러	컬러/흑백
사운드	유

영상요약

베트남의 자연환경과 지리적 특징, 베트남전쟁 전후의 역사적 사건들, 한국군 파병 등을 설명한다.

연구해제

한국군의 베트남 파병은 1964년 9월 비전투부대의 파병(이동 외과병원과 태권도 교관단)으로 시작하여 1973년 3월 주월 한국군사령부가 철수할 때까지 약 10년 동안 이루어졌다. 한국군은 미군 다음으로 많은 군대를 파견하여 베트남전에 군사적으로 적극 개입하였는데, 비둘기부대, 맹호부대, 청룡부대 등 4차에 걸친 파병을 통해 약 5만 명에 가까운 병력이 베트남으로 갔다. 당시 정권의 정당성을 확보하기 위하여 미국과의 관계개선이 시급했던 박정희 정권은 대내적으로는 '전아시아의 평화와 자유를 수호하기 위한 집단안전보장'에 대한 도의적 책임과 자유월남에 대한 공산침략이 곧 한국 안전에 대한 중대한 위협이라는 '간접적 국가방위'의 논리, 그리고 한국 전쟁 때 참전한 자유우방국 중 하나였던 베트남에 대한 당연한 지원이라는 논리 등을 들어 적극적으로 파병에 앞장섰다. 파병으로 인한 군수물자 수출 등 경제적 이익을 기대하는 국민 여론도 있었으나, 미국이 일본에 군수물자를 발주했다는 외신이 알려지고 한국군이 당시 미군의 1/6, 태국군이나 필리핀군의 1/4밖에 되지 않는 월급을 받는다는 사실이 알려지자 비난 여론이 급등했다. 그러나 당시 한국군대가 미군이나 여타 국가의 병사들에 비해 열악한 대우를 받았다고 하지만, 전후 경제 회복이 쉽지 않았던 당시 한국의 상황에서는 그조

차 여전히 적지 않은 돈이었음은 사실이다. 1966년 초 미 부통령 험프리의 두 차례에 걸친 방한에 더하여 경부고속도로가 베트남 장병들이 송금한 돈으로 이루어졌다는 선전, 파병 대가로 얻어온 차관으로 건설되었다는 주장 등은 파병 반대의 여론을 잠재워갔다. 1965년만 해도 한국군 전사자수가 정기적으로 신문에 보도되었으나 300명이 넘어서면서 신문지상에서 조용히 사라졌고, 대신 한국군이 거둔 혁혁한 전과들만이 대서특필 되었다.

1966년에 제작된 〈월남전선〉은 이러한 베트남전 파병의 맥락에 대한 한국정부의 입장을 충실히 반영하여 만들어진 영화이다. 영상의 시작 부분에서 "월남전은 월남만의 것도 아니고 그렇다고 미국만의 것도 아니"며, "우리의 불길이요 전 아시아의 불길이며 나아가서는 자유를 애호하는 전 세계"의 문제라는 점을 지적하고 있는 점이나, "자유월남"의 공산침략은 곧 머지않은 장래 동남아시아 전체를 위협하게 될 것이며 나아가 대한민국의 안전도 보장할 수 없다는 이른바 '도미노 이론'을 들어 베트남 파병을 정당화하는 것, 영화 전반에 걸쳐 베트콩과 중공을 '우리의 공동의 적', 베트남, 미국을 '우리의 우방'으로 이원법적으로 명명하는 것 역시 이러한 상황을 반영하고 있는 것이다. 또한, "연간 3백만 달러", "연간 5백만 달러"로 구체적인 수치를 밝히면서 건설업의 진출 성과를 홍보하거나 베트남 파병을 통해 "우리나라 수출 진흥의 내일을 약속"한다는 내레이션, 맹호부대원들이 월급 받는 장면에서 입구에 보이는 포스터에 보이는 "돌아가서 후회말고 너도나도 송금하자! 정글에서 보낸 딸라 웃음 피는 우리가족"라는 문구 등은 베트남전에서 얻게 될 경제적 이익이 적지 않을 것임을 암시하고 있으며, 그에 대한 기대를 드러낸다.

1966년 초, 양종해 감독이 세 명의 촬영감독들과 함께 베트남으로 가서 직접 현지에서 촬영했다는 신문기사에서 알 수 있듯이, 이 영화는 각 부대의 활약상을 그린 내용들이 제각기 촬영되어 다소 일관성이 결여된 것으로 보이는 지점들이 있다. 예컨대, 내레이터의 활용이나 내레이션의 어조, 내용을 전달하는 형식의 구성에 있어 편차가 뚜렷하고 흑백과 컬러 영상이 원칙 없이 혼재되어 있는 점이나 촬영과 편집에서 개별 촬영자의 역량이 뚜렷하게 드러나는 점으로 미루어 이 영화가 처음부터 장편으로 기획된 것은 아니라는 인상을 준다. 양종해 감독이 구술에서 증언했듯이, 이 영화를 찍기 위해 양종해 감독을 비롯한 촬영감독들은 약 세 번에 걸쳐 베트남으로 갔다. 처음 촬영 당시에는 전쟁이 진행 중이던 상황이어서 위험을 무릅쓰고 전투 촬영을 하기도 했으나 이후 촬영에서는 다소 연출이 가미된 장면들이 있었다는 것도 증언한 바 있다. 실제 촬영된 전쟁 장면은 말할 것도 없거니와 몇몇 잘 연출된 총격전, 가옥 폭파 장면, 베트콩 생포 장면, 특히 밤의 게릴라 전투 씬에서 사운드와 조명을 활용한 스펙터클한 장면 등은 전쟁영화를 연상케 한다. "피비린내나는 월남전선에서 - 결사의 촬영 6개월! 혈한의 결정!", "전편에 작열하는 맹호의 액션! 청룡의 육박전!", "전세계의 이목을 총집중한 월남전영화의 결정판!", "전쟁사상 가장 절묘한 병법의 속출! 긴박. 액션 분류!", "전쟁영화사상 최고의 이색결정판"이라는 신문 광고문구 등에서 볼 수 있듯이 〈월남전선〉은 극장에서 대대적인 광고와 함께 상영되었으며, '전쟁영화'로 소개되었음을 알 수 있다. 이 영화는 1966년 8월 27일 서울과 지방에서 동시에 개봉되었는데, 세기상사주식회사가 배급을 맡아 서울에서는 세기극장과 시민회관, 청주의 중앙극장에서 동시 개봉되었고, 이후 부산 제일극장, 대구 ** 극장, 대전 중앙극장, 전주 삼남극장 등에서 개봉되었다. 특히 흥행을 위해 서울에서는 매 입장객 매 300명마다 신세기에서 발간된 레코드판을 증정하는 이색 이벤트를 벌이기도 했다.

한편, 베트남전 파병을 다룬 문화영화는 국립영화제작소에서 1966년 〈월남전선〉을 비롯하여 6편(〈맹호와 청룡〉, 〈무적의 따이한〉, 〈무적의 백마〉, 〈백마부대〉, 〈비둘기부대〉)이 제작되었으며, 1967년 2편(〈베트남에 흐르는 별〉, 〈파월장병 위문단〉), 1968년 5편(〈내가 본 파월국군〉, 〈무적의 따이한 용사들〉, 〈베트남전의 한국군 전투〉, 〈월남전의 한국군〉, 〈파월장병 지원사업〉)이 제작되었다.

참고문헌

「越南軍縮問題 토의」, 『동아일보』, 1966년 9월 24일.

「떠나는 白馬勇士들」, 『매일경제』, 1966년 8월 27일.

「越南擴戰막게 共同戰線」, 『경향신문』, 1966년 8월 29일.

공영민 구술채록, 『2006년도 원로영화인 구술채록 자료집 – 양종해』, 한국영상자료원, 2006.

박선영, 「프레임 속의 전쟁 – 국립영화제작소와 국군영화제작소의 베트남전쟁영화를 중심으로」, 허은 외, 『영상과 아카이빙 그리고 새로운 역사쓰기』, 선인, 2015.

한홍구, 「박정희 정권의 베트남 파병과 병영국가화」, 『역사비평』 62, 2003.

▌ 화면묘사

00:00   국립영화제작소 NATIONAL FILM PRODUCTION CENTER KOREA 마크

00:05   자막 "이 映畫의 撮影을 爲하여 獻身的인 協助를 해준 駐越國軍將兵들에게 깊은 感謝를 드리며 그들의 武運과 家族들의 幸福을 祈願하면서 越南戰線에서 祖國의 名譽와 全世界의 自由守護를 爲해 勇敢히 싸우다 散華한 英靈앞에 이 映畫를 바칩니다." (이 영화의 촬영을 위하여 헌신적인 협조를 해준 주월국국장병들에게 깊은 감사를 드리며 그들의 무운과 가족들의 행복을 기원하면서 월남전선에서 조국의 명예와 전세계의 자유수호를 위해 용감히 싸우다 산화한 영령앞에 이 영화를 바칩니다.)

00:25   자막 "提供 公報部" (제공 공보부)

00:30   자막 "製作 國立映畫製作所" (제작 국립영화제작소)

00:36   제목 자막 "越南戰線" (월남전선)

00:56   자막 "撮影 許東鶴 崔東明 池順得 劉南均" (촬영 허동학 최동명 지순득 유남균)

01:01   자막 "現像 李健鐈 印畫 鄭漢守" (현상 이건혜 인화 정한수)

01:05   자막 "音樂 鄭潤柱 錄音 姜信珪 效果 朴益淳" (음악 정윤주 녹음 강신규 효과 박익순)

01:09   자막 "監督 梁宗海" (감독 양종해)

01:12   베트남의 자연 전경

01:24   야자수와 열대 꽃나무들의 모습

01:39   베트남의 식물, 동물, 농촌의 풍경을 보여줌

02:45   베트남 농가의 식사하는 모습

03:15   논밭에서 일하는 농민들

04:11   조각상들이 장식되어 있는 묘원의 모습

04:26   물건을 사고 파는 장날 풍경을 보여줌

04:53   사이공 항구 전경과 도심의 모습. 배경 음악 "사이공 뎁블람(Saigon Dep Lam)"

05:42   사이공 사람들의 식사하는 모습. 열대 과일과 쌀국수를 먹는 사람들

06:06   낮 시간에 공원이나 집에서 휴식을 취하는 사람들

06:32   폭죽을 터트리고 가면놀이와 사자춤을 추는 설날 풍경

07:19 설에 절을 찾아 기도를 하고 소원을 비는 사람들의 모습

07:39 거리에서 손금 보는 사람들

07:48 베트남의 독립전쟁을 흑백 자료 화면으로 보여줌

08:28 인도차이나 전쟁 종식과 베트남의 영토 분리 과정과 남북의 상황을 흑백 자료 화면으로 보여줌

10:40 월맹의 침략으로 참화를 입은 사람들의 모습을 흑백 자료 화면으로 보여줌

11:33 베트남전에 돌입한 남북 군인들

12:40 지도에 애니메이션 효과를 주어 월남이 적화되면 동남아 전역이 위협을 받는다고 설명함

12:52 월남에 파견되어 전투기와 탱크로 이동중인 미군의 모습

14:10 미군의 전투 장면

15:11 미군의 활동 모습

15:26 신문기사 "越南 戰鬪 部隊 派兵요청 키首相, 정總理에 公翰"

15:30 파병 장병 결단식 모습. "주월한국군사원조단결단" 현수막과 본부석에 자리한 박정희 대통령 부처가 보임

15:58 행진하는 청룡부대 등 군인들의 모습

16:22 파병 장병 환송하는 모습. 박정희 대통령, 최은희, 김종필 등이 군인들에게 꽃다발을 걸어주는 모습

16:50 파월 장병이 승선한 함정 앞에서 환송하는 인파

17:13 항해하는 함선의 모습

17:37 배에서 내려 베트남 사람들의 환영을 받는 군인들. 태극기와 월남기 흔드는 사람들. "精神友*韓越不滅" 등의 현수막이 보임

18:28 파병 부대의 위치를 베트남 지도로 설명함

▌내레이션

01:24 아름다운 야자수와 가지가지 열대의 꽃이 무성하는 월남.

01:35 오늘 한국의 아들 딸들이 세계평화와 조국의 명예를 위하여 싸우고 있는 베트남은 인도차이나 반도 동쪽에 자리 잡고 있으며 약 30,000,000만의 인구를 가

지고 있다. 그러나 베트남은 공산 침략으로 말미암아 우리나라와 같이 남북으로 국토가 양단돼 있다.

02:19 사시절 열대의 태양을 받아 모든 것이 무럭무럭 자라나기만 하는 이 월남땅에서 옛날부터 용왕의 자손이라는 전설과 더불어 월남인들은 길이길이 복되고 평화로운 삶을 바라면서 살아왔다.

02:48 쌀을 주식으로 하는 농민들의 생활은 우리나라와 그리 다를 바 없으며 대가족주의의 월남 가족은 한 집의 식구가 보통 칠팔 명이 넘는다.

03:25 월남은 자연의 혜택을 받아 농업이 경제적 근원을 이루고 있으며 주산물로서는 쌀, 고무, 옥수수 등이 있고 그 밖에도 코프라, 차, 설탕, 담배 등의 농산물이 생산되고 있는데 특히 쌀은 연간 3모작까지 가능하므로 그 생산량은 버마와 더불어 전 세계에서 수위를 차지하고 있다.

04:09 월남인들은 예로부터 선조의 무덤을 소중히 한다. 장엄하게 꾸며진 묘소는 예의를 지키며 조상을 섬기는 월남인들의 마음씨를 말해주고 있다.

04:31 장날이 되면 이곳도 다른 곳과 마찬가지로 많은 사람이 모여들어 성시를 이룬다. 그러나 월남의 특산물은 역시 농산물이며 오랜 전란으로 공업의 발달을 이루지 못해 아직까지 농업에만 의존해야 하는 경제적 후진성을 면치 못하고 있다.

04:57 여기는 아름다운 항구도시 사이공. 현대식 건물이 줄지어 선 이 사이공은 동나이강 삼각주 중심에 자리 잡고 있으며 인구 200만을 가진 국제도시로서 베트남 제일의 항구이며 자유 월남의 수도이기도 하다.

05:24 사이공의 첫인상은 자전거와 모타사이클, 그러나 사이공은 옛날 프랑스 식민지 시대의 유품으로 구라파풍의 인상이 짙은 도시임은 두말 할 필요도 없다.

05:50 도시인의 생활은 다른 나라와 별 다른 것이 없으나 언제나 월남 고유의 남국의 과일이 그들의 식탁을 장식해준다.

06:06 열대 태양이 뜨거울 대로 뜨거워지는 한낮이 되면 월남인들은 우거진 야자수의 그늘을 찾아 휴식을 즐기고 상점의 문을 닫고 낮잠을 자야만 한다니 이것은 한국과는 전연 색다른 생활의 일면이기도 하다.

06:43 월남의 명절은 폭죽이 터지는 화약소리로부터 시작된다. 설날이 되면 다른 어느 나라와 마찬가지로 월남의 설은 흥겹고 즐겁다.

07:06 화려하고 다채로운 가지가지의 축제는 남국의 낭만을 더 한층 독특케 한다.

07:22 그리고 월남인들은 설날이 되면 저마다 절에 모여들어서 행운을 비는 기도를 올리기도 한다. 월남의 종교는 불교국이라 불리우리만큼 불교가 지배적이다.

07:40 자기의 손금으로 일생의 운명을 점쳐보려는 월남인들. 그러나 그들의 역사는 비극의 연속이었다.

07:55 1946년 말 오랜 식민지 생활에 시달린 월남인들은 세계 제2차대전이 끝나자 인도 지나 반도에서 프랑스 식민주의와 맞서 독립전쟁을 시작했다.

08:33 8년 동안에 걸친 인도차이나 전쟁은 드디어 1954년 7월 21일 제네바회의에서 휴전협정이 조인되어 월남은 근 1세기를 통한 불란서 식민에서 벗어났으나 국토는 양단되어 17도선을 경계로 이북은 공산 월맹이 지배하고 이남은 총선거에 의해 자유 월남 정부가 탄생됐다. 그래서 휴전협정의 이행을 감시할 국제휴전 감시단이 파견됐고 한편으로는 공산주의를 반대하는 수많은 피난민들이 죽음을 무릅쓰고 북에서 남으로 밀어닥치기 시작했던 것이다.

09:29 모든 재산과 농토를 포기하고 오로지 자유를 찾아 남하한 피난민들의 대열. 그들은 지난 한국동란 때 북한 공산 치하로부터 남하한 북한 피난민과 조금도 다를 바 없었다.

09:51 그러나 북부 베트남에서는 자유세계에서는 상상조차 못할 정도의 착취와 강제노동을 자행해서 침략준비에 혈안이 되고 있었다. 농호마저 빼앗긴 농민들은 소 대신 멍에를 메고 논을 갈아야 했고 수많은 노인과 어린이까지도 공산주의자의 희생이 되고 말았다.

10:22 공산 월맹은 강제노동을 통해서 양민들의 마지막 피 한 방울까지도 빼앗아갔다. 뿐만 아니라 그들은 중공에 이르는 철도건설을 서둘러 자유 월남의 침략을 위한 전쟁 준비에 광분했다.

10:53 잔인무도한 공산 베트콩들은 남부해방전선 대원이라는 미명하에 수많은 양민을 살해하고 닥치는 대로 파괴와 테러를 감행했던 것이다. 학교, 교회 등을 비롯해서 심지어는 병원을 파괴하고 의약품까지 약탈하는 등 불과 3년 동안에 무려 50,000명의 인명을 살해했다

11:22 마침내 이런 베트콩의 만행에 분격한 월남인들은 총궐기해서 베트콩의 만행을 규탄하며 자유 아니면 죽음을 달라고 외쳤던 것이다.

11:37 이래서 월남 정부군은 드디어 베트콩 소탕전에 나섰다.

12:09 그러나 중공과 공산 월맹의 지지를 받는 베트콩은 악착같이 만행을 계속해서 월남군의 고전은 이만저만이 아니었다.

12:26 거기에다 공산 월맹군은 전 월남의 적화를 목적으로 소위 호지명 루트를 통해서 막대한 군대를 남하시켰던 것이다. 만일 이와 같이 공산침략이 계속되어 전 월남이 적화된다면은 동남아 전역의 자유국가들이 공산 위협을 받지 않는다고 그 누가 보장하겠는가.

12:55 1962년 드디어 전 자유우방의 기수로서 미국은 동남아의 안전과 자유세계의 평화를 위해 월남에 군대를 파견했다.

13:24 월남전은 월남만의 것도 아니요 그렇다고 미국만의 것도 아니다. 월남의 불길은 바로 우리의 불길이요 전 아시아의 불길이며 나아가서는 자유를 애호하는 전 세계의 불길인 것이다.

14:13 그러기에 미국은 오늘 막대한 군대를 월남에 계속 투입시켜 월남의 자유를 지키고 있는 것이다.

14:49 지난날 한국동란 때 우리들과 어깨를 나란히 공산국을 무찌른 우리의 우방인 미국의 젊은 용사들은 지금 월남 땅에서 또 다시 우리의 공동의 적인 공산 베트콩을 섬멸하기 위해 용감히 싸우고 있다. 어찌 우리가 그것을 강 건너 불구경 하듯이 바라보고만 있을 수 있을까.

15:28 1964년 드디어 우리 정부는 월남 정부의 요청과 전 자유세계의 부름에 답해 나아가서는 우리나라의 안전과 평화를 위해서 월남파병의 거보를 내딛게 됐다.

16:13 생각하면 쓰라렸던 지난날의 6·25동란. 그때 우리는 자유우방의 도움으로 공산군을 무찌르고 자유를 지키게 됐던 것이다. 그러나 이제 막강한 우리의 국군은 이웃나라의 자유를 지켜주기 위해서 벅찬 발걸음을 내딛고 있다. 국군의 월남 파병에는 너무나도 중대한 의의가 있다. 우리가 자유 월남에서 공산침략을 막지 못한다면 우리는 머지않아 동남아 전체를 상실하게 될 것이며 또한 우리 대한민국의 안전도 기약할 수 없기 때문이다.

16:58 아아 장하고 장한 대한의 아들이여. 조국의 부름에 달려가는 영웅들이여. 그대들 가는 길에 자유가 있으리. 조국의 명예가 또 빛나리.

17:43 이국 만리 월남 땅에 국군은 왔다. 벅차게 내딛는 걸음걸음에 자유가 심어지

리. 승리가 오리. 낯설은 얼굴에도 마음은 하나. 너와 나의 자유를 지키기 위해 우리는 여기 왔다. 국군은 왔다.

18:34   월남에 파견된 우리 국군은 붕타우에 이동외과병원, 사이공에 백구부대, 디안 에 비둘기부대, 캄난 지역에 청룡부대 그리고 퀴논에 맹호부대가 각각 자리 잡 고 그 맡은 바 임무수행에 여념이 없는 것… (영상 끊김)

월남전선 2

(e-영상역사관에서는 동일한 제목으로 〈월남전선〉 6편을 서비스하고 있는데, 여기에서는 영상의 순서에 따라 재배치하고 번호를 붙여 2~6호로 구분한다.)

제 명	월남전선
출 처	월남전선
제 작 국 가	대한민국
제 작 년 도	1966년
상 영 시 간	08분 52초
제 공 언 어	한국어
제 작	국립영화제작소
제 공	공보부
형 식	실사
컬 러	컬러
사 운 드	유

영상요약

붕타우의 이동외과병원의 의료활동과 디안의 비둘기부대의 교량 및 학교 건설작업 등 한국군의 활동을 소개한다.

▌화면묘사

▌내레이션

00:06 푸른 바다와 야자수 그늘이 정열적인 남국의 정감을 맛보게 하는 붕타우 해변. 이곳에 한국군으로서는 최초로 파견된 이동외과병원이 자리 잡고 있다.

00:26 내가 간호원으로서 이 병원에 근무하게 된 지도 벌써 2년이 지났다. 우리의 임무는 월남군 전상 등의 치료는 물론 전란 통에 의료의 혜택을 못 받고 있는 월

남인들의 질병을 도맡아 치료하는 일이다.

00:49 처음에는 우리 병원을 찾아 들길 주저하던 월남인들도 이제는 극진하고 따뜻한 우리들의 봉사에 감동돼서 따이한 박시, 따이한 박시 하면서 우리 병원이야말로 못 고치는 병이 없다는 신념으로 환자들은 매일 쇄도하고 있다.

01:26 우리가 치료하는 월남인 환자 수는 중환자만 해도 연간 약 17,000명이 넘는 형편이다. 만일 우리 병원이 없었더라면 속수무책으로 생명을 잃고야 말 월남인들은 우리나라를 고마운 나라 진정으로 우리를 도우려 온 나라라고 하면서 고마워하고 있으니 나는 내가 이곳에 온 보람을 다시 한 번 느끼게 된다.

02:13 아세아에서도 이름 높은 관광지인 붕타우 해변을 찾아 들면 모든 것이 아름답고 평화롭기만 하다. 이 붕타우 해변은 주월 한국군의 요양소가 마련되어 있어 우리 국군용사들이 언제나 휴가를 즐기고 있는 곳이다.

02:39 바쁜 하루의 일과가 끝나고 나면 나는 이따금 친구들과 외출을 즐긴다. 그래서 나는 이 아름다운 해변을 거닐 때마다 하루 속히 월남에 자유와 평화가 깃들기를 마음 속으로 빌고 있는 것이다.

03:08 여기는 디안에 자리 잡은 비둘기부대의 건설공병단. 오늘도 우리는 월남 땅에서 건설의 대열을 지어나가고 있다.

03:37 우리 공병대는 비전투부대로서 월남의 파괴된 도로와 교량 그리고 학교 및 정부기관 청사 등의 건설을 담당하고 있다.

04:01 우리의 작업량이 막대한 것은 두말 할 필요도 없지만 낯설은 땅에서 항상 베트콩의 습격에 대비하며 작업을 계속하는 일은 여간 어려운 일이 아니다. 그러나 이 땅에 자유와 평화를 심는 우리의 임무는 수행돼야 하기에 오늘도 불도저는 정글을 뚫고 땅을 파헤치며 길을 만들고 있는 것이다.

04:31 지축을 뒤흔드는 건설의 폭음. 그것은 바로 공산 베트콩의 던져지는 포탄과 조금도 다를 바가 없다.

04:53 우리 공병대가 닦는 길은 자유의 길이요 건설의 길이기에 우리는 잠시도 쉬지 않고 작업을 계속하고 있다. 우리가 월남에 도착한 후 새로 만든 도로만 해도 무려 30킬로가 넘는다.

05:28 또한 우리 공병대는 다리가 없어 고생하는 월남인들을 위해 많은 교량을 새로 건설했다.

05:53　오늘 월남에는 우리가 만든 교량들이 여기저기 새로운 얼굴들을 내밀고 있다. 그 이름도 정다운 아리랑교, 비둘기교 그리고 대한교 등. 이 다리를 건너는 월남인들에게 하루 속히 월남 땅에 평화가 깃들기를 우리는 빌고 있다.

06:20　우리 비둘기부대의 건설사업 중 또 하나 중요한 것이 있다. 이것은 바로 교실을 짓는 일이다. 전란으로 파괴된 교실의 복구와 신축 그리고 어린이놀이터와 면사무소의 건설 등 우리 공병대가 그동안 완성한 건물만 해도 막대한 수에 달하고 있다. 교실 없이 방황하던 어린이들도 이제 우리가 만든 교실에서 평화와 번영이 깃들 월남의 앞날을 바라보며 명랑하게 공부할 수 있는 그날을 기다리고 있는 것이다. 그러나 월남의 현실은 공산 베트콩들의 테러나 파괴가 언제 어디서 일어날지 모른다. 그래서 군대의 진지가 아니면서도 월남의 마을들은 약탈을 일삼는 베트콩을 막기 위해 마을 주변에는 이중 삼중의 바리케이드로 경계를 엄하게 해놓았다.

07:17　잔인무도한 베트콩은 우리 건설대가 만들어놓은 교실까지 파괴하여 철없는 아이들의 꿈마저 빼앗아간다.

07:35　여기 교실 폭파와 더불어 생명을 잃은 한 주민의 시체를 메고 가는 월남인들. 이 슬픔이 어찌 그들만의 것이 되겠는가. 진정한 그대의 우방인 우리 공병대의 피땀으로 이루어진 학교가 파괴되던 날, 아마 자유를 사랑하는 전 월남인들도 목메어 울었으리라.

08:03　괭이를 메면 농부가 되고 괭이를 놓으면 베트콩이 되는 이 잔인한 공산주의자의 만행은 월남의 공포와 파괴와 죽음을 가져오고 있다. 이러한 잔인무도한 베트콩을 막으려는 전 자유 월남인의 꿈, 우리는 그 꿈을 저버릴 수가 없는 것이다. 그러기에 월남의 장래를 지킬 어린애들의 교실 복구는 오늘도 계속되고 있다.

08:34　꾸준한 우리들의 노력으로 여기 다시 아담한 학교가 완성되어 꿈을 도로 찾은 어린애들의 얼굴에는 저마다 밝은 웃음이 활짝 피어오르고 있다.

월남전선 3

제 명	월남전선
출 처	월남전선
제 작 국 가	대한민국
제 작 년 도	1966년
상 영 시 간	22분 19초
제 공 언 어	한국어
제 작	국립영화제작소
제 공	공보부
형 식	실사
컬 러	컬러/흑백
사 운 드	유

영상요약

의료사업과 건설사업 등 대민 지원사업을 펼치는 비둘기부대의 활동과 자유세계군사원
조기구에 속한 국가들의 활동상 그리고 청룡부대원들의 생활상과 전투작전을 소개한
다.

화면묘사

00:00   의료사업과 건설사업, 구호품 지원 등 대민 지원사업 펼치는 비둘기부대의 모습
00:47   채명신 사령관의 안내를 받아 비둘기부대 방문 시찰하는 험프리 미국 부통령

험프리 부통령 앞에서 태권도 시범 보이는 장병들

02:06 "FREE WORLD MILITARY ASSISTANCE ORGANIZATION CO-OUAN VIEN-TRO OUAN-SU THE-GIOI TU-DO TAI VIETNAM" 안내판. 자유세계군사지원단의 건물 앞에 참전국 국기들이 게양되어 있는 모습

02:38 호주 보병대대의 모습

03:02 의료 활동중인 필리핀 군의 모습

03:34 뉴질랜드 군의 활동 모습

03:58 캄란 만에 상륙해 행군하는 청룡부대. 배경 음악 "청룡은 간다"

05:21 보급품을 운반하는 청룡부대의 모습

07:16 산 위 처소에 도착해 맥주를 마시고, 이발을 하고, 음식을 하고, 편지를 쓰는 등 휴식을 취하는 장병들

08:23 무기 손질하는 장병들

09:07 참모들, 미군과 작전 계획 세우는 이봉출 장군

09:17 투이호아에서 전투 벌이는 청룡부대 장병들

13:33 식사 하며 휴식 취하는 장병들

14:03 베트콩에게 노획한 무기들 펼쳐놓은 모습

14:19 진지의 텐트에서 편지 쓰는 군인

14:41 위문품 받는 장병들

15:30 장기 두고, 빨래하고, 음식하며 휴식 취하는 장병들

15:50 베트남 아이들과 기마전하는 군인들

16:16 편지 읽은 이봉출 장군이 맹호부대와 청룡부대에 소속되어 있는 쌍둥이 형제를 만나게 해주는 모습

17:07 추수보호작전에 나선 청룡부대 장병들과 추수하는 베트남 농민들

19:02 추수한 곡식을 수송하는 청룡부대

19:57 미군 수송기 타고 캄란으로 돌아가는 청룡부대. 배경 음악 "나가자 해병대"

21:14 캄란 해변에서 수영을 하며 휴식을 취하는 장병들

내레이션

00:01 평화의 사도 우리 비둘기부대는 상처투성이의 월남에 의료봉사와 파괴된 후방의 복구 건설에 이바지하는 한편 정성을 다해 대민 지원사업을 벌여 월남인들에게 진정한 우방의 고마움과 자유의 고마움을 맛보게 하고 있다.

00:32 이러한 우리 국군의 봉사활동은 우리 장병과 월남인 사이의 친선을 도모하고 서로의 마음과 마음을 터놓고 신뢰심을 가져오는 데 큰 성과를 거두고 있다.

01:03 66년 2월 12일 우리의 비둘기는 귀빈을 맞았다. 월남을 방문 중인 험프리 미국 부통령이 디안에 있는 한국군 비둘기부대를 시찰한 것이다.

01:19 험프리 부통령은 한국군 사령관 채명신 장군의 안내를 받아 공병대와 81미리 박격포부대를 시찰하고 한국군의 노고를 위로했다.

01:55 또한 태권도 시범경기를 관람했는데 한국군은 모두 건강하며 특히 그 체력이 부럽다고 격찬을 아끼지 않았다.

02:14 오늘 월남을 지키는 자유우방은 한결 같이 결속돼 있다. 세계 평화와 월남의 안전을 위해서 월남에 파견된 자유진영 국가의 수는 30개국이 넘으며 군사, 경제, 의료, 교육 등 다방면에 걸친 원조를 계속하고 있다.

02:45 호주는 1개 보병대대를 비롯해서 주로 정글전의 전문가인 100명의 전투고문들을 파견하고 있으며 그 밖에도 여러 가지 기술원조와 경제원조를 하고 있다.

03:04 비율빈은 군과 민간 의무대 그리고 군사심리작전 파견대를 포함한 많은 수의 요원을 파견하고 있으며 일본은 5,500달러 이상의 경제원조를 계속하고 있고, 프랑스는 1956년 이래로 1억 천만 달러의 원조를 계속하고 있으며 서부 독일은 월남인에게 기술교육을 실시하는 한편 많은 앰블런스와 그 밖에 각종 기계류를 원조하고 있다.

03:35 그리고 뉴질랜드는 많은 수의 육군 기술 파견대와 1개 포병대대를 보내서 공산 베트콩과 맞서고 있다. 이와 같은 자유진영의 결속은 자유 월남의 승리뿐만 아니라 전 자유 세계의 승리를 보장하고도 남음이 있다.

04:40 하늘도 물도 맑게 개인 65년 10월 9일 아침 파월 한국군 전 **관의 선봉인 해병 청룡부대는 캄난만에 상륙했다. 따가운 햇볕에 구리빛으로 그을은 우리 해병들의 씩씩한 모습은 이곳 아름다운 캄남만* 고요한 풍경에 활기를 불어넣었다.

05:12 우리 해병들은 앞으로 월남의 최대 군기지이며 월남전 수행에 가장 중요한 병참기지인 캄난 일대를 지키게 될 것이다.

06:39 집 떠난 국군. 너 화랑의 아들들아. 육지와 바다와 하늘의 방패가 되어 이 열중 속에 달리는 모습. 두터운 의의와 용감한 기백으로 더운 소나기 뿌리고 이 남국의 자유를 잉태하러 국군은 간다. 청룡은 가고 있다.

07:29 정글을 뚫고, 강을 건너고, 험악한 산악을 올라 각종 보급품을 초소까지 운반한 용사들이 내뿜는 담배연기와 한 잔의 맥주는 순식간에 피로를 몰아냈다.

07:47 낯설은 고지의 초소. 그러나 용사들의 보금자리는 어느 행복한 가정을 연상하게 한다. 서투른 솜씨나마 제법 생선을 다루는 주부, 의젓하게 이발을 즐기는 믿음직스러운 가장. 보내는 편지, 받아보는 편지. 이렇게 단란한 생활 속에 우리의 용사들은 자라고 있다.

08:30 그러나 언제나 방관할 수 없는 것은 언제 어디서 나타날지도 모르는 베트콩에 대비한 철저한 임전태세를 갖추어야 한다. 그러기에 그들은 항상 무기 손질을 소홀히 하지 않는다.

09:12 한편 여단장 이봉출 장군은 참모들과 중대한 작전 계획에 여념이 없다.

09:28 드디어 작전 명령이 내려 귀신도 잡는다는 우리의 해병 용사들은 적진을 파고들고 있다. 그들이 가는 곳은 투이호아 지역. 그들의 목표는 그 지역의 약 1개 연대의 베트콩을 섬멸하는 것이다.

10:01 드디어 천지를 진동시키는 ****. 번개 같은 청룡은 적을 향해 달려가고 있다.

12:51 공중과 지상에서 각종 포화의 입체적인 지원을 받으며 적진에 돌진한 청룡 용사들은 완강히 저항하는 적을 무찔러 과거 20년 동안 불란서 군은 물론 미군이나 월남군도 발을 들여놓지 못한 난공불락의 베트콩 요새를 …

13:06 가는 곳마다 승리를 거둔 대한남아의 힘찬 기백과 그 용맹. 그 앞에 맞설 적은 없는 것이다. 그들이 6개월 동안에 세운 종합전과는 베트콩 사살 팔백열다섯 명, 추정 사살 예순네 명, 부상 백열다섯 명, 포로 백여섯 명, 용의자 체포 천이백예순 명, 귀순 마흔다섯 명이나 되며 그밖에 수많은 동굴 파괴와 많은 무기들을 노획했다.

13:41 격전을 치른 용사들은 한 동안 잊었던 허기를 메꾼다. 승리의 쾌감과 더불어 식욕은 더욱 왕성했다.

14:03 　이것이 베트콩들에게서 노획한 무기들이다. 이와 같은 베트콩의 무기는 중공과 소련 그밖에 다른 공산진영에서 보급되고 있으니 공산주의자의 침략성을 증명하고 있다.

14:27 　전투가 끝난 진중생활은 어제의 격전을 다 잊은 듯 그저 평온하기만 하다.

14:36 　(남자 성우 육성) "어머님 그리고 저는 언제나 몸 건강히 지내고 있으니 조금도 걱정 마세요. 특히 신나는 것은 위문품을 받는 것입니다. 고향의 흙냄새가 풍기듯, 어머님의 말 소리가 들리듯, 보고 싶은 애인의 사랑의 속삭임인양 고국에서 보내오는 위문품은 언제나 저의 마음을 기쁘게 해준답니다. 기쁘게 해준다기 보다 미칠 듯이 반갑고 고마운 위문품을 볼 때마다 우리들은 둘러싸고 함성을 올립니다. 그런 전우를 볼 때마다 저는 언제나 고국의 부모 형제와 친지들의 따뜻한 사랑에 보답해야겠다고 결심하고 있습니다. 참 어머님, 우린 먹을 것은 충분합니다. 먹을 것은 보내지 마시고 책이나 편지 같은 걸 많이 보내 주세요.

15:31 　어머니, 비록 낯설은 이국땅이라 할지라도 저희들은 즐거운 군대생활을 계속하고 있습니다. 저도 인제 일류 가정주부 못지않게 빨래도 하고 기름기 많은 식사가 싫증이 날 땐 쌀밥과 된장국을 마련해서 고국의 냄새를 맡아보기도 한답니다. 그러나 한 가지 걱정은 매일같이 영양 많은 식사를 계속하니깐 미련하게 자꾸만 몸이 불어나는 것이에요. 어머니, 전 조금도 외롭지 않습니다. 때로는 한국군을 좋아하고 따르는 월남의 어린애들과 같이 가지가지 놀이도 벌려서 즐거운 시간을 가지기도 합니다.

16:17 　참 어머니, 다음은 재미있는 소식 하나 전해 드리겠어요. 한 날 우리 청룡부대장 이봉출 장군 앞으로 고국에 있는 어떤 아가씨로부터 한 장의 편지가 날라왔어요. 편지의 사연은 그 아가씨의 쌍둥이 동생이 월남에 있는 맹호부대와 청룡부대에 따로 소속하고 있으니 형제가 서로 만날 수 있는 기회를 마련해 달라는 것이었어요. 그래서 이 기막힌 사연을 알게 된 우리 부대장께서는 맹호부대의 협조를 얻어 그 형제들을 상봉시켜줬는데 그 형제들은 서로가 월남에 와 있는 줄을 몰랐다는 거예요. 지금은 그 쌍둥이 형제가 모두 청룡부대에 입대돼서 함께 일하게 됐어요. 어머니, 그 쌍둥이 형제가 얼마나 기뻐했을까요. 그럼 오늘은 이만 쓰겠습니다."

17:25 청룡1호작전을 비롯해서 캄남 지구에서의 까치산작전, 번개1호작전과 2호, 3호 그리고 코끼리12호작전을 벌여온 청룡 용사들은 드디어 추수보호작전을 감행하기에 이르렀다.

17:53 투이호와 지역의 비옥한 평야가 전화를 입어 베트콩의 손아귀에 들어가게 되자 이 지방의 농작물 수확은 참으로 곤란한 지경에 놓이고 말았던 것이다. 그래서 청룡부대 용사들은 이 지역의 농민들과 같이 들어가 농민들의 추수를 도와주고 이들이 베트콩의 시달림을 받지 않고 추수를 할 수 있게 한 것이다.

19:08 우리 국군용사들의 보호하에 그냥 내버려둬야만 했던 곡식을 추수하게 된 농민들. 그들의 얼굴과 얼굴에는 우리 국군에 대한 무한한 감사의 빛이 넘쳐흐르고 있다.

19:30 추수작전이 계속되고 있는 동안 우리 국군 용사들은 하루에도 몇 번씩 군 차량을 동원해서 그들이 수확한 곡식을 무사히 수송함으로써 추수보호작전은 성공리에 그 열매를 맺었다.

19:54 약 2개월 동안의 작전 지구에서의 임무를 마친 용사들은 다른 전우와 교체해서 우리 청룡의 홈 베이스인 캄남만으로 돌아간다.

21:22 캄남만, 이곳은 격전을 치르고 난 용사들이 마음껏 즐기는 휴양지이다. 코발트 빛 푸른 파도가 권풍을 치고 뙤약볕 내리쬐는 월남의 모래 위에 구리 빛으로 물든 대한남아의 힘이 약동한다.

21:50 강철 같이 단련된 청룡은 드디어 시원한 물을 만나 더욱 더 힘이 솟는다. 여기 용솟음 치는 청룡들의 얼굴에는 또 내일의 승리를 위해 투지만이 넘쳐흐르고 있다.

월남전선 4

제 명	월남전선
출 처	월남전선
제작국가	대한민국
제작년도	1966년
상영시간	13분 17초
제공언어	한국어
제 작	국립영화제작소
제 공	공보부
형 식	실사
컬 러	컬러/흑백
사운드	유

영상요약

해군 백구부대의 해상 수송지원 활동, 베트남과 한국의 무역 상황, 기술자들의 파견, 퀴논에 주둔한 맹호부대의 전투 활동을 설명한다.

화면묘사

00:01 함정을 항해중인 백구부대의 모습. 배경 음악 "백구부대가"
01:07 항구에 정박한 백구부대 함정 807호 전경. 함정 청소와 정비를 하는 부대원들
02:08 813호 함정 주변의 폭발물 탐색하는 UDT대원들

내레이션

00:41 여기 대한의 해군이 있다. 거칠은 남지나해의 노도를 타고 남국의 폭서를 받아
       가며 자유 월남의 해상 수송을 지원하는 백구부대의 용사들이 있다. 전선 내부
       의 온도는 대기 온도보다 높아 화씨 110도나 되니 그야말로 함정보다 더한 더
       위 속에서 자기의 맡은 바 임무를 수행하고 있다.

01:55 언제 보아도 깨끗한 우리의 함정. 어디를 가나 환영을 받는 우리의 함정.

02:15 그리고 함정 교체 방어는 우리 백구부대의 중요한 임무의 하나이다. 하루에도

몇 차례씩 우리 UDT대원은 함정 밑바닥과 부두 주변 수역에 대한 폭발물 탐색을 전개하고 있다. 그들은 또한 때로는 선박 구조, 수로 개척 그리고 해안 정찰을 감행해서 수중의 용사로서 활약하고 있다.

02:56 오늘날 월남전의 하루의 전쟁비용이 무려 81억 원이나 된다. 이러한 비용의 대부분이 군수물자이며 우리 백구부대는 이러한 군수물자의 수송에 중요한 임무를 수행해 나가고 있다. 고지에서 총알을 기다리는 우리의 청룡과 맹호 그리고 주월 연합군을 위해 백구부대 용사들은 잠시도 쉴 사이 없이 수송 작전에 최선을 다 하고 있는 것이다.

03:39 우리 백구부대는 이미 두 번째 교대식을 가졌다. 언제나 교대식이 시작되면 온 부두는 한국 일색으로 축제의 분위기로 변한다. 운집한 손님과 하늘 높이 휘날리는 태극기와 해군기.

04:07 빛나는 공훈을 세우고 귀국하는 해군. 새로운 사명을 맡고 달려온 용사들. 아름다운 월남 아가씨의 꽃다발에 파묻히는 우리의 해군 용사들은 이국 만리 월남 땅에서 천공의 후예다운 씩씩한 모습으로 언제나 우리 해군의 명예를 빛내고 있다.

04:37 우리 해군 함정이 사이공에 도착하면은 다섯 시간의 휴가를 얻어 해군 장병들은 즐거운 한때를 보낸다.

04:59 흰 세일러복으로 몸을 단장한 우리 해군 병사들은 사이공의 아름다움을 더 한층 빛내주고 월남인들은 우리 해군들의 믿음직스러운 모습을 볼 때마다 따이한 넘버원이라 소리지른다.

05:34 오늘날 월남에서 우리들의 활동이 날로 활발해짐에 따라 우리 대사관도 눈부신 활약을 거듭하고 있다.

05:50 월남과 한국 두 나라의 우호증진과 친선을 위한 외교관들의 활동은 베트콩들과 맞서고 있는 우리 국군에 못지않게 바쁘다.

06:15 용맹스러운 우리의 국군에 뒤이어 오늘 우리나라의 기술자들은 월남의 복구건설과 조국의 경제발전을 위해 속속 월남에 진출하고 있다.

06:33 뻗어가는 한국의 국력은 바야흐로 자유우방의 군사와 경제적 지원을 하기에 이르렀으니 여기 우리의 힘이 있고 조국의 명예가 있다. 이와 같이 한국 기술진이 계속 월남에 진출하게 되자 우리나라는 연간 3,000,000달라에 달하는 축항

공사를 맡는 한편 연간 5,600,000달라의 항만준설공사 등도 계약하게 되어 우리나라 경제번영의 또 하나의 발판을 만들어놓게 된 것이다.

07:13 그리고 우리 정부는 날로 증가하는 상품 수출과 기술 원조를 뒷받침하기 위해서 월남에 한국은행 사이공지점을 개설해서 모든 편의를 도모하고 있다. 오늘 월남에서는 가는 곳마다 우리나라 상품이 눈에 띈다. 특히 우리나라의 파고다 담배는 월남인의 인기를 모으고 있으며 그 밖에도 여러 가지 국산품이 수출되어 월남인들의 관심을 집중시키고 있다.

07:56 또한 파월 한국군을 위한 물자와 장비들은 가능한 한 한국에서 조달하게 되고 나아가서는 주월 미군과 월남군의 군수품까지도 우리나라가 막대한 양으로 도맡게 되어 우리의 수출진흥의 내일을 약속하고 있다.

08:23 오랜 세월을 이국만리에서 외로이 살아온 근 200명의 우리 교포들은 이제 외롭지 않다. 우리의 국군이 월남에 파견된 이후로 교포들은 고국에라도 돌아온 것 같은 기쁨에 싸여 우리 국군장병을 도와가며 번영하는 조국의 아들딸로서 명예롭고 자랑스러운 생활을 이룩해나가고 있다.

08:58 이곳은 월남의 중부지방 빈딩성의 퀴논. 우리 맹호부대가 주둔하고 있는 곳이다.

09:22 여기 자유 월남의 평화를 지키며 조국의 명예를 빛내고 있는 맹호 용사들은 적의 기습을 막기 위한 진취구축에 오늘도 여념이 없다.

10:07 한편 작전실에서는 언제 공격해올 지 모르는 베트콩을 섬멸하기 위한 작전을 수립하고 있다. 우리 맹호부대는 퀴논을 시점으로 해서 빈케이까지를 연결하는 19번 도로와 1번 도로를 지키며 월남에서 가장 큰 빈딩성을 전투 지역으로 맡고 있다.

10:28 **리의 더운 땅에서 햇빛이 뜨거워 몸부림칠 때 서늘한 바람 불어 그 몸 식히소서. 신이여 그들에게 용기와 생기를 주옵소서. 잘 싸워라 비는 정성 온 겨레가 한 마음. 조국의 용사여 자유와 해방의 기사여. 억센 발걸음 멈추지 않고 이름 모를 강물에 입술을 적시며 이 깨어진 땅을 위해 공포와 살육을 막는 국군을 본다. 장하여라 그 얼 그 정신. 가도가도 깊어지는 밀림수렁에 몰아오는 적의 고함을 따라 아시아의 열풍에 몸을 떨면서 죽음도 마다 않고 달리는 국군을 본다. 어두운 정글을 헤치며 내닫는 승리의 국군 맹호를 본다.

12:28 월남 땅에 우리 맹호의 함성이 울리기 시작한 이래 우리 용사들은 가는 곳마다 승리를 거두었으며 공격하면 반드시 승리를 거둔다는 강인한 맹호에 맞설 적은 없었다. 우리 맹호부대는 이미 비호6호작전, 번개2호작전, 맹호5호작전, 재구2 호작전 등을 감행해서 우리 용사들은 승리에 승리를 거듭하고 있다. 66년 2월 현재 우리 맹호들이 올린 전과는 적 사살 구백열네 명, 포로 삼백일흔아홉 명, 용의자 체포 이천백서른세 명, 귀순 스물네 명, 그 밖에 백여순일곱 척의 적 선박을 격침시키고 많은 전리품을 노획했다.

13:14 보라. 여기 월남 땅의 죽음과 … (영상 끊김)

월남전선 5

제 명	월남전선
출 처	월남전선
제작국가	대한민국
제작년도	1966년
상영시간	07분 09초
제공언어	한국어
제 작	국립영화제작소
제 공	공보부
형 식	실사
컬 러	컬러
사운드	유

영상요약

전투를 마친 맹호부대 장병들의 휴식 및 생활에 관련된 상황과 국내의 파월장병가족돕기운동을 보여준다.

화면묘사

00:00   전투 후 휴식을 취하는 장병들. 목욕을 하고 장기를 두고, 사병의 집에서 맥주를 마시고 춤추는 장병들

01:21   배구 시합하고 구호 안에서 밀어내기 시합하는 장병들

01:54   태권도 훈련하는 모습

02:14   등목하는 장병들

02:28   신문 읽고, 원숭이와 놀고, 기타를 치는 등 휴식 취하는 장병들

02:41   편지 읽는 장병의 모습

02:47   한국 농촌 전경과 농가를 방문해 위문품을 전하는 사람들

03:04   신문기사 "「派越」支援委설치, 將兵士氣昻揚 家族援護 등 맡아"

03:08   신문기사 "故國의 여동생과 27人의 猛虎오빠"

03:12   부상병 위문하는 엄앵란, 김혜정 등의 영화배우들과 김종필 의원

03:27   편지 읽고 답장 쓰는 가족의 모습

03:38   편지 읽는 장병의 모습

03:43   막사와 정자를 짓는 장병들. 정자에 맹호를 그려 넣고 "猛虎亭"이라 써 놓은 모습

04:40   장병들의 식사 모습

05:12   영내에서 배추를 기르는 장병들

05:37   보초 서는 병사 뒤로 해가 지는 모습

05:47   통신실의 모습

05:53   야간 전투를 하는 장병들

06:37   해가 뜨고 보초를 서는 장병, 체조를 하는 장병들의 모습

▍내레이션

00:02   한바탕 전투를 치르고 나면은 우리들은 각 소대에서 교대로 휴가를 받는다. 아
         직 장렬하던 총소리가 귀에 쟁쟁하고 초연 냄새가 온몸에서 풍긴다.

00:22   오늘부터 4일간 휴가다. 목욕을 마치고 나면은 제각기 오락을 즐기는 것이다.
         시원한 맥주로 컬컬해진 목을 적시고 싶은 것도 바로 이때다.

00:45   아리따운 월남 아가씨들의 상냥한 서비스를 즐기며 우리는 영내에 마련된 사병
         의 집에서 마음껏 마시고 떠들 수가 있다.

01:27   휴가 중에도 우리는 체력 연마를 소홀히 하지 않는다. 그리고 부대 대항 배구
         시합을 통해 우리는 언제나 이겨야 한다는 필승의 신념을 기르기도 한다.

01:43   영내의 오락은 그 종류도 가지가지다. 베트콩을 몰아내듯 구호 속에서 서로 떠

밀며 구호 밖으로 내던지는 등

01:56 그리고 태권도 훈련. 이 태권도는 심신을 단련하는 것뿐만 아니라 실전에 있어서 육박전에 가장 훌륭한 무기이기도 하다.

02:16 땀으로 흠뻑 젖은 몸에 찬물을 끼얹는 맛은 아마 열대지방의 태양을 쪼여 본 우리만이 아는 맛이리라.

02:29 하루의 일과가 끝나고 나면은 우리들은 한가롭다. 어떤 친구는 원숭이와 재롱을 부리며 어떤 친구는 키타에 흘러간 노래를 부르기도 한다. 그러나 우리들의 생활에서 가장 반가운 것은 고국의 소식이다.

02:45 (여자 성우의 육성) "오빠, 이곳은 따뜻한 봄을 맞아 농사일이 시작됐어요. 온 마을 사람들이 우리집과 같은 파월장병 집을 도와주고 있으니 얼마나 고마운 일인지 모른답니다. 그런데 오빠, 즈이 선생님이 그러시는데 파월장병가족돕기 운동은 우리 대통령께서 강력히 추진시키고 계심으로 온 국민들이 한결 같은 마음으로 이 운동을 펼치고 있대요. 그리고 또 요즘엔 각계각층의 인사들이 월남전선에서 부상을 입고 돌아오신 오빠들을 위문하고 많은 선물을 보낸다고도 해요. 오늘도 아버지께선 오빠의 편지를 받자마자 바로 답장을 쓰세요. 꼭 편지를 자주 해주세요. 재미있는 월남의 소식을요. 안녕."

03:56 월남에 도착한 이래 우리들은 천막으로 야전생활을 하고 있었으나 부대 이곳저곳에서 우리들의 손으로 땅을 깎고 블러그를 만들어 막사를 짓기 시작했으며 이제 본격적인 막사가 완공될 날도 머지않았다. 특히 영내에는 우리들이 고국을 떠날 때 가져온 기와로 우리나라 고유의 아담한 정자를 만들어 우리들의 손으로 곱게 단청을 하고 우리 부대의 상징인 맹호를 그려 놓았다. 이렇게 우리의 진지가 아름답게 다듬어지고 보니 우리들의 보금자리는 정말 행복한 가정과도 같이 포근한 느낌을 준다.

04:44 오늘날 월남에서 우리들이 먹고 있는 음식은 조금도 부족함이 없다.

05:07 그러나 우리들이 제일 먹고 싶은 것은 고국의 김치이다. 그래서 우리들은 영내의 빈터에 무, 배추를 갈았다. 고국에서 떠날 때 가지고 와서 뿌린 씨앗이 이제는 거의 다 자라서 먹고 싶은 김치 맛을 보게 됐다.

05:37 오늘도 하루가 지났다. 낮에는 우리의 맹호 앞에 얼씬 못하는 베트콩들이 밤에 기습을 해오는 수가 많다. 그래서 우리들은 밤일수록 경비를 더 철저히 한다.

06:26 이 철통같은 수비와 공격 앞에 그 누가 맞설 수 있겠는가.

06:48 또 하루가 시작된다.

05:56 이 월남의 새벽 하늘에 울려 퍼지는 패기에 찬 함성소리는 반드시 월남의 하늘 아래 평화와 자유를 심고 말겠다는 우리들의 신념이요 절규의 소리인 것이다.

월남전선 6

제 명	월남전선
출 처	월남전선
제작국가	대한민국
제작년도	1966년
상영시간	16분 25초
제공언어	한국어
제 작	국립영화제작소
제 공	공보부
형 식	실사
컬 러	컬러/흑백
사운드	유

영상요약

맹호부대 경리부와 군사우체국의 활동, 맹호부대의 대민 지원사업, 구멍고개의 경비 활동, 전투 상황을 보여주는 한편 재구대대의 이름을 딴 재구촌 주민들의 모습을 기록했다. 또한 후발 부대로 파병된 혜산진부대의 출발과 도착을 기록하고 있다.

화면묘사

00:00 후방 지원부대가 화기 수리와 정비를 하는 모습
00:53 경리부 천막에서 봉급 받는 장병들. "돌아가서 후회말고 너도 나도 송금하자!

쟝글에서 보낸 딸라 웃음 피는 우리 가족 맹호경리부"라고 써있는 포스터가 보임. 배경 음악 "사이공 뎁블람(Saigon Dep Lam)"

01:47 군사우체국에서 편지와 소포 분류하는 장병들의 모습. 우체국 앞 "우편안내" 공지 안내판이 보임

02:23 헬리콥터로 전방 초소에 우편물 수송하는 모습

03:28 전방 초소에서 경비 서는 장병들

03:37 맹호부대와 대민 지원사업 모습. 쌀과 구호품을 전달하고 의료지원을 하는 모습

04:00 재구대대의 이름을 딴 재구촌의 환영행사 모습. "재구촌민은 한국군에게 진심으로 감사한다", "한국군을 진심으로 환영한다" 등의 현수막이 보임

04:39 맹호부대의 풍농대회 모습. 탈곡기 등 국산 농기구 기증하고 시범을 보이는 모습

05:08 구멍고개에서 남북의 주민들이 상거래를 하는 모습. 두 명의 청년이 어머니를 만나는 모습

06:37 구멍고개에서 환자들을 치료하고 식량을 배급하는 장병들

07:14 운동장에서 기도회 갖는 장병들

07:53 헬리콥터로 이동해 전투하는 모습

11:48 포로들과 노획한 무기들의 모습

11:57 전투 지역에 태극기 게양하는 장병들

12:09 장병들에게 훈장 수여하는 채명신 사령관. 장병들에게 꽃다발 걸어주는 아오자이 입은 월남 여성들

12:59 혜산진부대 사열 받는 박정희 대통령

13:17 단상에서 연설하는 박정희 대통령

13:35 혜산진부대 장병들에게 꽃다발 걸어주는 여학생들과 악수하는 박정희 대통령과 정부 인사들

13:50 항구에서 태극기 흔들며 파월 장병 환송하는 인파. "환송 맹호" 현수막이 보임

14:28 베트남 도착한 혜산진부대를 환영하는 맹호부대 군악대의 연주와 베트남 사람들. "환영 혜산진부대" 현수막이 보임. 배경 음악 "용사들은 바다를 건넜다"

15:17 사원에서 기도하는 베트남 사람들

15:57 행군하는 장병들

16:18 바닷가에 보초 서고 있는 장병의 모습

16:21　자막 "끝"

█ 내레이션

00:20　우리 용사들이 각 전투마다 크게 전과를 올리고 있다는 것은 후방 지원부대의 완벽한 뒷받침에 있는 것이다. 전투는 전투부대만이 하는 것이 아니다. 전투부대가 적을 무찌르는 동안 이곳 병기대에서는 각종 화기의 수리와 정비에 여념이 없다.

00:43　땀 흘려 갈고, 조이고, 닦는 이들 기술병들의 마음과 마음에도 필승의 신념이 불타오르고 있다.

01:00　봉급 날. 용사들에게는 가장 즐거운 날이다. 용사들의 봉급은 달라를 받는다.

01:24　봉급을 받은 용사들은 이것으로 생활의 설계를 꾸민다.

01:34　그래서 고국의 부모에게 부쳐주고 또 적금을 한다.

01:52　매일같이 수없이 실려가고 실려오는 우편물은 군사우체국에서 일하는 장병들의 일손을 바쁘게 한다. 그러나 보내는 소식보다 받아보는 소식이 적다는 용사들의 말이다. 고국과 장병들의 우편물 수송을 하는 데 항공기를 이용, 장병들이 보낸 편지를 집에서 받아보기까지는 8일 내지 10일이면 족하다.

02:28　헬리콥타가 전방 초소를 내왕하며 장병들에게 고국의 소식을 전해준다.

02:40　헬리콥타의 엔진 소리가 가까워지면 장병들은 환호성을 올리며 달려나간다. 목마르게 기다렸던 부모 형제들의 소식이기 때문이다.

03:33　우리 맹호부대에서는 불타는 전열의 뒤안길에서 헐벗고 굶주림에 지친 월남인들을 돕고 있다.

03:48　이 따뜻한 구호의 손길은 그들에게 새로운 삶의 의욕을 불어넣어 자유를 지키는 진정한 우방으로서의 믿음과 존경을 받고 있다. 특히 재구대대에서는 부하를 위해 자기 몸을 희생한 재구 정신을 받들어 그동안 많은 전과를 올렸으며 적극적인 대민 지원사업을 벌여 한월 친선에 크게 이바지했다.

04:19　뿐만 아니라 이곳 주민들은 마을 이름을 재구촌이라고 짓고 큰 환영잔치를 베풀면서 재구대대가 이곳을 떠나지 말 것을 간청했다.

04:39　이와 같이 한월 친선의 우의가 두터운 가운데 맹호부대에서는 월남 농민을 위

한 풍농대회를 열고 흥겨운 농악 속에 우리 국산 농기구들을 기증하고 그들의 사용법을 시범했는데 특히 우리나라 탈곡기는 간단하면서도 성능이 좋다고 모였던 많은 농민들이 탐을 내기도 했다.

05:11 퀴논 동북방 24km 지점, 해발 250m의 680고지. 이곳이 월남의 판문점 구멍고개이다. 우리 맹호부대가 경비를 맡고 있는 이 고개는 베트콩 지역의 주민과 자유 월남 주민이 서로 만나 상거래를 하는 곳이며 또한 전쟁이 갈라놓은 부모형제들이 잠시 만났다가 헤어지는 비정의 길목이다. 여기 두 젊은이가 베트콩 지역에 사는 어머니를 기다린다. 이날 만나기로 말이 전해진 것이다. 그런데 자유 월남 국민들의 표정은 항상 명랑한 데 비해 베트콩 지역에서 온 주민들은 모두 우울한 표정이다.

06:16 한 젊은이는 그리던 어머니를 만났다. 얼마나 반갑고 기쁘랴만은 이들 표정에는 서글픔만이 감돈다. 베트콩 지역에서 오는 사람들 중에는 사경에 이른 환자들도 있다. 우리 용사들은 이들을 성심껏 치료해준다. 이것은 우리 용사들이 가지는 인류애와 초인간적인 봉사정신인 것이다.

07:00 같은 피를 나눈 부모형제가 잠시 만났다가 쓸쓸히 헤어져야 하는 구멍고개. 이곳은 상극된 사상전이 빚어낸 비정의 길목이다.

07:24 생명을 건 싸움터. 그러나 내일의 승리와 수난의 월남인에게 하나님의 가호와 월남의 평화를 기원하는 병사들의 기도소리가 정글을 뚫고 메아리 쳐 간다. 하늘이여 이 땅에서 자유를 갈구하는 선량한 백성들을 잔인한 베트콩의 파괴와 살인과 테러에서 보호해주옵소서.

08:04 전투는 또 시작된다. 적은 아무 데도 없다. 그러나 적은 사방에 있다. 언제 어디서 적이 나타날 지 모르는 월남전선. 우리 국군 용사들은 필승의 신념으로 오늘도 자유와 평화를 위해 진격한다.

11:54 오늘의 전투는 끝났다. 그러나 우리 대한남아가 이 땅에 심은 평화의 씨는 길이 자라 이 나라의 후손들에게 우리들의 얘기를 전해 줄 것이다.

12:24 빛나는 전공을 세운 우리의 맹호. 가슴과 가슴에 빛나는 무공의 훈장. 장하다 우리의 용사. 잘 싸웠다 우리의 국군. 그대들에 바치는 겨레의 박수. 그대들에 바치는 조국의 훈장. 개선의 용사들이여. 대한의 아들들이여. 보라. 자유를 사랑하는 전 인류는 지금 그대들에게 환희와 승리의 꽃다발을 바치고 있지 않는가.

13:04   여기 활짝 개인 대한의 하늘 아래 수많은 용사들이 또 월남을 향하고 있다. 앞서
         간 전우를 따라 여기 대열을 짓는 자유의 십자군 그 이름도 장한 혜산진부대.

13:18   (박정희 육성 연설) "장병 여러분. 자유 월남에 하루 빨리 평화가 오고 여러분
         들이 전원이 무사히 그리운 고국에 다시 개선하는 날을 우리들은 손꼽아 기다
         리며 빌고 있겠습니다."

13:40   조국의 명을 받아, 겨레의 박수를 받아, 자유세계의 부름에 따라 이국만리 월남
         땅을 머다 않고 한 마음 한 뜻으로 달려가는 용사들. 아, 그 이름도 장한 대한
         의 국군. 그대들 가는 곳에 우리도 있으리. 그대들 가는 곳에 자유가 있으리.
         여기 자유 우방의 안전을 지킬 평화의 사도가 떠난다. 일편단심 조국을 지킬
         평화의 사도가 떠난다. 일편단심 조국을 지킬 겨레의 맹세가 한 데 뭉쳐 조국
         을 떠난다.

14:58   한걸음 한걸음 내딛는 발길마다 자유가 심어지리. 평화가 오리. 나날이 뻗어가
         는 대한의 국력. 나날이 번영하는 우리의 조국.

15:26   자유 우방에 바치는 감사의 기도. 자유와 평화를 비는 월남인의 소망. 그 소망
         은 이루어지리. 하늘이여 이 땅에 하루 속히 자유를 주옵소서. 평화를 내리소
         서. 오늘도 월남의 산하를 지키는 우리의 국군. 자유를 지키는 대한의 용사들.
         하늘이여 그들을 지키소서. 우리의 꿈을 이루어주소서.

16:05   비둘기야 날라라. 백구야 솟아라. 청룡아 달려라. 맹호야 울부짖어라. 이 땅에
         평화와 자유가 올 때까지.

전진하는 스카웃

제 명	전진하는 스카웃
출 처	전진하는 스카웃
제작국가	대한민국
제작년도	1966년
상영시간	15분 55초
제공언어	한국어
제 작	국립영화제작소
제 공	공보부
형 식	실사
컬 러	흑백
사 운 드	유

영상요약

이 영상은 1966년 5월에 있은 스카우트 전진대회의 전야제 행사와 본 행사 장면을 보여주고 있다. 전야제에서는 김종필 스카우트 총재가 방문하여 단원들에게 선물을 증정하고 각 단원들의 공연이 진행되었다. 다음날 서울운동장에서 개최된 본 행사에서는 박정희 대통령과 김종필 총재 등이 모인 가운데 공로가 있는 스카우트 관련자들에게 훈장을 수여하고 단원들의 도심 퍼레이드로 행사는 마무리 된다. 아울러 김종필 총재는 이날 오후 경기도 고양에 세워질 스카우트 중앙훈련소 기공식에 참석하였다.

연구해제

한국의 보이스카우트는 1922년에는 조선소년군과 소년척후단이라는 명칭의 소년조직이 결성되면서 시작되었다. 해방 이듬해인 1946년 조선소년단은 대한소년단으로 재창단되었고, 1952년 대한보이스카우트로 명칭이 바뀌었다가 1966년 한국보이스카우트로 정식 명칭을 변경하였다. 1966년에 만들어진 〈전진하는 스카웃〉 영상은 한국보이스카우트로 이름을 바꾸고 단체를 재정비하던 시기에 제작된 것이며, 〈보이스카웃〉(1974)는 보이스카우트의 경주 방문 행사를, 〈한국 잼버리〉(1977)는 창립 55주년 기념행사로 열린 제5회 잼버리 대회를 취재한 영상이다. 한국스카우트연맹 홈페이지(www.scout.or.kr)에는 1922년 조선소년군과 소년척후단이 창설되면서 스카우트운동이 시작되었다고 적고 있으나 1907년 조선소년단이 먼저 창단되고, 1922년 소년척후단이 결성되어 보이스카우트의 모체가 되었다고 보는 견해도 있다.

〈전진하는 스카웃〉에는 1960년을 거치면서 '청년'에 집중되었던 관심을 '소년'으로 이동시키고, 애국과 협동, 자립 등의 구호를 강조함으로써 이들을 당시 군사정권의 구호에 부합하는 소년단으로 키우려는 정권차원의 의지가 노골적으로 드러난다. 1966년 당시 한국보이스카우트의 총재였던 김종필은 이 영상에서 박정희 대통령을 명예 총재로 추대하는데, 박정희는 축사를 통해 스카우트의 모델로 신라의 화랑 관창 및 유관순을 거론하면서 '조국애'를 강조하였으며, 김종필 역시 '독립', '자립'을 모토로 내세우며 스카우트의 최종 목표가 '충성스러운 국민'이 되는 것이라고 설파한다. 1974년 제작된 〈보이스카웃〉는 경주와 울산 등을 방문한 보이스카우트 대원들을 중심으로 '화랑정신'과 '보이스카우트정신'이 맞닿아 있음을 강조하고, 태권도 및 궁수를 연마하는 대원들을 보여주면서 '한국적인' 보이스카우트라는 민족적 성격을 부여한다. 또한 지속적으로 "국가관이 투철한 국민"이 되는 것이 보이스카우트의 최종 목표임을 주장하면서 사회봉사활동 등을 통해 이를 실현하고 있음을 강조한다. 〈대한뉴스〉(186호, 431호, 573호, 686호)와 〈리버티뉴스〉(366호, 472호) 속 스카우트의 보도는 가뭄과 홍수 등 자연재해로 피해를 입은 지역에서 적극 구호활동에 앞장서는 '소년군'의 이미지를 재현한다. 1977년 제작된 〈한국 잼버리〉 역시 〈우애와 충성〉이라는 영상기록물의 일부로 편집되었는데, 세계 잼버리 대회에서도 '우애' 및 '충성'이라는 구호를 앞세우고 있으며, 해외 소년단과의 교류를 확대하면서 활동 영역을 구축하기도 했다. 〈한국 잼버리〉에서 박정희는 1977년 세계 보이스카우트 명예 총재로 추대되었다.

참고문헌

한봉석, 「조선소년단 활동을 통해 본 '인민화' 과정」, 『역사문제연구』 24, 2010.
한국스카우트연맹 홈페이지 www.scout.or.kr

화면묘사

00:01 스카우트 전야제의 무대가 비춰지고 이어 모닥불이 켜짐
00:27 스카우트 단원들이 선서를 하는 장면
00:50 김종필 스카우트 총재가 단원들에게 선물을 증정하는 모습
01:13 스카우트 단원들이 악기를 연주하고 사물놀이와 국악 공연을 하는 장면. 이어 미국 스카우트 단원들의 구급법과 운반법 시연이 보여짐
02:28 레크리에이션을 함께 하는 스카우트 단원들의 모습. 이어 걸스카우트 단원들의 가장행렬 및 연극이 보이고 이를 지켜보는 단원들이 비춰짐
04:40 모닥불 주위에서 강강술래 공연이 보이고 이를 지켜보는 김종필 총재. 구호를 외치는 스카우트 단원
05:29 서울운동장에 모인 스카우트 단원들과 "스카우트 전진대회"라는 현수막이 보임
05:56 서울운동장 단상에 박정희 대통령이 서 있고 김종필 총재가 박정희 대통령에게

훈장을 목에 걸어줌. 연설하는 박정희 대통령, 김종필 총재와 연설을 듣는 스카우트 단원들이 비춰짐

07:05   스카우트 단원들에게 훈장이 수여되는 장면

08:49   스카우트 단원들이 서울운동장에서 퍼레이드를 하는 모습과 이를 지켜보며 박수를 치는 박정희 대통령 및 귀빈들. 퍼레이드 배경음악으로 "아리랑"이 들림

12:03   스카우트 단원들이 시가지로 나가 퍼레이드를 하는 모습. 악기를 연주하며 태극기와 스카우트 깃발을 들고 행진하는 단원들. 스카우트 단원들 사이로 김종필 총재의 모습도 보임

14:22   보이스카우트 중앙훈련소 기공식에 참석한 김종필 총재와 관련 인사들. 고사를 지내는 장면과 기념식수를 하는 참석자들이 보임

15:51   자막 "끝 제공 공보부 제작 국립영화제작소"

▌내레이션

00:10   5월 28일 서울 장충공원에 자리 잡은 자유센터에서는 김종필 보이스카우트 총재를 비롯한 전국 5,000여 단원 그리고 지도자들이 모인 가운데 전진대회에 앞서 전야제를 베풀었습니다.

00:27   나는 하나님과 나라를 위하여 나의 의무를 다하고 항상 다른 사람을 도와주고 덕성을 기르고 몸과 마음을 튼튼히 하여 규율을 잘 지키겠습니다.

00:53   김종필 총재는 명예총재이신 박정희 대통령이 하사한 선물을 각 단원들에게 전달해서 밤의 잔치를 더욱 흥겹게 했습니다.

01:28   이어 각 스카우트 대표 단원들의 특기를 자랑하는 여흥으로 들어갔는데 지금 보시는 것은 전주 대표 연장대의 승무와 경기연맹의 국악입니다.

02:08   스카우트는 문명의 도움을 이용하는 것보다 부족 불편한 가운데서도 그것을 능히 이겨나가고 창조해 나가는 데 참다운 목적이 있는 것입니다. 미국 스카우트 단원들의 구급법과 운반법은 갈채를 받았습니다.

02:32   온 인류의 마음을 하나로 잡으려는 거룩한 이념하에 오직 실천을 행동의 귀감으로 삼고 있는 스카우트. 우리의 모든 노력은 나와 나의 이웃과 조국에 충성하고 봉사하는 스카우트 본연의 정신적 교도에 따라 생산돼야 할 것입니다.

03:00 걸스카우트의 가장행렬, 경북연맹의 뮤지컬쇼, 소녀대의 강강술래 등 각 단원들의 여흥은 밤이 깊어갈수록 더욱 무르익어 갔습니다.

03:38 국가의 소망은 자라나는 청소년들에게 있습니다. 우리 스카우트는 국가의 장래를 보다 충실히 이어가기 위해 몸과 마음을 단련하고 있습니다.

05:07 저물어 붉은 해 지평선 너머로 지도다. 만상은 주 품에 쉬도다. 의로운 일을 계속하자는 뜻에 으여차를 외치며 밤의 잔치는 저물어 갔습니다.

05:33 다음날인 5월 29일 오전 열한 시 서울운동장에서는 박정희 대통령과 김종필 총재 그리고 내외 귀빈들을 모신 가운데 뜻 깊은 스카우트 전진대회를 가졌습니다.

06:14 김종필 총재께서는 명예총재로 모신 대통령 각하에게 명예총재직 별장을 목에 걸어줌으로써 스카우트의 앞날을 더욱 굳건히 했습니다.

06:27 이 자리에서는 박정희 대통령께서 치사를 통해 신라 관창의 용맹과 3·1운동 때의 유관순은 조국을 지키기 위해 목숨을 바쳤음을 강조하고 소년소녀 여러분들이 조국의 번영에 앞장서줄 것을 당부했습니다.

06:47 이어 김종필 총재는 격려사를 통해 세계를 하나로라는 우리의 이념과 신념으로 조국에 이바지함은 물론 세계대열 속에 떳떳이 참여할 수 있는 한국의 보이스카우트로 발전시키는 데 전력을 기울일 것을 다짐했습니다.

07:07 스카우트 한국연맹은 44년의 오랜 시일을 거듭하는 동안 우리 선배들에 의해서 독립정신과 자립정신의 배양에 이바지해왔습니다.

07:21 자기의 목숨을 버려 이웃을 구하고 훈련경험에 의한 구급법으로 응급환자의 생명을 구한 장한 스카우트에게 명예스카우트장과 무궁화금장이 김종필 총재로부터 각각 수여되었는데 이들은 인격훈련을 받고 품성을 닦아 수공과 기능을 습득하고 나아가서는 사회적 봉사정신을 함양해서 보다 충실히 국가에 이바지하는 역군이 될 것을 기약했습니다.

07:56 우리는 신념과 우애로써 전국의 스카우트가 일치단결해서 스카우트 운동의 발전에 헌신 노력할 것을 건의한다는 등의 5개 항목을 채택하고 우리들이 연마한 애국심과 의용심과 지도력으로 예의 바르고 우애 있는 내 이웃을 이룩하고 순결하고 경건한 자세로 학원정화에 선봉이 되고 경건하고 충성스러운 공민이 될 것을 결의했습니다.

08:51 식에 이어 전국 5천여 스카우트 대표단원들은 화려한 파레이드에 들어갔습니다.

09:04 오늘은 우리 한국의 스카우트 운동에 참여하는 우리들의 다시없는 희망에 찬 전진의 날입니다. 오늘날 새로운 기풍을 창조해서 조국근대화를 지향하는 이 마당에 우리 어린이들에게는 큰 꿈과 이것을 실현하기 위한 구체적인 노력의 과정이 이 운동을 통해 더욱 전문화되고 기술화돼 갈 것입니다.

09:53 오대양의 물결이 휘몰아치는 곳. 저 검붉은 아프리카의 대륙 위에 희끗이 치솟은 킬리만자로가 있거니. 태양의 솟음이여 바람이 일고 물결이 일었어도 지지 않는 베이든 파우웰의 숨결이여. 아득히 울려 퍼진 북소리마냥 하늘에 치닫고 바다를 울렁이듯 진동, 진동했거니. 형제들이여 보라. 인류를 하나로 포용하는 저 가슴 가슴들. 형제들이여 들으라. 세계를 하나로 포효하는 저 외침을. 우리는 역사를 이고 베이든 파우웰을 따랐어라. 하여 스카우트 기치 아래 호흡하는 세계의 숨결이 있었고 나라에 충성하는 애국이 있었고 남을 위하여 봉사하는 희생이 있었고 너를 사랑하는 믿음이 있었으니 너와 나의 노래 메아리 되어 줄기줄기 산허리에 고이어라. 형제들이여 행군하라. 여기 줄줄이 이어간 꿈 물결 속에 너를 향한 사랑의 노래 넘실거리나니. 너를 부르는 깃발 검푸르게 휘날리고 너를 부르는 소리 빨갛게 타지 않느냐. 여기 광장, 오월의 하늘을 이고 세계로 향한 광장이 불길처럼 충만한 사랑이 있기에 너를 불러 불러본다.

12:06 우리는 이제 전국 스카우트 대표가 모여 서울운동장에서 나라에 충성하며 겨레에 봉사하는 찬란한 역사의 주인공이 되고저 스카우트 전진대회라는 이름 아래 대열을 갖추어 여러분들 앞에 우리들의 힘찬 기상과 젊음을 보이려 행렬을 갖추었습니다.

12:30 보라. 이제 이 나라에 장래가 있고 이 나라 역사의 주인인 스카우트의 늠름한 모습을. 우리는 사회를 위하여 봉사하는 마음을 간직하고 우리는 조국을 위하여 실천하는 의기를 지니고 있다.

12:54 모여라 형제들이여 스카우트 기치 아래로. 여기 호흡하는 세계의 숨결이 있고 여기 나라에 충성하는 애국이 있다. 우리는 이 나라의 역사를 이고 또 이으려 한다.

13:21 형제들이여 행군하라. 스카우트의 푸른 대열에서 여기 넓은 희망의 광장이 있

고 세계로 향한 원형의 광장이 있다. 스카우트 전진대회는 영속하는 생명력으로 역사와 더불어 영원히 행군하게 될 것이다.

14:24 전진대회가 끝난 이날 오후 김종필 총재를 비롯한 각 대표 지도자들은 경기도 고양군에 세워질 보이스카우트 중앙훈련소 기공식에 참석했습니다. 이 자리에서 김종필 총재는 식사를 통해 스카우트 지도자 양성에 기여할 이 중앙훈련소가 국제적 수준으로 승화 발전해서 전진하는 한국 스카우트를 이룩해 줄 것을 당부했습니다. 60,000평 대지 위에 세워질 중앙훈련소는 본관을 비롯해서 지도자 숙소, 학생 숙소, 목욕장, 세면장, 창고 등 연쇄적으로 건립될 것입니다. 우리 스카우트의 숙원이든 이 훈련소가 건립을 보게 되면은 5년 내로 극동잼보리, 10년 내로 세계잼보리를 한국에 유치해서 세계 어린이들을 통해 한국을 소개하고 세계와 직결되는 한국의 발전을 시도하게 될 것입니다. 이틀 동안에 걸친 스카우트 전진대회는 참으로 집약된 청소년들의 정신력과 힘의 과시로써 대내외에 역사적 의의를 부여함은 물론 많은 청소년들의 산 표본이 되어 형제애에 의한 많은 사랑이 저마다의 가슴 속에 깃들이게 할 것입니다.

보이스카웃

제 명	보이스카웃
영문제명	Boy Scouts of Korea
원제명	보이스카우트 -Boy Scouts of Korea-
출 처	보이스카우트
제작국가	대한민국
제작년도	1974년 09월
상영시간	13분 15초
제공언어	한국어
형 식	실사
컬 러	컬러
사 운 드	유

영상요약

화랑의 정신을 이은 오늘의 한국 보이스카우트를 소개하는 영상.

화면묘사

00:00 보이스카우트 단원들 사진을 배경으로, 제목 자막 "보이스카우트—Boy Scouts of Korea—"

00:06 경주 전경

00:23 불국사, 첨성대, 분황사 옛 절터, 봉덕사의 에밀레종, 석굴암의 모습

01:12 태종 무열왕릉 전경, 화랑 출신의 김유신의 동상

01:30 깃발을 들고 일렬로 걷는 보이스카우트 단원들의 모습

01:33 경주 화랑의 집 전경

01:44 화랑의 집으로 향하는 보이스카우트, 화랑의 집에서 화랑의 정신에 대한 교육을 받는 보이스카우트 단원들의 모습

02:07 배지를 다는 단원들, 교사들과 모여 운동장에서 레크리에이션 활동을 하는 모습

02:33 태권도를 연습하는 보이스카우트의 모습

02:46 궁수를 배우며 한국적인 보이스카우트가 되어가는 모습

02:57 울산 근교의 반구대. 신라 화랑들이 무술을 단련하던 곳으로 1,500년 돌에 새겨진 유적 등을 견학하며 화랑의 정신을 배우는 보이스카우트 단원들의 모습

04:11 화랑이 몸을 닦던 반구대 앞 냇물의 전경

04:32 캠핑 훈련을 하고, 고적지 청소, 자연 보호 운동, 교통정리 등 국가관이 투철한 국민이 되도록 사회봉사활동을 하는 보이스카우트

05:09 조국의 명산대천을 다니며 조국의 새 모습을 견학

05:16 서울의 중심가 세종로 모습

05:35 한국 보이스카우트 연맹 중앙훈련소 전경

05:44 21세 이상의 보이스카우트 지도자들이 각종 야회 훈련을 받는 모습

07:03 이곳에서 초창기부터 한국보이스카우트연맹에서 활동한 한 대원의 회갑잔치가 열리는 모습

07:33 초창기 보이스카우트들 선조, 조선소년군의 흑백 사진 등 과거 자료 사진들을 보여주며 한국보이스카우트의 역사를 설명

08:41 50여 년 전 초창기 한국 보이스카우트의 기능장

08:58 1971년 국제 잼버리 대회 모습, 여기 참석한 박정희가 대원들에게 기장을 달아주는 모습, 격려사를 하는 김종필

09:19 아산 현충사 전경, 그 정신을 기리며 여기에 견학한 보이스카우트 대원들의 모습

10:28 배를 타고 한려수도를 관람하며 호연지기를 기름

10:50 제주도의 바닷가와 목장의 풍경

11:19 제주도에서 열린 한국보이스카우트 야영대회가 열림, 야영지 전경과 야영을 준비하는 대원들의 모습

12:28 제주시 공설운동장에서 열린 야영대회 개영식 모습, 시가지를 행진하는 보이스
카우트 단원들

▌내레이션

00:09 여기는 한국 동남쪽의 경주, 신라 천 년의 고도입니다. 한국의 불교문화를 대
표하는 불국사, 세계에서 가장 오래된 천체 관측소인 첨성대, 이것은 분황사 옛
절터로 불교문화 유산입니다. 봉덕사의 에밀레종은 동양의 신비를 안고 호국의
신앙으로서 불교의 정성은 석굴암의 조각을 낳았습니다. 신라 태종 무열왕릉,
신라를 번영케 한 화랑도 출신의 김유신의 늠름한 기상이 지금 한국의 청소년
들의 가슴에 전해지고 있습니다.

01:36 여긴 경주 화랑의 집. 신라가 국토를 통일하는 데 이바지한 화랑의 얼을 기르
는 곳입니다. 당시 신라의 십오 세 전후 소년들이 나라를 위해서는 목숨까지
바쳤던 화랑의 정신은 바로 오늘날 한국 보이스카우트의 이상이기도 합니다.
천오백 년 전 화랑의 정신이 충성, 효도, 신의에 의한 것과 같이 오늘의 보이스
카웃 정신은 건전한 국민이 되는 믿음과 충성의 순종의 봉사잡니다. 대원들은
옛 화랑과 같이 한국 특유의 무예인 태권도를 익히며 단련합니다. 또한 옛날무
술의 하나인 궁술을 익히며 한국적인 보이스카웃 운동을 배웁니다. 여기는 한반
도 남부 동해안, 울산 근교에 있는 반구대로써 옛 신라화랑들이 무술을 연마하
고 단련하던 곳입니다. 언덕바지 높다란 석벽에 그려진 글과 벽화에서 1500년
전 화랑들의 발자취를 더듬어 볼 수가 있습니다.

03:38 여기 돌에는 "두 사람은 함께 하늘에 맹세한 것을 이 돌에 새긴다. 앞으로 3년
을 두고 무술을 닦아 나라에 충성하는 데 과실이 없기를 맹세한다"고 새겨져
있습니다. 이 반구대 앞에 흐르는 물. 화랑도들이 몸을 씻고 나라를 걱정하던
냇물이 지금도 유유히 흐르고 있습니다.

04:43 이 소년들은 국가관이 투철한 중견 국민으로서 언제나 이웃에 봉사하는 생활을
할 수 있도록 평소에 고적지 청소라든가 이밖에 여러 가지 일을 합니다. 전국
의 명산대천을 누비며 조국의 새 모습을 눈 여겨 보기도 합니다. 여기는 서울
의 중심가 세종로. 서울 교외에는 한국보이스카우트연맹 중앙훈련소가 있습니

다. 보이스카웃 대원들의 훈육을 직접 담당하는 대장들이 지도자로서의 자질을 갖추기 위해 이곳에서 훈련을 받게 됩니다. 대장은 21세 이상으로서 먼저 보이스카웃 정신을 이해하고 대원들에게 도덕적으로 감화를 줄 수 있는 인격을 갖춘 사람이라야 합니다. 나이 어린 대원들을 지도하는 책임을 지고 있기에 이들은 한껏 어려운 훈련을 받습니다.

06:42 지도자가 되려면은 각 지방 연맹에서 열리는 이론 강습과 야영 훈련을 마치게 되면은 자격을 얻게 되는데 이미 활동을 하고 있는 지도자들도 이렇게 중앙에 와서 거듭 훈련을 받고 있습니다. 이곳에서 한국 보이스카웃 운동 초창기부터 참여했던 한 대원의 회갑잔치가 베풀어졌습니다. 52년 역사를 지닌 한국 보이스카웃 운동에 어제를 돌이켜보게 합니다.

07:36 한국에 맨 처음 보이스카웃 운동이 비롯된 것은 이 사진에서와 같이 1922년 조선소년군과 조선소년척후대 발대식을 가지면서부터였고, 이후 1924년 4월 중국 북경에서 열린 극동지역 야영대회에 한국대표단이 참석함으로써 국제교류를 하기도 했습니다. 불과 2~3년 만에 100여 개로 조직이 늘어났고 일본에 나라를 빼앗긴 설움과 울분을 안고 중국, 만주, 하와이 등 한국 동포들이 살고 있는 해외에서 민족의 척후인 보이스카웃 조직과 활동을 넓혀왔습니다. 그러나 일제는 1937년 9월 한국 보이스카우트를 강제로 해산시키고 지배자는 외지로 추방했으니 한국 보이스카웃 역사는 한국 최근사의 단면이기도 합니다.

08:40 이 운동에는 청소년들의 호기심과 보람을 안겨주게 위해 진급제도인 기능장이 마련돼 있는데 이것은 50여 년 전 한국 보이스카우트 초창기의 기능장입니다. 해방 후에는 국제 잼버리를 개최할 만큼 성장해서 1971년도에 명예총재인 박정희 대통령이 이 대회에서 대원들에게 기장을 달아주었으며 명예부총재인 김종필 총리는 젊은이를 격려했습니다.

09:30 한국 충청남도 아산에 자리 잡은 현충사. 380년 전 임진왜란 당시 해군을 이끌고 일본군과 맞서 이긴 민족의 성웅 이순신 장군을 모신 여기 현충사에서 보이스카웃 대원들이 충무공의 충성심을 기렸습니다. 나라가 위급할 때 분연히 나선 충무공의 애국정신이야말로 이 자리에선 보이스카웃 대원들이 흠모하는 정신입니다. 충무공이 만들어 적을 무찌른 거북선. 현충사 경내에 유물전시관에 충무공의 소년시절 그림 앞에 서서 소년들은 나라를 위해서 희생하는 정신을

배웁니다.

10:35 여기는 한반도 남해안 한려수도. 보이스카웃들에게는 심신을 단련하고 호연지기를 펴는 데 큰 도움이 됩니다. 여기는 한반도 남쪽에 위치한 제주섬. 한라산의 산록에는 말이 뛰어 놀며, 각종 식물들이 장관을 이룹니다. 이처럼 자연미 풍부한 제주도에서 한국 보이스카웃 제2회 연장배 야영대회가 열렸습니다. 이 야영을 위한 만반의 준비가 갖춰지고 있습니다.

12:10 전국 각지방 연맹으로부터 1급 스카우트 이상의 모범적인 연장대원 600명과 지도자 100명 등 모두 700명이 이 대회에 참가했습니다. 개영식은 제주시 공설운동장에서 베풀어졌습니다. 700명 보이스카웃 참가자를 비롯, 그곳 시민, 학생 등 23,000여 명이 모인 이날 개영식에서 스카우팅을 통한 국민정신을 드높이고 국민의 슬기로운 힘으로 국력을 배양할 것을 다짐했습니다. 식이 끝나자 각 대별로 거리를 누비며 시가행진을 벌렸습니다.

한국 잼버리

제 명	한국 잼버리
출 처	우애와 충성 (제5회 한국잼버리)
제 작 국 가	대한민국
제 작 년 도	1977년
상 영 시 간	17분 30초
제 공 언 어	한국어
제 작	국립영화제작소
형 식	실사
컬 러	컬러
사 운 드	유

영상요약

1977년 덕유산에서 열린 보이스카우트 창립 55주년 기념 제5회 한국 잼버리의 현장을 보여주는 영상이다.

화면묘사

00:00   타이틀 "友愛와 忠誠", "제5회 한국잼버리"
00:10   덕유산 국립공원의 전경
00:56   제5회 한국잼버리에 참가하는 외국대원들이 비행기에서 내리는 모습. 보이스카 우트 제복을 입고 있음

01:05 서울시내 전경

01:22 박정희 대통령과 악수를 나누는 보이스카우트 세계연맹 이사회 블루스 의장 등

01:42 이들로부터 보이스카우트 세계 명예총재 추대장을 전달받는 박정희 대통령

01:55 이와 함께 진한 청색의 도자기를 전달 받는 박정희 대통령

02:11 잼버리 대회장 입구의 길에 게양되어 있는 여러 국가들의 국기. 그 길 위로 버스들이 먼지를 일으키며 나아감. 이 버스들이 잼버리 대회장에 도착하자 손을 흔들며 환영하는 대회관계자들

02:23 버스에서 내려 대회장으로 향하는 각국 출신의 대원들

02:57 야영장에서 설영작업을 하는 대원들

03:35 높은 지대에서 바라본 야영지 전경. 참가국의 국기들이 게양되어 있음

03:48 개영식 전경. 경사진 지대의 가장 아래 연단이 설치되어 있고 수천 명으로 추산되는 대원들이 경사진 지대에 종횡으로 열을 맞추어 연단을 향해 서있음

04:04 연단으로 들어서는 여러 인사들. 단원들이 양 옆으로 일렬로 서서 각자의 봉을 치켜들어 만든 아치형 터널로 들어옴

04:16 '우애와 충성', '제5회 한국잼버리', 'THE 5th KOREA JAMBOREE'라고 쓴 간판 아래 연단이 있고 많은 인사들이 연단 위에 일렬로 앉아 있음

04:20 열중쉬어 자세로 연단을 향해 대오를 맞추어 서 있는 단원들

04:33 단원들이 경사면의 위쪽으로 돌아 서서 대회기로 보이는 깃발을 향하는 모습

04:52 '우(Woo)', '애(Ae)', '와(Wa)', '충(Chung)', '성(Seong)"이라고 쓴 종이 팻말을 가지고 행진하는 단원들

04:58 '軍子童國中', 'BOY SCOUTS OF CHINA'라고 쓴 팻말 아래의 중국인 대원들

05:05 연등이 걸려있는 모습. 그 옆으로 '日本 ****', 'BOY SCOUTS OF JAPAN'라는 팻말이 걸려 있으며 그 아래 일본 대원들이 있음

05:12 'Happy Homecoming HIKERS'라고 쓰여있는 팻말

05:15 대화를 하거나 선물을 교환하는 각 나라의 대원들 모습

05:35 대원들이 취사하는 모습. 식사하는 모습. 설거지 하는 모습

06:13 야영장 밖으로 행진하는 대원들

06:28 줄로 만든 다리를 타는 대원들

06:49 잼버리 진행상황을 무선으로 알리는 햄(HAM) 대원들

07:00	여자대원과 아동대원에게 무엇을 달아주는 자세를 취하고 있을 때 이를 카메라에 담는 대원들
07:06	한 대원이 흰머리의 노(老)대원에게 수통을 전해주자 노대원이 받아 마시는 모습
07:19	한 연장대토론회에서 대원들이 충성에 관련된 내용을 따라 복창하는 모습
07:48	계곡에서 물놀이 하는 대원들
08:04	닭싸움, 말타기, 씨름, 팔씨름, 스케치 등을 하며 여가시간을 보내는 대원들
08:40	덕유산 정상 부근
08:56	정상을 향해 하이킹 하는 대원들
09:06	'덕유산국립공원'이라고 쓰인 팻말 주위에 모여 정상정복을 축하하는 대원들
09:20	만들어간 새집과 자연보호팻말을 나무에 매다는 단원들
09:37	'다치면아파요 연서중 BS'라고 쓴 팻말을 나무에 다는 대원
09:39	쓰레기를 줍는 대원들
10:24	적상산을 오르는 대원들
10:51	정상에서 산 아래를 내려다보는 대원들
11:34	야영을 위해서 갈대숲을 제치는 대원들
12:00	적상산 정상에서 비닐만을 가지고 야영하는 대원들
12:16	야영일보를 인쇄하는 모습
12:27	야영지로 대원들에게 야영일보를 전달해주는 여자대원
12:44	야영일보를 함께 읽는 대원들
12:50	캠프파이어를 피우고, 여학교 학생들의 북공연이 펼쳐짐
13:11	일본식 실내복을 입고 공연을 관람하는 일본 대원들
13:14	부채춤 공연, 풍물놀이 공연, 강강술래 공연, 차전놀이
14:08	각 나라 대원들의 전통 노래, 춤 공연
14:29	캠프파이어 주위로 탈춤 추는 모습
15:05	스님의 염불에 따라 기도하는 대원들, 찬송가를 부르는 대원들
15:36	'모이자 Arena-Show-Area로!! Skill-O-RAMA 스카우트의 특기자랑'이라고 쓴 팻말
15:38	'Skill-O-RAMA 빈대떡 Korean Lice Cake ***** 유신분단 제17대'라고 쓴 팻말을 들고 다니는 대원
15:42	각종 수공품, 요리를 제작하고 선보이는 대원들

16:12 　‘시집가는 날’ 공연 모습

16:36 　‘멸공 방첩 소년의 힘 나라의 힘 대구 동중학 보이스카우트 경북 제28단’이라고
　　　　쓴 현수막, ‘소년의 힘 나라의 힘 나라에 충성 부모에 효도 영남중학교’라고 쓴
　　　　현수막

16:40 　개방된 야영장으로 찾아온 가족들과 함께 식사하는 대원들

16:53 　‘환영 혜광연장대’라고 쓴 입구 팻말

16:57 　폐영식에서 대원들이 촛불을 나눠 붙이는 모습

17:27 　‘AN NYEONG’라는 글씨로 불이 점화되는 모습

내레이션

00:13 　여기는 전라북도 무주군 설천면 삼곡리에 위치한 해발 1594미터의 덕유산, 이
　　　　곳은 국립공원으로 지정돼 수많은 기암괴석과 폭포 등이 산재해 관광자원의 보
　　　　고로 알려져 많은 관광객의 발걸음이 끊이질 않는 곳이다. 1977 8월 10일부터
　　　　16일까지 이곳에서 한국 보이스카우트 창립 55주년 기념 제5회 한국 잼버리가
　　　　열렸다. 이 대회에 참가하기 위해 많은 외국 대원들이 도착했다.

01:24 　보이스카우트 세계연맹이사회 블루스 엠 간시 의장 일행은 박정희 대통령을 예
　　　　방하고 보이스카우트 세계 명예총재 추대장을 증정했다.

01:44 　박대통령은 그동안 한국 보이스카우트 운동을 지원해온 공로로 이날 세계 명예
　　　　보이스카우트 총재로 추대됐다.

02:14 　이번 잼버리에는 자유중국, 홍콩, 타이, 일본, 인도네시아, 미국, 필리핀 등 7개
　　　　국과 오키나와, 필리핀 주둔 미국 대원 등 2개 지역에서 500여 명의 외국대원
　　　　들이 참가했으며, 한국은 서울을 비롯한 12개 지방 연맹의 대원과 재일동포 본
　　　　부임원 등 모두 6천여 명이 참가했다.

02:56 　대원들은 도착하자 해발 1162미터의 칠봉 기슭에 자리 잡은 3만 8천여 평의 한
　　　　국 보이스카우트 덕유대 종합야영장에서 설영 작업을 했다.

03:21 　이번 잼버리의 5개 분단의 이름은 유신, 관창, 상덕, 귀산, 걸인 등 신라시대의
　　　　이름 있는 화랑들의 이름을 따서 지었다. 화랑도는 신라통일의 위대한 업적을
　　　　남긴 청소년 운동이었고 그 정신이 오늘날의 스카우트 활동에도 면면히 이어져

내려오고 있다.

03:58 우애와 충성이라는 표어를 내걸고 열린 제5회 한국 잼버리 개영식에는 황산덕 문교부 장관, 주창균 한국 보이스카우트연맹 총재 등 많은 귀빈들이 참석했다.

04:19 대회장인 주창균 총재는 개영사에서 외국 대원들과 친교는 한국 보이스카우트가 앞으로 국제무대에 진출할 때에 좋은 기량이 될 것이며 조국의 발전상을 그들에게 심어주는 계기가 될 것이라고 말하고 이제까지 갈고 닦은 기량과 우정을 서로 나누어 힘찬 미래를 구상하고 새로운 전진을 다짐할 것을 당부했다.

04:53 우애와 충성의 다섯 글자를 맞춘 우정게임, 잼버리의 목적에 하나는 대자연을 배경으로 야영 훈련을 통하여 외국 대원들과 친선을 도모하는데 있다.

05:19 대원들은 서로 피부색깔이 틀리고, 언어가 다르지만, 티없이 많은 대화를 통하여 곧 친숙할 수가 있었고, 서로 선물을 교환하면서 우의를 돈독히 했다.

05:45 취사시간은 마냥 즐겁기만 했다. 미리 정해진 식단표에 따라 대원들은 손수 식사를 준비하여 서로 모여 앉아 즐거운 식사시간을 갖는다.

06:06 식사가 끝나면 이들은 스스로 설거지를 하고 주변을 깨끗하게 청소했다.

06:15 퇴청한 날씨 속에 국내외 대원은 야영장 안 밖의 기능 활동에 참가하려 각 베이스로 출발한다.

06:27 여기는 영외 기능 활동장인 월음영 밀림 추적장 대원들은 맺음법, 구급법, 잠행, 우주비행, 가교 베이스 등의 훈련을 하고 있다.

06:49 대회 기간 중 햄대원들은 잼버리의 진행상황을 세계 각국의 햄들에게 무선으로 알렸다. 이곳은 영내 기능 활동장, 활동내용은 목각, 사진, 스카우트 공작 등인데, 이 장면은 사진 베이스로 소재는 스카우트 정신을 필름에 담은 것이다.

07:22 각 시도 대표대원이 참가한 연장대 토론에서는 화랑정신과 충효의 실천방향이란 주제로 충효실천을 생활화하고 화랑정신이 충성, 효도, 신의에 의한 것 같이 오늘의 보이 스카우트 대원들도 믿음과 충성과 순종의 봉사자가 될 것을 다짐했다.

07:51 매일같이 뙤약볕에서 비지땀을 흘리며 고된 훈련을 쌓았지만 이들은 조금도 피로한지 몰랐으며 여가 시간은 마냥 즐겁기만 하다. 낯선 얼굴들이 우정으로 맺어지는 순간순간들이 무르익어간다. 한 나라의 장래를 알려면 그 나라 청소년들의 눈망울을 보라는 말이 있다. 이들 대원들의 맑은 눈동자 티 없이 밝은 표

정은 믿음직스럽다. 밝은 내일의 주인공인 이들의 밝고 맑은 모습에서 우리는 밝은 장래를 약속 받는다.

08:45 여기는 대원들의 영외활동 과목에 하나인 덕유산 정상 정복 하이킹, 대회장에서 넙적봉에 이르는 코스를 경사가 급하므로 대원들은 질서유지와 안전사고 방지에 최선을 다하여 약 3시간 후에는 덕유산 정상을 정복할 수 있었다.

09:13 보이 스카우트에서는 자연보전활동이 대원들의 필수 과정이다. 산새를 보호하기 위해 평소 집회 때 힘을 모아 만든 새집과 자연보호 팻말을 달았다.

09:41 산속에 함부로 버려진 종이와 빈 병 등 오물을 주워 더럽혀진 산악을 깨끗이 치우기도 했다. 보이 스카우트 대원이 지나간 곳은 언제나 깨끗하며 남는 것은 오직 대자연에 대한 감사의 마음뿐이다.

10:23 이번 잼버리 기간 중 가장 힘들고 흥미로운 행사 중에 하나인 적산산성 1박 야영은 무엇보다도 심신을 단련하고 호연지기를 기르는데 큰 도움을 준다. 참가 대원들은 간단한 취사도구와 우천시를 대비하는 우의 등 빈틈없는 준비를 했다.

10:54 어려운 산행 끝에 정상을 정복했다. 자기들이 올라온 노정을 지도와 나침판을 이용하여 점검하고 있다. 도중에 사고가 발생하였을 때는 무전기로 야영 본부에 보고한 후 지시를 받고 행동에 임한다.

11:44 이들은 1박 야영을 위하여 갈대숲을 제치고 비닐 한 장 만을 이용 가을 날씨를 느끼게 하는 적상산 정상에서 1박 야영을 하는데 성공, 우리나라 스카우트 야영사의 새로운 기록을 남겼다.

12:22 이번 잼버리 기간 동안 매일 야영일보를 발간하여 그날그날 일어난 각종 잼버리 소식을 전 대원에게 수시로 알렸다.

12:58 젊음이 타오르는 불꽃, 덕유대 대집회장에서는 이들 대원들을 위해 전라북도 내에 각급학교 여학생들이 다채로운 프로그램을 가지고 위로 공연을 베풀었다.

13:46 대원들은 강강수월래와 차전놀이 등을 경연하여 외국 대원들에게 뜨거운 박수 갈채를 받았다.

14:11 또한 타이, 일본, 말레이지아, 인도네시아 등 외국 대원들도 각기 자기나라의 춤과 노래로 분위기를 한층 고조시켰다.

14:31 덕유대를 환희 밝히며 붉게 타오르는 화톳불 가에 둘러 앉아 탈춤을 추며 또 전 대원들이 한마음 한 뜻으로 얼싸안고 노래를 부르며 그동안의 피로를 풀었다.

15:06 일요일 날에는 대원 각자의 믿음에 따라 종교의식을 갖는 것이 보이스카우트 야영행사의 관례이다. 불교, 원불교, 천주교, 천도교, 기독교 등 5대 종파의 의식으로 엄숙하고 근엄한 종교의식을 가졌다.

15:38 스킬오라마, 즉 스카우트의 특기 자랑장이다. 이 특기 자랑에는 각종 수공품을 제작하여 작품을 전시하였고, 한편에서는 진기한 각종 요리와 과자를 조리해 평소의 실력을 모든 대원들에게 마음껏 과시하기도 했다.

16:15 향토자랑에서의 촌극인 시집가는 날, 이들은 공연을 즐기며 시간 가는 줄을 모르고 즐거운 한 때를 보냈다.

16:41 야영장이 개방되어 찾아온 가족들과 대원들이 함께 단란한 식사를 즐겼다.

17:01 6박 7일의 대회일정을 매듭짓는 폐영식, 모든 국내외 참가자와 임원들이 한 덩어리가 되어 이별의 노래를 제창하면서 촛불 점화가 시작됐다.

17:21 한국 보이스카우트를 상징하는 대형 휘장과 안녕의 글자판에 점화됐다. 우애와 충성의 표어를 내건 제5회 한국 잼버리는 촛불 점화를 마지막으로 아쉬운 석별의 정을 나눴다.

치맛바람

출 처	치맛바람
제 작 국 가	대한민국
제 작 년 도	1966년
상 영 시 간	08분 10초
제 공 언 어	한국어
제 작	국립영화제작소
제 공	공보부
형 식	실사
컬 러	흑백
사 운 드	유

▌영상요약

치맛바람과 교사의 도덕성 문제 등으로 인해 교사헌장과 학생헌장을 선포하고 학원정화운동을 펼친다는 것을 설명한다.

▌연구해제

이 영상은 중학입시로 인한 교육 과열과 과도한 잡부금, 자모들의 치맛바람이 사회문제화 되었던 1966년 제작되었다. 이 해 입시, 사교육, 빈부의 격차 등 학교를 둘러싸고 벌어지는 부정적인 이슈를 해결하기 위한 자율적인 움직임이 일어났는데 그것이 바로 이 영상에서 다루고 있는 '6학년 담임헌장운동'과 '학생정화운동'이다. 이 교육운동은 1966년 초 대구에서 시작되어 전국으로 확산되며 한시적인 열풍을 일으켰다. 〈치맛바람〉은 민간에서 시작되어 정부 부처, 더 나아가 국가 정책에도 영향을 끼친 사회현상을 즉각적으로 선전에 활용한 문화영화이다.

8분 10초 분량의 이 영상은 중학 입시를 앞둔 6학년 철이 모자의 에피소드를 통해 치맛바람을 꼬집는다. 교육열에 불타는 철이 엄마는 아들과 과외 때문에 실랑이를 벌이고, 자모회의 일원으로 불필요한 잡부금을 조성하며 학교를 들락거린다. 영상은 철이 모자 이야기를 나쁜 사례로서 언급한 후 사회에서 일어나고 있는 담임헌장운동과 학생정화운동을 좋은 사례로서 비교한다. 그리고 지역에서 시작된 사회현상을 전국으로 확장시켜 "조국근대화를 위한 국민운동"으로 명명한다.

영상이 제작된 1960년대 중반의 교육상황을 살펴보면 우선적으로는 초등의무교육 실시 후 지속적으로 증가한 학생 수로 인해 학교 교실 수가 절대적으로 부족해 '콩나물시루' 같은 초등학교 교실과 2~3부제로 운영되는 수업이 비판을 받았다. 또한 중학입시를 위한 과외수업이 아동의 발육상태에도 부정적인 영향을 끼쳐 사회문제화 되었다. 교육시설의 미비와 과열된 입시 경쟁은 자모들의 치맛바람과 불필요한 잡부금 문제로까지 이어졌다. 이에 대한 반성과 자정작용으로 일어난 것이 대구의 6학년 담임헌장운동과 광주의 학생정화운동이다. '입시 위주의 교육 지양, 부교재 알선 및 강매 금지, 불필요한 잡부금 징수 금지' 등을 주요 골자로 하는 담임헌장운동과 '바른생활과 예절 지키기'를 강조하는 학생정화운동은 전국의 학부모, 학생, 교사들로부터 큰 호응을 얻었고, 정부는 즉각적으로 학원정화운동에 관여하기 시작했다. 문교부는 표창을 수여하고, 시도교육감을 통해 학원정화세칙을 시달했으며, 정부는 5·16 기념일에 맞춰 이 학원운동을 범국민운동으로 전개하기 시작했다. 이에 따라 "자의적인 정상화 운동이 관제화" 되고 "타율적인 강요로 인해 자율적인 교정문제가 후퇴할 가능성"이 있다는 우려가 제기되기도 하였다.

결과적으로 과열된 입시제도와 교육시설 미비로 인한 치맛바람 문제와 학원정화운동은 1968년 7월 문교부의 중학시험 폐지 결정에 영향을 끼쳤지만 고교, 대학으로 이어지는 입시경쟁으로 인해 한시적인 열풍에 그쳤다고 볼 수 있다. 하지만 담임헌장과 학생헌장을 선전에 활용한 이 영상을 통해 1968년 제정·선포되는 국민교육헌장과 공보선전을 연결 지어볼 수 있을 것이다.

참고로 교육을 소재로 한 국립영화제작소의 문화영화로는 〈새로운 교육〉(1959), 〈모정의 뱃길〉(1963), 〈교육사업〉(1964)이, 중학입시제도와 학원정화운동을 소재로 한 〈대한뉴스〉로는 「문교 행정」(제511호, 1965년 3월 16일), 「전국대학 총학장 교육감회의」(제556호, 1966년 2월 1일), 「학생 생활태도 확립운동」(제570호, 1966년 5월 14일), 「중학입시 폐지」(제685호, 1968년 7월 26일)가 있다.

참고문헌

「입시에 곯는 발육」, 『동아일보』, 1965년 1월 6일.

「학생정신 중흥의 기치 진원지 광주서 벌인 정화운동 좌담회」, 『동아일보』, 1966년 5월 11일.

「두 갈래의 학원정화운동」, 『동아일보』, 1966년 5월 12일.

「파행교육 탈출구에의 몸부림 학원정화운동」, 『동아일보』, 1966년 5월 17일.

「사설 : 학원정화운동과 관의 개입」, 『경향신문』, 1966년 5월 18일.

「국무회의 지출 의결 학원정화에 212만원」, 『매일경제』, 1966년 5월 25일.

「입시소송의 교훈」, 『경향신문』, 1968년 3월 14일.

「인재(3) 교육계」, 『매일경제』, 1969년 1월 25일.

김옥자·박명선·이명식·조순희, 「지상에 나타난 한국교육의 문제점 : 최근 3년간을 중심으로」, 『교육 연구』34, 1969.

화면묘사

00:00   자막 "제공 공보부 제작 국립영화제작소"

00:01   제목 자막 "치맛바람"

00:07   걸어서, 버스 타고, 자동차 타고 등교하는 학생들의 모습

00:37   신문기사 "殺伐한 「럿쉬·아워」…, 登校길 어린이 轢死"

00:39   버스에서 내려 차를 피해 길 건너는 어린이들

00:45   신문기사 "또 어린이 輪禍"

00:47   등교하는 학생들 무리

01:02   학교에서 수업 받는 초등학생들. 졸고 있는 남자 아이 철이

01:44   가방을 내려 놓고 집을 나서다가 엄마한테 혼나고 다시 들어와 앉는 철이. 철이에게 과일 깎아주는 엄마

　　　　엄마: 철아 또 어디 가니? 좀 있다 과외 공부 가지 않고.

　　　　철이: 아이 참. 좀 놀다 갈래요.

　　　　엄마: 지금 놀게 됐니? 과외 공부를 열심히 해야지. 놀기만 하면 되나. 자."

02:05   과외 받는 아이들의 모습. 졸고 있는 철이

02:22   10시 50분을 가리키는 시계가 보이고 과외 받다 졸고 있는 철이. 철이와 과외 선생님, 엄마의 대화

　　　　엄마: 부지런히 좀 가르쳐줘요. 네? 이러다가 일류 중학에 못 들어가면 무슨 챙 피야.

　　　　과외선생님: 전 또 피곤해 보이길래 좀 쉬게 할려구요. 조금만 더 하고 자자.

　　　　철이: 이제 그만해요.

　　　　과외선생님: 그럼 못써.

　　　　철이: 졸려 죽겠단 말야.

　　　　엄마: 잘 거 다 자고 언제 공부해. 일류 학교 되거든 그땐 실컷 자라. 니가 떨어지면 엄만 챙피해서 바깥출입도 못해요.

02:57   누워서 TV 보는 엄마와 졸면서 공부하는 철이의 모습의 교차화면

03:14   학교 가는 길에 구멍가게 여주인과 이야기하는 철이 엄마와 친구. 인사하고 가
        는 철이 엄마와 친구를 쳐다보는 가게 여주인

03:36   아이들 수업을 복도에서 참관하는 학부모들. 구멍가게 집 아들의 독백 "우리
        어머닌 오늘도 안 오실 거야. 저렇게 좋은 옷이 있어야지 뭐. 그런 옷으로는 숫
        제 안 오시는 게 낫지 뭐. 나도 옷 잘 입는 누나라도 하나 있었으면."

03:51   구멍가게 여주인의 모습

03:53   인터뷰하는 최신해 박사 "어머니들이 학교에 너무 자주 가는 것 자체가 어머니
        들이 학교 교육이나 아이들 성적에 대해서 너무 불안해하는 이런 증거라고밖에
        생각이 안 듭니다. 어머니들이 불안해하는 증거가 부지부식간에 아이들한테 고
        대로 투사되고 아이들이 그 불안을 받아들여서 아이들이 불안해져요. 이 불안
        이 **해서 차차 아이들이 공부하는 걸 싫어하고 두려워하고 또 자라나서 불안
        한 사회인으로 발전이 돼 버립니다. 이 문제는 참 중요한 문젠데요. 우리들이
        아이들의 건강에 대해서 생각할 적에 육체의 건강만을 생각할 게 아니라 아이
        들의 정신적인 건강을 잊어서는 안됩니다. 정신의 건강이라는 것은 무엇보담도
        불안 없는 정신입니다. 그러니깐…"

04:30   체육시간에 철봉에서 턱걸이 하는 남자아이들

04:46   양옥집 거실에 모여 앉아 이야기하는 세 명의 엄마들

자모1: 그래 얼마나 거두었수?

자모2: 참. 한 10,000원 되는데. 아직도 많이 모잘라요.

자모1: 그럼 우리 저 학교나 가봅시다.

자모들: 그럽시다.

05:10   학교에 가서 교실 뒤에 서서 아이들 수업 받는 것을 보는 엄마들

05:38   천막학교에서 공부하는 아이들의 모습

05:58   교실 뒷자리에서 선생님과 귓속말하는 엄마들

06:02   신문기사 "돈받고 副敎材强賣 서울 50餘國民敎 敎師60명"

06:04   각종 문제집들을 쌓아놓은 모습

06:08 신문기사 "돈쓰니 班長候補로 … 「빈봉투募金」강행, 金品에 먹히는 「師道」, 人氣있는 선생님은 每日밤 술타령도"

06:10 운동장에서 체육 수업하는 아이들의 모습

06:12 신문기사 "學園淨化운동 全國에 번져"

06:15 신문기사 "채택한 敎師憲章"

06:18 인터뷰하는 최상덕 교사 "헌장의 10개 항목은 이미 신문 지상에 보도됐기 때문에 일일이 열거할 필요는 없겠습니다만은 대충 그 중심이 되는 것을 다시 한번 살펴본다면은 그동안 어린이에게 무리한 육체적 고통을 주던 과외공부를 지양할 것과 그리고 늘 말썽을 일으켜오던 착부금의 징수를 배격할 것 또한 부도권의 알선 또는 사용금지, 이런 것이 그 중심이 되겠고 그 외로 정상적인 수업을 위한 시간 엄수라든지 생활지도의 탐구 또는 취업 진로의 지도, 이런 문제 등이 교사헌장의 주요 골자라고 할 수 있겠습니다."

06:27 과외수업 받는 아이들의 모습

06:31 철이와 엄마의 대화하는 모습

06:34 거실에서 이야기하는 철이 엄마와 다른 엄마들

06:37 교실 뒤편에서 아이들 공부하는 모습 바라보는 엄마들

06:41 각종 문제집의 모습

06:58 신문기사 "眞·善·美·智·仁·勇 學生憲章을 선포"

07:01 "광주학생헌장선포대회" 현수막이 걸려있는 운동장에서 행사에 참가한 학생들의 모습. "생활태도 바로잡아 겨레의 등불 되자!" 현수막을 들고 있는 고등학생들의 모습

07:14 신문기사 "學園淨化運動 곳곳서 呼應"

07:17 신문기사 "치맛바람등排擊"

07:22 신문기사 "學生淨化운동 絕頂에"

07:25 신문기사 "번지는 밝은 횃불, 全國서 學生 정화운동"

07:27 학생정화운동대회의 모습. 단상에 서서 발표하는 남자 고등학생의 모습. "바른생활펴기 운동" 현수막과 "예절을 지키자" 팻말 들고 있는 남학생들의 모습

07:36 교실에서 공부하는 어린이들

07:40 어학실에서 수업 받는 남학생들

▌ 내레이션

00:10 학교 길에 쏟아져 나오는 어린이들. 한결 같이 튼튼하고 바르고 씩씩하게 자라 길 바라지 않는 부모님은 없으실 텐데 그게 실은 그렇지가 않거든요. 먼저 어깨가 축 늘어질 정도로 무거운 책가방을 보세요. 뭐 설마 이 어린이들이 박사 학위를 딸 학자들도 아닌데 그 무슨 놈의 책이 그렇게 많은지. 보세요. 신문으로도 봤고 또 길에서 눈으로도 보셨지요. 죄 없는 어린 싹들이 무참히도 하루 아침에 차에 깔려 짓밟히고 불구가 되고 하는 것을. 그러면 내가 사는 집 가까이에 있는 학교에 보내질 않고 머나 먼 학교에 보내는지 그 까닭을 모르겠습니다. 물론이시겠죠. 일류학교. 그러나 생각해보세요. 일류란 허영의 그늘 아래 바로 당신의 귀여운 어린이가 마음이 쫓기고 고달프고 시달림에 비틀어져 가고 있는 모습. 우리 집 애는 까딱없다구요? 그러시겠죠. 그러나 이로 인한 나쁜 사회풍조는 그 누구에게 책임이 있습니까?

01:25 여기 졸고 있는 학생을 보십시오.

01:39 무더운 날씨 탓만이 아닙니다. 무엇이 분명 잘못된 거지요. 어제만 해도.

02:04 이렇게도 한숨 돌릴 사이도 주지 않고 몰아세우니 원. 도대체 누구를 위한 앙탈일까요? 이같이 진심으로 여기 올빼미처럼 둘러 쭈그리고 앉은 어린이를 위한 일이라고 크게 말할 수 있습니까? 이걸로도 끝나면 다행인데 그게 아닙니다. 또 이렇습니다.

02:58 아뿔싸. 일류 학교에 못 들어간 아들을 둔 건 챙피스러운 줄 아시고 지쳐 병들고 짓눌려 가는 아들을 둔 건 더 챙피스러운 일이라는 걸 미처 모르시니 딱한 일이시군요. 아주머니도 졸립지요? 일류 학교도 좋지만 고만들 자게 해주세요. 네? 나가면 치맛바람. 가난한 어린이들과 그 자모를 울리는 데 꼭 알맞은 일이지 뭡니까.

03:33 이 자모의 어린이의 가슴에는 이렇게 피 맺힙니다.

03:50 이 치맛바람이 주는 영향을 최신해 박사는, (최신해 박사 육성 인터뷰)

04:46 그런데 가뜩이나 바쁜 주부가 이렇게 모여 앉으면.

05:02 듣고 보니 이건 또 엉뚱한 수작들이시군요. 이렇게 해서 학교로 들어 닥치면 뒷자리에서는 자모들의 패션쇼. 이른바 치맛바람이 일고 그리고 앞에서는 어린이들이 공부를 하고. 이렇게 하고서도 제대로 애 공부를 바랄 수 있겠습니까? 이 치맛바람 안에 감싸여 어린이들은 **심과 오만이 싹트며 이 안에 감싸여 들지 못한 어린이들은 열등감에 쓴맛을 씹어야 합니다.

05:38 잠깐 눈을 돌려보실까요. 비록 천막 한 장 속의 교실. 그러나 여기는 가르침과 배움 하나만의 깨끗하고 뜨거운 공기만이 훈훈히 감싸인 교실. 여러분, 만일 내 자식에게 쏟는 관심이 남거든 여기 어린이들에게 손길을 뻗쳐보시는 게 어떻습니까? 여러분이 자식을 위한 마음이 지나치게 넘쳐흐를 때를 비춰보세요. 그러나 이제 누구의 잘못을 탓하기에 앞서 모든 것은 지난 이야기로 돌릴 수 있는 계기가 마련되고 있습니다. 여기 학원정화운동에 불을 붙인 교사헌정을 기초한 최상덕 교사는, (최상덕 교사 육성 인터뷰)

06:58 학생정화운동. 이제 불은 붙었습니다. 우연이 아닙니다. 보다 나은 살림, 보다 바른 사회를 이룩하기에 온 겨레가 그 어느 때보다 의욕 찬 지금. 우리의 학원이 외면하지는 않았습니다. 이제 뭘 주저하겠습니까? 우물 안 뒷골목의 어제와 달리 이제 활짝 열린 양지로 우리 젊은이들은 내닫기 시작했습니다. 민족의 새싹으로서의 사명을 깨닫고 참된 학생, 명랑한 사회를 구현하겠다고 나선 학생들, 교육자로서의 양심에 호소해서 스스로 사도정화운동을 펼친 스승, 이에 발맞추어 적극적인 협조를 다짐하고 나선 어버이들. 이제 학원은 오래 쌓인 병폐와 독소를 비질하고 정비해서 제 모습 그대로가 드러날 것입니다. 이러한 운동이 국민운동으로 집결될 때 조국근대화를 위한 우리의 노력은 알찬 열매를 맺게 되겠습니다.

약진하는 수산업

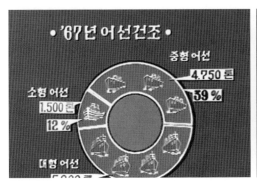

제 작 국 가	대한민국
제 작 년 도	1967년
상 영 시 간	18분 16초
제 공 언 어	한국어
제 작	국립영화제작소
제 공	공보부
형 식	실사
컬 러	흑백
사 운 드	유

영상요약

삼면이 바다이며 각종 어족과 자원이 풍부하고 양식에 적합한 입지를 갖추고 있지만, 지금까지 우리 어업은 원시적 수준에 머물렀다. 그러나 1966년 발족한 수산청이 수산개발 5개년계획을 수립하고 추진하기 시작하면서 어업 근대화와 어업 증산 및 수출에서 획기적인 변화가 이루어지고 있다. 각종 어선의 건조, 장비의 현대화 및 과학화, 양식장의 개발과 더불어 낙도에 종합처리가공시설을 완비한 어업전진기지를 건설함으로써 1차 5개년계획 동안 5배가 넘는 수출실적을 올렸고, 71년에는 그 3배에 가까운 실적을 올릴 것으로 기대된다.

연구해제

이 영상은 수산청의 발족과 한일협정에 기반한 정부의 지원을 중심으로 발전하는 수산업 분야의 제 성과를 다루고 있다. 먼저 어선 건조가 획기적으로 늘어나 어민들의 어획량과 생산고가 증가했으며 대형 어선을 국외로부터 도입하여 원양어업을 수행할 수 있는 발판이 마련되었다. 또한 수산청에서는 어군탐지기의 국산화에 성공하였음은 물론 어획물 가공 처리시설을 확충하였으며 특히 서해안 일대를 중심으로 대대적인 양식사업을 추진하였다. 아울러 정부에서는 나로도, 거문도, 제주 성산포, 흑산도 등지의 낙도에 어업전진기지를 설치하여 우리나라 원근해 지역에서의 수산발전을 도모하였다.

박정희 정권 시기 한일협정의 일환으로 한일어업협정이 논의되면서 수산청 신설이 함께 검토되기 시작되었다. 한일협정 타결이 임박해지게 되자 정부는 박정희 대통령의 지시에 의해 1965년 4월 수산청 설치를 발표하였고 1966년 1월에 정부조직법 개정을 통해 수산청을 공식화하였다. 수산청의 신설은 1965년 6월 22일 한일어업협정이 체결됨에 따라 대일 청구권 자금이 수산분야에 투입되고, 한일어업협정의 후속조치가 국가적인 의제로 부상하게 되었던 것이 중요한 요인이 되었다. 또한 한일 중간수역 설정으로 인한 일본 어선과의 경쟁문제, 한일공동어업위원회의 운영, 어업단속의 필요성 증가 등이 수산청 신설을 위한 논리로 작용하였다.

한편, 수산청의 설치에는 한일협정으로 인한 어민들의 불만을 잠재우기 위한 측면도 존재했다. 한일 어업문제는 여타의 한일회담 사안과는 달리 직접적인 이해 당사자인 어민들의 이익을 침해하였다. 때문에 어민들은 한일협정 반대운동에 처음부터 적극적으로 참여하였고 이를 통해 국민들은 철폐되는 평화선의 현실에 대하여 인식하지 않을 수 없었다. 정서적인 영해를 돈과 맞바꾸었다는 데에서 비롯한 분노는 반일의식뿐만 아니라 격렬한 반정부 감정의 근거가 되었다. 특히 한일어업협정 당시 우리나라 어민들은 어업전관수역을 40해리 주장하고 있었으나 정부 내부적으로는 1963년 말부터 12해리로 협상하는 방향을 잡고 있었다. 따라서 어민들에 대한 유화적 차원에서 어업근대화를 위한 지원책을 보여줄 필요가 있었고 수산청 신설뿐만 아니라 무상자금 3억불 중 1억불 정도를 어업근대화에 사용할 계획도 발표했던 것이다.

1965년 12월 한일어업협정이 발효되자 협정이행의 후속조치를 시행하기 위해 1966년 10월에는 어업협력관과 어업지도관을 설치하여 1970년까지 운영하였다. 어업협력관은 한일어업공동위원회와 국제협력, 차관관련 업무를 맡았고 어업지도관은 한일공동수역 내에서의 어로지도 및 단속관련 업무를 담당하였다. 이와 함께 어업지도관이 신설되면서 어업지도관 산하에 어업지도선에 소속되었고 1966년 10월 조직개편 시에는 어항과 신설로 어항업무가 강화되었으며, 이때부터 어항 사업비가 급격하게 증가하여 어항 건설업무가 활기를 띠기 시작하였다. 1963년의 어항실태조사, 1969년 어항법의 제정 등을 통해 어항 관련 제도의 정비가 집중적으로 이루어진 시기도 1960년대 후반기라 할 수 있다.

박정희 정권이 공식적으로 밝힌 한일어업협정 체결의 목적은 어족자원의 고갈을 방지하고 한국 연안어민의 생존권을 보호하기 위하여 일본어선의 평화선 침범을 더 이상 방치할 수 없기 때문에, 이를 위하여 일본 어선들이 준수해야 할 규범을 한일 양국의 합의하에 규정하자는 것이었다. 그러나 정부의 의도와 다르게 한일어업협정의 결과는 한국 어민들의 심각한 박탈감과 한국 연안의 어족자원 고갈에 맞닿아 있었다. 한국과 일본은 한일어업협정 체결 이후 대상 수역 내에서 협정에 합의된 만큼의 어획량조차도 도달해 본 적이 없었다. 어획량의 한도가 이렇게 비현실적으로 책정되었다는 것은 어족자원의 보호를 위한 규제는 거의 이루어지지 못했음을 뜻했다. 이에 따라 한일 양국의 어업분쟁은 이후에도 지속되었고 어업협정은 이를 전혀 제어하지 못했던 것으로 평가된다.

참고문헌

김민석, 「박정희 정권의 한일어업회담」, 충남대학교 석사학위논문, 2009.
신재영, 「대한민국 수산행정 조직의 변천사」, 『계간 해양수산』 겨울호, 2013.

화면묘사

00:00 국립영화제작소 엠블럼
00:05 타이틀 "약진하는 수산업"
00:13 뱃머리에서 바라본 항해 중인 바다의 모습, 파도 치는 바다
00:36 바다에 떠 있는 두 척의 고깃배, 가까이에서 바라본 배
00:54 배 위에서 잡은 생선들을 상자에 담는 어부들
01:16 어촌 마을 풍경, 해안에 가득한 오래된 배, 그물을 손질하는 어부들, 배를 수리
         하는 어부들, 각종 배들
02:03 크고 작은 배들을 건조하는 기술자들, "홍덕"이라고 뱃머리에 새긴 배가 출항하
         는 모습
02:46 10톤 이내의 작은 배들, 20톤 급의 중형 배들을 건조하는 모습, 100톤 내외의
         대형 어선들이 바다에 정박해 있는 모습
03:24 "67년 어선건조" 도표. "소형어선 1,500톤, 12%", "중형어선 4,750톤 39%", "대형
         어선 5,900톤, 49%", "총 454척 12,150톤"
04:04 대형어선들이 정박해 있는 항구, "무궁화3", "FP102" 등이 새겨진 배, 출항한 배들
05:05 "어선세력증가" 도표, "60년 10만 7천톤", "67년 25만 8천톤, 141%", "71년 35만
         4천톤, 39%"
05:43 "원양어업현황" 세계지도. 한국을 중심으로 전 세계로 뻗어가는 그림. "태평양
         91척, 대서양 57척, 인도양 15척, 계 165척"
05:58 디젤엔진 생산 공장 모습, 생산된 엔진들을 포장하는 모습
06:44 어군탐지기 개발에 열중하는 과학자들, 어군탐지기의 모습
07:07 어군탐지기 및 레이더, 무선 등을 가동시키고 있는 배
07:45 어촌 마을의 모습, 갯벌에서 양식 중인 수산물들, 새우를 잡아 올리는 사람들,

굴을 양식하는 모습, 양식장에 작은 백합을 뿌리는 어민들, 수확하는 어민들

09:12 각자 상자 등에 수산물을 이거나 들고 방파제를 일렬로 걸어가는 어민들과 어린이들

09:30 수많은 어선들이 정박하거나 들어오고 있는 해안

09:42 수산물 경매 시장의 모습

10:00 얼음이 제빙기에서 나오는 모습, 수산물 가공공장에서 새우를 까서 상자에 넣는 모습, 통조림이 되어 나오는 모습, 통조림을 포장하는 모습 등

11:00 "어업전진기지" 표시되는 지도. "울릉도, 거제도, 욕지도, 남해도, 나로도, 거문도, 청산도, 성산포, 흑산도, 어청도"

11:26 "나로도" 기지 모형

11:34 바다, 등대 등이 보이는 나로도를 멀리서 찍은 풍경

11:50 방파제 공사 현장

12:01 급수탱크, 탱크에서 연결되는 관, 전선 등

12:19 수산물종합처리가공공장의 건설 현장

12:40 거문도 원경. 방파제, 선착장 공사를 진행하고 있는 모습, "한미합동국토건설"이 쓰인 팻말, 수산물가공공장을 위한 기자재 등이 쌓인 현장 등

13:25 제주 성산포의 바다

14:30 방파제 건설 중인 모습, 어업전진기지 건물 공사 현장, 종합가공공장 건설 현장 등

15:11 급유탱크 완공된 모습

15:25 제주도 바다

15:40 흑산도 바다의 모습, 작은 섬들이 모여 있는 모습, 각종 어선들이 즐비한 바다

16:11 건설 공사 현장에서 일하고 있는 사람들, 종합가공공장 건설현장

16:38 바다의 모습, 갈매기들이 날아가는 모습과 소리

16:52 (뱃노래 합창) 바다에서 고기가 가득한 그물을 걷어 올리는 어부들, 기계로 그물을 들어 올리자 고기가 넘치도록 가득 잡혀 있는 모습, 배 위로 쏟아져 내리는 갈치

17:41 "수산물 수출고" 그래프. "61년 730만불, 66년 4,200만불 5배, 71년 1억 2천만불"

18:00 배 위에서 바라본 석양이 지는 수평선과 바다

18:14 "끝. 제공 공보부/ 제작 국립영화제작소"

▌내레이션

00:33   끝없이 펼쳐진 바다. 삼면이 바다인 우리나라는 바다를 개발하는데 가장 좋은 조건에 놓여있습니다. 바다에는 우리가 필요로 하는 많은 자원이 얼마든지 있어서 우리는 바다를 개척하고 바다로 뻗어나가야 하겠습니다. 그런데 지금까지 뒤떨어진 우리 수산업은 바다를 정복할 수 없었습니다. 그것은 배가 적고 그나마도 낡았을 뿐더러 특별한 기술 없이 원시적인 고기잡이를 했기 때문이었습니다.

01:45   이처럼 구태를 벗어나지 못하고 천 년을 그대로 이어오던 뒤떨어진 우리 수산업에 66년에 새로 발족한 수산청은 새로운 전기를 마련하기 시작했습니다. 우리 수산의 발전과 근대화를 위해서 수산청은 수산개발 5개년계획을 마련하고 우리의 피맺힌 대일 전권자금과 정부의 강력한 지원으로 마침내 바다의 기적을 이루면서 수산 한국의 참모습을 보여주기 시작한 것입니다.

02:34   바다를 정복하기 위해서는 무엇보다 먼저 배가 있어야 합니다. 금년도 건조된 어선을 그 종류별로 살펴보면, 연안어업을 위한 10톤 내외의 소형어선을 모두 226척의 1,500톤을 만들어서 배 없는 영세어민이 배를 갖게 됐습니다. 20톤 급의 연안중형어선은 모두 150척의 3,000톤을 건조했습니다. 그리고 50톤급의 중형기선 저인망 어선과 새우트롤어선은 총 35척의 1,750톤을 만들었으며 근해어업을 위한 100톤 내외의 대형 기선 저인망 어선은 34척의 5,900톤을 건조함으로써 연간 2만8천 톤의 어획증산과 12억 원의 생산고를 더 올리게 됐습니다.

03:33   이러한 67년의 어선건조 현황을 살펴보면, 소형어선은 1,500톤의 12%, 중형어선은 4,570톤의 39%, 대형어선은 5,900톤의 49% 비율을 보이고 있습니다. 총 554척의 12,000톤의 어선을 새로 건조한 것입니다.

04:08   이러한 각종 어선의 국내 건조뿐 아니라 대형 어선들을 외국에서 도입했습니다. 금년에 도입한 어선은 모두 34척의 2,900톤에 달하고 있는데 이 배들은 우리 어선 세력의 확장과 근대화에 더욱 박차를 가하게 될 것이며 이 어선은 우리 제주도 근해와 서해에서, 멀게는 남태평양과 인도양, 대서양까지 출어해서 외화획득은 물론 국위선양에도 크게 기여할 것입니다. (중간 끊김) 시험선 4척은 우리나라 연안과 멀리 남태평양에 나가 시험 조업 중에 있습니다. 지도선 11척은 동해와 서해, 남해에서 우리 어선의 보호와 어로 지도에 주력하고 있습

니다.

05:05 이에 따른 우리나라 어선 세력은 60년에 10만 7천 톤에 비해서 67년에는 141% 가 증가한 25만 8천 톤에 이르고 있습니다. 71년에는 다시 39%가 더 증가된 35만 4천 톤에 달하게 될 것입니다. 이제 우리 수산업도 국제무대에 진출해서 일본과 어깨를 겨루는 원양어업 국가로 발전하게 됐습니다. 현재 우리의 원양어업 현황을 보면 태평양에 91척을 비롯해서 대서양에 15척, 인도양에 57척을 포함해서 모두 165척의 어선이 세계무대를 누비고 있는 것입니다.

06:03 또한 무동력선의 동력화와 성능이 나쁜 구식엔진을 디젤엔진으로 바꾸기 위해서 디젤엔진의 국내생산에 착수했습니다. 금년에만도 디젤기관 1,500여 대, 총 24,000마력을 생산해서 어선의 동력화를 이루었는데 늦어도 70년까지는 우리의 낡은 어선들이 모두 동력화될 것입니다.

06:41 그리고 과학적인 고기잡이를 위해서 현대적인 장비개선에 앞장선 수산청은 드디어 어군탐지기의 국산화에 성공했습니다. 올해만도 220대의 어군탐지기를 생산, 각 어선에 설치함으로써 수산근대화의 굳은 발판을 마련한 것입니다. 여러 나라가 다투어 경쟁을 해야 하는 바다에서 보다 많은 고기를 거둬 올리기 위해서는 장비가 좋아야 하는데, 이제 우리 어선들도 어군탐지기와 무전시설, 레이다 등 최신 장비를 갖추고 푸른 바다를 헤치면서 안전하고도 능률적인 고기잡이를 하게 된 것입니다.

07:53 한편 수산청은 잡는 어업에서 기르는 어업으로 시책 방향을 정하고 대대적인 양식 사업을 준비하고 있습니다. 우리나라 전 연안은 양식에 가장 좋은 조건을 가지고 있어서 수산업의 밝은 앞날을 약속해주고 있습니다. 특히 서해안 일대 새우와 백합 양식 사업은 수출상품으로도 각광을 받아 경제적 전망이 밝으며 남해안에서는 굴**이 크게 장려돼서 주산지를 조성하고 협업어촌으로 발전할 것이 기대되고 있습니다.

08:40 이러한 양식사업을 위해서 정부는 2차 5개년 기간 중에 약 12억 천만 원을 투자해서 약 3만 4천 평방 키로미터의 양식장을 개발할 것입니다. 지금 서해안 간사지에 대대적으로 이루어지고 있는 백합양식은 앞으로 몇 년만 지나면 이 백합양식만으로서도 연간 600만 달라 이상의 외화를 벌어들일 것을 기대하고 있습니다.

09:32 바다에서 고기를 아무리 많이 잡더라도 잡은 고기의 선도를 유지하고 오래 저장해서 제 값을 받기 위해서는 어획물 가공 처리시설이 있어야만 합니다. 다른 것보다 부패하기 쉬운 수산물을 상하지 않게 하기 위해서는 제빙 공장에서 충분한 얼음을 공급할 수 있어야 하며, 선어를 냉동시키든가 통조림으로 만들어야만 오래 저장할 수 있기 때문입니다. 금년에 마련된 처리 가공시설만도 인천의 종합어시장을 비롯해서 전국에 모두 75개 소의 공장이 설립돼 수출에 박차를 높이고 있습니다.

10:40 또한 정부는 우리나라 원근해 수산 발전을 위해서 낙도에 종합처리가공시설을 갖춘 어업전진기지를 마련하고 있습니다. 육지와 멀리 떨어진 어장 부근에 설치되고 있는 이 어업전진 기지는 동해 울릉도에서 남해 거제도, 욕지도, 남해도, 나로도, 거문도, 청산도, 제주의 성산포, 서해 흑산도와 어청도 10개 기지인데, 그럼 나로도 지기의 건설상을 살펴봅시다.

11:30 전라남도 여수에서 26마일 떨어져 있는 섬마을 나로도. 10월에서 4월까지 삼치잡이 어장으로 유명한 나로도는 수산 한국, 내일의 부품 꿈을 안고 어업전진기지 건설에 열을 올리고 있는데 지금 방파제 공사가 한창입니다. 이미 급수시설과 급유시설, 공동창고와 무선국이 완공돼서 어민들은 기름과 물을 안타까워할 필요가 없게 됐습니다. 큰 항구를 찾아가는 시간에 더 많이 그물을 내릴 수 있게 됐습니다. 또한 수산물 종합처리 가공시설이 연내 완공을 앞두고 있어 어민들은 잡은 고기를 팔기 위해서 먼 육지까지 가지 않아도 될 것입니다.

12:38 60년 오랜 역사를 지닌 우리나라 굴지의 등대가 있는 거문도. 거문도는 우리나라 삼치 어장으로도 유명합니다. 이 거문도에도 어업전진기지가 착공된 이래 연내 완공을 위해 지금 방파제와 선착장 공사가 한창 진행 중에 있습니다. 거문도 근해에는 각종 어족이 모여 있어서 연중 쉬지 않고 천여 척의 어선이 드나들고 있는데 이 방파제가 완성되고 기지가 마련되면 우리나라 근해 어업의 중심기지가 될 것입니다.

13:25 급수와 급유시설 등 보급시설과 공동창고와 무선국 등 기본시설은 이미 완공을 봐서 어민들에게 이용되고 있습니다. 또한 제빙과 저빙, 냉동 공장과 위판장 등을 갖추게 될 수산물 종합가공공장은 연내 준공을 위해서 이미 그 자재와 기계들이 도착되어 그 건설을 서두르고 있습니다. 이제 우리 연안에서도 돛단배

모습을 보지 못하게 될 날도 그리 멀지는 않았습니다.

14:02 남해 멀리 떨어진 제주. 그 동쪽에 위치한 성산포는 제주 근해 어장의 길목일 뿐더러 기선 저인망 어장의 근거지로 갈치와 고등어, 전갱이 어장으로 손꼽히고 있는 곳이기도 합니다. 이곳 성산포의 어업전진기지는 동쪽과 서쪽에 긴 방파제를 쌓고 선착장과 무** 등을 다듬어서 연내 준공을 서둘러 활발히 추진되고 있는데 이 성산포 어업전진기지가 완공되면 우리 어업이 원근해로 뻗어나갈 발판이 마련될 것입니다. 또한 연내 준공될 종합가공공장은 기계 내부 설치가 한창 진행되고 있는데, 그 규모도 제빙과 저빙 공장, 냉동과 냉장 등 대규모의 시설을 이루고 있으며 예비 냉장고와 위판장, 사무실까지 포함되어 있습니다. 급유탱크와 급수시설은 이미 완공돼서 상시 600그람의 기름과 물을 어민들에게 공급하도록 갖추어졌습니다. 성산포에 기지가 완공되면 어획량은 지금의 5,000톤에서 내년에는 만 톤으로 뛸 여건을 마련해줄 것입니다.

15:37 작은 섬들이 모여 군도를 이루고 천연적인 어장의 조건을 갖춘 흑산도. 이 흑산도는 일찍부터 우리나라 원양어업 기지로서 이용되어 왔습니다. 매년 3~4월이 돼서 조기잡이 철이 되면 2,000여 척의 어선이 모여들어서 파시를 이루는 외딴 섬. 그러나 육지와 거리가 멀어서 기름과 물을 비싸게 사야 했고 잡은 고기는 멀리 육지까지 가야만 팔 수 있던 흑산도에 어업전진기지가 이룩됨으로써 이제는 새로운 활기를 불어넣게 됐습니다. 이 종합가공공장이 연내 준공됨으로써 어민들은 먼 육지를 드나들며 겪어야 했던 시간과 경비를 없애고 마음 놓고 고기잡이를 할 수 있게 되며 보급은 값싸게 받고 어가의 안정을 이룸으로써 자연 어민의 소득도 향상될 것입니다. 이제 이 어업전진기지를 발판으로 낙도의 어민들도 마음 놓고 먼 바다에까지 나가 고기잡이를 할 수 있게 됐습니다.

17:10 이제는 우리도 수천 년을 제자리걸음만 한 좁디좁은 땅 덩어리에서 벗어나 우리들 푸른 꿈이 펼쳐질 바다로 뻗어나가야 할 것입니다. 그동안 우리 수산물의 수출 실적을 보면 61년엔 730만 달라에 불과하던 것이 1차 경제개발5개년계획에 힘입어 66년엔 4,200만 달라로서 5배가 넘는 수출을 했고, 제2차 5개년계획의 목표 연도인 71년에는 1억 2천만 달라의 수출고를 올리게 될 것입니다.

큰 공장과 작은 공장

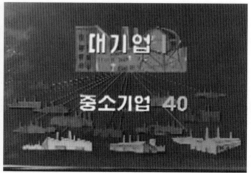

출 처	큰 공장과 작은 공장
제 작 국 가	대한민국
제 작 년 도	1967년
상 영 시 간	07분 32초
제 공 언 어	한국어
제 작	국립영화제작소
형 식	실사/애니메이션
컬 러	컬러
사 운 드	유

영상요약

이 영상은 대기업과 중소기업의 관계에서 계열화가 중요함을 환기하고 있다. 실례로 이 영상에서는 라디오를 제작하는 금성사라는 대기업과 산하의 여러 중소기업의 관계를 통해 중소기업과 대기업이 공생할 수 있는 유리한 조건들을 소개한다. 산업의 계열화를 통해 단일 품목의 전문적인 생산으로 품질을 향상시켜 경쟁력을 높이고 대량생산을 함으로써 생산원가가 낮아져서 해외시장에도 진출할 수 있게 될 뿐만 아니라 업체가 번창함에 따라 고용능력도 높아져서 경제발전은 물론 안정된 사회생활의 기틀을 마련하게 되는 것이 그 의의라고 설명한다.

연구해제

박정희가 군부쿠데타로 정권을 잡은 이후 초기의 경제정책은 민족주의적 성격이 강하고, 경제에 대한 국가의 개입 정도가 매우 큰 국가주도적인 내포적 공업화의 성격을 갖고 있었다. 이 공업화 전략은 주로 국내 자금을 동원하여 기간산업 등 기초적 생산재 공업을 건설하려는 목표를 갖고 있었다. 또한 내포적 공업화는 수입대체 공업화를 주로 추진하는 방향으로 전개되었다. 그리고 기간산업을 건설하는데 있어 내자를 동원해야 하는 문제가 대두될 수밖에 없는데, 여기서 당국은 필요한 국내 자본으로 부정축재자들의 벌과금을 활용하고자 했다.

그러나 1950년대 말부터 원조 삭감에 따라 소요 원자재 및 외국산 설비를 확충케 함으로써 수입대체 공업화를 추진하려는 정책은 위기에 봉착하게 되었다. 뿐만 아니라 외환 및 금융 지원을 통해 기업의 생산적 활동과 기술 능력 제고를 유도하는 등, 정부의 개입이 자원의 효율적 배분을 이끌 수도 없었다. 무엇보다 국가자본주의적 성향을 가진 내포적 공업화의 시도는 미국의 강력한 반대에 부딪혔다. 미국의 입장에서 수입대체 공업화 성격을 갖는 제1차 경제개발5개년계획은 성급하게 마련된 것으로 비춰졌기 때문이다. 이와 함께 당시 미국의 관심은 한국사회의 안정을 위한 경제의 안정이었다. 즉, 내포적 공업화의 시도가 지나치게 민족주의적이고, 국가 통제경제 지향을 갖기 때문에 경제안정에 위협이 되는 요소로 간주되었던 것이다. 내포적 공업화의 성공 여부를 가늠할 수 있는 1962년 9월의 통화개혁에 미국이 압박을 가한 것은 이와 같은 맥락에서였다.

통화개혁의 실패 이후 내포적 공업화 전략은 점차 포기되고 1963년과 1964년의 과도기를 거쳐, 점차 외양적·개방적이며 외부 의존적인 수출지향적 산업화 전략으로 이행하게 된다. 이 전략으로 먼저 수입대체정책을 수출 지향정책과 결합시킨 산업화 정책이 수립되었다. 정부는 외환 압박을 타개하기 위해 '수출제일주의'를 기치로 내세웠다. 1964년 12월 5일은 수출 1억 달러 달성을 기념하기 위해 수출의 날로 제정되었으며 1965년부터는 매월 대통령이 직접 참여하는 수출진흥확대회의 개최를 지시함으로써 수출을 진두지휘하게 되었다. 이에 따라 1차산품 위주의 수출구조를 공산품구조로 전환하기 위하여 먼저 보세가공 수출을 추진하는 한편, 국내 수출산업 개발을 위해서는 기존의 중소기업을 수출산업으로 전환하고, 수출특화사업의 품목을 지정하여 투자를 촉진했다. 또한 수출을 급속히 증대시키기 위해 국내 산업 부문 간의 연관성이 강조되었다.

1967년 국립영화제작소에 의해 제작된 이 영상은 대기업과 중소기업 간의 '산업계열화'를 강조하고 있다. '산업계열화'를 통해 단일 품목의 전문 생산으로 품질향상을 도모할 수 있고 대량생산이 가능해짐에 따라 생산원가를 저하시켜 해외시장에서 경쟁력을 확보하게 되며 고용률 상승을 통한 안정된 사회의 기틀을 마련할 수 있다는 것이 그 논리였다. 실제로 이 영상에서는 전자제품을 생산하는 대기업인 금성사와 그 계열사들인 여러 중소기업의 긍정적 협조관계를 등장시켜 '산업계열화'의 중요성을 환기한다. 그러나 실제로 당국의 이와 같은 대기업 위주의 산업정책은 사업 인허가와 외자도입, 특혜금융 등을 통한 정경유착의 계기가 되었으며 1960년대 말 부실기업 문제를 낳는 원인이 되었다.

▌ 참고문헌

공제욱, 「박정희 정권 초기 외부의존형 성장 모델의 형성과정과 재벌」, 『민주사회와 정책연구』 8, 2005.

이상철, 「중화학공업 선언 이전의 산업 정책」, 『한국 중화학공업화와 사회의 변화』, 대한민국역사박물관, 2005.

▌화면묘사

00:01   국립영화제작소 NATIONAL FILM PRODUCTION CENTER KOREA 마크

00:09   제목 자막 "큰 공장과 작은 공장"

00:12   방에서 남매가 라디오 방송을 청취하고 있음

00:20   여자 어린이가 오빠에게 질문하고 오빠는 대답함

00:37   오빠가 라디오를 분해하기 시작하고 라디오 안에 수많은 부품들이 보임. 부품들을 보고 여자아이는 놀라는 표정을 지음

00:59   내레이션 시작됨. 공장에서 직원들이 라디오 부품들을 살펴보고 있음

01:14   부산 금성사 공장의 내부 모습. 컨베이어 벨트 사이로 근로자들이 나란히 앉아서 작업하는 장면. 컨베이어 벨트 위로 라디오 부품들이 있음. 테스터의 모습

02:00   그림을 통해 라디오가 만들어지는 경로를 설명. 프린트 배선판, 콘덴서, 진공관, 스피커, 케이스가 각각 다른 중소기업체에서 만들어짐

02:43   콘덴서를 제작하는 금성사 계열의 중소기업체인 星亞社(성아사)의 내부 모습. 여공들의 작업 장면과 텔레비전 수상기가 비춰짐

03:24   스피커를 제작하는 금성사 계열의 중소기업체인 星鐵社(성철사)의 내부 모습. 작업하는 근로자의 모습과 스피커 모형의 주형물이 찍히고 있음

03:58   "주식회사 금성사 협력공장 성요사"라는 명패가 보임. 너트를 만드는 성요사의 내부 모습. 근로자들의 작업 장면

04:29   "삼영수지공업사 주식회사 금성사협력공장"이라는 명패가 보임. 케이스를 만드는 삼영사 공장의 내부 모습. 근로자들이 작업하는 모습. 텔레비전 케이스들이 보임

05:06   큰 규모의 공장이 가운데 있고 주변에 작은 공장들이 큰 공장을 둘러싸고 있는 모습이 그림으로 묘사됨. 중소기업 그림이 부품으로 변하고 대기업과 합쳐져 라디오가 만들어짐

05:12   근로자들이 작업대에서 작업하는 모습

05:30   근로자들이 제품을 포장하는 모습

05:33   그림등장. 대기업과 여러 중소기업을 선으로 연결. 자막 "금성사42, 아이디알미싱-18, 하동환 버스-19, 조선공사20, 기아산업-20, 신진자동차-109" 자막. "대

기업 1, 중소기업 40"

06:08 기업체 앞에 자동차들 수십 대가 나란히 주차되어 있음. 공장의 굴뚝으로 연기
가 뿜어져 나오며 건물 앞에 태극기 게양되어 있음. 내부에서 자동차가 만들어
지는 모습을 비춰줌

06:32 'IDEAL'이라고 쓰여 있는 미완성품 미싱이 보임. 근로자가 미싱을 조립하는 모
습. 작업대 위로 재봉틀이 나란히 놓여 있음

06:47 공장에서 근로자들이 부품을 만드는 모습

07:16 도로가 보이고 오토바이를 탄 2명이 지나가는 모습. 도로 위 인도로 사람들이
지나가며 도로 양편으로 태극기가 게양되어 있음

내레이션

00:56 그렇습니다. 겉보기로는 단단한 것 같습니다만 이 라디오는 무려 400여 종의
부분품으로 만들어져 있습니다. 전문가가 아닌 사람이 그 속을 들여다보고 놀
라는 것도 무리는 아니죠. 그러면 이와 같이 많은 부속품으로 된 복잡한 라디
오가 어떻게 만들어지는가를 한번 살펴보실까요? 이 큰 공장은 부산에 있는 금
성사인데, 여기 보시는 바와 같이 벨트식 흐름작업에 의해 부속품을 하나하나
씩 규칙적으로 조립하고 있습니다. 도대가 벨트를 타고 오면 콘덴사가 숙련된
기술공의 손으로 조립되고 중요한 부분인 진공관이 부착되며 이에 따라 스피커
를 붙이고 이렇게 여러 가지 부속품으로 조립된 라디오는 테스터로 마지막 점
검이 되어 완전한 제품으로 만들어지게 됩니다.

01:58 그러나 이 대규모의 공장에서 그 많은 부품들을 만들어 조립하는 것이 아니고
이것은 다른 중소기업체에서 전문적으로 제작해서 공급하는 것인데 그림에서
보시는 바와 같이 프린트 배선판, 콘덴사, 진공관, 스피카 그리고 케이스에 이
르기까지 모두 한 가지만을 전문적으로 만드는 작은 공장에서 만들어내고 있는
것입니다. 그럼 여기서 다시 이러한 부속품을 만드는 몇몇 중소기업체를 한번
찾아보실까요?

02:55 이 공장에서는 정밀을 요하는 콘덴사를 제작하고 있는데 이것만을 전문적으로
만들기 때문에 그 기술이 날로 발전해서 이제는 라디오뿐만 아니라 텔레비전

등 여러 가지 전기기구에도 쓰이게 되어 그 공급에 허덕일 정도로 크게 활기를 띠고 있답니다.

03:27 이 작은 공장에서는 스피카만을 제작하고 있습니다.

03:36 과거 수입에만 의존했던 스피카를 금성사 등 큰 레디오 공장에서 우리 제품을 쓰게 되자 부쩍 활기를 띠게 되고 이렇게 판로가 트임으로 해서 그 질도 우수하게 되어 외국제품을 능가하고 있습니다.

04:02 이 공장에서는 나트 종류만을 전문적으로 만들고 있습니다. 이렇게 한 가지 품목만을 대량으로 생산하게 되니 자연 생산원가가 낮아지고 따라서 국제시장에서 경쟁할 수 있는 능력을 가지게 되어 이제 국내 공급은 물론 해외시장에까지 진출할 소질을 마련해가고 있는 것입니다.

04:33 이 공장은 나무로 된 케이스만을 만들어 내고 있습니다. 작은 목공소로 시작한 이 공장이 처음에는 라디오 케이스만을 만들어 공급했는데 차츰 궤도에 올라 이젠 전축케이스, 스피커 케이스, 그리고 텔레비전 수상기 케이스까지 만들어 냄으로써 번창일로를 걷고 있는 것입니다.

05:04 이처럼 여러 개의 중소기업 공장에서 만들어진 부속품으로 라디오가 만들어지고 있는데 금성사와 계열을 이루고 있는 여러 중소기업들은 금성사와 관련을 맺고 활발히 돌아가게 되며 한편 금성사로서는 전문화된 중소기업이 있음으로써 우수한 부속품을 계속 싼 가격으로 공급을 받게 되니 누이 좋고 매부 좋다는 속담은 바로 이런 경우를 두고 한 말이 아니겠어요?

05:34 이와 같이 큰 공장은 여러 중소기업을 낳게 하는데 예를 들면 금성사의 42개 중소기업체, 아이디알 미싱에 18개 업체, 하동환 자동차의 19개 업체, 조선공사의 20개 업체, 기아산업에 20개 업체, 신진자동차의 109개 업체가 계열을 이룩하고 있으니 대기업 하나에 중소기업이 40여 개로서 약 1 대 40의 비율을 나타내고 있습니다.

06:14 이러한 사실로 미루어볼 때 신공장이 건설됨으로써 여러 중소기업들이 문을 닫게 되는 것이 아니라 그와는 반대로 큰 공장이 있으면 그와 계열을 이루는 많은 작은 공장들이 같이 번창하게 될 뿐만 아니라 지금까지 없었던 새로운 중소기업체가 잇달아 생기게 마련인 것입니다.

06:42 이와 같이 중소기업 육성책의 하나인 산업의 계열화는 단일 품목의 전문적인

생산으로 그 품질을 향상시켜 경쟁 능력을 높이고 대량생산을 함으로써 생산원가가 낮아져서 해외시장에도 진출할 수 있게 될 뿐만 아니라 업체가 번창함에 따라 고용능력도 높아져서 경제발전은 물론 안정된 사회생활의 기틀을 마련하게 되는 것입니다.

07:13 　최근 우리 주변에는 큰 공장들이 계속 건설되고 있으며 이 그늘에는 수많은 작은 공장들이 잇달아 세워져 이들은 상호의존 해서 다 같이 번창하고 있으니 우리 중소기업의 앞날은 보다 밝아지고 있는 것입니다.

파월장병 위문단

제 명	파월장병 위문단
출 처	파월장병 위문단
제 작 국 가	대한민국
제 작 년 도	1967년
상 영 시 간	42분 31초
제 공 언 어	한국어
제 작	국립영화제작소
형 식	실사
컬 러	흑백
사 운 드	유

▌ 영상요약

이 영상은 네 개의 영상이 하나로 합쳐져 있다. 첫 번째 영상은 1965년 파월장병을 위문하기 위해 베트남을 방문한 위문단이 각 부대와 의료시설을 방문하여 위문공연을 했던 것을 편집한 것이다. 박정희 대통령의 개인 명의로 조직된 위문단은 베트남 현지의 비둘기부대, LST해군부대는 물론 베트남 부대와 베트남에 주둔 중인 미군 부대를 방문하여 그들에게 선물을 전달하고 노래, 무용, 코미디 등의 위안공연을 펼쳤다. 두 번째 영상은 한국에서 열린 파월장병가족을 위안하는 행사를 녹화한 것으로 본 행사에는 이미자, 위키리, 최희준 등의 가수와 남보원, 곽규석 등의 희극인이 참석하였다. 세 번째 영상에서는 이화여대에서 열린 "파월장병 위안의 밤" 행사를 기록했다. 이 행사에서는 이화여대 학생의 다양한 공연이 이어졌으며 특히 파월장병부인합창단의 노래는 많은 호응을 얻었다. 그리고 마지막에 국군의 날 기념행사 장면이 짧게 수록되어 있다.

▌ 연구해제

이 영상은 크게 네 부분으로 구성된다. 첫 번째 영상은 국립영화제작소 제작, 동아방송국 협찬으로 1965년 6월 1일부터 8일간 있었던 '김성진 연예단'의 베트남 방문 현지 일정을 간략하게 담은 약 20분가량의 영상이며, 두 번째 영상은 파월장병지원 위원회 주최, 공보부 주관, 국방부, 총무처, 원호처 후원의 〈파월장병가족 위안대공연〉 중 약 10분 정도의 코미디와 노래, 그리고 세 번째 영상은 1967년 12월 이화여자대학교에서 있었던 〈파월가족위안의 밤〉 행사로 약 10분 길이이며 KBS 마이크가 무대에 놓인 것으로 보아 KBS에서 협찬한 것으로 보인다. 마지막 영상은 국군의 날 행사 장면을 짧게 보여주면서, "세계 제4위를 자랑하는 우리 국군"이 조국을 철통같이 지키고 있으며, 대한민국뿐 아니라 "자유아시아의 보루"로 성장했음을 강조하면서 행진하는 군인들과 사열하는 대통령 내외를 보여준다.

이 영상들은 제 각기 다른 시기, 다른 목적으로 제작된 것을 1967년 말에 하나로 모아 〈파월장병 위문단〉이라는 제목으로 재구성한 것이다. 전체 영상 마지막에는 국립영화제작소 제작, 파월장병지원위원회 협찬이라는 자막이 등장한다.

1965년 6월 1일부터 8일 동안 베트남 현지를 방문했던 파월장병 위문단은 영상에 따르면 박정희 대통령 개인 명의로 마련된 것이었다. 단장이었던 김성진은 당시 연예협회 부이사장을 맡고 있었고, 이들은 국방부의 지원하에 비둘기부대를 위문하고 베트남 정부군과 미군을 위한 위문공연도 개최한다. 코미디언 곽규석, 구봉서, 가수 이미자, 이금희, 유주용, 위키리 등과 무용수 3명, 악기 3명 등 총 14명으로 구성된 위문단이 비둘기부대와 이동외과병원을 찾아 인터뷰를 하고 함께 식사를 하고 공연을 하는 모습, 그리고 베트남군과 미군 부대에서 공연하는 모습 등을 스케치했다. 공연을 보며 즐거워하는 병사들과 좋은 음식으로 구성된 일주일 분량의 식사 메뉴를 일일이 읊어주는 곽규석의 목소리, 건강하고 안전해 보이는 파병 군인들의 모습을 보여주는 것은 파병에 회의적인 국내의 여론을 의식하고 있는 듯 보이며, "삼천만 민족이 다 같이 북진통일이 오는 그날까지 자유월남에서 싸워야한다"는 구봉서의 코미디 대사 역시 베트남 참전과 한국전쟁을 연관시키고자 했던 당시 정권의 의도를 은연 중 드러내고 있는 것이라 하겠다. 이러한 연예인 공연단의 파견은 본 영상이 제작된 1965년이 최초였는데, 1966년부터 1971년까지 83차례에 걸쳐 1,160명이 파월되어 총 2,922회의 공연이 이루어졌다.

한편, 〈파월장병가족 위안 대공연〉과 이화여자대학교의 〈파월가족위안의 밤〉 공연은 1967년에 이루어진 것으로, 각각 파월장병지원 위원회와 이화여자대학교가 주최한 행사였다. 〈파월가족위안의 밤〉은 1967년 12월 1일 이화여대 대강당에서 열렸으며, 파월가족 4천 여 가구를 초청했다. 파월장병지원위원회는 파월장병 및 그 가족에 대한 지원대책을 종합적으로 추진한다는 목적하에 국무총리 산하 조직으로 1966년 5월 6일에 설치되었다. 각 시도군읍면 단위로 2,637개의 지방위원회를 조직하여 전국적인 조직망을 갖추었으며, 파월장병 사기 앙양, 가족 지원 파병에 관한 홍보와 계몽, 전상자 원호대책과 함께 파월 기술자에 대한 행정적 조치도 수행했다. 영상에서 보이는 〈파월장병가족위안 대공연〉과 〈파월가족위안의 밤〉 공연 등은 파월장병지원 위원회와 각종 민간단체와 학교 등에서 성금과 위문품을 모아 파월 장병과 그 가족에게 전달하던 당시의 상황을 잘 보여주는 것이다. 1966년부터 1972년까지 위문사업을 위해 조성된 성금은 총 1억 4천여만 원이었고, 위문품은 1,900여 만점에 이르렀다고 한다. 이 밖에도 파월장병 가족을 돕기 위한 보리밭 노력 봉사, 부상병을 위로 봉사하기 위한 여학생 봉사단 활동 등도 이어졌다. 1966년에는 '파월 장병 가족 돕기 운동의 달'이 지정되기도 했으며 자산가들과 파월장병 극빈가족 간의 자매결연 맺기 운동도 전개되었다.

참고문헌

박태균, 「박태균의 베트남전쟁(15) 전 국민적 동원」, 『한겨레신문』, 2014년 7월 25일.
「오늘 派越將兵 支援委員會合」, 『경향신문』, 1966년 4월 23일.
「派越將兵支援委 總理所屬으로 新設 國務會議 의결」, 『동아일보』, 1966년 4월 28일.
「파월장병위문금품」, 『동아일보』, 1966년 5월 9일.
「派越將兵 가족돕기 基金 1億원을 募金키로」, 『경향신문』, 1967년 1월 13일.
「派越支援」, 『경향신문』, 1967년 3월 29일.
「駐越軍慰問團 결단」, 『동아일보』, 1967년 7월 25일.

화면묘사

00:01   자막 "제작 국립영화제작소 협찬 동아방송국"

00:04   "파월장병위문단"

00:13   파월장병을 위문하기 위한 공연단이 김포공항에서 비행기에 탑승하는 장면과
        위문단을 배웅하는 시민들

00:40   비가 오는 가운데 베트남에 도착한 위문단이 현지에서 환영 받는 모습

01:09   화장을 하는 공연단과 이어 비둘기부대의 교량건설 작업 모습이 비춰짐

01:37   비둘기부대의 막사와 취사장. 식당메뉴에 대해서 인터뷰하는 취사병. 비둘기부
        대 주둔지 내의 우물도 보임

02:22   야간전투훈련 장면

02:46   비둘기부대를 찾은 위문단이 부대 간부들과 악수를 나누며 인사를 하는 모습.
        부대원들과의 인터뷰의 음성이 영상 중간에 들림. 부대원들과 인사하는 위문단

03:51   "大統領 閣下 下賜品"(대통령 각하 하사품) 글귀가 써져 있는 선물이 비춰지고
        이어 각종 선물이 공개됨. 고재일 대표가 군 장교에게 선물을 증정하는 모습

04:56   무대에서 아리랑 음악에 맞춰 한복을 입은 여성이 전통무용을 시연

05:26   희극인 구봉서와 곽규석이 등장하여 장병들 앞에서 만담을 하는 장면

06:18   밸리댄스 무용수가 무대에서 시연을 하고 이 장면을 카메라에 담는 군인들

06:57   희극인 곽규석이 가수 이미자를 소개하고 이미자는 동백아가씨를 열창

07:50 트위스트 곡에 노래를 부르는 가수 이금희가 장병들과 함께 무대에서 춤을 추는 장면

09:00 비둘기부대 장병들이 무대에 올라와 노래를 부름

09:30 LST해군부대를 방문한 위문단이 위문품을 전달하는 장면

09:54 우리나라 태권도지휘교관이 베트남인에게 태권도를 가르치는 장면과 이를 지켜보는 위문단

10:32 현지 부대에서 배지를 선물 받는 위문단 대표 고재일의 모습

10:42 베트남 부대를 방문하여 상패를 전달하는 위문단 대표. 이어 베트남 군 관계자들과 함께 아리랑을 제창

11:27 베트남군 주둔지를 찾은 위문단의 공연 모습. 한복을 입은 무용수들의 전통무용 시연

12:05 가수 유지용이 등장하여 노래를 부름

12:24 곽규석이 무대에 서서 관중을 웃게 만들고 이어 트위스트 무용수가 나와 춤을 춤

13:29 위키리가 무대에 올라 열창하는 장면

14:13 밸리댄스를 추는 무희

14:36 미 육군 173공수단의 주둔지 모습. 각종 화포들과 편지를 읽고 권투시합을 하는 미군 병사가 비춰짐

15:05 미군 장병들 앞에 가설된 무대에서 한복을 입은 여성이 전통무용을 시연하는 장면과 곽규석의 성대모사 공연이 이어짐

15:38 밸리댄스를 추는 무희가 비춰짐

16:25 가수 이금희가 무대에 올라 트위스트 공연을 하고 이어 무대에 올라온 미군과 함께 춤을 춤

17:04 위문단 대표 고재일이 미 군부대 간부에게 선물을 전달하는 장면

17:18 미군 부대에서 미군 병사와 함께 트위스트를 추는 가수 이금희

17:51 주월한국이동외과를 방문한 위문단이 의료사업 브리핑을 청취하고 환자를 병문안 하는 위문단. 이동외과 의료진에게 선물을 증정하는 모습

18:54 위문 일정을 마친 위문단이 공항에서 배웅을 받으며 비행기에 오르는 장면

19:41 자막 "끝"

19:53 강당에 모인 관객들이 남보원의 코미디를 관람하는 모습. 성대모사를 하는 남

보원

22:06 "파월장병가족 위안대공연 주관 공보부 후원 국방부 총무처 원호처" 현수막이
무대에 걸려 있음

22:16 미소를 주제로 한 곽규석의 코미디가 이어짐

24:34 가수 위키리가 등장하여 노래를 하는 장면. "아리랑 목동", "아리랑"

26:00 가수 이미자가 열창하는 모습. "유달산아 들어다오"

27:22 가수 최희준이 "옛 이야기"를 부름

29:34 눈이 내린 이화여대 캠퍼스의 전경

30:03 이화여대에서 개최된 파월가족위원회에서 이화여대 무용반의 화관무가 시연됨

30:41 요들송을 부르는 이화여대 미술대학 정원신

32:06 음대 성악과 학생들의 합창 "양산도"가 공연됨

34:05 무용과 염남선의 노래 "굿바이 월츠"

36:14 물리학과 3학년 이수자의 노래 "해변의 길손"

38:18 파월장병부인합창단이 "맹호의 노래", "백마의 노래", "청룡의 노래"

41:30 국군의 날 기념식에서 시가지를 행진하는 군인들이 보이고 군인들을 향해 경례
를 하는 박정희 대통령과 육영수 여사. 뒤이어 탱크부대와 각종 미사일 퍼레이
드가 이어짐

42:26 자막 "끝 제작 국립영화제작소 협찬 파월장병지원위원회"

▌ 내레이션

01:12 1965년 6월 1일 자유월남으로 가는 우리의 위문단이 김포공항을 출발했습니다.
이번에 위문단은 월남평화를 위해서 분투하는 우리 장병의 노고를 치하하고자
박정희 대통령이 개인 명의로 위문단을 마련하고 직접 선물도 준비해서 파견된
것입니다.

00:42 이번 위문단은 김성진 씨를 단장으로 코메디안 두 명, 가수 다섯 명, 무용 세
명, 악사 세 명인 총 열네 명으로 구성되고 약 15일간의 일정으로 공산베트콩
과 싸우는 우리 국군, 자유월남군, 미군들을 위문할 것입니다.

01:13 자유월남의 비둘기부대는 현재 사이공 북방 위앙에 자리 잡고 공병대대와 해병

공병중대는 도로신설, 학교건축, 의료시설, 교량건설 등의 작업을 하고 있으며 이미 6월 24일에는 두 개의 교량건설을 완성시켰습니다.

01:40 여기는 비둘기부대 막사로서 대형 냉장고까지 마련한 이곳 식당메뉴를 들어보 겠습니다.

01:46 (후라이보이 목소리) "소고기볶음, 캬베트 김치, 파인애플 통조림, 고추, 저녁에 콩나물국, 닭고기 튀김, 커피, 목요일 날이 소고기국, 콩나물무침, 파인주스, 계 란, 차, 또 점심에 콩나물국, 배추김치, 소고기볶음, 잡채, 또 저녁이 닭고기 튀 김, 오이김치, 아이스크림, 콩나물국, 커피 또 금요일날이 닭고기..."

02:08 또한 물이 귀한 고장이라 자체의 우물도 파서 장병의 급수난도 해결했습니다.

02:26 또한 공산베트공의 기습에 대비해서 낮에는 물론 야간전투훈련까지 게을리 하 지 않고 있습니다.

02:53 이역만리 타국에서 우리의 국군은 위문단을 맞이해서 그 즐거운 표정을 감추지 못했습니다.

03:33 또한 위문단도 오랫동안 헤어졌던 친형제를 만난 것처럼 반가움이 앞서 맞손을 잡고 흔들며 물보다 진한 동포애의 애틋함을 맛보았습니다.

03:53 비둘기부대와 작업현장을 돌아본 후 위문단의 인솔자 고재일 씨가 대통령이 보 내주신 선물들을 전달했습니다. 선물의 내용은 조 단장에게 드리는 지휘봉 한 개와 월남에 파견된 국군장교 전원에게 드릴 대통령의 문장이 새겨진 라이터 백여든세 개, 간호장교 앞으로 책자 "여류한국" 열두 권, 녹음기 한 대, 녹음테 이프 10권, 라디오 20대, 특제 고추장 80포, 타월 2,100장, 고무신 200켤레, 월 남군 제3군단에 선물하는 인삼차 96병 도합 1,300여 파운트였습니다.

05:02 마침내 폭음과 포성이 울리는 막사 곁에 임시의 가설무대를 마련하고 위문의 막은 열립니다. 후라이보이 곽규석 씨의 사회로 공연은 위문단 전원과 장병의 합창으로 부르는 아리랑으로 시작되었습니다.

07:01 특히 비둘기부대의 단가처럼 된 "동백아가씨"의 이미자 양이 등장하자 장병들 은 미칠듯한 환호성을 지르고 이 양은 1절을 부르곤 얼굴을 양손에 파묻고 울 음을 터뜨렸습니다.

07:53 이금희 양의 등장입니다. 이 양이 트위스트 노래를 부르자 장병들은 단 위에 올라와 춤을 추었고 이 양도 노래를 마치고 함께 어울려 위안병사를 흥분의 도

가니로 몰아넣었습니다.

09:05 또한 위문단의 공연이 끝나자 장병의 노래자랑으로 즐거운 잔치의 여운을 장식했습니다.

09:32 6월 6일 위문단은 사이공 공항을 중심으로 피난민, 식량, 건축자재를 수송하는 해군LST를 방문해서 위문품을 전달하고 선상의 공연도 가졌습니다.

10:01 여기는 우리의 태권도 지휘교관이 월남군인, 경찰, 민간인에게 태권도를 가리키는 도장입니다.

10:19 태극기와 월남국기가 앞에 서 있는 가운데 구령도 우리말로서 태권도를 가르키고 있는 우리의 교관은 현재 월남 육군종합학교 육사, 해사, 육군유년학교 등에 2~3명씩 배치되어 있습니다.

10:43 위문단은 우리 국군을 위문하는 한편 자유월남군도 방문해서 조국을 지키는 그들을 위로하고 우리의 노래를 함께 불러서 우리나라 고유의 정서를 그들에게 안겨주었습니다.

11:25 여기는 월남군 주둔지입니다. 이번 월남파견 위문단은 자유월남군 부대에서 다섯 회의 위문공연을 가졌습니다.

12:06 위문단의 춤에 이어 유주용 군이 등장합니다.

12:35 후라이보이의 완맨쇼는 몸짓으로만 그들을 웃깁니다.

13:31 위키리 군이 등장합니다. 가수의 노래에 매혹된 관중은 노래의 후렴을 합창으로 받아주고 있습니다.

14:37 여기는 비엔호아에 자리 잡은 미 육군 173공수단입니다. 한때 공산베트콩의 기습으로 힘겨운 시련을 겪었던 곳이기도 합니다.

14:57 우리의 위문단이 마침 이곳에 도착했을 때는 비가 억수같이 쏟아지는 굳은 날씨였습니다. 그러나 비를 무릅쓰고 운집한 미군 장병들은 끝까지 자리를 지켜 우리의 노래와 춤을 보고 위문단도 악기에 물이 차는 줄 모르고 흥을 돋구웠습니다. 후라이보이의 총소리 흉내부터 시작된 이날의 쇼는 우비를 입고 무대에 서는 진풍경을 보여주었습니다.

15:39 선정적인 춤, 아마 이 춤을 추는 무희는 비가 온다고 우비를 입고 춤을 출 수는 없나 봅니다.

16:26 공연이 막바지에 이르자 열띤 흥분은 고조되고 특히 이금희 양이 노래를 부르

자 미군들은 무대까지 올라와서 같이 춤추어 관중과 무대가 완전히 혼연일체를 이루었습니다.

17:19 이러한 관중과 무대가 일치되는 공연의 모습은 미군부대를 찾아가는 곳마다 보여주는 장관이었습니다.

17:55 우리의 위문단은 6월 7일 월남에서 안전지대인 붕타우(Vung Tau)에 자리 잡은 주월한국 이동외과병원을 찾아가고 있습니다.

18:20 이 병원에는 6월 7일 현재 599명이 입원 중에 있는데 이 중에는 우리 국군은 물론 월남의 어린이들까지 치료받고 있습니다. 이곳에서도 대통령이 보내 주신 선물이 전달됐습니다.

18:58 1965년 6월 1일 서울을 출발해서 보름간에 가졌던 총 13회의 위문공연은 끝났습니다. 환호와 갈채, 감격 어린 눈물 속에 함께 불렀던 노래의 여운이 채 가시기도 전에 그리고 건강한 모습으로 도리어 고국의 부모형제를 걱정하는 우리 국군장병의 모습을 가슴에 간직한 채 우리 위문단은 6월 15일 월남을 출발, 한국으로 향했습니다.

19:51 다음에는 웃음을 선사하는 주인공 남보원의 등장입니다. 이제 코메디를 즐겨 보시겠습니다.

22:09 역시 웃음의 보따리를 안고 등장하는 후라이보이. 코메디가 계속 되겠습니다.

04:25 발랄한 가수 위키리의 노래 "민요접속곡"

25:54 다음은 구수한 민요조의 가수 이미자가 부릅니다. "유달산아 말해다오"

27:19 만능가수 최희준의 노래로 "옛 이야기"

29:55 한편 이화여자대학교 총학생회에서도 학생들만의 프로를 만들어 파월장병가족 위안의 밤을 가졌습니다.

30:07 이대 무용반의 화관무가 펼쳐졌습니다.

30:36 다음은 미술대학 2학년 정원신 양의 요들송, "아름답다 엠멘탈"

32:01 다음은 음대 성악과 3학년 일동 합창 "양산도"

34:05 다음은 무용과 3학년 염남선 양의 노래 "굿바이 월츠".

36:13 다음은 물리학과 3학년 이수자 양의 노래 "해변의 길손"

38:19 이날 위안의 밤을 한층 따사롭게 빛낸 것은 주월한국군 채명신 사령관 부인 문정인 여사의 주선으로 장병부인들로 구성된 파월장병부인합창단이 "맹호의 노

래", "백마의 노래", "청룡의 노래"를 불러 파월장병 가족들을 더욱 감명 깊게 했습니다.

41:39 이역만리 월남에서 파월장병들이 찌는 듯한 더위를 무릅쓰고 정글을 헤치며 백전백승의 혁혁한 전과를 올리는 지금 이 순간, 세계 제4위를 자랑하는 우리의 국군은 조국을 철통 같이 지키고 있습니다.

42:03 이제 우리의 국군은 대한민국의 방패로써 뿐만이 아니라 국제평화와 정의를 실현하는 자유아시아의 보루로서 나날이 조국의 발전과 더불어 그 전투력을 강화하고 있습니다.

팔도강산

제 명	팔도강산
제 작 국 가	대한민국
제 작 년 도	1967년
상 영 시 간	18분 56초
제 공 언 어	한국어

제 작	국립영화제작소
형 식	실사
컬 러	컬러
사운드	유

▋ 영상요약

1967년 국립영화제작소에서 기획, 제작하여 연방영화사를 통해 배급한 배석인 감독의 〈팔도강산〉 중 후반부 일부를 편집한 영상. 휴전선과 춘천 수력발전소를 구경하고 막내 사위가 될 청년의 사이클 경기를 서울운동장에서 구경한다. 그리고 다섯 쌍의 딸과 사위, 아들이 마련한 아버지의 환갑 잔칫상을 받고 기뻐한 뒤 다 같이 서울 구경을 하기 위해서 떠난다는 내용으로, 조국이 근대화된 모습, 조국 근대화의 역군으로 일하는 모습 등을 담은 일종의 정권홍보영화이다.

▋ 연구해제

1967년 배석인이 감독하고 국립영화제작소가 기획, 공보부가 제공한 영화 〈팔도강산〉은 국도극장에서 약 32만 6천 명의 관람객을 모으며, 그 해 흥행 순위 1위를 기록했다. 〈팔도강산〉은 개봉 당시 여러 가지로 언론의 주목을 받았다. 무엇보다 1967년은 제6대 대통령 선거가 있었던 해로 선거에 앞서 〈팔도강산〉이 전국에서 일제히 개봉되자, 이를 두고 선거법 위반 여부를 묻는 정치적 논쟁이 일어났던 것이다. 사실 이러한 논란이 일었던 데에는 이 영화의 기획과 제공이 국가 기관을 통해서 이루어졌다는 점도 영향을 미쳤지만, 무엇보다 이 영화가 당시 대중들에게 보여주고 있는 내용과 이미지 자체에 가장 큰 이유가 있었다.

이 영화는 전국 팔도에 결혼하여 살고 있는 딸들을 찾아 여행을 나서는 부부의 모습을 담고 있다. 이들은 충청도의 큰딸 은희 부부, 전라도의 둘째 딸 민자 부부, 울산의 셋째 딸 혜정 부부, 부산의 넷째 딸 은아 부부, 그리고 강원도의 다섯째 딸 미애 부부와 직업 군인인 아들 수일을 찾아 떠난다. 이와 같은 부부의 여행은 각각 당시의 박정희 정권의 주요 정책과 경제개발5개년계획하에서 발전하고 있는 한국의 산업적 환경을 따라 진행된다.

김희갑, 황정순 부부의 자녀들은 각자의 가정을 이루고 있다. 이러한 핵가족의 구성과 '소자녀' 중심의 가족관은 박정희 정권하의 가족정책의 핵심이었다. 〈팔도강산〉에서 김희갑 부부를 제외한 자녀 세대의 인물들은 대부분 2명 안팎의 자녀를 두고 있지만, 예외적으로 11남매를 둔 민자-노식 부부의 희극적인 생활상은 가족계획의 필요성을 잘 보여주고 있다.

또한 영화 속에서 김희갑, 황정순 부부는 사위들이 일하고 있는 대규모 공업단지와 간척사업, 건설 현장을 둘러본다. 첫째 사위가 일하는 충북 단양의 시멘트 공장, 둘째 사위가 일하는 전라도 간척사업지, 셋째 사위가 일하는 울산의 비료·정유 공업단지, 넷째 사위가 일하는 부산의 수출항 등은 각 지역을 대표하는 산업적 상징물이자 관광지로 등장해 관객들에게 볼거리를 제공한다. 특히 〈팔도강산〉에 등장하는 산업현장들은 1962년부터 1966년까지 실행된 제1차 경제개발5개년계획의 목표인 농업 생산력 증대, 전력 및 석탄 등의 에너지 공급원 확충, 기간산업 확충과 사회간접자본 충족, 유휴자원 활용, 수출증대를 통한 국제수지 개선, 기술진흥의 성과를 가장 잘 보여주는 대표적인 결과물이라 할 수 있다.

한편 강원도에서 군인으로 일하고 있는 수일의 강직함과 전방을 지키는 국군의 모습은 분단된 조국의 현실과 안보정책을 강조한다. 이러한 구성은 박정희 정권 시기 정책의 핵심이었던 '반공'과 '경제발전'의 모든 측면들을 영상으로 조합해낸 결과물이었다고 할 수 있다.

마지막으로 막내딸의 남자친구인 대엽은 처음 부부가 여행을 떠나기 전에 잠시 등장하여 사소한 계기로 김희갑의 미움을 산다. 그러나 대엽이 전국체전에서 사이클 선수로 활약하는 모습을 보고 김희갑은 그를 받아들이게 된다. 당시 박정희 정권은 '민족중흥을 위한 건민사상'이라는 기치 아래 체육활동의 생활화, 체육인구의 대중화, 체육환경의 복지화를 위한 체육정책을 전개했다. '건강한 육체에 건강한 정신'을 가지고 있는 대엽이 김희갑 부부의 새로운 가족이 되기 위한 조건을 충족시킨다는 점은 이러한 체육정책과도 무관하지 않다.

이 외에도 각 지역의 관광지를 돌아보는 김희갑·황정순 부부의 모습과 함께 당시의 유명 가수들이 등장하여 그 지역과 관련된 대중가요를 부르는 것을 볼 수 있다. 이와 같은 연출 장치는 이후의 시리즈에도 나타나면서, 〈팔도강산〉 시리즈의 특징적인 스타일을 만들어냈다.

참고문헌

김하상, 『조국근대화를 유람하기』, 한국영상자료원, 2007.

화면묘사

00:00 갈대밭 사이로 난 시골길을 함께 걷고 있는 아버지(김희갑), 어머니(황정순)과 군복을 입은 아들 석구. 함께 휴전선을 구경함

석구: 아버님. 걱정마세요. 그 차비는 제가 꼭 갚겠습니다.
어머니: 애야 꼭 그렇게 하도록 해라. 참 친절하고 씩씩한 사람이더라.
석구: 예, 염려 마십시오. 아, 다 왔군요. 저기가 휴전선입니다. (비장한 음악)

01:03 철책 앞에서 대화를 나누는 부모와 아들

석구: 아무도 발을 들여놓지 못하는 이 휴전선은 멀리 서해에서 이곳 동해까지 600리를 가로질러 있습니다. 지금도 저 북녘하늘 밑에서는 우리의 동포들이 자유가 그리워서 한숨짓고 있습니다.
아버지: 내 살아생전에 통일이 되는 걸 보고 죽었으면 한이 없겠구먼.
어머니: 석구야, 여길 오니 6·25때 전사한 네 형이 생각이 나서 눈물이 나오는구나(눈물흘림)
석구: 어머니, 그리고 아버지. 너무 슬퍼 마십시오. 우리의 자유와 경제력이 북한으로 넘쳐 흐를 때 우리의 숙원인 통일이 이루어지고야 말 것입니다. 70년대면 이곳도 아주 달라지게 될 겁니다.
아버지: 그래야지.
석구: 그럼 아버님, 돌아가시죠. 어머님.

아버지: 여보, 갑시다.

어머니: (휴전선을 뒤돌아보며 울며 따라감)

휴전선 근처의 바다 장면

02:23 춘천의 수력발전소, 댐 구경하는 세 사람

　　석구: 아버지, 여기가 춘천 발전소인데 이 발전소는 순전히 우리나라의 기술만
　　　　으로 완성된 것입니다.

　　아버지: 아주 훌륭하고도 ** 있는 일이다. 여보, 당신도 때를 잘못 타고 태어났
　　　　구려.

　　어머니: 왜요?

　　아버지: 지금쯤 나한테 시집왔으면 그 호롱불 신세는 면했을 거 아닌가. (웃음)

　　어머니: 원 영감도. 그 팔도강산을 한 바퀴 돌고 났더니 아들보다도 더 젊어가
　　　　는 소리를 하고 계시는구려.

　　아버지: 왜 내가 젊어져서 당신한테 나쁜 거 있소? (웃음)

　　어머니: 애, 느이 아버님 말씀 좀 들어봐라. (웃음)

　　아버지: 듣긴 뭘 듣냐. 어이 가자.

03:19 멀리서 오토바이 달려오는 모습, 소리 들림.

　　아버지: 원 미친놈이 있나. 여기도 똑 같은 놈이 또 하나 있네.

　　석구: 아니, 똑같은 놈이라니요?

　　아버지: 넌 모른다.

멀리서 오토바이를 타고 온 남녀가 도착. 선글라스를 착용하고 있음. 내려서
반갑게 이들에게 인사한다.

막내딸(강문): 어머니.

어머니: 원 자식도. 난 또 누구라고.

막내딸: 어머니.

어머니: 오냐, 그동안에 그 집안엔 별 일 없었니?

막내딸: 응. 아무 일 없었어요.

이대엽: 빙장어른, 그동안 구경 많이 하셨습니까?

아버지: 원 그 놈. 비윗살 한 번 좋다.

이대엽: 먼저는 거절당했습니다만 이번엔 자신 있어서 이렇게 찾아왔습니다.

아버지: 뭐? 어 그 놈. 사람 죽여준다. 자네 그 박력만은 좋아. 내 결정은 서울 가서 짓겠네.

석구: 아버지, 내 매부감으로는 아주 되겠는데요? 어머니 그렇지요?

어머니: 그래, 씩씩해서 참 좋다.

아버지: 여봐 당신. 당신 다수가결로 나한테 대드는 거요?

막내딸: 어머, 원래 민주주의란 그런 거 아니에요?

석구: (이대엽에게 가서 악수하며) 자, 수고해. 응?

막내딸: 오빠, 연락해줘서 고마워요.

석구: 자, 어서 들어가거라. 아버지 어머니는 기동차로 돌아가신다.

어머니: 석구야 몸조심해라.

04:35 아들과 인사하고 떠나는 내외

04:45 기차를 타고 가는 부부의 창밖으로, 오토바이를 타고 가는 딸과 남자친구가 보임, 그들에게 손짓하며 웃는 어머니와 화를 내는 아버지

막내딸: 우리도 빨리 가요. 체육대회에 골인하는 기분으로.

이대엽: 오케이. 떨어지지 않게 꼭 잡아. 달리는 거야.

05:18 축포소리와 함께 팡파레가 울림. 운동장에 행진하고 있는 각종 체육복 입은 남성들과 관중석에서 구경하고 있는 어머니와 딸

막내딸: 어머니, 저기 좀 보세요.

05:42 서울운동장의 모습, 운동장을 가득 메운 관중들과 매스게임. 수천 명의 사람들

어머니: 애, 느이 아버지도 저런 구경을 좀 하시지 않고.
막내딸: 누가 아니래요.

06:01 관중석에 따로 앉은 아버지

아버지: 허, 이 많은 사람들이 한 마음 한 뜻으로 움직이는구만. 이렇게 한마음
한 뜻으로 움직이면 세상에 안 되는 일 없겠다.

06:30 총 소리와 함께 사이클 경기 열림, 응원하는 딸과 어머니, 따로 앉아서 구경하
며 혼잣말로 응원하는 아버지, 사이클 경기에 출연한 딸의 남자친구 이대엽.
"뒤따라가, 빨리 달려라 등" 응원하는 아버지. 결승선에 일등으로 들어오는 이
대엽. 일어서서 "이겼다"고 기뻐하며 응원하던 아버지의 모습을 발견한 딸과 어
머니 자리를 옮겨 함께 앉음. 우승트로피를 들고 기뻐하는 이대엽

08:10 아버지의 환갑잔치. 잔치에 참석한 딸, 사위, 아들, 며느리 등 차례로 절을 하
고 각 고장의 특산품 혹은 일하는 곳의 산물 등을 선물로 드림, 잔치에 참석하
지 못하고 밖에서 아기를 안고 서성거리는 다섯째 딸

08:27 석구가 앞으로 나와 절한다

석구: 아버님. 어머님. 만수무강하시고 복 많이 받으십시오. (술을 따르고 절한
다)
첫째 사위(김진규): 아, 절들하지 그려. (뒤에서 다 같이 절하는 자식 내외들)

아버지, 어머니 서로 마주보고 술을 마시고 기뻐함. 국악연주자들 보이고, 노랫
소리가 들림

09:20 아버지: 얘들아, 내 육십 평생에 이렇게 기쁜 날은 처음이다. 고맙다 고마워.
너희들이 이렇게 잊지 않고 내 회갑날을 이렇게 채려주고 한 자리에

모였으니, 그저 너희 어머니와 나는 기쁘기 한이 없다. (어머니 울고 있음)

첫째 사위: 아버님, 다음은 저희 선물 받으세요. 선물들 준비 혀.

어머니: 여보, 속초 애들이 못 오나보우.

아버지: 그러게.

10:00   밖에서 아기를 업고 서성거리고 있는 다섯째 딸 미애

10:11   첫째 사위: 아버님. 이 인삼 대려 잡숫고 오래오래 사셔야 해요.

아버지: 그래그래, 내가 오래오래 살아야지

어머니: 근데 참 에미는 어떻게 돼서 안 왔고?

첫째 사위: 그 산후조리가 좀 나뻐서요.

어머니: 오. 그래서 아범 혼자 왔네 그래.

아버지: 그래, 애긴 잘 자랐나.

첫째 사위: 그 놈이 제 옷에 묻은 시멘트 가루를 핥아먹었는지 여간 단단하지가 않아요. (다 같이 웃음) 어서 드세요. 다음 오지 그랴.

10:42   둘째 사위(박노식): (부인과 함께 나와서 선물 드리면서) 우리 이 선물 드려야지… (안들림) (절하려고 하자)

아머니: 그만 두지 그래. 몸도 무거운데. 고만둬.

둘째 사위 : (절하려나 멈추며) 그게 배가 불러서. 우리 이번 주에 열 두짹니다. 되게 낳아버렸습니다. 이제 다신 안 낳을랍니다. (웃으며) 참 나는 괜찮은데 이 사람이 참.

둘째딸(이민자): 아이 몰라요

둘째 사위: (선물 드리며) 이거 받으십시오. 요것이 양장인데, 최고급입니다. 다음 오소.

11:18   셋째 사위(이수련): (부인과 함께 앞으로 와서 선물을 드리며) 아버지, 앞으론 이 라이터를 쓰십시오.

아버지: (라이터 불을 켜고 놀라며) 이 사람아. 이건 마치 자네 공장의 굴뚝의 불꽃 같네 그려.

셋째 사위: 아버지, 저 요번에 부장으로 진급됐습니다.

아버지, 어머니: 축하할 일이다.

셋째 딸(김혜정): 그게 다 내가 독수공방을 지켜온 덕택이죠. (웃음)

어머니: 그럼 그렇고 말고. (웃음)

어두워진 밖에서 서성이는 미애

11:52 넷째 사위(허장강): 참말로, 예, 다시는 그런 잘못이 없겠습니아. 용서 하시소.
정말 잘못했습니다.

아버지: 이 사람아, 부모자식 간에 고만한 일 가지고 뭘. 이제 잊어버리세.

넷째 사위: 아버님요. 내 평생 인삼주를 대 드리겠습니다. (인삼주 건네며)

아버지: 내가 좋아하는 인삼주.

둘째 사위: 아버지, 어머니. 거, 부산동서. 정말 과용했습니다. 경비 몽땅 안 내
뿌렸습니까. (웃음)

넷째 사위: 돈 나고 사람 났습니까.

둘째 사위: 하여간 최곱니다, 최고. 내 한 번 내려갈라네.

넷째 사위: 한번 내려 오시소.

12:33 어머니: (눈물을 삼키며) 애들아, 오늘 같이 기쁜 날에 속초 애들이 안 보이는
구나. 걔들만 참석했으면 내가..

아버지: 어린 것이 무슨 고생을 그렇게 많이 하는지. 그게 너무나도 못산다고
부끄러워 그런지도 몰라.

13:15 다섯째 딸(강미애): 아버지. (울면서 뛰어 들어옴)

어머니: (일어나 맞으며) 미애야. 신서방은 어찌 됐냐?

다섯째 딸: 이제 곧 올 거래요

어머니: 자 앉아라.

다섯째 딸: 아버님, 어머님 절 받으세요(울며 절한다) 아버님, 어머님. 이 못난
소녀도 밖에서나마 아버님과 어머님의 만수무강을 빌고 있었어요.
전에 즈이 집에 오셨을 땐 왜 그렇게 떠나셨어요. 얼마나 섭섭했는
지 몰라요. 어머니. 아버지, 제 잔을 받으세요. (계속 울며 축하주를
아버지에게 따른다.) 이 술은 물 탄 술이 아니에요. 아버지, 아버님,

어머님, 오래오래 사셔서 저도 잘 사는 걸 꼭 봐주세요.

아버지: 얘야, 이 술 맛도 참 좋다마는, 난 느이 집에서 먹었던 그 막걸리가 더 좋더라.(운다)

다섯째 딸: (울며 오징어 드리며) 아버지, 이거 받으세요. 선물이에요.

15:20 다섯째 사위(신영균): 아버지(부르며 뛰어들어온다)

어머니: 아이고 신서방.

형제들 반긴다

아버지: 아이고 이 사람아, 정말 고맙네

다섯째 사위: 아버님 늦었습니다. 아버님 어머님 만수무강하십시오. (같이 절한다)

어머니: 그래 신서방, 와줘서 정말 반갑네.

다섯째 사위: 저 아버님, 저 이거 보십시오. (종이를 내밀며) 제가 배를 한 척 샀습니다. 오늘 계약을 하고 오느라고 늦었습니다.

아버지: 어디 보세, 훌륭한 배다. 여보(종이를 보여주며), 참 참 고마운 일이다. 이게 자네 배군 그래. 허허. 고맙네.

다섯째 사위: 저도 이젠 남부럽지 않게 살 수 있게 되었습니다. (미애 손을 잡으며) 여보, 고생했지?

아버지: 신서방, 내가 이제 가도 물 탄 술은 안 내놀테지? (웃으며 미애 부부를 일으킨다) 일어나. 일어나게.

16:09 국악 연주하는 연주자들 보이고, 형제들 모두 모여서 신영균을 축하한다

석구: 아버님, 여기 이 분이 왔군요.

16:21 막내딸의 사윗감(이대엽)이 등장

아버지: 자네 오늘 문희가 없어서 그런지 박력이 적구만 그래. 자네 오늘부터 나를 빙장어른이라고 불러도 좋아. 그리고 문희가 월남에서 돌아오는

대로 결혼식을 올리게.

이대엽: 빙장어른, 만수무강 하십시오.

둘째 사위: 아따 그 사람, 배짱 한 번 좋네.

16:55   아버지: 내 전번 날, 너희 어머니와 같이 팔도강산을 돌고 와서 내 이제 죽어도 여한이 없다고 했지만 인제 내 좀 더 살아야겠어. 너희들이 이렇게 희망에 부풀어서 앞으로 나가는 걸 보니깐 내 좀 더 살아서 자네들 더 잘 사는 걸 봐야 하겠어.

둘째 사위: 싹 달라진 팔도강산을 다시 한 번 봐야지요. (다 같이 웃음)

아버지: 가만가만. 내 자네들한테 신세도 많이 지고 했으니 내가 오늘 한 턱 내 겠네. 밖에 나가서 자동차를 타. 내 오늘 진짜 서울 구경 시켜줄게. (다 들 환호하며 밖으로 나감)

이대엽: 이거 받으십시오.

아버지: 이게 뭔가?

이대엽: 이게 트랜지스터 라디옵니다.

아버지: 이게 도란지스터구나.

17:50   20인승 버스에 차례로 올라타는 아버지, 어머니와 자손들. 팔도강산 주제곡이 흐르면서 서울 번화가의 풍경 줌 아웃으로 멀어지며 공장의 매연, 자동차들 달 리는 장면 보이다가 페이드 아웃됨 (팔도강산 주제곡: 팔도강산 좋을씨고, 살판 이 났네~ 팔도강산 얼싸안고 웃음꽃을 피우네. 에헤야 데헤야 너도 나도 얼씨 구, 에헤야. 데헤야 우리 모두 절씨구, 잘 살고 못 사는 게 팔자만은 아니더라. 잘 살고 못 사는 게 마음 먹기 달렸더라. 줄줄이 팔도강산 좋구나, 좋다)

내레이션

(내레이션 없음)

속팔도강산 1

제 명	속팔도강산
출 처	속팔도강산(1)
제 작 국 가	대한민국
제 작 년 도	1968년
상 영 시 간	89분 57초

제공언어	한국어
제작	국립영화제작소
형식	실사
컬러	컬러
사운드	유

영상요약

독일에서 있을 딸의 결혼식에 참석하기 위해 해외로 나가는 과정에서 전 세계에 흩어져 일을 하고 있는 사위들을 만나는 김희갑 노인의 여정을 보여준다

연구해제

　1968년 국립영화제작소에서 제작하고 양종해가 감독한 〈속 팔도강산〉은 다시 한 번 전편인 〈팔도강산〉의 주인공 김희갑, 황정순 가족의 이야기를 다룬다. 특히 〈속 팔도강산〉이 전편과 갖는 가장 큰 차이는 자녀와 사위들이 한국의 팔도강산에서 사는 것이 아니라 전 세계 곳곳에 흩어져 살고 있다는 점이다. 따라서 〈속 팔도강산〉에는 비행기를 타고 전 세계를 유람하는 김희갑이 등장한다. 김희갑은 일본의 야구장, 하와이에서 교포들이 운영하는 농장, 캘리포니아의 농경지대와 로스앤젤레스의 공업지대, 샌프란시스코의 마천루, 브라질의 농장을 둘러보고, 독일의 간호사와 탄광 노동자들을 만난다. 그는 세계 곳곳에서 가족뿐만 아니라, 교포들, 유학생, 현지인들을 만나는데, 이러한 과정에서 각 국가의 문화에 서툰 김희갑이 저지르는 실수들은 이 영화 속에서 웃음을 이끌어내는 요소가 된다.

　〈속 팔도강산〉의 내러티브는 1962년 3월 9일에 공포된 '해외이주법'과 밀접한 관련을 맺는다. 정부는 인구과밀을 해소하고, 경제부흥과 발전을 위해 주로 농업이나 광업, 기타 산업분야에서 노동력을 제공하기 위한 방책으로 국민들에게 해외로의 이주를 장려한다. 해외이주법은 1965년에 개정된 '미국 이민법'과 맞물려 많은 한국인들로 하여금 미국으로 대거 진출해 나갈 수 있도록 하는 법적 근거로 작용했는데, 이를 반영하듯

〈속 팔도강산〉에서 미국은 여러 국가들 가운데에서도 가장 큰 비중을 차지하고 있으며, 미국의 발전된 산업 환경 등이 한국 근대화의 모델로서 소개된다.

박정희 정부는 또한 해외 이주와 관련된 법을 정비함과 동시에 재외국민 보호를 위해 외무부 내에 '재외국민 전담 조직'을 확대 개편했다. '해외 이주'와 관련하여 박정희 정부가 '반공'과 '재산반입'을 중요하게 생각했다는 점에서 이러한 해외 이주 장려 정책이 '발전국가형 자원화 정책'의 일환이었음을 알 수 있다. 그런 점에서 이 시기 해외 이주 장려 정책은 재외동포들의 필요에 의해 나타난 것이라기보다는 재외국민들을 조국 근대화를 위한 '경제발전 참여'의 주체로 포섭하려는 정책의 일환이었다고 할 수 있을 것이다.

한편 전편인 〈팔도강산〉에서 휴전선 인근 부대에서 근무하고 있던 아들 수일이 이 영화에서는 베트남에 파병된 군인으로 등장한다. 1964년 한국은 미국의 요청에 의해 처음으로 한국군을 베트남에 파병한 이후 재차 한국군을 파병하며 그 규모를 확대시켰다. 1964년에 이루어진 1차 파병이 이동외과 병원과 태권도 교관단을 중심으로, 2차 파병이 건설지원단과 같은 후방 지원의 차원에서 이루어졌던 반면, 1965년에 이루어진 3차 파병부터는 전투부대를 파견하기 시작했다. 베트남 파병에 있어 가장 중요한 요인은 미국과의 외교 관계에 있었지만, 베트남 파병이 당시 한국의 외교적 상황이나 경제면에서 갖고 온 변화들을 놓고 보았을 때, 이는 앞서의 해외 이주 장려 정책들과 마찬가지로 '반공'과 '경제적 발전'을 목표로 하고 있었음을 알 수 있다.

〈속 팔도강산〉을 통해 이루어진 김희갑의 미국 방문기는 신문과 잡지를 비롯한 여러 매체를 통해서도 다양하게 서술되었다. 미국 국립문서보관소(the National Archives and Records Administration)에서 수집된 〈Korean TV Special〉에서는 당시 미국을 방문한 김희갑이 직접 재미교포들을 대상으로 한 TV 쇼 프로에 출연하여 미국에서의 경험과 영화에서는 등장하지 않았던 지역들의 방문기에 대해서도 이야기하고 있어 참고할 만하다.

참고문헌

김한상, 『조국근대화를 유람하기』, 한국영상자료원, 2007.
웰케르 쉐브넴, 「박정희 행정부 기간 한미외교관계 : 베트남전쟁을 중심으로」, 고려대학교 석사학위논문, 2004.

정영국, 「한국의 재외동포정책에 관한 연구 : 글로벌재외동포정책의 수립과 전개를 중심으로」, 국민대학교 박사학위논문, 2014.

▌화면묘사

00:00   김희갑이 운영하는 협동한의원에 버스가 도착하고, 온 가족이 마당에 모임

아이들: 차 왔어요.
김진규: 아, 장모님 차왔어요.
방수일: 나가시죠.

아이들이 밖으로 뛰어나가고, 황정순이 아이들을 따라 마당으로 나옴

황정순: 아이고, 이 녀석들아. 어서 오게. 이건 집이 아니라 탁아소로구나.
김진규: 나와, 나와, 나와.
황정순: 아이, 여보 영감. 여보게, 어서 아버지 좀 나오시라고 하게. 여보 영감. 아 뭘 허고 있어요. 빨리 나오질 않고.
황정순: 얘, 이렇게 아버지가 떠나시는데 그 민자는 만삭이라 나오지도 못하고. 거 어서 나가봐라. 여보, 빨리 나갑시다. 비행기 시간 다 되겠소.
김희갑: 어, 진규야. 그 가방 속에 고추장 쏟아질라.
김승호: 바깥 사돈께서 시염 깎고, 넥타이 매고, 하고 보니까 첫 선 보러 가는 신랑 같네요.
김희갑: 어, 원 사돈 영감도. 참 여보, 거 빠진 거 없이 샅샅이 살폈소?
황정순: 염려 마시고, 당신이나 있나 없나 보살피시오.
김희갑: 난 이상 없는데. 어이 참, 빠뜨리고 간 것은 임자 마누라뿐이구랴. 애, 그 고추장 단단히.
김승호: *****. 아, 된장도 좀 넣지 않고요. 객지에서 입맛 없이 걸르면 제일 ** 데.
01:27   버스가 서울 시내를 달려 공항으로 감. 버스 안에는 온 가족이 타고 있음

강문: 아버지, 아셨죠? 잊어버리심 안돼요.

김희갑: 알았다. 알았다.

강문: 부탁이에요.

미애: 아버지, 그이한테 편지 자주하라고.

김희갑: 알았다, 알았다. 글쎄.

은아: 나두. 아부지, 제 걱정은 조금도 말라고 해주세요.

김희갑: 그래.

은아: 빨리 오라고 그러세요.

황정순: 애들아, 이제 고만 좀 해라.

김희갑: 아, 놔두구랴.

황정순: 아이, 타향 떠나는 아버지 걱정은 않고 저희 남편 부탁뿐이냐 모두? 에
       유, 그저 딸들은.

김승호: 아유, 참. 아프리카 가게 되면 우리 둘째 놈 꼭 좀 만나보세요. 우간다
       있시유.

김희갑: 아따, 염려 마시라우유.

김승호: 으째 사돈 팔자 세계 제일이에요. 아, 비행기 타고 세계, 유럽 떠나니
       께유.

김희갑: 하, 막내 딸년이 엉뚱한 데 가서 혼례를 치른다기에 불려서 가는 판인
       데 모두가 팔자소관이에유.

버스가 김포공항에 도착하고 모두 가족들이 떠나는 김희갑을 환송함

김진규: 저, 빙장어른. 저 시간 됐어유. 빨리 가십시다.

황정순: 참, 저 영감. 자기 돈 안 든다고 약주 과음 마시고 성급히 구시지 마시
       고

김희갑: 길 조심하고, 차 조심하고, 집 조심하고. 나 다 외워뒀어 염려마오.

황정순: 저 영감. 저, 이걸 잊지 마시고(반지를 빼서 희갑에게 줌) 몸에다가 꼭
       지니시고 조심하셔야 해요. 자 가십시다. 시간 없어요. 가십시다.

김희갑: 여보.

03:32 여객기가 비행을 하고 있는 모습을 배경으로 제목자막 "續 八道江山 -세계를 간다" "나오는 사람 김희갑 황정순 신인 윤소라 김진규 최은희 김승호 신영균 이수련 김혜정 방수일 박노식 특별출연 김시스터스 이미자 장훈(******) 최광욱(****) 최성대(하와이교포) 김충희(교포*****회장) 만든사람 각본 이상연 유한철 신봉승/ 음악 정윤주/ 주제가작사 신봉승/ 작곡 이봉조/ 노래 최희준 부루벨즈/ 편집 이지완/ 녹음 정기창/ 효과 최형래 박익순/ 현장 김건종 박남기/ 촬영 허동학 서인갑/ 조명 양찬종/ 기획자문 호현찬/ 미술 박영일/ 소품 이백/ 감독 양종해"

김희갑: 아차, 내가 이러구 있을 때가 아니지. 가만있자. (영어회화 책을 꺼내 읽기 시작함) 할로. 마이 네임 이즈는 미스타 한의사 김희갑이요. 이런 제기럴. 책에 없는 한의사 소리는 왜 했노? 우리 마누라 말이 옳아. 성급히 굴지 말고 다시 한 번. 할로, 한의사. 마이 네임 이즈는 미스타 김희갑이요. 나 이렇게, 한의사 소릴 또 했네.

05:56 비행기가 일본 공항에 도착함
06:00 일본 시내의 전경. 김희갑 노인이 택시를 타고 가며 시내를 구경함. 택시에서 내린 김희갑 노인이 친구를 찾아감

김희갑: 아, 본국***. (사무실 안으로 들어감) 저, 내가 이거 사람을 좀. 아니, 야. 너 깨곰보 아니냐? 너 깨곰보지?
동창: 아이고, 너 이놈아 합죽이 아니가?
김희갑: 내가 합죽이다.
동창: 반갑다 야.
김희갑: 몇 해만이냐?
동창: 사람 죽지 않으면 만나는 거다 응? 야, 너 여기는 어떻게?
김희갑: 어떻게는 뭐 어떻게야? 널 만나러 왔지 이놈아.
동창: 야, 이러고 있을 때가 아니다. 자, 가자.
김희갑: (사무실 내에 일하고 있는 직원들을 향해) 저, 실례했습니다.

동창: 아, 성금 내러 왔다가.

김희갑: 그럼 내야지. 아이, 여보게. 본국에서 이 소문을 들으면 얼마나 반가워
　　　　하겠나.

직원: 영수증 여기 있습니다.

동창: 아, 예. 자, 가지.

07:22 두 사람이 택시를 타고 이동함

김희갑: 이 녀석, 일본에 와서 자리를 잡더니만 한몫 단단히 잡았구나.

동창: 뭘, 땀 흘린 탓이지. 긴 세월을 보내며 이뤄 놓은 사업일세. 나뿐이 아니
　　　라 다들 같이. 자, 우선 내 공장부터 가지.

07:39 동창이 김희갑을 데리고 일본의 공장을 구경시켜줌

동창: 저게 제1공장이야.

김희갑: 하, 참. 웅장하구나. (옆에 서 있는 외국인 직원에게) 헬로, 왓 이즈 댓또?

07:49 일본의 야구장을 방문한 김희갑 노인. 동창과 관중석에 앉아 야구 경기를 관람
　　　　함

김희갑: 때렸다. 여보게, 때렸네. 때렸다. 저렇게 쳐야지. 씩씩하다 씩씩해.

08:45 두 사람이 함께 숙소에 들어가 술을 마심

김희갑: 오늘 **이 홈으로 **어.

동창: 오늘 저녁 우리 어렸을 때 생각해서 거 취해보자꾸나.

김희갑: 좋아. (술을 한 잔 받아 마심) 원, 어디 이걸로 간에 기별이나 오겠나.
　　　　여보게, 우리 이걸로 한 잔씩 하세.

대접에 술을 담아 마심. 동창의 술을 받으며 김희갑 노인이 황정순의 말을 떠

올림

황정순: 여보, 영감. 약주 과히 마시고, 성급히 굴지 마시고
김희갑: (갑자기 혼자 소리를 지름) 알았어.
여성: 어찌나 목소리가 큰지 깜짝 놀랬어요.
김희갑: 암, 우리 대한남아 스케일이 크지.

10:03 비행기를 타고 미국으로 떠나는 김희갑 노인. 비행기 안에서 유학생 유미란을
       만나 대화를 나눔

유미란: 아, 저.
김희갑: 아이구, 이 미안합니다.
유미란: 괜찮아요.
김희갑: 아가씨도 한국 사람이군. 이렇게 반가울 데가 있나. 아까부터 말을 붙
        일라구 했는데 혹 일본 사람이나 중국사람인가 해서. 어디까지 가시
        나?
유미란: 불란서 파리에요. 할아버지 어디까지 가세요?
김희갑: 응? 할아버지라니? 미스타 김희갑이요.
유미란: 할아버진 해외여행이 처음이시군요?
김희갑: 아이 엠 미스터 김희갑은 초행이지. 예스, 예스, 예스.
유미란: *** 두렵지 않으세요?
김희갑: 두렵다니? 거기도 다 사람 사는 덴데. 대장부가 두려울 게 뭐람? 배짱
        과 스케일만 있으면 말이야.

11:19 비행기가 미국 하와이 공항에 도착함

하와이 주민: (김희갑과 유미란의 목에 화환을 걸어주고 볼에 키스를 함) 알로
            하?
유미란: 땡큐.

11:58 하와이 와이키키 해변을 방문한 유미란과 김희갑 노인
12:07 택시를 타고 이동하는 유미란과 김희갑 노인

택시기사: Are you from Japan?
김희갑: 천만에. 아이 엠 코리안.
택시기사: 저희 아버지, 어머니 모두 한국사람입니다.
김희갑: 어, 그래? 참 반갑군 그래. 그래, 자네 지금 운전순가?
택시기사: 아르바이트하고 있습니다. 자기 쓸 돈 자기가 벌어야 합니다.

다양한 하와이의 풍경들을 보여줌
12:53 순자 부부가 김희갑을 마중하러 나옴

순자: 할아버지.
김희갑: 아이고, 이거 순자가 아니냐? 반갑다. 참, 내 소개하지. 우리 집 옆에
　　　　살던 아가씬데 김 씨스터즈야.
유미란: 유미란이에요.

김 씨스터즈의 멤버들이 모두 나와 김희갑 노인을 반김

김희갑: 그래, 여기 뭣 하러 왔지?
김 씨스터즈: 우리 여기에서 공연 중이에요.
김희갑: 여기에서? 마침 잘 됐다.
13:49 김 씨스터즈의 공연 장면을 보여줌
15:55 김희갑 노인과 유미란이 하와이 원주민들의 공연을 보려옴

유미란: 훌라춤이에요
김희갑: 훌라. 훌렁 벗고 훌라.

원주민에게 꽃 모자와 꽃 목걸이를 받고 관광객들과 함께 훌라를 배우던 중 한

국식 춤을 추다 부끄러워 도망감

17:07   집에서 김희갑 노인의 편지를 읽으며 기뻐하는 가족들

손녀: **가 있는 뉴욕으로 바로 가려 했지만, 동행한 아가씨의 권유로 우리 교
     포가 많이 산다는 고장을 돌아보기로 했소. 맛있는 음식과 진기한 구경
     을 당신과 함께 못한 게 진정 한이구려.

은아: 엄만 행복해.

황정순: 왜?

은아: 어깨 결린 것도 씻은 듯이 나았죠?

손녀: 그럼 다시 편지하기로 하고 오늘은 이만 하오. 여보 언제까지나 변함없
     이 알러뷰.

황정순: 아이, 애들아 왜 그러니? 객지에서 고생하시는 어른 걱정은 하지 않고.

강문: 어머니, 알러뷰라는 말이 무슨 말인지 아세요?

황정순: 아이 러브라고? 그게 미국 사람 말 같은데. 거, 아이들이나 잘 보라는
      뜻 아니냐? 왜들 이렇게 웃냐? 원, 애들두.

은아: 아이 러브는요, 어머니를 사랑한단 뜻이에요.

황정순: 에이구, 영감도. 노망하셨지. 노망하셨어. 뭐 그 소리 안하면은 어디
      내가 자기 마음을 모를까봐서.

18:41   뉴욕 시를 방문한 김희갑 노인과 유미란

김희갑: 아니, 비행장에도 안 나오고 ***** 어찌된 일이지?

유미란: 주소가 있으니까 가서 찾아요.

김희갑: 그래, 그래.

19:18   "대한무역진흥공사 뉴욕무역관"에 방문한 김희갑 노인과 유미란

재미교포 여성: 한국 수출품이 미국에선 아주 인기가 높습니다.

김희갑: 그래요?

미국인들이 한국의 제품들을 살펴보고 있음

재미교포 여성: 이게 한국에서 만든 와이셔츠예요.
김희갑: 아, 우리나라 국산품이야. 몇 해 전만 하더래도 괄세를 받던 내 나라
　　　　물건이 이제 해외시장에 나와서 아주 활개를 치는구만.

20:01　뉴욕 무역관의 사무실을 방문한 김희갑 노인과 유미란

김희갑: 아이구, 아주 아찔하구만.
재미교포 남성: 아주 높아서 저도 잘 내다보지 않습니다.
김희갑: 어, 현기증이 생긴다.

한국 외환은행 뉴욕지점의 외국인 여직원이 뉴욕 무역관의 사무원과 전화 통화
를 하고 있음

여직원: 여보세요. 한국 외환은행 뉴욕지점입니다. 잠깐 기다리십시오.
뉴욕 지점장: 아, 이 과장님이세요. 아이유, 어쩐 일이십니까? 아, 허 사장님이
　　　　　　요? 조금 전까진 여기 계셨는데 해운공사 배가 들어온다고 해서
　　　　　　부두에 나가셨습니다.

20:30　뉴욕 시의 항구에서 김희갑 노인과 유미란이 허장강을 만남. 뉴욕 항에 정박해
　　　　있는 "선덕"이라는 이름의 배를 보여줌

선원: 올라오십시오.
김희갑: 네네. 자 올라와.
허장강: 아니, 빙장어른.
김희갑: 허 서방. 그래, 그동안 별고 없었는가?

허장강: 전 오후 5시 비행기로 오는 줄 알고 그만.

김희갑: 그건 그렇고 참. 내 소개하지. 저, 이번에 날 여기까지 안내해준 불란서 유학생 미스 유일세.

유미란: 유미란이에요.

김희갑: 내 셋째 사위야.

허장강: 어우, 저 배가 우리나라 한양홉니다. 25,000톤급인데 큰 화물선이지요. 오는 날이 장날이라고 대단히 바쁩니다.

김희갑: 염려 말게. 사업을 할라면 그렇게 바쁜 법이야. 우리는 뉴욕 시가지를 구경하고 있을 테니깐 마음 놓고 일 봐. 응? 이 아가씨가 뉴욕엔 아주 횡 해.

흑인 선원을 보고 김희갑이 깜짝 놀라 인사를 나눔

김희갑: 할로.

흑인 선원: 헬로.

김희갑: 아주 태산이다. 태산이야.

22:02 유미란과 김희갑 노인이 함께 뉴욕의 시내를 구경함

유미란: 큰일 나셨군요. 높은 빌딩만 쳐다보시더니 **목이 되셨군요.

김희갑: 여보, 마누라. 만리타향에 와서 좋은 구경이라 좋더니만 이렇게 **목 돼서 돌아갈 줄이야 꿈에도 몰랐구만.

유미란: 가만히 계세요. 더운 물에서 몸을 푸시면 될 거예요.

김희갑: 아니야. 이런 때 쌍화탕 한 첩을 먹으면 고만인데.

호텔 직원과 인사를 나누다 아픈 목 때문에 깜짝 놀라는 김희갑 노인.

김희갑: 저, 여보시오. 여기 어디 쌍화탕 한 첩 지어올 데 없을까? 아이고, 마이 동풍이지 뭘 그래.

23:31 호텔 안에서 마사지를 받는 김희갑 노인

유미란: 좀 어떠세요?

김희갑: 아, 시원해. 가만 있자. 그런데 이 사람이 왜 이렇게 늦을까?

허장강: 오우, 오래 기다리셨습니까? 아, 빙장님? 물건 하역이 늦어져서 미안합니다.

김희갑: 자네가 언제는 빨리 왔나? 그러나 저러나 바빠서 늦은 건 좋은데 자네 그 말투가 그 뭔가? 그건 그렇구, 자네 마누라가 그 고추장 하구 편지를 줘서 내 가져왔네.

허장강: 쌩큐.

김희갑: 이거 터질까봐 내 조심 조심히 가져왔지. 자, 편지하구 인삼하고 그리고 이건 고추장이야.

허장강: 쌩큐.

김희갑: 저, 여기, 여기 앉어. 앉으라고.

허장강: 빙장님 정말 감사합니다. 어으, 거기만 *다 보니 고추장, 김치 생각나 정말 죽겠습니다. 아이, 어디 편찮은 데 있습니까?

김희갑: 자네 때문에 속이 편치 않네.

허장강: 아? ** 다 있습니까?

김희갑: 이 사람아, 미국에 얼마나 오래 있었기에 그렇게 됐습네까?

허장강: 난 또 뭐라구요. 이거 본인이 한 대 얻어 맞았습니다.

김희갑: 남의 나라에 와 있으면은 더욱이 자기 나라 것을 지킬 줄 알아야 해.

허장강: *** ** 큰 실수했습니다.

김희갑: 응? 또 습네다야? 또?

허장강: 아, 월남에서 편지가 왔군요. 아버님 무사히 도착하셨는지 궁금하다면서 ***** 들리시라구요.

김희갑: 아, 편지가 왔군. 미스 유, 이게 내 아들놈이야.

유미란: 참 씩씩하게 생겼군요.

김희갑: 암, 씩씩하고 용감하지. 그 놈이 *에 근무하느라구 연애 한 번 못해본 아주 날총각이야.

허장강: 오늘 저녁은 푹 쉬세요. 저 또 나가봐야겠습니다. 외*업자들의 파티가
            있습니다.

김희갑: 잠깐.

허장강: 네?

김희갑: 자네 그 꼬부라졌던 혀가 펴져서 반갑네.

허장강: 감사합니다.

김희갑: 어이, 어이구.

허장강: 목 조심하세요.

26:26   뉴욕 시내의 야경을 보여줌. 허장강이 주최하는 파티에 초대받은 유미란

외국인: 미스타 허 사모님?

허장강: 오우, 노. 한국 유학생 미스 윱니다.

외국인: 참 좋습니다.

외국인 여성: 한국 옷 참 아름답습니다.

외국인 여성2: 미스 유 머리 가발입니까?

유미란: 아니요.

외국인 여성2: 오우, beautiful.

외국인 남성: 미국 사람, 한국 가발 대단히 좋아합니다.

유미란: 오늘 저녁 ** 자랑만 하는 것 같죠?

허장강: 그럼. 오, 노래가 시작됐군. 저, 테이블에 앉으시죠. 가입시다.

이미자의 노래가 시작되고 모두 테이블에 앉아 식사를 하며 노래를 들음

외국인 남성: Who is she?

허장강: 한국의 유명한 가수 이미자 양입니다.

28:30   호텔방에서 김희갑 노인이 유미란을 기다리며 술을 마시기 위해 프런트에 전화
        를 함

김희갑: 웬일일까? 너무 늦는데. 가만있자. 심심한데 술이나 청해볼까? 할로.
　　　　마이 네임 이즈는 미스타 김인데, 마이 룸 남바 이즈는 파이프헌트레
　　　　드파이프 P1이요. 아이 이 완투 투 더 두링큰데, 응? 뭐, 뭐, 뭐?

호텔 직원: 브랜디?

김희갑: 뭐? 브란디? 그것도 괜, 그것도 오케이.

호텔직원: 위스키?

김희갑: 뭐, 뭐, 위스키? 그것도 좋아.

호텔직원: How many? Seven? Nine? Fifty? 오우.

김희갑: 좋아. *** 좋아. 주객이 청택을 가리겠는가 뭐든지 갖다 주면 먹어야지
　　　　뭐. 아, 캄 히어, 컴.

여러 명의 호텔 직원들이 연이어 술을 들고 들어와 테이블에 내려놓음

김희갑: 뭐가 잘못됐나?

호텔 직원들이 팁을 받기 위해 손을 내밈

김희갑: 아이구, 이거 뭘 달라는 건데, 아이 돈트 노다.

30:25　다음날 아침 김희갑의 호텔방에서 허장강과 유미란 그리고 김희갑 노인이 앉아
　　　　대화를 나눔

김희갑: 이 사람아, 웃을 일이 아니야. 거, 계산이 아마 엄청나게 났을 걸?

허장강: 빙장님, 술값 계산이 문젭니까? 미란 씨 덕분에 **원어치 주문을 땄습
　　　　니다.

김희갑: 그렇다면 한 잔 더 할까?

유미란: 떠날 시간이 됐군요.

허장강: 저, 미스 유? 이렇게 떠나시면 빙장님이 서운해하시니 며칠만 더 머물
　　　　러줄 수 없습니까?

유미란: 감사합니다만 오늘 비행기는 떠나야 해서요.

김희갑: 미스 유, 그럼 몸조심하고 내가 브라질에 들렀다가 바로 갈 테니까.

31:19 넷째 사위 박노식을 만나기 위해 브라질을 방문한 김희갑 노인

김희갑: 노식이. 이 사람이 이국만리에 날 데려다 놓고 오도가도 못하게 하는
데 이거.

노식: 아유, 빙장님.

김희갑: 노식이!

노식: 아, 반갑습니다. 죄송합니다. 오다가 *** 길에 누굴 만나서 좀 늦었습니다.

김희갑: 죄송하기는 사업이 소중한 거지. 그래, 이마만큼 **한다고 수고했네.

노식: 나야 괜찮습니다만, 먼 길 오시느라 정말 수고 많으셨습니다.

김희갑: 나야 뭐.

노식: 자 가시지요. 자, 타십시오. 자, 가세.

32:46 차를 타고 이동하며 박노식과 김희갑 노인이 대화를 나눔

노식: 참, 아이 뭐 인사가 늦었습니다. 장모님도 안녕하시고 저희 식구들도 잘
있습니까?

김희갑: 말 말게. 자네들 식구 때문에 우리 집은 아주 탁아솔세, 탁아소야.

노식: 아유, 이거 참 면목 없습니다.

김희갑: 그리구 니 임자가 또 만삭이야.

노식: 아이고, 그 참. 그렇게 됐구만요. 남들은 다 산아제한 한다고 난리인데
우리만 어떻게, 참.

두 사람이 노식이 운영하는 농장에 도착함

노식: 자, 이게 전부 다 우리 집입니다.

김희갑: 크다, 커.

노식: 자, 양계장 좀 가보실까요?

김희갑: 그래그래.

박노식의 안내에 따라 농장 여기저기를 둘러보는 김희갑 노인. 양계장을 방문함

노식: 아 거, 빙장님. 그 달걀 맛이 어떻습니까?

김희갑: 맛 좋다.

노식: 아, 그리고 이게 저, 이게 전부가 제 땅입니다.

김희갑: 바다다, 바다야.

노식: 자, 우리 ** 들러서 목욕이나 한 탕 하시고 이 저 브라질 맥주부터 시작을 해볼까요?

김희갑: 그러세, 그래.

34:14 두 사람이 함께 목욕탕에 들어가 목욕을 함

김희갑: 아유, 시원하다.

노식: 제가 등 좀 밀어드릴까요?

김희갑: 그래.

노식: 아이고, 많이 야위셨습니다.

김희갑: 나야 음식이 달라서 약간 야위었지만은, 자넨 얼굴에 주름살이 많이 늘었네. 이 ** ** **면은 남모를 피눈물이 왜 없었겠나. 참, 그 막내 동서 영균이 소식은 들었나?

노식: 영균이, 그, 저.

김희갑: 내 편진 냈는데.

노식: 아 그 사람이야 오대양을 상대로 돌아다니는 사람인데 어디가 ***어야지요.

34:47 브라질에 도착한 다섯째 사위 신영균이 길을 물어 박노식의 농장을 찾아감. 하

지만 이미 농장은 망해서 폐허가 돼있음

신영균: 저, 실례지만 여기 살던 박노식 씨 어디 계신지 모르십니까?
브라질 여성: 여기 살았어요. *** 어디 갔는지 몰라요. 아마 이사 간 것 같습니다.

36:34 박노식이 김희갑 노인에게 브라질의 관광지들을 구경시켜줌

노식: 아이고, 저것 좀 보시오, 저거.
김희갑: 이 좋은 경치를 자네 장모가 같이 와서 봤다면 얼마나.
노식: 이게 지금 세계 3대 미항 중에 하나 아닙니까. 네, 저게 코파카바나 비추
(beach)라는 겁니다.

36:53 신영균이 박노식을 찾아 브라질 시내를 돌아다님

신영균: 저, 실례지만 한국에서 오셨죠?
상인: 예, 아이구 이거 반갑습니다. 박노식 씨 말씀입니까? 그 사람이야 **에서
바다를 막는 간척사업에 성공한 사람인데두요. 아, 여긴 워낙 비가 적은
땅이라 가꾸는 농토가 이태나 가물고 게다가 이곳은 기계화 된 농업이라
자본이 없으면 성공할 수 없습니다. 그래 술주정뱅이가 되다시피 한 **
장인이 온다구 빚을 내선 자동차와 농장을 빌려 갖고 *** 보일려고 애를
쓰고 있죠.
상인부인: 당신도 그 자에게 돈 빌려줬죠? 망했으면 ***** 벌 것이지 아, 빈털터
리 겉치레를 해서 뭐 한담.
상인: 에구, 거 모르는 소리 좀 말아. 그 사람 심정이 오죽 하겠어. 만리타향에
서 온 우리끼리 도와야지.
상인부인: 아, 도울 사람을 도와야지요. 주정뱅이 도와서 **이 난답니까?
신영균: 거, 실례했습니다.
상인: 거, 안됐습니다.

신영균: 안녕히 계십시오.
상인부인: 안녕히 가세요.
상인: 안녕히 가십시오.

37:59   브라질의 해변을 구경하는 박노식과 김희갑 노인

김희갑: 좋아, 좋아.
노식: 빙장님, 저기 좀 보십시오.
김희갑: 가자, 가자.
노식: 저것 좀 보십시오. 저게 브라질 유명한 삼바 춤이라는 겁니다. 저 사람이
       제일 잘 하는 사람입니다요.

삼바 춤을 추며 즐기는 브라질 사람들을 구경하는 두 사람

김희갑: 여보게, 나 춤 한 번 출라네.

김희갑이 브라질 사람들에게 섞여 춤을 춤. 춤을 추다 지쳐서 김희갑이 쓰러지
자 박노식이 안아서 데려감

노식: 여러분 정말 미안시럽습니다.

39:57   박노식과 김희갑 노인이 술에 취해 집으로 돌아옴. 집에서는 신영균이 기다리
         고 있음

김희갑: 아이고, 이게 누구야?
노식: 영균이, 영균이 아닙니까.
김희갑: 영균아, 영균아.
신영균: 아버님. 절 받으십시오. 형님, 그동안 고생 많으셨죠? 절 받으십시오.
노식: 아, 이 사람아, 이 사람아. 아 **** 자네 얘기를 많이 하던 중이여.

신영균: 빙장어른 오셨다는 소식을 듣고 하두 반가워서 **처럼 이렇게 넥타이를 매고 달려왔습니다.

김희갑: ** 가는 날이 장날이다. 이봐, 노식이. 이렇게 좋은 날 맥주 안 가져오고 뭐하고 있어?

노식: 술이요? ** 술이든지 ****

김희갑: 영균아, 내 사위 영균아. 야, 의복이 날개라더니만 넥타이 매니까 제법이다. 술, 술, 술 가져와.

노식: 술상이 나갑니다. 술은 위스키, 브랜디 할 것 없이 다 있습니다. 위스키 ** 점잖게 한 잔 마시고 ***.

김희갑: 자, 마시자 마셔. 자, 마시자. 우리 브라질 인민의 풍운아 박노식. 남태평양 바다를 제 집이라고 드나드는 내 사위 신영균 군. 자, 건배하자.

노식: 저 건배란 말 브라질 말로 싸우지!

김희갑: 싸우지. 싸우긴 왜 싸우냐?

노식: 자, 싸우지.

김희갑: 여보게, 자네 동서가 ****네. 이 브라질 인민 가운데서도 (엄지손가락을 들어보임) 당장 이거란 말이야. 음, 그럼.

노식: 빙장어른, 오늘 고단하실 텐데 일찍 들어가서 쉬십시오.

김희갑: 바다를 막아 땅을 만드는 자네가 여기 와서 제일이야. 제일이야.

김희갑 노인이 취해서 쓰러짐

신영균: 이, 취하신 것 같은데.

노식: 안으로 데려가 모시세.

신영균과 박노식이 밖으로 나와 대화를 함

노식: 왜, 왜 보자는 거지?

신영균: 대체 어떻게 된 겁니까?

노식: 뭐시 어떻게 돼? 농장도 이만하면 됐잖아.

신영균: 난 모든 얘길 다 들었어요.

노식: 뭘?

신영균: 황무지에서 당장 모국의 **이 터져나올 줄 아셨습니까? 그런 옥토전답
　　　이라면 왜 이민을 부릅니까? 가뭄은 형님의 용기마저 시들게 했습니
　　　다.

노식: 뭐라고? 뭐?

신영균: 아니, 술주정뱅이 소리 들으러 여기까지 왔습니까?

노식: 술주정뱅이?

두 사람이 싸우는 소리에 김희갑 노인이 잠에서 깸

신영균: 바다를 메우고 옥토를 만들던 형님의 용기는 죽었습니다. 형님, 정신
　　　차리세요. 이게 무슨 꼴입니까?

노식: 용기가 죽었다구?

신영균: 마음껏 때리십시오. 고국을 떠나 고생 안 한 사람이 그 누가 있겠습니
　　　까? 이 꼴로 이 땅에 있어봤자 나라 망신, 집안 망신시키지 말고 제발
　　　귀국하십시오.

노식: 니가, 니가 뭘 안다고 그래? 넌 내 속을 모른다. 너는 내 속은 몰라. 누가
　　　내 속을 안단 말이냐.

신영균: 형님 진정하십시오.

노식: 미안하다. 너 혼자만 아는 걸로 해두자. 응?

신영균: 형님, 용기를 내셔야 돼요.

김희갑 노인은 혼자 방으로 돌아와 담배를 피움. 노식이 아래층에서 잠을 자며
잠꼬대 하는 소리를 들음

노식: 여보, 나 물 좀 줘. 여보 나 좀 깨워줘. 농장으로 가야지. 날 좀 깨워줘
　　　여보. 여보, 농장을 갈 시간이 됐어. 여보, 여보.

김희갑: 몸이 불덩어리 같구나.

밖으로 나온 김희갑 노인이 노식을 위해 약을 달이고 있음

신영균: 아니, 빙장어른. 이 밤중에 뭐하세요?
김희갑: 어, 속이 좋지 않아서. 탕 좀 달여먹을까 하고
신영균: 들어가세요. 제가 내릴 테니까.
김희갑: 아니야, 인삼이라는 게 달이는 게 ***는 거야. 어서 들어가. 응?
신영균: 자, 먼저 들어가세요.
김희갑: 아니야, 어서 들어가 내 걱정 말고.
신영균: 아버님, 긴히 드릴 말씀이 있습니다.
김희갑: 그만 두게. 나도 다 알고 있네.
신영균: 빙장님, 아무래도 형님을 살려야겠습니다. 실은 여기서 배를 한 척 살
        려고 제가 가지고 온 돈이 있습니다. 그걸로 형님 하시는 사업에 도와
        드려야겠습니다.
김희갑: 영균이, 고맙네. 그리구 우리 내일 아침 일찍 떠나세.
신영균: 네.
김희갑: 영균이 고마워.

47:33 다음 날 아침 일찍 김희갑과 신영균이 박노식의 집을 떠남(사운드 소실)
49:46 원양어선을 타고 바다로 나가 일을 하는 신영균의 모습을 보여줌
50:52 김희갑 노인은 막내 딸 강문의 결혼식에 참석하기 위해 독일로 가고 그곳에서
       교포들의 다양한 생활상들을 살펴봄
51:17 박노식은 다시 자신의 농장을 가꾸며 열심히 일함
51:41 독일 병원에서 간호사로 일하고 있는 강문의 모습
52:10 독일에서 광부로 일하고 있는 대엽의 모습. 김희갑이 독일에 왔다는 전화를 받
       음

대엽: 여보세요, 여보세요. 예? 예 뭐라고 뭐라고? 뭐 아버님이 혼사 때메 오셨
      다고 알았어 그래 알았어.

52:53 김희갑 노인을 마중하기 위해 대엽이 나옴
53:11 독일의 교회에서 강문과 대엽의 결혼식이 진행됨

대엽: 아버님!

김희갑: 아니 이 사람아 신랑이 식장 안에 있지 여긴 왜 나왔어.

대엽: 아버님! 여긴 식장이 아닙니다.

김희갑: 아니 식장이 아니라니?

대엽: 들어가시면 압니다. 아버님 저쪽으로 앉으시죠.

목사: 그럼 지금부터 두 분의 결혼 서약을 받겠습니다. 신랑 이대엽 군은 신부
      강문양을 사랑하십니까? 신부 강문양은 신랑 이대엽 군을 사랑하십니까?
      그럼 두 분은 나와서 서명 하십시오.

김희갑: (목사와 악수를 함) 정말 감사합니다.

목사: 축하합니다.

강문: 아버지.

김희갑: 오냐 부디 남편 잘 섬기구 잘 살아야 해. 니 에미가 왔으면 오죽이나
      좋았겠나.

대엽: 아버님.

김희갑: 말 안 해도 잘 알아. 자전거 타던 솜씨로 박력 있게 나가는 거야. 그리
      고 이거 니 에미가, 니 에미가 준 거다.

강문: 어머니.

김희갑: 알겠지? 이 은장도는 지아비를 섬기라는 표증이야.

결혼식 참석자들이 모두 교회 밖으로 나옴

김희갑: 여보게.

대엽: 네.

김희갑: 내가 처음엔 좀 섭섭했지만은 결혼식이 조촐하고 좋다. 옛말에 종 같
      이 벌어서 정승 같이 살라는 말이 있어. 결혼식은 간소하게 올리고 장
      차 잘 살면 되지 않나, 응? 잘 됐어.

대엽: 아버님 감사합니다.

김희갑: 가자. 잘 됐어.

56:43 결혼식이 끝나고 대엽과 강문 부부가 김희갑에게 독일 관광을 시켜줌

대엽: 아버님, 여기가 바로 그 유명한 라인 강입니다. (중간에 영상이 잠시 끊어짐) 아버님 잠시 바람 좀 쐬고 오겠습니다.

김희갑: 그래 갔다 와 갔다 와 나 여기 있을게.

대엽: 좋지?

강문: 응.

김희갑 노인이 배에 앉아 부인에게 편지를 씀

김희갑: 여보, 이제 무사히 혼례를 치르고 신혼여행길을 따라 떠나니 만감이 교차하는구려. 오늘날 같이 딸 여섯을 무사히 키워 실패 없이 출가를 시켰으니 이 모든 게 당신 은덕의 소치요. 일전 편지에 어깨가 결린다더니만 당신에게는 내 약방문밖에 들지 않는지라 몸 차게 굴지 말고 두텁게.

대엽: 저 산비탈 포도원에서 담근 술입니다.

김희갑: 뭐? 아니 저 돌산에다가 밭을 일구다니. 그, 아 그 지독한 사람들이다. 아참, 내가 이러고 있을 때가 아니다. 응? 저, 인왕산 바위 언덕을 매매 계약 해놓으라고 편지에 덧붙여야지.

배 안에서 포옹을 하고 있는 연인들의 모습을 봄

김희갑: 아유, 내가 이거 못 볼 걸 보는 구나. 아차 여기도. 내 갈 곳은 어디냐.

대엽: 내가 갔다 올게.

59:17 카페에 앉아 편지를 읽고 있는 김희갑 노인

강문: 아버지 그게 뭐예요?

김희갑: 아니다 아니다. 너희 엄마한테 온 편지다.

강문: 아이, 아버지 매일 그 편지만 보고 계세요?

김희갑: 앉아라, 앉아.

대엽: 아버님, 가시는 길에 화란에 꼭 들리셔야 합니까?

김희갑: 그럼, 그래야지.

대엽: 아버님 그럼 저희들이 모셔다 드릴까요?

김희갑: 뭐? 내가 어린앤 줄 아나? 옳지 날 핑계 삼아서 신혼여행을 화란까지 갈 작정이구나.

강문: 아니에요, 아버지. 사실은 저이가 딴 데 취직이 됐어요.

김희갑: 딴 데 취직이 되다니? 아니, 광산은 어떻게 하고?

대엽: 진작 말씀 드린다는 것이 그만. 이달로 제 광부계약이 끝나는데 이곳에서 마침 태권도 사범을 구한다기에 지원을 했습니다.

김희갑: 그거 괜찮다.

60:22 대엽이 새로 일하게 된 태권도 도장을 방문한 김희갑 노인과 강문

강문: 아버지 괜찮아요 연습하는 소리예요.

김희갑: 어, 나 여기 왔다. 그래. 어 좋아. 과연 미스타 박력인데?

독일인 수강생이 김희갑에게 시범을 보여달라고 함

대엽: 저 아버님 이 사람이 아버님 보고 은사시냐고요. 시범을 보여달랍니다.

김희갑: 이거 야단났구나. 여보게 나는 은퇴한 선수라고 그렇게 말 좀 해주게.

강문: 시범을 보여 달라니 어떡하죠?

대엽: 아버님 고만 두세요.

김희갑: 염려 마. 지금이야말로 대한남아의 배짱을 보여줄 순간이다.

강문: 어떡하실려고 그러세요.

김희갑: 야, 저 벽돌 갖고 와봐라.

대엽: 아버님, 고정하세요.

김희갑: 야. 빨리 가져오질 않고 뭘 하니. 좋아. 얍! 여보게 미스터 박력 벽돌 빨리 가져와. 손, 그래. 공부들 많이 했구나. 공부들 많이 했어.

대엽: 아버님 치십시오.

김희갑: 이거냐? 흐음, 염려 마라.

대엽: 아버님 그럼 내려치세요.

김희갑: 야 이게 누가 뭐라 그래? 응응? 그만해둬 박수 그만해둬. 야 그리구.

독일인 수강생이 송판을 들고 김희갑에게 다가옴

김희갑: 이게, 무슨 소리냐?

대엽: 아, 아버님 보구 사인을 좀 해달랍니다.

김희갑: 아, 사인. 좋지. 아주 기념이 될 거요. 영원히. 야 이거 또 뭐해 달라니? 이거 뭐 해달라는지 알아야지.

대엽: 이 나무를 쪼개달랍니다.

김희갑: 좋아 저기가 서라. 내 벽돌을 깬 난데 저 널판때기 하나 못 깨겠냐?

강문: 아빠 아이 저걸 어쩌지 큰일났네.

김희갑: 요거 요거 요거! (송판이 깨지지 않고 김희갑 노인은 손을 붙잡고 쓰러짐) 아이고, 죽겠네.

강문: 아버지 정신 차리세요. 어떡하나?

65:10 기차역에 김희갑 노인을 배웅하러 나온 강문 부부

대엽: 저, 화란에 들려서 파리로 가신다고 미스 유에게 전보를 쳤습니다.

김희갑: 수고했네. 우리 문이가 바느질이 서툴다고 탓하지 말게. 걔 마음씨는 지 에미 닮아서 아주 착한 아이야.

대엽: 집사람은 제가 아주 ** 겁니다. 아무 염려 마시고 돌아가세요 아버님.

강문: 아부지 이거 가시다가 목마르시거든 잡수세요.

김희갑: 너희들이 우리 부부에게 효도하는 길은 머리가 파뿌리가 되도록 의좋

　　　　게 사는 길뿐이야.

강문: 아버지 부디 오래 사셔야 돼요.

대엽: 저, 시간 됐어요.

김희갑: 타야지, 타야지.

대엽: 자 아버님께 인사 드려야지.

김희갑: 어서들 들어가라. 바람 찬데 감기 들라. 내 걱정은 말고.

강문: 아부지, 어무니 언니한테도.

김희갑: 그리고 고추장 된장 생각나거든 편지해.

강문 부부: 네.

김희갑: 들어가.

강문: 아버지 안녕히 가세요.

대엽: 아버님 만수무강하세요.

67:10　네덜란드에 도착하여 관광지를 구경하는 김희갑 노인. 이준 열사의 묘지를 방
　　　　문함

안내자: 이곳이 바로 이준 열사의 묘솝니다.

김희갑: 예, 이렇게 바쁜 시간을 내줘서 고맙습니다.

안내자: 별 말씀을요.

김희갑: 땡큐.

간단한 음식들을 놓고 참배를 함

김희갑: 저 술.

안내자: 예.

김희갑: 같이 절하시지.

안내자: 예.

김희갑: 선생. 선생께서 흘리신 피는 헛되지 않았습니다. 선생님의 뼈는 독립된
　　　　고국 땅에 묻혔지만 혼은 이곳에 남아있습니다. **골 김 첨지 소리밖에
　　　　듣지 못하던 이 소생까지도 이렇게 성묘를 올릴 만큼 우리 *도 커졌습
　　　　니다. 선생. 이제 눈을 감으시옵소서.

69:56 파리를 찾아가 유미란을 다시 만난 김희갑 노인

유미란: 할아버지.
김희갑: 오. 아니 미쓰 유. 아 독일서 친 전볼 받았군 그래.
유미란: 따님 결혼식은 잘 치렀죠?
김희갑: 이거 결혼식은 간소했어. 간소했어.
유미란: 제가 빠리를 안내해 드릴께요.
김희갑: 빠리를? 그거 좋지. 저 가지. 참 반가와. (두 사람이 개선문을 보러 감)
유미란: 저 문이요 세계 최대의 *****예요.
김희갑: 그림에서만 보던 개선문이로군 그래. 참 아름답다.
유미란: 저기.
김희갑: 조각 저 조각이야.

두 사람이 노트르담 사원을 보러 감

유미란: 저것이 유명한 노틀담 사원이에요.
김희갑: 저게 노틀담 사원. 아, 그러고 보니까 이게 세느 강이군 그래. 아이, 덥
        다. 그래, 그간 잘 있었어? 응? 그간 무척 외로웠지?
유미란: 네. 외로울 땐 강변을 산책하면 마음이 후련해져요.
김희갑: 그럴수록 열심히 공불 해야 돼. 응?
유미란: 전 공부하러 온 게 아녜요.
김희갑: 아니, 그럼?
유미란: 결혼하러 왔어요.
김희갑: 벌써? 아니, 벌써 결혼을? 그래 상대방은 누구야?
유미란: 우리 유학생이에요.
김희갑: 오, 학생? 그 잘됐군 그래. 미쓰 유 눈으로 골랐으면 어련 하려고.
유미란: 돌아가신 아버지 친구가 소개해서 편지로 사귄 사이예요.
김희갑: 뭐 편지루다가? 아니, 그럼 만나보지도 않구?
유미란: 네, 여기 와서 첨 만났어요.

김희갑: 오호, 그래? 나 역시 보지도 않고 혼례를 치뤘지만은 요새 세상이야 그럴 수가 있나. 참 이봐 내가 골상학을 좀 볼 줄 아는데 내 따라가 줄까?

유미란: 그분은 퍽 바쁜가 봐요.

김희갑: 바쁜 게 좋지 바쁜 게.

01:12:46 유미란의 약혼자인 장원호가 있는 하숙집으로 찾아감

장원호: 누구야? 작업에 방해가 되니. 어 미란 씨였군요. 어서 들어오시죠. 그렇지 않아도 미란 씨 하숙엘 찾아갈까 했었는데.

유미란: 인사 드리세요. 미국까지 동행하셨던 분이에요.

장원호: 저 장원홉니다. 저 앉으시죠.

김희갑: 네. 아하. 그 객지에서 수고가 많습니다. 그래 여기 온 진 몇 해나 되십니까?

장원호: 꼭 10년 됐습니다.

김희갑: 아하, 10년. 그럼 귀국하실 때도 됐습니다.

장원호: 귀국이요? 거길 왜갑니까?

김희갑: 아니, 왜 가다니?

장원호: 지금 거기선 외국엘 오지 못해 발버둥을 치고 있을 텐데 왜 간단 말입니까?

김희갑: 아니, 당신은 무슨 말씀을 그렇게 하고 계십니까? 지금 모두들 잘 살겠다고 애들 쓰고 있고, 또 당신 같이 외국에서 배운 사람들은 돌아가서 나쁜 점은 고치고 좋은 점은 키워나가도록 해야 하지 않겠소?

장원호: 후진국 핏줄을 타고 난 것만도 억울한데 왜 헛수골 합니까?

김희갑: 뭐, 뭐, 뭐, 뭐라구?

장원호: 여 쓸데없는 소린 그만하고 술이나 한 잔 하시죠. (잔을 권함) 드시죠.

노크 소리가 나더니 문이 열리고 외국인 여성이 장원호의 방으로 들어옴

프랑스여성: 므슈 장.

장원호: 아니, 웬일이요?

프랑스여성: 당신이 보고 싶어 견딜 수가 없었어요. 어머 고국에서 동생이 온
　　　　　　다더니 파파도 오셨군요. 반갑습니다. 나 저녁 준비 하겠어요.

장원호: 저 여잔 제가 가끔,

김희갑: 떽! 임마, 개밥에 도토리라더니, 우리 한국 민족성에도 너 같은 놈이 있
　　　　었구나. 응? 내가 부끄럽다. 뭐 후진국이 어쩌구 어째? 네 이놈!

장원호: 아니, 오해를.

김희갑: 뭐? 오해를 해? 이놈, 내가 벽돌을 깬 내 솜씨다. 내 사위가 태권도 사
　　　　범이야 이놈 니가 어디서 자라서 어디서 **** 말이냐? 이놈 이걸로 그
　　　　냥! 이걸론 즉사하겠고, 이걸로! 임마, 이건 박치기라는 거다 박치기 이
　　　　놈아. 미란이! 너 이놈 거기 꼼짝 말고 서있어라.

미란이 장원호의 방을 나와 거리로 뛰어감. 김희갑이 그녀를 따라가다가 센 강
변에서 미란을 찾음

김희갑: 고향을 떠난 지도 어언 한 달이나. 시원한 막걸리에 된장찌개 생각이
　　　　나는데. 참 미란이 미란이 여기 앉어. 어서. 미국에서는 미란이가 내
　　　　사위를 도왔지만 인제 내가 미란이를 도울 때가 왔나봐. 이제부터 아
　　　　부지처럼 여기고 뭐든지 나한테 의논하라구. 의논해.

유미란: 저도 정말 아버지라고 불러보고 싶었어요.

김희갑: 마음 놓고 아버지라고 불러요. 막내딸마저 시집을 보내놓고 가슴이 허
　　　　전하던 참에 이렇게 또 새 딸을 얻게 됐네.

78:15　유미란과 김희갑 노인이 이스라엘에 도착하여 구경을 함

유미란: 할아버지. 이곳이 이스라엘이에요.

김희갑: 아, 이스라엘이란 나라는 원래 이 사막이로구만.

유미란: 예. 그러나 지금은 농업용수를 개발해서요, 이렇게 옥토를 만들었어요.

그리구요, 이 물은 800리 밖에서 이곳까지 끌어왔대요.

김희갑: 800리 밖에서? 이야, 엄청난 일이네.

유미란: 사람의 힘으로 가뭄을 극복했어요. 옛날에는요 형편없는 사막이었지만 지금은 지하수를 끌어올려서 이렇게 훌륭한 밭을 만들었죠.

김희갑: 옳거니 이게 바로 전천후 농업이라는 거로군. 음.

유미란: 이것은요, 물이 하두 귀해서요 물 한 방울 두 방울 떨어뜨리고 있어요.

김희갑: 옳거니. 이 물 한 방울이 피 한 방울 같군. 이 나무에다가 링게르 주사 주듯이 물을 주고 있구나. 아니 저건 목장이 아니냐?

유미란: 네. 그래요. 우리나라도 하루빨리 이런 유축농업을 발전시켜야. 그뿐이 아니구요 아버지, 우리가 배울 점이 또 하나 있어요. 그것은요 싸우면서 일하는 이스라엘의 국방태세에요.

김희갑: 이 아가씨도 이게 지금 양 떼를 모는구만.

유미란: 네. 도시나 농촌 어디서나 비상시에는 24시간 안에 전 예비군이 모일 수 있대요.

김희갑: 하, 그래서 그래서 이 나라가 이렇게 잘 살게 됐군 그래. 음. 참 아름답군. 음.

80:26 유미란과 김희갑 노인이 비행기를 타고 아프리카로 이동하여 관광을 함

김희갑: 이 나란 참 신기한 나라야. 기린이 끄떡끄떡. 날 따라와요 위험하니깐 살살, 살살 따라와요 살살. 저기 코뿔소야.

유미란: 할아버지!

김희갑: 할아버지고 뭐고 내가 먼저 살아야겠다. 내가 먼저 살아야겠다. 아이, 이 코끼리! 아이고, 이 코뿔소. 아이구 사면초가로다 사면초가야. 아이고, 인제 살았다. 인제. 응? 아이고, 마누라!

악어와 야생동물에 쫓기던 김희갑 노인이 아프리카 원주민들과 부딪히고 아프리카의 병원에서 정신을 차림

간호사: 진정하십시오.

유미란: 할아버지.

김희갑: 그런데 미란이 여기가 어디지?

유미란: 네. 우간다의 무라* 병원이에요.

김희갑: 응? 병원.

유미란: 그리고 이 분이 이곳에 계시는 우리 의사선생님이세요.

의사: 기분이 좀 어떠십니까? 할아버지께서는 열대성 학질로 고생하셨습니다.

김희갑: 아니, 내가 내가 학질을 앓다니요?

의사: 연로하신데 긴 여행을 하시느라고 좀 쇠약해지셨습니다.

김희갑: 무슨 소리요 내가 60평생을 살아와도 내가 병이라고는 모르고 살아온
　　　　사람, 아이고, 어질, 어지러워. 그런데 당신이 김승호 영감의 아들이요?

의사: 아닙니다. 그분은 여기서 좀 떨어진 곳에 계십니다.

83:34　우간다 병원의 인근에 있는 한국 상품들을 판매하는 상점들을 둘러본 후 김승
　　　　호 영감의 아들을 찾아감

안내자: 저기 우리나라 상품들을 파는 가게들이 있습니다.

우간다 주민: 코리아의 비단 참 좋습니다.

김희갑: 아, 참 우리나라의 비단 참 멀리도 왔다.

안내자: 이곳에서 우리나라 라디오를 팔고 있습니다.

김희갑: 어, 그래? 참 고맙소 고마워요. 내 화란에서도 우리나라 라디오를 봤는
　　　　데, 여기 와서 또 보게 되는구만. 좋아요. 좋아.

안내자: 여기가 김충* 댁입니다.

김희갑: 아유, 그래요? 아이고 사돈.

김승호 아들: 사돈어른. 오시느라고 고생이 많으셨습니다.

김희갑: 내가 서울을 떠날 때 우리 사돈어른께서 꼭 아드님을 만나보라 해서
　　　　내 찾아왔소. 이게 주부 영감의 손주딸이구나.

김승호 아들: 네, 제 아들입니다.

김승호 손자: 안녕하십니까?

김승호 아들: 들어가시죠.

김희갑: 내 동행이 있어서. 우리 사돈집이야. 들어가자고.

김승호의 아들이 운영하는 병원을 둘러봄

김승호 아들: 우간다에는 의사가 마흔 두 명이 있는데 이 병원에도 세 사람이
　　　　　　　일하고 있습니다.
김희갑: 그래요?
김승호 아들: 우리나라 의사들이 우간다에서 대단히 환영을 받고 있습니다.
김희갑: 참, 흐뭇한 일이오. 흐뭇합니다.
김승호 아들: 이분이 바로 산부인과에 계시는 이 선생님입니다.
이 선생: 반갑습니다.
김희갑: 아, 여자 의사로구만.
김승호 아들: 네, 그렇습니다.
김희갑: 남자의 몸도 아닌 여자의 몸으로 수륙만리에 와서 고생 많소. 응? 아,
　　　　　장한 일이야.

85:40　우간다에 건설된 대규모 댐의 전경. 차를 타고 다니며 우간다 시내를 구경함

김희갑: 아프리카에도 이렇게 현대적 도시가 있다는 걸 참 몰랐는데.
유미란: 아프리카 하면 정글만 연상하는 것은 참 **것 같아요.
김희갑: 우리가 인식을 다시 해야 된단 말이오.

86:04　아들 수일을 만나기 위해 베트남을 방문한 김희갑과 유미란

군인: 어제도 김수일 군부대가 대승리를 거두었습니다.
김희갑: 어, 그거 보라고. 내 아들이래서가 아니라 사내는 그 놈이야.
군인: 여기가 ** 맹호부대 **반입니다.
김희갑: 어, 그 환자들이 많이 왔구만.

베트남에서 건축, 물자 보급 등의 일을 하고 있는 한국 파병 군인들의 모습을 보여줌. 아들을 방문하기 위해 부대를 방문함

군인: 자, 내리시죠. 여기가 대대장소입니다.
김희갑: 네, 고맙소. 아, 덥다. 장교 바쁜데 어서 가 봐요. 수고 많았소. 어이구
　　　　덥다 참.

베트남 여성이 아이를 데리고 부대 건물 안으로 들어옴

김희갑: 아니, 저, 댁은 누구슈? 이, 말이 통해야지. 이 동문서답이지. 가만, 얘,
　　　　얘, 얘야. 이 사진, 이 사람 누구냐?
아이: 아빠.
김희갑: 파, 파파라니?
아이: 파, 파파, 넘버 원.
김희갑: 아니, 파, 파파라니? 야, 낭패로다. 아니, 파파라면 아버지란 말이 아닌
　　　　가? 가자구. 이런 놈의 자식을 내 둔 줄 몰랐어. 가자구.
유미란: 그치만.
김희갑: 아니야. 이 이국만리에 와서 살림을 차려놓고 이렇게 노닥거린대서야.
　　　　이, 이런 불효막심한 놈. 가자구.

대포 사격을 연습하고 있는 병사들의 모습

병사: 준비! 쏴!

수송기가 도착하고 한국군 병사들이 전투에 참여함. 전투 장면이 이어짐

내레이션

(내레이션 없음)

속팔도강산 2

제 명	속팔도강산
출 처	속팔도강산(2)
제 작 국 가	대한민국
제 작 년 도	1968년
상 영 시 간	13분 40초
제 공 언 어	한국어
제 작	국립영화제작소
형 식	실사
컬 러	컬러
사 운 드	유

영상요약

독일에서 있을 딸의 결혼식에 참석하기 위해 해외로 나가는 과정에서 전 세계에 흩어져 일을 하고 있는 사위들을 만나는 김희갑 노인의 여정을 보여준다.

화면묘사

00:00 속이 상한 김희갑 노인이 유미란과 함께 숙소로 돌아와 술을 마심

김희갑: 원, 천하의 괘씸한 놈 같으니라고. 이럴 수가 있냐 말이야.
유미란: 할아버지.

김희갑: 미란이. 하, 참 믿는 도끼에 발등 찍힌다더니 이놈이 설마 이럴 줄이
　　　야.

유미란: 할아버지 고만 잡수세요.

김희갑: 내 걱정 말고 어서 들어가 쉬어요. (노크소리가 남) 예, 들어오시오.

수일: 아버지.

김희갑: 나가. 어서 나가. 나가란 말이야 이놈.

수일: 아니 아버님.

김희갑: 뭐? 듣기 싫어. 난 너 같은 자식은 둔 일이 없어 이 고얀놈 같으니라
　　　구. 나가!

수일: 아니, 아버님. 왜 그러십니까? (웃음)

김희갑: 어 웃어. 하기야 너 같은 놈 배짱 같으면 웃을 만도 하지. 이놈, 네 방
　　　에 드나드는 여편네 보았다. 이놈, 네 할 일이 없어서 싸움터에 나와서
　　　계집질이냐? 응? 고얀 놈 같으니라고.

수일: 아버님 그건 오햅니다.

김희갑: 뭐, 오해?

수일: 그 여자는 우리가 평정한 마을의 부인입니다.

김희갑: 뭐? 듣기 싫다 이놈! 마을 부인? 멀쩡한 놈 같으니라고. 그래서 주먹
　　　같은 아이가 널 보고 애비라고 부른다더냐? 나가! 이 **스러운 놈. 천
　　　하의 괘씸한.

수일: 아버님, 그 마을의 모든 아이들이 저를 아버지라고 부르고 있습니다. 그
　　　것은 우리 군대의 대민 사업의 성과가 아닙니까? 아버님, 저희들은 월남
　　　에 놀러 온 게 아니지 않습니까? 저는 용감하게 싸우는 게 아버님께 효
　　　도하는 길이라고 생각하면서 살아왔습니다. 아버님 노여움 푸십시오.

김희갑: 아뿔싸. 수일아.

수일: 아버님, 그동안 고생 많이 하셨죠?

김희갑: 수일아, 그동안 수고가 많았다. 그저 오나가나 늙은이 주책이 많아서
　　　탈이다. 어, 미란이. 여기 이리와 앉지. 어서 거기 앉어. 미란이, 이게
　　　내 아들이야. 이놈은 진짜배기지.

유미란: 유미란이에요.

수일: 미란씨 정말 잘 오셨습니다. 저, 아버님이 보내주신 사진을 보고 무척 기다렸습니다.

김희갑: 좋다. 좋아. 내 60 평생에 아까와 같은 경험도 처음이려니와 지금과 같은 즐거움도 처음이다. 사람이 사는 게 요런 재미에 사는가 보다.

수일: 저, 미란 씨. 그동안 아버님 시중을 드시느라구 고생이 많습니다.

김희갑: 아뿔싸. 내가 너희 어머니한테 편지를 써야 하겠는데 너 그동안 나가 바람 좀 쐬라. 저 시내 구경도 좀 시켜주고. 자, 빨리, 빨리. 어서. 어서 나가.

수일: 가시죠.

김희갑: 얼른. 얼른 나가.

수일: 그럼 다녀오겠습니다.

김희갑: 그래, 그래. 음, 천상배필이다.

04:10 수일과 유미란이 함께 베트남 도시의 시내와 관광지를 구경함

유미란: 대대장님 저도 여기에 남아 무엇인가 일해보고 싶은데 저 같은 것도 할 일이 있는지 모르겠군요.

수일: 정말입니까? 계셔주시겠다면야 제가 애써보겠습니다.

유미란: 모든 것을 대대장님께 일임하겠어요.

수일: 미란씨 정말 고맙습니다. 자, 가시지요.

05:25 군인들이 군용차량을 타고 이동하는 모습
05:32 숙소에서 유미란과 수일을 기다리고 있는 김희갑.

김희갑: 근데 얘들이 이거 웬일인가? 저기 오는군. 아니 이거 미란이가 군복을 다 입고, 이게 웬일이지? 응? 웬일이야?

수일: 마침 부대에 방송국 아나운서 자리가 있어서 미란씨는 여기에 남기로 했습니다.

김희갑: 어, 그래? 과연 내 아들에, 내 며느리다.

유미란: 죄송합니다, 아버님.

김희갑: 아, 죄송할 것 없어요. 나는 네게 아버지란 소리만 들으면 그만이야.

수일: 아버님. 기왕 오셨는데 며칠 더 쉬었다 가시죠.

김희갑: 아, 나도 그러곤 싶다만은 내일 모레가 추석이 아니냐? 내가 종손인데 조상님께 차렌 지내야 할 거 아니냐? 두고 가는 정이야 말로 다 하겠냐만은 그저 몸조심하고 그리고 잘 싸워야 한다.

수일: 알겠습니다.

김희갑: 가자, 어서. 어서 가자.

수일: 타시죠.

유미란: 안녕히 가세요.

수일: 안녕히 가세요.

06:44 다시 비행기를 타고 한국으로 돌아가는 김희갑.

김희갑: 하. 임자. 내 자네 곁으로 돌아가네. 본 것도 많고 들은 것도 많어. 하나임자 생각만은 내 잊은 날이 없다네. 이놈의 제트기 느리기도 하다.

스튜어디스: 할아버지 우리나라 상공입니다.

김희갑: 아, 그래요? 어디. (상공에서 내려다 본 우리나라의 모습) 하. 내 땅이로구나. 여기가 바로 내가 살 땅이로구나.

07:59 비행기가 공항에 착륙함. 가족들이 모두 공항에 나와 김희갑 노인을 반김

딸: 저기 나오셨어요, 저기요.

김희갑: 여보 마누라. 나 여기 있소.

김희갑이 비행기에서 나오던 중 쓰러짐

황정순: 여보, 영감.

가족들: 빙장어른. 아버지.

황정순: 어서 너희 아버지 모셔라. 영감, 정신차려요. 이게 웬일이요? 마누라 여기 있소.

08:48 황정순이 쓰러진 김희갑 노인을 위해 약을 달이고 있음

황정순: 아이구 참 영감도. 객지 인심이 오죽 고생스러우셨으면 저렇게 되셨을까?

방 안에서 김희갑 노인을 돌보고 있는 딸들

은희: 아버지, 웬만하면 병원으로 가시지요.
김희갑: 괜찮다. 너희 엄만 어디 갔냐?
민자: 약 달이세요.
김희갑: 약 달여?
은아: 조심하세요.
김희갑: 여보 마누라. 그 시원한 냉수 한 그릇 주시구랴.
황정순: 네, 그러지 않아도 이렇게 가지고 오지 않아.
김희갑: 여보. 여보. 임자.
황정순: 어서 들어요.
김희갑: 하, 참 물맛 신기하다. 내 이놈만 마시고 다녔더라면 내 병을 왜 걸리며, 쓰러지긴 왜 쓰러진단 말이요? 여보, 임자. 약은 애들 보고 다리라고 하면 될 것이지.
황정순: 영감도 참 딱하우. 남이 대린 약을 영감은 드시기나 하셨소? 그저 당신은 내 곁에 있어야 해요.
김희갑: 그래, 그래. 그래서 내가 이렇게 오지 않았소. 여보 내가 꼭 당신한테 새 장갈 든 것 같구료.
황정순: 아이구 영감두 그 주책만은 버리시질 못하셨구료.
김희갑: 버리다니? 내 나라가 제일이요, 내 마누라가 제일이라는 것은 이번 세상을 보며 내가 깨달았소.
황정순: 아이, 영감. 애들이 보우.

김희갑: 보면 어떠우?

외국에서 사온 선물을 꺼내보는 가족들

딸들: 어머 이게 뭐야? 어머! 아이, 징그러.

김희갑: 이리 가져와. 이건 너희 남편이 브라질에서 잡은 거야. 너네 가져라.
그리구 이건 네 남편이 보낸 거다. 그리고 이건 네, 네 거다.

은아: 아니, 아버지. 국산품 아니에요?

김희갑: 그리고 이건 자네, 자네.

은희: 이것도 한국 양장인데요?

김희갑: 거 외제란 딴 것인가? 우리나라 물건이 수출됐다가 다시 들어오면 그
게 그게지. 다 자랑스러운 일이 아니냐?

진규: 옳은 말씀이십니다.

김희갑: 그리고 미애야. 니 남편이 보낸 거다. 집에 가서 뜯어봐.

황정순: 신 서방이 보냈구랴.

김희갑: 그리고 이건.

딸들: 그건 또 뭐예요?

김희갑: 이건 당신이, 당신이 쪼끼를 해 입어요. 그래야 신경통이 낫지.

황정순: 영감도 참.

김희갑: 여보, 나 아이 러브 유요.

황정순: 참, 영감도.

12:25 가족들이 모두 집 앞으로 나옴

딸들: 아이, 아부지. 뭐예요?

김희갑: 가만 있거라.

김희갑 노인이 한의원 문에 "금일 귀국 영업합니다"라고 써진 종이를 붙임

진규: 아니, 빙장어른. 며칠 쉬시지 않구요?

김희갑: 사람 부지런해야 돼. 여보, 마누라.

황정순: 왜 그래요? 아, 놔요 이거.

김희갑: 여러분, 화기 있고, 인정 많고, 살기 좋기야 우리네 강산이 제일 입죠. 자, 그러면 다시 뵙겠습니다.

온 가족이 카메라를 향해 인사를 한 뒤 박수를 침. 서울 시내의 전경을 상공에서 촬영한 화면을 배경으로 자막 "끝"

내레이션

(내레이션 없음)

어둠을 헤치고

제 명	어둠을 헤치고
출 처	어둠을 헤치고
제작국가	대한민국
제작년도	1968년
상영시간	09분 12초
제공언어	한국어
제 작	국립영화제작소
제 공	문화공보부
형 식	실사
컬 러	흑백
사운드	유

▋ 영상요약

저축의 날을 맞아 아버지(김승호)와 딸(윤정희)의 대화를 통해 저축과 절약하는 생활을 할 것을 당부. 아버지가 용돈을 달라고 조르는 딸에게 주부 수기 "어둠을 헤치고"를 소개해 주고, 이 수기를 본 딸이 그 내용에 감명을 받아 절약을 결심하게 된다는 이야기.

▋ 연구해제

1968년 당시 인기 여배우 윤정희와 1960년대 가족 코미디를 통해 대중의 '아버지'로 자리 잡은 김승호가 출연한 〈어둠을 헤치고〉는 국립영화제작소가 제작한 저축 장려 문화영화로 문화공보부가 제공하고 재무부가 협찬했다.

영화는 물자를 아낄 줄 모르고 아버지에게 용돈을 달라고 졸라대는 딸 윤정희의 모습을 부각시키는 것으로 시작된다. 아버지 김승호는 딸에게 『알뜰주부수기 : 어둠을 헤치고』라는 책을 선물하며, "책을 다 읽으면 용돈을 주겠다"고 약속한다. 영화는 딸에게 저축과 절약 정신을 가르쳐주려는 아버지의 이야기 속에 농촌에서 남편을 도와 가정을 일으킨 여성의 수기를 담은 액자식 구성을 취하고 있다.

〈어둠을 헤치고〉가 만들어진 1968년은 제2차 경제개발5개년계획(1967~1972)이 진행 중이던 시기로, 제1차 경제개발5개년계획에 이어 국가 주도의 근대화와 산업화가 본격적으로 추진되던 때이다. 특히 이 시기에는 당시의 주요한 조세정책들이 도입되고 국가 주도의 저축장려운동이 본격화되었다. 박정희 정권은 1960년대까지 낮은 수준에 머물러 있었던 국민저축률을 끌어올리기 위해 1965년 금리현실화 조치를 취했다. 그 결과 예금은행 전체 예금액에서 저축성예금이 차지하는 비중은 1960년대 중반 이후 급격히 상승하여 1960년대 후반부터는 60~70% 수준을 유지하게 된다. 이 영화는 이와 같은 맥락하에서 국민의 저축률을 상승시키고, 이와 더불어 절약을 강조하고 있는데, 이는 결국 국가 내 자금력을 확보하기 위한 홍보선전으로 작용한다.

따라서 이 영화가 사용하고 있는 서사의 기법은 주목할 만하다. 영화가 제작된 1960년대 후반, 수기는 여성 잡지의 주요한 콘텐츠 중 하나였다. 1960년대 경제 부흥기를 거치는 동안 여성의 역할은 저임금 산업 역군으로서 경제 발전에 기여하는 동시에 가정에서는 남편이 바깥일을 잘 수행할 수 있도록 안락한 가정을 꾸려가야 할 내조자의 역할을 맡게 된다. 이러한 맥락에서 볼 때 영화에 등장하는 '어려운 살림을 극복한 체험'은 사회적 요구에 성공적으로 부응한 경험담으로서 서술자와 독자 모두 사회적 합의에 동의하는 결과를 낳게 된다. 따라서 〈어둠을 헤치고〉에서 드러나는 수기 속 주인공 여성의 이야기와 그에 동조하는 딸의 모습은 여성들의 수기가 갖고 있는 사회적 합의를 시각적으로 표상하고 있는 것이라 할 수 있다.

▍ 참고문헌

김도균, 「한국의 재분배 정치의 역사적 기원」, 『사회와 역사』 98, 2013.
장미영, 「1950, 60년대 여성 잡지 『여원』의 문화담론 ; 여성 자기서사의 서사적 특성 연구―『여원』 수기를 중심으로」, 『여성문학연구』 18, 2007.

▍ 화면묘사

00:00   국립영화제작소 마크, 제목 자막 "어둠을 헤치고"

00:09   개량 주택이 있는 도시의 주택가 전경

00:26   전축이 돌아가고 선풍기가 회전하고 있음. 발을 흔들며 포도를 먹으면서 거실에서 잡지를 보는 딸, 아버지가 퇴근하여 들어오고 이를 맞는 딸. 부녀는 거실 소파에 앉아 대화를 시작.

딸: 아빠.

아빠: 소란스럽군 그래. 그 전축 좀 끄지 그래?

딸: 네 아빠 오늘이 봉급날이죠?

아빠: 임마, 오늘이 저축의 날이지 임마. 저축의 날도 몰라?

딸: 아이, 누가 그걸 몰라요? 봉급날은 꼭 용돈을 주신다고 했잖아요.

아빠: 임마, 어젠 봉급날도 아닌데 왜 얻어갔니? 그저께는?

딸: 아이, 그때는 그때대로 사정이 있었잖아요.

아빠: 그 놈의 사정은 공일날도 없냐?

딸: 아이.

아빠: 어쨌든 오늘 저축의 날이니까, 내 특별 써비스다. 자.

딸: 아니, 이게 뭐예요?

아빠: 뭐기는 책이지.

딸: 아이 누가 책을 달랬어요? 용돈을 달랬지.

아빠: 책도 주고, 용돈도 주면 될 거 아냐.

딸: 그럼, 이 책을 다 읽으면 주신다 이거죠?

아빠: 하히구, 눈치하나 빨라 좋다.

딸: 좋아요

01:55 책 표지 "알뜰한 주부수기 어둠을 헤치고 : 外 단단한 땅에 물이 고인다". 딸이
      책장을 넘김

딸: 전라남도 승주군 상사면 쌍지리 송효신 씨.

02:10 계단식 논이 있는 시골 풍경 속에서 땀을 닦는 한 여인(송효신). 풀나무를 이고
      집으로 돌아옴. 송효신과 함께 농사일을 하는 여인들

03:20 면사무소를 그만 두고 일찍 귀가한 남편과 밭에서 대화하는 송효신

송효신: 오늘은 일찍 돌아오셨네요?

남편: 나 오늘 면사무소 그만뒀어.

정말 하늘이 무너지는 것 같은 순간이었지만 실망만 할 수는 없었다.

03:42 호롱불 아래에서 대화하는 부부

송효신: 그러니 내 말대로 합시다. 나 시집올 때 가져온 돈 사천백 원이 있는데
        이 돈으로 앙고라 토끼를 사서 키우도록 합시다.

남편: 잘 생각해서 해야지 괜히 실패나 하면 어쩔려고.

송효신: 옆집 순이 엄마가 그러는데 여간 수지가 맞는 것이 아니래요.

남편: 하여튼 당신 말대로 해봅시다. 나도 힘껏 도울 테니까.

04:11 앙고라 토끼를 사온 남편, 토끼장을 만드는 시아버지, 토끼를 돌보는 온 식구들

04:49 토끼를 돌보고 수박 등의 물건을 머리에 이고 시골길을 걸어 시장으로 행하는 송효신

05:48 상인과 손님이 넘치는 시장의 모습, 가판을 열러 농산품을 판매하는 여인들의 모습

06:11 은행에 돈을 입금하는 송효신의 모습.

06:23 퍽 넓어진 토끼장에서 토끼를 꺼내 앙고라 털을 깎아 모으는 부부

06:54 보험 담당인이 집을 방문하자 보험금을 내는 송효신

07:28 수기를 다 읽은 딸. 거실에서 수기 내용에 대해 이야기하는 부녀

아빠: 어때, 그 책 재밌지?

딸: 아빠는 비신사적이세요. 돈을 주기 싫으면 싫다고 하시지. 이런 걸?

아빠: 한방 맞았구나. 너 읽느라고 수고했다. 사람이란 자기 살 길을 위해서는 늘 생각하고 짜임새 있는 생활을 해야지. 너처럼 생기는 대로 쓰면 어떻게 되는지 알지? 돈 얼마 주랴?

딸: 싫어요.

아빠: 싫으면 고만둬. 고만두라고.

딸: 주세요. 얼마든지.

아빠: 금새 싫다더니. 너 웬 일이냐 어? 웬일.

딸: 앞으로는 분에 넘치는 생활은 않을게요.

아빠: 좋아. 니가 알다시피 아빠도 저축하는 습관을 가졌기에 이렇게라도 살고 있는 것이 아니냐. 그러니까 너도 생각 잘해서 저축하는 습관을 길러야 돼.

딸: 네.

아빠: 자, 하나. 둘, 셋.

딸: 아빠, 고맙습니다. 기대에 어긋나지 않도록 아껴 쓰고 저축하겠습니다.

아빠: 응응.

09:07 자막 "끝 제공 : 문화공보부 제작 : 국립영화제작소 협찬 : 재무부"

내레이션

02:04 제가 이곳 승주땅 쌍지마을 박씨 댁으로 시집온 지도 벌써 여러 해. 두메의 가 난한 농가에서 태어나 어려서부터 집안일은 물론 들일까지 해왔던 나는 여기 시집에서도 잠시라도 쉴 수가 없었다. 그이는 매일 십여 리나 되는 면사무소에 출근하시고 나면은 나의 하루는 우선 풀 나무를 해오는 것부터 시작된다.

02:58 산간초가에서 시부모님과 시동생 두 분이 얼마 안 되는 농사지만 그것에 의지 해서 살아가는 가난한 농가. 풀 나무 한 둥치에 목이 굳어오는 아픔도 느꼈지 만 쌓이는 즐거움에 고된 줄도 모른다. 그러던 어느 날이었다.

04:13 그이는 이튿날 예쁘장한 앙고라토끼 두 쌍을 사오시고 시아버님과 시동생은 아 담한 토끼장을 만들어주셨다. 나는 이날 새로운 결심을 했다. 자립생활3개년계 획을 생각해본 것이다. 이제 그이의 실직에서 오는 적자는 나의 행상으로 메꾸 기로 하고 앙고라가 잘 자라면은 그 수입은 저축을 하기로 한 것이다. 그렇게 생각했을 때 비록 몸은 지쳐있었지만 마음만은 더 없이 행복했다. 어떻게 해서 든지 잘 살아야 하겠다는 그 일념으로 새로운 출발을 하게 된 것이다.

05:12 오늘부터 나는 시장에 나가기로 했다. 애들을 돌볼 틈도 없이 장날이면은 새벽 에 나가야 하기 때문이다. 애써서 가꾼 과일 채소 등을 가득히 담아 이고 삼십 리 길 순천 땅으로 가자면은 허리가 쑤시고 목이 굳어오고 발에 물집이 생긴 다. 그것도 일찍 처분되면 하루에 두 번 시장에 갈 수 있기 때문에 서로 앞을 다투어 가야 하는 것이다. 왕복 육십 리면은 가까운 길이 아니다. 그러다 어떤 날은 하루 종일 기다렸다 팔고 나면은 지치고 맥이 없어진다. 큰 돈도 아닌 삼 백 원가량을 벌기 위해서.

06:12 그러나 티끌 모아서 태산. 이제 저축을 시작하면은 한 달에 천 원을 모을 수가 있으나 삼 년이면은 삼만 원이 넘는 돈이다. 이러는 동안에 지금은 앙고라토끼 가 삼십여 마리. 일 년에 적어도 삼만 원의 수입은 된다. 작년에 시작했으니까 이제는 만 일 년. 이 년 후면은 우리가정에도 자립할 수 있는 자금이 생긴다. 좀 더 넓은 집에서 가축사육과 채소 재배. 그것이 우리들의 꿈이다. 그동안 아 빠도 군청에 취직을 하셨고 또 다시 퇴직 시의 설움을 안고 싶지 않아서 십만 원의 직장보험까지 들어두었다. 그리고 작은 시동생과 큰 애의 교육보험도 들

어두었으니 학비에 별로 신경을 쓰지 않아도 될 수 있다. 웃음꽃이 필 그날까지 좀 더 견디면서 시어른과 아빠 그리고 애들의 못다한 뒷바라지를 잘해나가는 참다운 주부 노릇도 하게 될 것이다.

강강수월래

제 명	강강수월래
출 처	강강수월래
제 작 국 가	대한민국
제 작 년 도	1969년
상 영 시 간	07분 58초
제 공 언 어	한국어
형 식	실사
컬 러	흑백
사 운 드	유

전라남도 해남군 우수영에 전해 내려오는 강강술래의 무용 모습과 유래를 소개하는 영상. 강강술래는 임진왜란 때 이순신 장군이 명량해전 당시 전략의 일환으로 부녀자들을 동원했던 것인데, 그것이 현재까지 이어지고 있다. 이 영상은 강강술래에 담겨 있는 의미를 알고 조국의 새 역사를 만들자고 주문하고 있다.

■ 연구해제

이 영상은 임진왜란 당시 명량대첩이 있었던 전라남도 해남군 우수영의 울돌목을 배경으로 강강술래를 연행하는 한복 입은 여성들을 보여주면서, 그곳의 격전지, 참모들의 비석, 충무공의 영정, 명량대첩비 등을 두루 살피고 그 역사에 대하여 서술한다. 강강술래 합창을 배경음악으로 장엄한 내레이션이 흐르면서 강강술래의 기원이 이순신 장군의 전략에서 비롯된 것임을 설명하며, 강강술래와 조국애, 그리고 조국의 새 역사 창조를 연결 짓는다.

강강술래의 기원에 대해서는 다양한 학설이 있으나 대체로 원시기원설과 임진왜란 기원설로 크게 나누어볼 수 있다. 임진왜란 기원설은 강강술래가 이순신 장군에 의해 의병술로 창안되었다가 민속놀이화 되어 전승된 것으로, 강강술래란 강한 오랑캐가 물을 건너온다는 뜻의 강강수월래(強羌水越來)라는 것이다. 그런데 대체로 학계에서는 원시기원설에 더 무게를 둔다. 즉, 원시시대부터 공동축제에서 노래 부르며 춤을 추던 원무(圓舞)형의 놀이 혹은 주술적 기능을 담은 의식이 있어왔는데, 시대의 변천에 따라 의례적 성격이 약화되고 임진왜란에 이르러 원무형태가 재구축되었을 것으로 추정하는 것이다.

강강술래의 기원을 이순신의 전술에서 비롯되었다고 보기 시작한 것은 일제강점기 때부터였다. 강강술래와 이순신의 관련성은 진도와 해남을 중심으로 구전으로 전해질 뿐 기록으로 전하는 것은 없었으나 『동아일보』 1927년 2월 2일 신문에서 처음으로 강강술래의 기원이 명량해전의 전술이었다는 설명이 나온다. 이처럼 일제강점기를 통하여 강강술래는 외세의 침략에 대한 대항이라는 민족적 의미를 부여받게 된 것이다.

강강술래가 해방 이후 다시 주목 받게 되는 것은 1961년 9월 24일부터 29일까지 열린 민속예술경연대회 중 서울 시청 앞에서 전라도의 강강술래가 시연되면서부터였는데, 1966년 3월 15일 강강술래라는 명칭으로 국가지정 무형문화재 제8호로 지정되면서 전남 진도군 주민과 해남군 주민이 함께 보유자로 지정되었다. 그런데 국가가 공식 명칭으로 강강술래를 지정한 이후에도 1960년대까지 강강수월래라는 명칭이 더 많이 사용되었다. 이에 대하여 이옥희는 '强羌水越來'라는 명칭을 통해 강한 적이 물을 건너 쳐들어오므로 경계해야한다는 의미를 담아냄으로써 민족담론을 강조하기 위한 것이었다고 설명한다.

이 영상 역시 강강술래라는 공식 명칭 대신 강강수월래를 제목으로 하고 있으며, 강강술래의 기원이나 의미를 임진왜란과 결부지어 설명함으로써 민족정신을 강조하고 있다. 이순신 장군에 대한 영웅화가 전 국가적 차원에서 진행되던 1960년대 후반, 무형문화재로 지정되기도 한 강강술래는 무엇보다 민족적 예술로 재조명되었다. 이러한 의도에 따라 영상은 강강술래 놀이가 연행되는 것과 울돌목에 남은 역사의 흔적을 교차로 보여주면서 역사의 시간을 현재로 끌어오고자 한다. "지금 우리는 그때 충무공의 추상같은 호령을 듣는다"거나 "또한 여기 우리는 본다" 등의 역사를 현재화하고 있는 내레이션이 흐르는 동안 충무공 동상의 얼굴 클로즈업과 대한민국 해군의 모습, 그리고 박정희 대통령의 얼굴이 교차 편집된다. 이는 충무공뿐 아니라 박 대통령이 조국을 지키고 "새 역사를 창조"하는 주역임을 은연중에 드러내고 있는 것이다.

▎참고문헌

이옥희, 「신문기사를 통해 본 강강술래 전승의 통시적 고찰-일제강점기부터 현재까지 『조선일보』기사를 중심으로-」, 『남도민속연구』 21, 2010.
이윤선, 「강강술래의 역사와 놀이 구성에 관한 고찰」, 『한국민속학』 40, 2004.

▎화면묘사

00:00 한복을 입고 머리를 뒤로 땋은 일련의 젊은 여성들이 서로 손을 잡고 도는 모양의 강강술래 무용 장면을 찍은 정지화면(강강술래 노래 들림)

00:15 정지화면에서 영상으로 전환. 여성들이 원형 모양으로 계속 도는 무용. 돌면서 계속해서 강강술래 노래를 부르고 있음. "강강수월래. 전라도의 우수영은 …"

00:32 전라남도 해남군과 진도군 사이의 명량해협의 전경. 세차 보이는 바다의 흐름을 보여줌

01:11 석성의 모습

01:23 마을 안에 위치한 우물의 모습. 여인들이 우물에서 물을 길어 올리고 있음

01:41 십여 개의 비석들

01:50 이순신 영정과 명량대첩비가 있는 비각의 내외부 모습

02:22 여러 명의 젊은 여자들이 한복 차림으로 걸어가는 모습

02:42 명량해협, 즉 울돌목으로 불리는 해안 전경

03:04 한복을 입고 댕기를 드린 십여 명의 여인들이 나란히 서서 한 발로 땅을 짚으면서 옆으로 조금씩 이동하는 장면 (배경음악으로 강강술래 노래)

03:25 여인들이 조금씩 이동하다가 본격적으로 손을 잡고 빠르게 걸으면서 원형을 이루어 돌기 시작함 (배경음악 계속)

04:22 멀리 울돌목을 배경으로 하면서 강강술래 무용을 하는 여성들이 두 팀으로 나뉘어 돌고 있는 것이 화면에 등장 (배경음악 계속)

05:26 울돌목의 빠른 조류 흐름을 근거리에서 촬영한 화면

05:34 이순신 동상. 조금 뒤에 투구를 쓴 이순신의 얼굴을 클로즈업함

05:40 다시 강강술래 장면

05:54 거북선 모형 등장. 이어서 강강술래 장면과 이순신 동상, 울돌목의 바닷물, 거북선 모형이 반복해서 순환하면서 화면에 비추어짐

06:42 해군 함정들의 항해 모습. 이어서 함포 사격을 하는 장면

07:06 박정희 대통령이 망원경으로 보고 있는 모습

07:08 바다를 향하여 경계하고 있는 병사의 뒷모습

07:14 다시 강강수월래 장면. 강강술래를 추고 있는 여인들을 화면 가운데 두고 카메라가 줌아웃하면서 울돌목 전경까지 배경으로 등장. 바다에는 배 한 척이 지나감

내레이션

00:32 세찬 물결에 실려 강강수월래의 가락이 흘러내리는 이곳 전라남도 해남군 우수영 명량해협의 이른바 울돌목. 그 옛날 임진왜란 때 충무공 이순신 장군이 불

과 12척의 배로 왜 330여 척의 대함대를 송두리째 무찌른 곳이 바로 여기다. 고색이 창연한 해남군 우수영은 370여 년 전 충무공 이순신 장군이 진을 쳤던 곳이며, 강강수월래는 이와 때를 같이하여 이곳에서 비롯된 것이다. 당시의 격전을 일러주듯, 이끼 낀 성벽에는 해묵은 칡넝쿨이 얽혀 있다. 용맹스런 우리 수군들에게 식수를 공급했던 이 샘터는 아직도 옛모습 그대로 남아 오늘도 이 마을 사람들의 식수가 되고 있다. 수많은 비석들, 당시 충무공을 도우며 용감하게 싸우다 숨진 여러 참모들의 불멸의 공적이 여기 새겨져 있다. 이 비각에는 충무공의 영정과 명량대첩비가 모셔져 있다. 조관 조복을 입고 정좌하신 충무공의 영정. 근엄하고 인자하신 모습은 지금도 우리 겨레를 일깨워주고 있다.

02:21 이순신 장군과 강강수월래는 깊은 인연을 맺고 오늘에 이르렀다. 우수영에 정월 보름이나 8월 한가위가 되면은 이 마을 처녀들은 갑사댕기 길게 매고, 울돌목 언덕에서 둥근 달을 맞는다.

03:25 강강수월래. 임진왜란 당시 해전의 격전장, 즉 우수영, 진도, 완도 일대의 예로부터 전해 내려오는 우리 고유의 민속 무용 강강술래. 그 유래는 이렇다. 왜적들의 발굽에 짓밟혀 쫓기며 불안에 떠는 이곳 민심을 통일하고 적에게는 많은 병력이 있음을 위장 과시하여 적의 허점을 찌르고 해안을 감시하기 위해 이순신 장군은 전쟁터 부근의 부녀자들로 하여금 해안 지대의 산에 올라 불을 피워 놓고 돌면서 적의 상륙을 감시하게 했다. 그 후, 전쟁이 끝나서도 그곳 부녀자들이 당시를 기념하기 위해 보름 명절밤을 택하여 연중행사로써 강강수월래의 노래를 한 것이 오늘날까지 전해내려 왔다고 한다.

05:26 소용돌이쳐 흐르는 울돌목의 파도 소리는 그때의 전승의 그 함성인 양 귓전을 두들긴다. 수만 장병이 따르고 온 백성이 어버이같이 따르던 성 이순신 장군. 1597년 5월 16일 충무공께서 명량해협으로 나가 밀려들어오는 왜선을 차례차례 쳐부쉈던 여기. 때는 바뀌어 있어도 지금 우리는 그때의 충무공의 추상같은 호령을 듣는다. 여기 사기 드높은 우리 병사들의 전승의 함성을 듣는다. 또한 여기 우리는 본다. 기울어지는 왜선, 그리고 허우적거리는 왜놈들. 이 기적 같은 전과. 그러나 그것은 결코 기적이 아니었다. 당시 한 덩어리로 뭉쳤던 군관민의 나라를 지키자는 신념과 용기는 왜선 300척이 아니라 3,000척이라도 물리칠 큰 힘이 됐던 것이다. 왜선 330여 척을 삼킨 여기 울돌목의 물결은 지금도

유유히 구비쳐 흐른다. 그리고 그 물결이 지켜보는 가운데 여기 충무공의 후예들이 있다. 조국의 푸른 바다를 지킬 젊은 감성. 충무공의 뜻을 이어받은 우리, 이제 우리는 이 땅에 다시는 임진왜란과 같은 슬픈 역사의 되풀이는 하지 않을 것이다. 어떠한 어려움에 부딪혀도 우리는 지금이야말로 민족 중흥의 성업을 기어코 이루어야 할 때다. 강강수월래의 뜻을 새기며, 우리는 모두가 한데 뭉쳐 조국의 새 역사를 창조해야 한다.

07:15　여기 강강술래의 굳게 잡은 손과 손. 일사분란의 단합된 마음과 마음. 강강술래가 우리에게 주는 교훈은 너무나 크다. 우리 모두가 참여해야 할 겨레의 율동, 강강술래. 그 가락과 율동 속에 뭉쳐진 겨레의 힘이 솟고, 조국을 사랑하는 줄기찬 맥박이 길이길이 고동칠 것이다.

싸우면서 건설하자

제 명	싸우면서 건설하자
출 처	싸우면서건설하자
제 작 국 가	대한민국
제 작 년 도	1969년
상 영 시 간	08분 13초
제 공 언 어	한국어
제 작	국립영화제작소
제 공	문화공보부
형 식	실사
컬 러	흑백
사 운 드	유

▌ 영상요약

1968년 들어 남한 정부가 내건 구호인 "싸우면서 건설하자"와 같은 제목의 영상. 한 가족 간의 대화를 통해 공산당의 '무자비한 학살'에 대한 이미지를 보여주는 동시에 당시 창립된 향토예비군의 역할을 강조하고 있다.

▌ 연구해제

이 영상은 1968년 일련의 '안보위기'에 대한 대응으로 박정희 정부가 내세웠던 "싸우면서 건설하자"라는 슬로건을 영상화한 것이다. 영상에서는 1968년 발생했던 1·21사태와 울진·삼척지구 무장공비 침투사건으로 인한 안보위기 상황과 이에 대한 박정희 정부의 대응을 보여주고 있다. 특히 한 가정의 대화를 극화하여 이를 드러냈다. 이 대화에서 어린이는 '이승복 어린이 사건'을 지적하며 북한 대남무장간첩 침투의 잔인성을 강조하고, 아버지는 1968년 창설된 향토예비군과 경제개발을 통해 "싸우면서 건설"하여 이에 대항해야 한다는 점을 강조한다. 즉 이 영상을 통해 박정희 정부는 1968년 당시 대두하고 있던 '안보위기'에 대항하여 국민들에게 향토예비군과 경제개발에 투신하여 국가안보의 초석을 마련할 것을 주문하고 있는 것이다.

1968년 박정희 정부는 북한의 대남무장간첩 침투를 이유로 '안보위기론'을 내세우며 "싸우면서 건설하자"라는 표어와 함께 향토예비군을 설치하였다. 박정희 정부가 1966년부터 구상하기 시작한 향토예비군은 1968년 초반까지 야당의 격렬한 반대로 설치가 불투명한 상황이었다. 이러한 상황에서 1968년 발생한 1·21사태와 푸에블로호 사건은 박정희 정부가 향토예비군을 설치하게 되는 촉매로 작용하였다. 1968년 2월 7일 박정희 대통령이 하동에서 열린 경전선 개통식에서 "재향군인의 무장, 향토방위법 제정 등을 통해 방위태세를 확립하고 연내에 250만의 재향군인 전원을 무장시키"겠다고 발언한 후 향토예비군 설치는 가속화 되었다. 2월 18일 정부는 향토예비군 설치법 시행령 제정에 착수하였으며, 20일 국무회의에서 시행령이 의결되어 27일 공포하였다. 이를 토대로 3월부터는 향토예비군 설치에 박차를 가하기 시작한 정부는 3월 31일 향토예비군 편성완료를 선언했고, 4월 1일 대전 공설운동장에서 개최된 향토예비군 창설대회에서 출범을 선포하였다. 이에 따라 향토예비군은 지역예비군과 직장예비군으로 구분되어 설치되었으며 약 2달 만에 200만 명에 달하는 예비군이 향토예비군으로 편입되었다.

하지만 향토예비군의 설치는 '안보위기'에 대한 대응만을 의미하지 않았다. 일단 1968년 대두되었던 '안보위기론'은 실질적인 국가안보의 위기를 의미하기보다, 정부에 의해 조장된 측면이 강했다. 또한 향토예비군은 설치 이후 정부를 위해 다양한 용도로 활용되었다. 예비군 창설을 통해 수천 명의 예비역 장교가 새로운 직장을 구할 수 있었으며, 베트남 파병 장교들을 흡수할 수 있는 장치가 되었다. 예비군 창설로 강화된 군 기반을 통해 박정희 정부는 3선 개헌을 위한 안정적 권력기반을 다질 수 있었다. 그리고 이후 예비군은 유신체제의 수립 이후 예비군 소대장과 리·동장의 겸직, 통일주체국민회의 대의원, 각종 정부 주최행사 등에 동원되면서 정부시책 홍보와 추진을 위한 역할을 담당하기도 하였다.

▌ 참고문헌

강민철, 「1968년 안보위기론 조성과 향토예비군 창설」, 가톨릭대학교 석사학위논문, 2010.

▌ 화면묘사

00:00   제목 자막 "싸우면서 건설하자"
00:08   바닷가 풍경. 화면이 줌인 해변에 사람이 서 있는 모습이 보임
00:27   총을 둔 군인들의 모습 이어짐
00:56   여러 굴뚝에서 하연 연기가 나오는 공장지대의 모습
01:01   도시 시가지 모습. 높은 빌딩, 건축 중인 빌딩, 시내의 육교 위를 걸어 다니는 사람들
01:29   학교 운동장에서 아이들이 눈싸움을 하는 장면
01:50   신문 지면이 화면에 등장. 기사 제목은 "네살박이감싼 엄마까지. 세어린이 大劍으로亂刺"(대검으로 난자)
01:53   한 가정의 모습. 아버지로 보이는 남자는 신문을 보고, 남자 아이와 여자 아이가 있고, 곧 어머니로 보이는 여자가 등장

02:17   가족 간의 대화

어머니: 너 학교서 꾸중 들었구나.

남아: 아니요.

어머니: 그럼 왜 뚱하니 앉았니?

남아: 아버지, 공산당은 나빠요.

아버지: 응? 아니, 갑자기 그게 무슨 말이냐?

남아: 공산당은 저와 같은 어린이를 죽였어요.

아버지: 어우, 그런 끔찍한 일이 있었지. 어린이뿐만 아니라 놈들은 아무 죄도
            없는 사람을 닥치는 대로 학살했어. 공산당은 네가 나쁘다고 생각하는
            것처럼 우리 국민은 모두가 그렇게 생각하고 있단다.

어머니: 아휴, 글쎄, 그놈들이 어린애가 무슨 죄가 있다고 세상에 그럴 수가 있
            어요?

아버지: 놈들은 수단 방법을 가리지 않고 최후 발악을 하고 있어. 잘살아보자
            고 모두가 노력하는 우리들을 자꾸만 괴롭히고 있어. 우리도 이들과
            싸워 이기면서 우리나라를 잘 살게 해야 한다. 말하자면 싸우면서 건
            설하는 가장 중요한 시기에 있는 것이오.

03:33   한국전쟁 당시의 영상들 이어짐. 대포 발사 장면과 피난민들의 모습

03:59   한국의 군사력을 보여주는 지대공 미사일, 전투폭격기, 해군 함정

04:34   박정희 대통령이 참석한 어느 기념식장. 뒤의 현수막에는 "예비군완성의해"라
            고 쓰여 있음. 박정희 대통령의 연설 모습과 예비군으로 보이는 사람에게 시상
            하는 모습

04:53   군인들이 야산에서 훈련하는 모습. 내레이션에 의하면 향토예비군 훈련장으로
            보임. 총검술과 유격훈련, 포복훈련 장면 이어짐

05:22   각종 공장과 건물의 건설 현장 모습

05:50   정유공장, 비료공장의 외부 전경과 직물 공장의 내부 모습

06:16   많은 상품들이 쌓여있는 장면

06:23   자동차 생산 공장 내부 모습

06:33   정유소에서 차량에 주유를 하는 모습. 주유소 위에 "경남주유"라고 쓰여져 있음
06:40   고속도로 위를 질주하는 차량들
06:59   차 안에서 가족의 대화

         아버지: 여보.
         어머니: 네?
         아버지: 이렇게 달려보는 기분이 어떻소.
         어머니: 참 좋아요. 고속도로란 말만 들었지, 정말 이렇게 훌륭할 줄은 몰랐어
                 요.
         아버지: 아, 우리나라도 이젠 모든 분야에서 눈부시게 발전하여 정말 잘 사는
                 나라가 됐소.
         아버지: 동훈아, 뭘 그렇게 열심히 보고 있니.
         남아: "싸우면서 건설하자"
         아버지: (웃음) 아빠도 싸우면서 건설하는 향토예비군이야.
         남아: (거수경례와 함께) 아버지, 경롓!
         아버지: 자식, 참. (웃음)

07:54   고속도로 나들목
08:00   자막 "무방비 상태의 자유는 침략과 압제를 스스로 초래하며 힘없는 정의는 불
         의의 노예가 되고 만다－박대통령"
08:10   자막 "끝 제공 : 문화공보부 제작 : 국립영화제작소"

▌내레이션

01:00   우리는 민족중흥의 역사적 사명을 띠고 이 땅에 태어났습니다. 또한 우리는 영
         광스런 조국을 길이 우리 후손들에게 물려주기 위해 힘찬 전진을 거듭하고 있
         습니다. 이렇듯 위대한 과업을 위한 노력은 어느 누구도 방해할 수 없으며 어
         떠한 장애가 있더라도 중단할 수 없는 것입니다.
01:30   우리 조상들이 겪어야만 했던 탄압과 굴욕의 쑥스러웠던 과거는 결코 우리 후

손들에게 물려줄 수 없으며 물려줘서도 안 되는 것입니다. 이 천진스러운 어린이들의 얼굴에서 우리는 이 나라의 장래를 내다볼 수 있는 게 아니겠습니까. 지난해 강원도 평창 지방의 어느 외딴 집에서 무장 공비의 설교를 실컷 듣고도 "나는 공산당이 싫어요" 하다가 무참하게 죽어간 10세 소년. 그 애절하고도 측은한 모습이 아직 철없는 어린이의 가슴 속에까지도 원한의 못을 박아놓았습니다.

03:38 아직도 잊혀지지 않는 1950년 6월 25일. 우리는 불의의 침략을 대항할 아무런 대비를 하지 못했기 때문에 북한 괴뢰의 탱크에 이 땅을 짓밟혔고 수많은 생명과 귀중한 재산을 버린 채, 쓰라린 피난길에 올랐던 것입니다.

04:02 그러나 이제는 어떤 적의 공격도 즉각 때려 부실 수 있는 막강한 우리 국군과 역전의 용사였던 250만의 향토예비군이 있습니다. 이러한 우리의 국방력과 눈부신 경제발전에 놀란 북한괴뢰는 당장에 전면전쟁을 일으켜야 승산이 없다는 것을 깨닫고 무장공비를 남파시켜 파괴와 살인을 자행함으로써 치안을 교란하고 사회와 민심을 불안케 해서 경제건설을 어지럽히고 밖으로는 불안한 지역이 되간다는 인상을 주어 우방국과의 이간책을 획책하고 있습니다. 이것을 잘 아는 우리는 하나로 서로 뭉쳐 작년의 1월 21일 사태와 11월초 울진삼척지구에 침입한 무장공비에 맞서 우리 국군과 경찰, 그리고 향토예비군의 눈부신 활동, 또 여기에 못지 않는 민간인의 적극 참여는 전 세계에 다시 한 번 반공 대한민국을 크게 과시했던 것입니다. "싸우면서 건설하자"는 박정희 대통령의 주창에 따라 온 국민은 하나로 뭉쳐 그 힘을 길렀으며 계속해서 향불에 **한 결실을 맺자고 굳게 다짐했습니다.

05:29 싸우며 건설하는데 있어서 우리의 또 하나의 과제는 경제건설의 촉진입니다.

05:56 7년 동안의 끈질긴 온 국민들의 노력으로써 이제 우리는 모든 분야에 있어 크게 향상 발전됐고, 제2차 5개년계획의 중반에서 벌써 연간 평균 13퍼센트(%)의 높은 경제성장률을 나타내고 있어, 70년대의 풍요한 사회 건설은 먼 훗날의 얘기가 아니라 눈앞의 얘기가 되고 있습니다.

07:42 이제 우리는 민족적 중대한 과업을 지니고 강인한 신념과 긍지를 지닌 근면한 국민으로써 민족의 슬기를 모아 줄기찬 노력으로 새 역사를 창조해 나가야 하겠습니다.

오붓한 잔치

제 명	오붓한 잔치
출 처	오붓한 잔치(가정의례준칙)
제 작 국 가	대한민국
제 작 년 도	1969년
상 영 시 간	08분 45초
제 공 언 어	한국어
제 작	국립영화제작소
제 공	문화공보부/보건사회부
형 식	실사
컬 러	흑백
사 운 드	유

영상요약

가정의례준칙에 의거한 간소한 결혼식을 소개하는 영상

연구해제

〈오붓한 잔치〉는 1969년 국립영화제작소가 제작하고 문화공보부와 보건사회부가 제공한 문화영화이다. 결혼을 앞둔 남녀 역할은 영화배우 오영일과 1960년대 트로이카 중한 명인 남정임이 맡았다. 영화는 두 남녀가 만나 앞으로 있을 결혼식에 대한 이야기를 나누는 장면으로 시작한다. 일생에 한 번뿐인 결혼식을 남들과 마찬가지로 준비하고 싶은 여성과 새로운 가정의례준칙에 따라 검소하게 치르자는 남성의 설득이 이어지고, 끝내 여자는 남자의 뜻에 따라 검소하지만 뜻 깊은 결혼식을 치르기로 결정한다.

이 영화가 제작되었던 1969년 "가정의례준칙에 관한 법률"에 근거하여 가정의례준칙이 반포되었다. 이는 당시 급속한 산업화를 통해 성장한 새로운 사회계층집단이 주도한소비문화의 확산에 기인한 것으로, 전통적 혼상제례를 법률적으로 통제함으로써 국가가 대중의 일상생활에 개입하고자 하는 시도였다.

가정의례준칙의 기본 성격에 대해 정부는 다음과 같이 설명했다. 첫째 복잡하고 허례허식에 치우친 가정의례를 국민 모두가 쉽게 알고 실행하게 하여 어느 사람도 어색한느낌이 없으면서 간편하고 정중하게 실천할 수 있도록 하기 위한 새 기준을 설정하는것이며, 둘째 지역이나 씨족에 따라 각양각색이던 지금까지의 가정의례를 통일된 기준에 따라 종파별로 시행되고 있는 종교의 예식까지도 그 기본 교리에 어긋나지 않는 한이 기준에 따르도록 하는 범국민적 생활규범을 도출하고, 셋째 합리성과 능률 위주의현대적인 생활에서 감정에 치우친 나머지 엄숙하고 경건하여야 할 가정의례가 지나치게 간소화되거나 벗어나지 않도록 하는 최저선을 제시하는 것이다. 이에 따라 가정의례준칙의 각 조항들은 가정의례의 의식절차에 관한 기준과 양식을 매우 세부적인 사항에이르기까지 규정하고 있다.

이와 같은 가정의례준칙의 성격은 영화 속 내레이션을 통해서 "조국 근대화 작업에총력을 기울이기 위한 것"으로 규정된다. 박정희 정권은 가정의례의 간소화를 통해 공업화에 따른 인구의 도시집중현상, 교육의 보급으로 인한 새로운 지식인의 대량 배출,

매스미디어의 확충을 통한 대중들의 욕구 증대 등으로 인한 사회적 분쟁을 국가적 차원에서 통제하고 대중들에게 내핍, 절약, 근면을 내원화하는 국가주의적 동원전략을 실현하고자 한다. 가정의례준칙은 몇 번의 개정을 거치기는 하지만 1970년대까지 이어지며, 근대적 일상성을 구성해나갔다.

█ 참고문헌

고원, 「박정희정권 시기 가정의례준칙과 근대화의 변용에 관한 연구」, 『담론 201』 9-3, 2006.

█ 화면묘사

00:00 타이틀 "오붓한 잔치 - 가정의례준칙 -"
00:10 고급 카페의 샹들리에 아래에서 한 남성이 피아노를 연주함. 정장차림의 남성 손님이 급하게 카페 안으로 들어옴
00:36 서울 시내가 내려다보이는 창가의 테이블에 한 여자가 남자를 기다리고 있음. 늦게 도착한 오영일

영일: 미안, 미안. 많이 기다렸지? 무척 토라졌군.
정임: 꼬박 30분이나 기다렸어요.
영일: 정식으로 사과하지. 사실은 밀린 일이 좀 있어서.
웨이터: 뭘 드실까요?
영일: 뭘로 할까?
정임: 전 파인주스.
영일: 어. 나도.
웨이터: 예.
정임: 어쩜 그렇게도 태평하시죠? 우리 결혼식도 한 주일밖에 안 남았는데.
남성: 음. 그렇잖아도 내가 연락하려던 참이었는데 미안하게 됐어.
여성: 우선 청첩장이라도 만들어 보내야잖아요.

남성: 아니, 청첩장은 무슨 청첩장이야. 그 고지서 같은 걸. 그런 건 보내지 않는게 좋아요. 언젠가두 내가 말했지만 결혼식은 되도록 간소화하기로 말했잖아요. 그냥 친지들에게만 알리구.

여성: 전 반대에요. 일생에 한 번밖에 없는 결혼식을 그렇게 시시하게 넘길 순 없잖아요.

웨이터가 주스를 가져와 각자 앞에 놓아준다

01:47 당사자 두 사람과 어머니들이 방 안에 앉아서 약혼서, 건강진단서, 호적등본을 서로 교환하는 약혼식 장면 회상

남성: 이봐. 결혼식은 결국 당사자를 위한 것이지, 남의 눈을 위한 것이 아니잖아. 지난 봄에 우리 약혼식 때처럼 친지들만 모아놓고 간단하게 치르니 얼마나 좋았어? 허례허식을 떠나서 실질적인 서약으로 약혼서에다가 건강진단서와 호적등본을 첨부해서 서류를 교환한 것처럼 말이야.

02:25 여성: 약혼이야 이왕 그렇게 한 것이지만 결혼이야 좀 더 보람 있게 치르자는 거예요.

남성: 아니 그런 보람을 원한다면 아예 구식 결혼식으로 하지 그래.

전통혼례의 모습. 수많은 사람들이 모인 가운데, 신랑 신부가 맞절을 하고 있음. 각종 청첩장과 신식예식의 모습이 이중인화로 겹쳐 보임

03:27 예식장 앞의 복잡한 풍경

03:32 새로운 가정의례준칙의 내용을 알리는 "시민에게 알리는 말씀"이라는 제목의 안내가 붙어있음

03:40 "가정의례준칙 준수", "가. 조화, 테푸, 딱총 등 일체 사용을 금지합니다. 나. 하객으로부터 화환을 식장에 받아들이지 않습니다. 다. 혼인 신고서는 당일로 제출되도록 조치하셔야 합니다. 라. 답례품을 취급하지 아니하고 식장에서 배부함을 금합니다."라는 내용의 안내 표지

03:43 '가정의례준칙 화환 및 답례품을 가져오심을 사양하여주십시오 서울예식장'이라고 쓴 안내문. 답례품을 들고 있는 하객들의 모습. 예식장 앞의 분주한 분위기

04:16 결혼식의 모습. 신랑과 신부가 입장하고 주례를 받음. 혼인선언문

04:40 정임: 누가 그런 옛날 결혼식을 하겠어요? 뭐가 뭔지 모르면서 치르는 그런 결
혼식은 전 싫어요.

영일: 그런 걸 잘 알면서 그래? 진짜 보람 있는 식은 체면을 떠나서 정성껏, 소
박하게 치르는 식이지.

04:55 야외에서 치르는 조촐한 결혼식 모습. 신랑신부가 입장하여 서로 절을 함. 남
자는 서양식 정장, 여자는 한복 차림. 신랑신부, 주례자, 양가의 부모가 가슴에
꽃을 단 모습. 이십 여 명의 하객들이 앉아 있음

06:02 주례: 신랑 오영일 군과 신부 남정임 양은 어떠한 경우라도 항상 사랑하고 존
중하며 진실한 남편과 아내로서의 도리를 다할 것을 맹세합니까?

영일: 네

정임: 네

주례: 이제 혼인서약이 끝났으므로 여기에 준비한 혼인신고서에 날인을 하십시
오.

06:26 혼인신고서에 날인을 하는 신랑신부

06:42 주례자가 신랑, 신부가 준비한 예물을 증정함

주례: 신부는 신랑에게 만년필을, 신랑은 신부에게 주택자금을 예입한 예금통
장을 예물로 드립니다.

만년필을 신랑의 주머니에 꽂아주는 신부. 주택자금 통장을 신부에게 선물하는
신랑

07:11 성혼선언문을 낭독하는 주례자

주례: 이제 신랑 오영일 군과 신부 남정임 양은 그 일가친척과 친지를 모신 자
리에서 일생 동안 고락을 함께할 부부가 되기를 함께 맹세했습니다. 이
에 주례는 이 혼인이 원만하게 이루어진 것을 여러분 앞에 엄숙하게 선
포합니다. 1969년 7월 30일 주례 나중연

07:56 다시 호텔

영일: 알겠지? 준칙에 의한 결혼식을.

정임: 그럼 마음대로 하세요. 전 간섭을 안 할테니까요.

영일: 역시 여자다운 데가 있군. 내 말대로 해요. 응? 그럼 멋있는 선물을 줄게.

정임: (웃음)

영일: 그만 가지. 퇴근 후에 다시 만나기로 하고.

함께 일어나 호텔을 나서는 남녀

08:40   자막 "끝. /제공: 문화공보부 보건사회부/제작: 국립영화제작소"

내레이션

02:25   혼례식은 인간 대사(大事)의 하납니다. 그러기에 정중하고 엄숙하면서도 명랑
하게 치러야 함은 물론입니다. 그러나 우리들의 결혼식은 어떠했습니까? 850년
전의 예법인 육례(六禮)를 갖춰야 한답시고 육례가 무엇인지도 모르면서 그 예
를 갖추기에 허둥지둥했고 또 많은 낭비를 일삼아왔습니다. 자녀 혼사에 대들
보 부러졌다는 말은 우리가 흔히 들어온 말이 아닙니까? 그뿐만 아닙니다. 우
후죽순처럼 많은 예식장이 생겨나서 신식 결혼식을 한답시고 남의 이목과 체면
만을 생각한 나머지 허례허식에 얽매여왔던 것입니다. 그러한 낡은 인습이 우
리 후손에게까지 아무 비판 없이 물려진다면은 오늘을 사는 우리들에게 무슨
발전이 있겠습니까?

03:29   그러나 지금 새로운 가정의례준칙에 따른 혼례식을 생활화하기 위해서 예식장
도 적극적으로 협조하고 있습니다.

03:45   의례란 그 정신이 중요한 것이지 결코 형식적인 절차나 겉치레가 중요한 것은
아닙니다. 지금 우리는 모든 국민이 한 덩어리가 되어 조국근대화 작업에 총력
을 기울이고 있습니다. 이를 위해서 우리는 먼저 생활의 근대화를 우리 스스로
가 과감하게 실천에 옮겨야 할 때가 온 것입니다.

04:27   물론 하루아침에 실천되기는 어려울지 모르지만은 한시라도 빨리 이러한 준칙
을 우리 손에 익혀야 하지 않겠습니까?

04:55   네. 준칙에 따른 결혼식이 바로 그런 것입니다. 혼례란 약혼에서 혼인을 거쳐

신행까지의 모든 의식절차를 말하는 것입니다. 당사자간의 합의로 혼인날이 결정되면은 혼례식에는 친척과 가까운 친지에 한해서 초청하고 청첩장은 내지 말 것이며 미리 구두로 전하는 것이 좋습니다. 그리고 혼례식 장소는 반드시 신부 집으로만 할 것이 아니라 형편대로 신랑집에서도 할 수 있는 것입니다. 때로는 공회당 등을 이용하는 것도 좋습니다. 이를 위해서 관공서는 회관, 공회당 등을 혼례식 장소로 제공하도록 돼 있습니다. 주례는 혼인 당사자가 잘 알고 존경하는 가까운 어른으로 합니다. 신랑, 신부의 혼례복장은 단정하고 정결한 옷차림으로 하며 신랑이 한복을 입을 경우에는 두루마기를 입을 것입니다. 꽃을 다는 경우에는 신상, 신부, 주례와 양가의 부모 또는 그 대리자에 한해서, 하객은 화환 등을 보내지 않습니다.

06:26 혼인서약이 끝나면은 신랑, 신부는 미리 준비한 혼인신고서에 서명 날인하고 혼인신고는 당일 하도록 합니다. 다음, 예물 증정이 있습니다.

06:53 예물은 무턱대고 값이 비싼 고급품만이 좋은 것이 아니라 혼인을 기념할만하고 오래도록 간직할 수 있는 실용적인 것으로 택해야 할 것입니다. 예물교환이 끝나면은 성혼선언문이 낭독됩니다.

07:39 이어서 주례사, 양가 대표 인사, 신랑 신부 인사 그리고 신랑 신부가 퇴장하면 식은 끝나는 것입니다. 신행은 혼인 당일로 하고 폐백과 예물은 간소하게 합니다. 이렇게 혼례식을 간소화하는 것이 가정의례준칙에 따른 혼례절차입니다.

한글

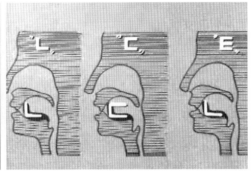

제 명	한글
출 처	한글
제 작 국 가	대한민국
제 작 년 도	1969년
상 영 시 간	10분 27초
제 공 언 어	한국어
제 작	국립영화제작소
제 공	문화공보부
형 식	실사
컬 러	흑백
사 운 드	유

영상요약

한글의 과학성, 우수성을 소개하는 내용. 국어학자 정인섭 박사가 직접 한글의 원리와 우수성을 설명한다. 또한, 정부가 한글 전용을 권장하고 있음을 알린다.

연구해제

이 영상은 한글의 우수성과 과학성을 홍보하기 위해 국립영화제작소가 제작한 문화영화로 한글학회 이사이자 한국음성학회 회장인 정인섭이 출연해 강의를 하는 형식으로 구성되었다. 〈한글〉은 국립영화제작소의 문화영화 중 대중을 설득하고 계몽하기 위한 한 방편으로 정부 정책에 관여한 학자들이 출연해 교육성과 전문성을 강조하는 영상들 중 한 편이다.

〈한글〉은 외형적으로는 우리 문화유산인 한글의 우수함을 알림으로써 국어에 대한 자긍심을 고취시키는 교육계몽 영상이라고 볼 수 있다. 하지만 제작 배경을 살펴보면 이러한 교육계몽의 목적뿐만 아니라 정부 정책에 대한 긍정적인 여론 형성에 목적이 있는 영상임을 알 수 있다. 영상이 제작된 1969년은 1970년 1월 1일부터 시행되는 한글전용 정책을 앞두고 이에 대한 찬반여론이 고조된 해였다. 한글전용이 반대여론에 부딪치게 된 이유는 정책의 조속 시행에 가장 큰 이유가 있었다. 정부는 박정희 대통령의 지시에 따라 1968년 한글전용5개년계획을 발표하고 단계적 준비기간을 거쳐 1972년부터 본격적으로 한글전용을 실시하기로 했다. 그러나 1968년 10월 다시 한 번 대통령의 지시가 내려짐에 따라 단계적 한글전용5개년 기간은 대폭 축소되어 1970년부터 한글전용이 시행되는 것으로 결정되었다. 이에 정부는 즉각적으로 한글전용연구위원회를 설치하고 법원을 비롯한 관공서 공용문서, 교과서, 농업용어, 등기부·호적부 등의 한글화와 한글타자기 자판 및 규격 통일안 등을 추진했다.

한글전용화를 두고 불거진 찬반 논쟁은 1948년 정부 수립 후부터 1968년 한글전용5개년계획안이 발표되기까지 20여 년에 걸쳐 지속적으로 존재해 온 것이었다. 그런데 1968년 학계를 비롯한 문화계·언론계 등에서 반대여론이 확산된 이유는 문화정책이 장기적인 연구와 검토를 거치지 않고 즉흥적인 입안에 의해서 강행된다는 데 있었다. 1969년 1월, 학계와 언론계를 중심으로 한글전용반대성명이 발표되는 상황에서 정부는 반대여론에 압력을 가하는 한편 군과 검찰, 농촌진흥청 등을 중심으로 한글전용을 강행하기 시작했다. 이러한 상황에 비춰봤을 때 이 영상은 1968년 제정된 국민교육헌장, 1969년 선포된 가족의례준칙 등의 정부정책과도 관련된 한글전용 선전의 중요성을 염두에 두고 제작한 것이라고 볼 수 있다. "그 누가 시킨다거나 하라고 해서가 아니라 우리들 스스로가 우리글을 쓰는 데에 앞장서서 후손들에게 조상들이 겪었던 사대주의 사상의 비극이 없도록 민족의 주체성을 길러주어 우리 민족중흥의 역사적 과업을 달성하도록 힘써야 된다"는 내레이션은 이러한 제작 목표를 잘 드러내고 있다.

참고로 이 영상과 연장선상에 있는 선전활동으로 1969년 6월 서울시 사회정화실천위원회가 한글학회와 함께 실시한 '고운 말 밝은 웃음 보내기 운동'을 살펴볼 수 있다. 본 영상에도 출연한 한글학회 이사 정인섭은 "경제성장의 고도화에 비례하는 정신적 타락을 막기 위해 고운말이 절대 필요하며 말을 서로 곱게 함으로써 마음의 독소가 제거되고 겸과 손 예의를 알게 된다"고 말하며 이 운동의 필요성을 역설한다.

▌ 참고문헌

「한글전용 조속실시」, 『매일경제』, 1968년 10월 26일.
「육군 3월부터 한글전용」, 『동아일보』, 1969년 1월 6일.
「소송서류도 한글 검찰도 한글전용」, 『경향신문』, 1969년 1월 7일.
「문화엔 반정부 없다」, 『동아일보』, 1969년 2월 4일.
「어문교육시정 촉구성명에 비친 강경한 반발 펼쳐진 한글전용 반대론」, 『동아일보』,
        1969년 2월 1일.
「고운 말 쓰기로 사회 정화」, 『경향신문』, 1969년 6월 2일.
「고운 말 밝은 웃음 보내기」, 『동아일보』, 1969년 6월 4일.
「한글전용 본격적으로」, 『경향신문』, 1970년 1월 1일.

▌ 화면묘사

00:00   타이틀 "한글"
00:17   서점에서 책을 읽는 남성의 모습. "한국위인전", "이순신" 등의 제목의 책들

00:31   책장에 진열되어 있는 책들

00:36   영어로 쓰인 책

00:41   한자로 쓰인 책

00:46   일본어로 쓰인 책

00:49   한글로 쓰인 책

00:57   국어사전

01:00   책상에 앉아 카메라를 향해 말하는 정인섭 박사

정인섭: 여러분, 한글이 우수하다는 것을 설명하자면 먼저 세상의 글이 언제부
        터 생겼으며 또 다른 나라 글은 어떠한가를 앎으로써 더 잘 이해할 수
        있을 것입니다. 사람이 맨 처음에 생각해 낸 것은 그림이었습니다. 희
        랍의 역사가 헤로도토스란 사람이 적은 이야긴데요, 지금부터 2,500년
        전 다리우스란 임금이 군사를 거느리고 스키타이란 나라를 쳐들어간
        일이 있었습니다. 그때, 스키타이 나라에 임금으로부터 편지가 왔는데,

01:42   자막 "그림편지" 화면에 조류, 쥐, 개구리, 활 등을 표현한 기호들

정인섭: 그때는 글이라는 것이 없었기 때문에 이러한 그림이 그려져 있었던 것
        입니다. 이 편지를 받은 페르시아 왕은 해석하기를, 새는 하늘에 나는
        것이고 쥐는 기는 것이고 개구리는 물 속에 뛰는 것이니 페르시아 군
        대의 화살에 쫓기어 스키타이 군대가 도망치리라, 즉 스키타이가 항복
        하겠다는 뜻으로 알고 안심하고 있었습니다. 그런데 그날 밤 갑자기
        항복하리라고 믿었던 스키타이 군대가 쳐들어와서 페르시아 군대는 도
        망치고 말았습니다.

(정인섭 박사 바스트 쇼트)

정인섭: 나중에 알고 보니 그 그림 편지는 그 뜻이 정 반대였다는 것입니다. 이
        그림 편지가 말하듯이 사람들은 차츰 그림으로써 글자를 만들었는데요.

02:35   자막 "상형문자" 화면에 뜨는 해, 사람 등을 표현한 고대 그리스 문자 등

정인섭: 고대 저 애굽이라는 나라에서는 이 그림을 가지고 글자로 대용했습니

다. 이것을 가지고 우리는 상형문자라고 하지요.

02:50 자막 "크레오파트라" 클레오파트라를 나타내는 고대 이집트어

정인섭: 예를 들어서 말씀드리자면 사자도 있고 새도 있고 별별 그림이 있지
않습니까? 그런데 이것이 뭐냐면, 유명한 애굽의 여왕, 크레오파트라라
는 이름을 이렇게 그 사람들은 그렸습니다. 오늘날 생각해보면요, 이
렇게 불편한 글자가 또 어디 있겠습니까?

03:06 한문, 한자로 쓰인 책, 신문 등

정인섭: 그 다음에 우리가 생각해 볼 것은 중국의 한문 글자올시다. 이 한문 글
자는 처음에 물건 모양을 갖다가 본 뜬 것이에요.

03:18 자막 "한자". 한자 중 날 일(日)자, 달 월(月)자, 고기 어(漁)자 등의 예가 닮은
꼴 그림에서 글자로 변해가는 단계를 보여주는 그림

정인섭: 예를 들어 말하면 날 일자라는 글자가 있지 않습니까? 그것은 원래 둥
근 공 가운데 점 하나 해가지고 해님을 표시했는데 나중에 이것이 변
해가지고 네모난 날 일 자가 됐고요. 달 월 자 같은 것도 반달 비슷하
게 만든 것을 오늘날 달 월 자 같이 모습을 **것이 되어 있고 고기 어
자 같은 것도 원래 여러분 그림 마찬가지로, 고기와 비슷하게 처음 그
려봤던 것입니다. 이것을 뜻글자, 즉 표의문자라고 하는 것입니다. 이
렇게 해서 만들어진 것이 한문글자인데요. 그 수만 자를 익힌다는 것
은 참으로 몇 년을 공부해도 곤란한 일이 되는 겁니다.

04:04 알파벳이 화면에 한 글자씩 써짐. 여러 가지 글자체로 써진 알파벳들

정인섭: 다음에 서양사람들이 많이 쓰는 로마자 글자도 원래는 물건의 그림을
이용해서 글자 모양을 만들었으나 그 글자가 그림의 뜻이 아니고, 뜻
과는 전연 관계가 없는 음을 나타내는 소리 글자, 즉 표음 문자를 만들
었습니다.

(정인섭 박사 바스트 쇼트)

정인섭: 그런데 사람이 발음할 수 있는 발성기관의 소리는 그렇게 많지 않은 것입니다. 그러니 소리를 여러 가지로 배합하면 얼마든지 낱말을 만들 수 있기 때문에 글자는 그 소리를 적는 소리 글자가 우수하다고 생각되는 것입니다.

(영어로 된 잡지 넘기는 모습)

이런 점에서 로마자 글자는 특히 우수하고, 그 글자를 써 온 서양문명이 크게 발전해 온 이유가 여기에 있는 것입니다.

05:00 (정인섭 박사 바스트 쇼트)

정인섭: 그런데 우리의 한글은 서양의 이 로마자 글자보담도 더 훌륭한 글자입니다. 우리들은 1443년 세종대왕님께서 한글을 만드시기 전에는,

(한문을 붓으로 쓰는 선비의 모습. 정자에 앉아 한문 글을 읽고 대화를 나누는 선비들의 모습. 서당에서 공부하는 훈장과 학생들)

정인섭: 중국의 한문글자를 빌려다가 사용을 했는데요, 한문글자는 음도 우리 말과 다를 뿐 아니라 중국 말은 글자 하나가 독립된 뜻을 갖고 있으나 그 낱말과 낱말을 연결하는 토와 음이라는 것이 전혀 없어서, 중국의 한문 글자로서는 도저히 우리 말을 나타낼 수가 없었습니다. 그래서 한동안 한문글자를 가지고 뜻이나 음을 우리 말에다가 억지로 꾸며 썼는데, 이를 이두나 혹은 우결이라고 했습니다.

05:49 훈민정음 설명한 책

정인섭: 우리 민족이 말은 있으나 글이 없어 크게 불편을 겪고 있음을 불쌍히 여겨서

06:00 한글이 새겨진 옛 동전의 모습. 세종대왕의 동상

정인섭: 세종 대왕께서는 여러 해 동안 연구를 하신 끝에 훈민 정음 스물 여덟 자를 발표하셨습니다. 그 서문에 이렇게 말씀하셨습니다. 우리나라 말이 중국과 달라서 그 글자로서는 서로 통하지 않기 때문에 백성들이 하고 싶은 말이 있어도 끝내 그 뜻을 펴내지 못하는 사람이 많다. 나는

이것을 불쌍히 여겨서 새로 스물 여덟 자를 만들어서 모든 사람이 매일 쉽게 편하게 쓰도록 할 따름이다, 이렇게 말씀하셨습니다.

06:45 (정인섭 박사 바스트 쇼트)

정인섭: 이 얼마나 훌륭한 말씀입니까? 더욱이 세종대왕께서 만드신 우리 한글은 신묘하도록 과학적이요, 또 철학적이라는 것입니다.

06:52 대화를 나누는 두 사람

정인섭: 첫째, 우리 한글의 모든 닿소리는 발성기관의 모양을 본뜨고 있어, 글자만 보면 저절로 발음이 나오게 아주 과학적으로 되어 있습니다.

06:59 사람의 발성기관을 묘사한 그림. 그 모양에 맞추어 설계된 자음(닿소리)들을 보여줌. ㄴ, ㄷ, ㅌ, ㅁ, ㅂ, ㅍ, ㄱ, ㅋ, ㅅ, ㅈ, ㅊ, ㅇ, ㅎ, ㄹ 등

정인섭: 니은, 디근, 티을의 세 글자는 니은 자를 바탕으로 혀끝소리가 삼계단으로 체계를 이룬 것이며, 미음, 비읍, 피읍은 미음을 토대로 한 두 입술 소리가 과학적으로 구성된 소리올시다. 기역과 키읔은 혓바닥의 뒤가 올라가서 입천장에 접촉한 모양의 소리요, 시옷, 지읒, 치읓은 모든 아랫니를 토대로 한 마찰소리가 되어 있는 것입니다. 동그래미 이응은 목구멍이 둥근 것을 의미하고, 거기에다 획으로 꽉 하나 막으면 으라고 발음했지마는 지금은 사용되지 않습니다. 또 여기에다 유기음을 보태서 바람소리처럼 나오면 히읗이 나오는 것입니다. 마지막으로 리을 소리를 보면, 리을 소리를 내는 그 혓바닥 모양이 꼭 그대로 되어 있는 것이올시다.

(정인섭 박사 바스트 쇼트)

정인섭: 이렇듯이 소리 글자가 소리를 내는 발성기관의 모습으로 돼 있다 하는 점이 우리 한글이 천하에 제일 가는 글자라는 것을 이유를 드는 것입니다.

08:26 하늘, 땅, 사람을 의미하는 기본 요소들로 구성된 모음(홀소리)들을 보여줌. ㅏ, ㅑ, ㅓ, ㅕ, ㅗ, ㅛ, ㅜ, ㅠ, ㅡ, ㅣ, ㅐ, ㅒ, ㅔ, ㅖ, ㅘ, ㅙ, ㅞ, ㅟ, ㅢ

정인섭: 홀소리는 둥근 하늘을 표시하는 아자와 지평을 표시하는 으자와 사람의 특징으로 서고 있는 모양의 이자. 이 세가지 글자가 여러 가지로 배합된 것입니다. 소리의 원동력인 홀소리를 하늘과 땅과 사람의 모양으로 배합한다는 것은 철학적이요 또한 과학적인 것입니다.

08:55   홀소리와 닿소리가 만나 음절이 되는 모습. 새봄, 하늘, 달, 참새 등의 글자

정인섭: 이 홀소리가 닿소리와 어울려서 하나의 음절이 되어 수만 가지의 말소리를 적을 수 있는 글이므로 우리 한글은 세계에서 제일 가는 글이라는 것입니다.

09:10   타자기로 한글타자를 치는 모습
09:20   상점의 각종 간판들
09:27   광화문의 현판. 광화문의 전경
09:36   문화공보부에서 보내는 공문을 타자로 치는 여성의 모습
09:48   타자기의 활판을 만드는 기계
10:01   책을 읽는 아동의 모습
10:!4   초등학교 수업 장면
10:20   자막 "끝/ 제공 문화공보부/ 제작 국립영화제작소"

내레이션

00:21   글자는 과거의 문화를 오늘에 이어주고 그것을 발전시켜 후세에 전해주며 모든 학문과 문명을 발전시켜온 소리 없는 말인 것입니다.

00:40   오늘날 우리 지구상에는 234종의 말이 있지만은 글을 가진 민족은 겨우 50여 민족에 불과합니다. 그 가운데서도 우리의 한글은 가장 아름답고 훌륭한 글인 것입니다. 어째서 우리 한글이 제일인가 하는 이유를 문학박사 정인섭 씨로부터 들어보시겠습니다.

09:11   그렇습니다. 우리 한글은 세계에서 으뜸가는 글입니다. 이제 우리는 남의 것보다 뛰어나게 우수한 우리의 글을 되찾고 또 그것으로써 우리 문화를 발전시킬 때가 왔습니다. 그 누가 시킨다거나 하라고 해서가 아니라 우리들 스스로가 우

리글을 쓰는 데에 앞장서야 되겠습니다.

09:38 정부는 우리 민족의 긍지가 담긴 한글을 모든 부문에 쓸 것을 권장하고 있으며 더욱이 한글의 기계화와 인쇄의 속도화를 가져다 줄 라이너 타이프도 연구개발 해서 머지않아서 그 실현을 보기에 이르렀습니다.

09:58 자라나는 우리의 후손들에게 우리는 우리의 글을 물려줘야겠습니다. 그리하여 다시는 이들에게 우리네 조상들이 겪었던 사대주의 사상의 비극이 없도록 민족 의 주체성을 길러주어 우리 민족 중흥의 역사적 과업을 달성하도록 힘써야 되 겠습니다.

행주치마

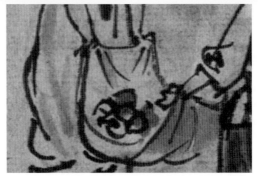

제 명	행주치마
출 처	행주치마
제 작 국 가	대한민국
제 작 년 도	1969년
상 영 시 간	09분 34초

제공언어	한국어
제작	국립영화제작소
제공	문화공보부
형식	실사
컬러	흑백
사운드	유

▌영상요약

이 영상은 행주대첩 당시 권율 장군과 여성들의 활약을 묘사한다. 왜군과 맞설 당시 돌을 담아 날랐던 여성들의 행주치마를 통해 한국 여성의 강인함과 애국심을 강조하고 있다.

▌연구해제

이 영화의 주요한 공간적 배경이 되는 행주산성은 영화가 제작된 1969년 10월에 준공식에 들어가 1970년 11월 10일에 보수 · 정화 공사를 완료했다. 이 보수 · 정화 사업의 주된 내용은 영화에도 등장하는 대첩비각과 충장사의 건립 및 토성과 주요 유적인 진양정, 덕양정의 보수에 있었다. 당시 행주산성의 보수 · 정화 사업을 다룬『동아일보』기사를 통해서도 알 수 있는 것처럼 이 보수 공사는 "단순히 하나의 사적지를 보수하는 의의보다는 주민까지 나서서 군민의 합력으로 스스로 국토를 방위한 선열의 자주국방정신을 선양"한다는 의미가 더 컸다.

〈행주치마〉에는 박정희 정권이 과거를 바라보는 양가적 시선이 드러난다. 근대와 대비되는 전근대적 전통은 정권의 부패와 부정 그리고 무능으로 표현되며 제거되어야 할 악으로 상정되었다. 그러나 이와 동시에 근대사회가 요구하는 새로운 정신의 확립 근거역시 과거에서 찾을 수 있는데, 이는 바로 영웅적인 리더십과 민족이라는 공동체정신이었다. 따라서 이 영화의 배경이 되는 행주대첩이라는 역사적 사건 내에서도 권율 장군과 그를 도와 왜병을 막아낸 단결된 민족의 힘은 칭송 받아야 할 대상이지만, 백성을 버리고 도망간 조선사회의 유신들과 그들의 부패함은 비판의 대상으로 그려진다.

전통의 발굴 역시 이와 같은 시각에서 선별적으로 이루어졌다. 그런데 행주대첩이 갖는 특별한 의미는 이 영화의 제목인 '행주치마'를 통해 더 뚜렷하게 드러난다. 영화는 단결된 민족 안에서도 특히 여성의 역할을 강조하고 있다. 왜병을 막기 위해 행주치마에 돌을 지고 토성을 쌓은 여성들의 모습은 영화 속에서 국가의 위기 상황에서 남성들과 함께 싸우는 국민의 일원으로 그려진다. 이 영화에서 강조되는 싸우는 여성들은 이 시기 국가발전의 주체로서 호명된 근대화 된 여성의 전형적인 모습이었다.

〈행주치마〉는 1960년대 말 정치사회적인 측면에서 이루어진, 선별적인 전통의 재창안, 국가발전의 주체로서 근대적인 민족상, 특히 그중에서도 가정과 사회 양쪽 모두에서 국가 재생산을 위해 기여하는 바람직한 여성상을 보여주고 있는 영화라 할 수 있다.

▌ 참고문헌

「준공된 행주산성 보수정화, 권율 장군 전설 담아 옛 성터에 비각과 토성」, 『동아일보』, 1970년 11월 10일.
「박 대통령 참석, 1억 들여 1년만에 행주산성 보수 준공」, 『동아일보』, 1970년 11월 10일.
김수진, 「전통의 창안과 여성의 국민화 : 신사임당을 중심으로」, 『사회와 역사』 80, 2008.
최연식, 「박정희의 '민족' 창조와 동원된 국민통합」, 『한국정치외교사논총』 28-2, 2007.

▌ 화면묘사

00:00 타이틀 "행주치마"
00:12 경기도 고양군 덕양산 행주산성 앞 기념비석
00:22 행주산성 "대첩비"의 모습
00:24 행주산성 한강 아래에서 빨래를 하는 여성들의 모습
01:04 행주산성의 성벽 및 지세
01:23 행주대첩의 상황을 묘사한 그림. 여성들이 앞치마에 돌을 담아 옮기는 모습
02:27 행주대첩 당시 성축을 나타낸 그림
03:08 한강으로 다가오는 왜군의 병선과 왜병들을 나타낸 그림

03:13   행주산성에서 조선군과 민중이 전투태세를 갖추고 왜군의 접근을 기다리는 모습

03:31   뭍에 닿는 왜군의 전투선의 모습. 성 안에서 밖을 내다보는 카메라의 시선

03:34   조선군의 궁병이 활시위를 겨누는 모습

03:36   권율 장군의 지시로 성축에 묶인 끈을 끊는 모습. 말을 탄 채로 진격을 명령하는 권율장군의 모습

03:44   성벽 아래로 떨어지는 바위에 맞아 대열이 흐트러지는 왜병들의 모습. (전투 후 까마귀의 소리)

04:56   현재 행주산성 아래의 마을

05:14   한옥 집에서 아침식사 준비를 위해서 마루를 나서 부엌으로 가는 여성의 모습. 한복차림의 여성은 앞치마를 두름

05:27   입식으로 된 부엌에 들어선 여성은 주전자에 물을 담음

05:42   앞치마를 두르고 길을 비로 쓰는 여성들

05:55   비닐하우스에서 수확한 과일을 앞치마에 담는 여성의 모습

06:22   상점에서 카트를 끌고 쇼핑을 하는 앞치마 두른 여성. 앞치마를 두른 판매상의 여성

06:48   행주산성 앞 행주대첩비. 박정희가 쓴 글씨 "幸州大捷碑" 그 아래 권율 장군을 표현한 부조

06:58   훈련 중인 탱크들

07:07   군시설을 시찰하는 박정희 대통령. 훈련에 임하는 군인들의 모습

07:30   광주리를 이고 산에 오르는 여성들

07:51   여성들이 가져다 준 음식을 먹는 예비군들

08:15   한강의 전경

09:10   대첩비와 행주산성대첩비의 모습

09:28   자막 "끝", "제공 문화공보부", "제작 국립영화제작소"

▌내레이션

00:14   여기는 경기도 고양군 덕양산. 행주산성이 자리 잡고 있는 곳이다. 그 옛날 임진왜란 당시 왜적에게 이긴 전쟁은 이순신 장군이 이끈 해전에서의 한산대첩과

육군에서 권율 장군이 세운 이곳 행주대첩 밖에 없었다. 행주산성 밑으로는 한강이 흐르고 지금은 빨래하는 여인들의 빨래 방망이 소리만 산성주변의 고요함을 깨트려준다. 그리고 또 한가지 행주대첩에서 잊지 못할 사실은 이 전쟁을 승리로 이끌어 준 것이 바로 이곳 빨래하는 여인들의 앞치마에도 있었다는 것이다.

01:08 때는 지금으로부터 400여 년 전 선조 26년. 아름다운 이 강산을 굴욕의 피로 물들였던 임진왜란의 전란 속에서 이곳 행주산성은 우리 육군의 최후의 보루였다.

01:28 그 당시 나라에는 적을 물리칠 국방력은 하나도 없었고 왕과 대신들은 당파싸움 끝에 피난간 지 이미 오래였다. 지도자 없는 기막힌 나라형편이었다. 그래서 여기 행주산성은 서울을 지키던 권율 장군만이 10,000여 명의 군사를 이끌고 성축을 쌓고 있었다. 이때 인근 마을 사람들은 자원해서 성축을 같이 쌓았는데 특히 부녀자는 베나 부대 같은 것으로 앞치마를 만들어 입고 돌을 담아 날랐다. 손에서 피가 나고 앞치마가 걸레가 되도록 돌을 날랐다. 먹지 못해 여윈 몸매에 등에 업은 어린 애는 칭얼대기만 한다. 누가 시켜서 한 일이 아니다. 평생 정숙하게 남편 섬기기만 낙으로 삼던 가냘픈 여인. 이들은 죽음을 각오하고 내 땅을 지키자고 맥이 빠지는 몸에 채찍질을 하는 것이었다. 성축의 모양은 성 안에 말뚝을 박고 칡넝쿨로 성의 맨 밑의 꼴과 서로 잡아 매어 칡넝쿨만 끊으면 성이 무너지도록 만들었다. 이렇게 해서 한 달 만에 연약한 여인들의 손으로 산성을 둘러싸는 성축을 완성시켰다. 한편 서울근교 벽제관에서 명나라 군대까지 쳐부순 왜군은 성조 26년 2월 12일 총 병력 50,000명을 이끌고 덕양산 건너편 양촌 개화산과 동쪽 벽제관 쪽에 진을 쳤다.

03:07 마침내 왜병은 열여덟 척의 병선으로 한강을 오락가락하며 2만 명의 군대를 산성으로 집결시켰다. 한편 권율 장군은 성의 첫 줄에 활을 쏘는 궁노수(弓弩手), 둘째 줄엔 돌을 던지는 투석수, 셋째 줄은 칡넝쿨을 끊는 부창수로 진용을 펴고 왜병이 성으로 기어오르기를 기다렸다.

03:34 시간이 됐다. 권 장군의 우렁찬 소리가 났다. "동북군 착심, 서남군 사격!"

03:49 부창수들이 신이 나서 일제히 도끼로 칡을 자르자 육중한 성축은 흔들리고 천지를 진동하는 소리와 함께 칡 더미 같은 바위가 무섭게 왜병의 머리 위로 굴

러 떨어진다.

04:10　조총의 힘을 믿고 덤비던 50,000의 왜병은 가냘픈 여인들이 나른 돌 더미에 한 번 쏴보지도 못하고 죽어 넘어졌다.

04:25　전쟁은 끝났다. 넓은 들판은 온통 왜병의 신음소리와 시체를 찾는 까마귀의 소리만 을씨년스럽게 들려온다.

04:40　이때 왜군은 자기 편의 시체를 네 곳에 쌓고 불에 태웠는데 그 타는 냄새가 사방 10리에 미쳤다고 한다.

04:56　행주대첩이 있은 지 400여 년. 그때의 인물은 간 곳이 없고, 저기에 홀로 남겨진 돌 더미 만이 한국여인의 장한 모습을 기억하고 있으리라.

05:16　행주치마는 이제 한국 여인의 일하는 모습을 상징하는 옷이 됐다. 한국여인은 결혼하고 사흘 동안 신방을 치른다. 그리고 시집간 지 사흘 만에 행주치마를 처음 두르고 부엌에 나가야 한다. 시집살이가 시작되는 것이다. 신방 치른 여인의 허리에 행주치마로 아리따운 손을 보이며 어머니가 되야 하는 새 살림을 시작하게 되는 것이다.

05:45　도시나 농촌이나 행주치마를 입은 여인상은 일과 떨어질 수 없다.

05:56　우리의 농촌에선 흔히 결실의 기쁨을 앞치마에서부터 느낀다. 오랫동안 일한 결실을 하나하나 앞치마에 담아갈 때 이들은 뿌듯이 안겨오는 앞자락의 무게가 무거워질수록 늘어난 살림을 맛보게 되는 것이다.

06:22　젊은 여인이 앞치마를 두르고 장보러 나가는 것은 흉이 안 된다. 그리고 시장의 또순이들도 앞치마는 빼놓지 못할 재산의 하나이며 유일한 금고의 역할도 한다. 한 푼이라도 더 깎고 더 받으려는 여인들에게서 우리는 또한 알뜰한 주부의 마음과 강한 여인의 생활의욕을 읽을 수도 있다.

06:47　행주대첩은 나라의 지도체계가 없이 다만 한 장수와 한 지방민의 피만 흘렸던 비극의 역사였다.

07:00　그러나 지금 우리는 그때와는 다르다. 우리 역사상 그 어느 때보다도 강력한 지도력과 국민의 단결로 그 누구도 넘보지 못할 국력을 키우고 있다.

07:24　저주할 원수 공산도배들의 침입에 우리는 침착하고 굳세게 국민의 단합된 힘을 과시하지 않았는가? 아니 나라를 구하고자 돌을 나르던 우리 할머니들의 마음이 면면이 끊기지 않고 오늘에 이른 증거로 우리 어머니, 누나들까지 떡과 밥

을 앞장서서 날라주었다.

07:52 내 몸을 감싸는 앞치마 모양. 나라와 민족을 내 맘 같이 위하고 감싸며 또 지아비와 자식을 위해서는 선뜻 내 몸을 희생한다. 이것이 바로 우리의 어머니들의 마음이다.

08:18 우리의 할머니들은 강했다. 그리고 우리를 스스로 지킨다는 긍지가 지금껏 우리 여인들의 피에도 흐르고 있다. 그러나 나라는 외적의 발굽에 밟히고 조각배 같은 산성을 지키고자 눈물을 뿌리며 돌 나르던 예전과 남편과 자식의 사기를 좀 더 높이고자 밥과 떡을 나른 지금의 여인과는 다르다. 그 옛날 왕과 당파싸움에 눈이 먼 대신들을 원망하며 무거운 발걸음을 옮겼던 우리 할머니들. 그러나 지금 우리의 어머니는 그 어느 때보다 강한 나라의 지도력과 국력을 자부하며 여유 있는 발걸음을 옮긴다. 보람에 부풀어 오늘에 사는 기쁨을 느낀다.

09:08 여기 장하고 애처로운 얘기를 간직한 행주산성. 오늘도 산성 밑에 한강은 유유히 흐르고 한국 여인의 얼도 흐르고 있다. 그리고 이곳을 행주산성은 끊임없이 지켜보고 있을 것이다.

붉은 만행을 규탄하자

원 제 명	붉은 만행
부 제 명	울진·삼척 무장공비침투
출 처	붉은 만행을 규탄하자
제 작 국 가	대한민국
제 작 연 월 일	1970년
상 영 시 간	03분 14초
제 공 언 어	한국어
제 작	국립영화제작소
형 식	실사
컬 러	흑백
사 운 드	유

영상요약

이 영상은 울진·삼척 무장공비침투 사건을 다룬 〈붉은 만행〉의 도입부로, 그간 발전한 서울과 농촌을 소개하고 제1차 경제개발5개년계획으로 세워진 공업단지 등을 소개한다.

연구해제

본 영상은 1970년 국립영화제작소에서 제작된 것으로 1968년 1월 김신조를 비롯한 북한 특수부대의 청와대 침습시도 사건과 동년 10월의 울진, 삼척지구 침투사건을 집중 조명하며 북한의 공격적 대남정책에 대한 경계의 필요성을 환기한다. 아울러서 제1차 경제개발5개년계획을 통해 사회 각 분야에서 발전 도상에 있는 남한과 사회경제적 파탄 상황에서도 전쟁도발에 열을 올리는 북한의 모습이 대비된다. 〈붉은 만행을 규탄하자〉는 제목의 본 영상은 애초에 약 20분가량의 한 개 영상으로 제작된 것으로 보이나 현재 KTV 영상역사관에서는 3분 14초 분량의 영상과 16분 50초 분량의 영상으로 분리하여 서비스를 제공하고 있다.

1968년 푸에블로호 사건을 비롯한 일련의 안보위기 상황은 1960년대 중반부터 서서히 시작되고 있었다. 북한은 1966년 가을부터 대대적인 대남 무력공세를 펼쳤다. 1967년 북한의 대남 침투와 무장활동 사건 수는 전 해에 비해 10배 넘게 증가했다. 이와 같이 1960년대 후반 북한이 대대적인 대남 무력행동에 나선 목적은 베트남 전쟁 지원과 남한 혁명을 통한 통일, 두 가지 측면을 고려할 수 있다. 먼저 전자의 측면에서, 김일성은 1966년 10월 조선노동당 대표자회의 연설에서 사회주의 국가들이 적극적으로 베트남에 지원군을 파견해야 한다고 주장했다. 당시 북한은 남한의 베트남 파병에 대해 무언가 조치를 취해야 하는 압박을 느끼고 있었다. 이에 북한은 베트남에 직접 파병은 하지 않았지만, 대남 무력행동을 강화함으로써 남한과 미국의 힘을 분산시켜 베트남 전쟁을 간접 지원하는 효과를 도모했다.

이와 함께 북한의 대남 무력공세 강화는 북한 내부의 정치적 갈등과도 관련이 있었다. 1967년 이른바 '갑산파' 박금철이 숙청되면서 그의 측근이었던 대남총국 국장 이효순이 물러나고, 군 출신인 허봉학이 새로운 국장으로 등장했다. 그 후 북한의 대남 정책은 민족보위상 김창봉, 허봉학, 인민군 특수정찰국장 김정태 등 군부 출신 인사들이 주도했다. 그리고 이들 군부 강경파 세력들이 이른바 "남조선 해방과 통일전략 계획"을 수립하여 모험주의적 대남 군사행동을 추진했던 것이다. 또한 1960년대 후반 군사적 위기는 북한의 공세에 맞선 남한의 무력 대응으로 상승된 측면이 있었다. 이 무렵 국군도 북한의 공세에 맞서 특수부대를 보내 북한군의 시설을 공격하는 등의 활동을 벌였다. 이를테면, 1967년 9월 3일경 국군 특수부대가 군사분계선을 넘어 인민군의 시설을 공격했으며, 이로 말미암아 인민군에 심각한 타격을 입혔고 국군 1명도 사망할 정도였다.

1960년대 후반 북한의 공세적 대남 무력도발의 증가는 남한사회 내적으로 위기감을 증폭시키기에 충분한 것이었다. 베트남전쟁 파병 역시 안보와 관련한 중요 이슈였음에도 불구하고 분단국가에 살고 있는 국민들에게 피부로 전달되는 위기감은 북한과의 갈등이었다. 이러한 안보위기의 상황에 대응하여 박정희 정부는 1·21사태 직후인 1968년 4월 1일 향토예비군을 창설하여 일차적인 국방전력 강화를 도모했다. 또한 존슨 대통령이 늦어도 1968년 3월까지의 파병을 요청하면서 박정희 정부는 미국 정부로부터 북한의 침투작전을 막을 수 있는 장비들을 포함한 군사원조를 약속받았다. 궁극적으로 1960년대 후반에 일어난 다양한 상황들은 1972년 유신 체제의 성립에 중요한 배경이 되었다.

▌ 참고문헌

박태균, 「1960년대 중반 안보 위기와 제2경제론」, 『역사비평』 72, 2005.
홍석률, 「1968년 푸에블로 사건과 남한, 북한, 미국의 삼각관계」, 『한국사연구』 113, 2001.

▌ 화면묘사

00:00 국립영화제작소 마크
00:01 제목 자막 "붉은 만행 울진·삼척 무장공비 침투"
00:09 건물들이 들어서 있는 서울시 전경과 경복궁과 명동 등 시가지 모습
00:49 길을 걷는 수많은 사람들, 교복을 입고 등교하는 초등학생들
01:01 많은 물건들이 진열되어 있는 백화점과 상점
01:19 건설되고 있는 고층건물
01:35 경부고속도로 개설

01:48 낙후되었던 농촌 역시 개선되어, 유축농업, 차 등 특용작물 재배하고 기계를 사용해 농사를 짓는 모습

02:33 산업단지를 시찰하는 박정희의 모습, 건설되어 웅장한 공업단지의 모습, 요소 등 제품의 생산과정

내레이션

00:15 여기는 한국의 수도 서울. 요즘 발전도상의 국가 중에서 가장 세계의 관심과 각광을 많이 받고 있는 새 나라의 모습이 여기 있습니다. 한국이 어딜 가나 생동하는 의욕이 있고 귀를 울리는 건설의 망치소리가 있으며, 눈을 의심할 만큼 빠른 발전이 진행되고 있습니다. 반 세기에 걸친 이민족 수난의 역사가 할퀸 아픔은 이미 찾아볼 수 없이 말끔히 가시고, 세계 전사에 기록을 남겼던 6·25의 엄청난 상처도 이 평화 속에서는 쉽사리 발견할 수 없습니다. 한 때 외국의 수입상품으로 가득 찼던 백화점의 쇼윈도는 대견스럽게도 모두가 한국 상품으로 대치 됐으며 풍요한 자립경제 실현을 눈앞에 두고 있습니다. 불과 5년 전 반도호텔의 6,7층 정도로 고층건물이라던 한국은, 20여 층을 넘는 큰 빌딩들이 경쟁이나 하듯 하늘로 치솟고 있습니다. 수도 서울과 한국 최대의 항구도시 부산을 잇는 고속도로 공사는 한국민들의 끈질긴 개척의 혼을 대변합니다.

01:57 빈곤과 실의의 대명사처럼 불려오던 한국의 농촌은 어제의 낙후와 후진을 벗어난 지 오랩니다. 미곡을 주로 하는 생활양식은 종전과 같지만은 농가의 부업으로 여러 가지 유축농업이나 특용작물 재배 등의 성행에서 한정된 입지조건을 최대한 경제적이고 능률적으로 활용하고 있습니다.

02:38 미수한 가내공업 제품을 제외하고는 거의 모든 공산품을 수입에 의존하던 한국은 이미 제1차 경제개발5개년계획을 성공적으로 마치고, 현재 제2차 5개년계획의 중간단계에 들어와 있어 경공업품은 물론이거니와 갖가지 중공업제품이 국민의 손으로 생산되고 있습니다. 과거 반세기 역사의 어두운 시련을 딛고 번영과 자립을 위해 줄달음치는 것이 오늘의 한국인 것입니다

붉은 만행을 규탄하자 2

원 제 명	붉은 만행
부 제 명	울진·삼척 무장공비침투
출 처	붉은 만행을 규탄하자
제 작 국 가	대한민국
제 작 연 월 일	1970년
상 영 시 간	16분 50초
제 공 언 어	한국어
형 식	실사
컬 러	흑백
사 운 드	유

영상요약

북한의 남침 야욕과 청와대에 침입하려던 김신조 무장공비일행의 1·21사태를 비롯 그간 침투한 무장간첩을 포획한 성과를 소개하며 군경, 예비군의 수색작전과 이를 돕는 주민들을 보여준다. 체포된 김신조의 기자회견 장면 포함된다.

화면묘사

00:00 총을 쏘고, 훈련을 하는 등 전쟁 준비에 여념이 없는 북한 공산군의 모습, 흑백 자료 사진

00:34 유리창에 총 자국이 즐비한 군 차량, 선로를 이탈한 기차, 총을 맞은 양민의 시

체, 서귀포와 서귀포와 청와대로 무장간첩 투입한 북한 공산군의 간첩활동을 나열, 흑백 자료 사진

01:06 1·21사태의 무장간첩 김신조의 기자회견 모습과 포획된 나머지 간첩들의 시체 모습

01:17 자막 "무장공비침투", 그림 "북괴무장공비침투 경로" 삽입. 자막 "68.10.31"

01:32 동해의 울진과 삼척으로 침투, 민간인 피해. 살해당한 우체부 시체의 모습과 오열하는 부인과 아이들의 모습, 영정 사진과 장례식 모습

02:48 북한 간첩들에 의해 희생된 양민들의 시체, 흑백 자료 사진

03:11 간첩을 척출하고 전쟁을 대비하는 한국군의 작전 모습, 헬기에서 내려 야산을 달리는 군인들, 수거한 무장공비들의 무기들

04:09 골짜기마다 수색작전을 군인들과 예비군들

05:42 밥을 짓고 국을 끓여 여자들은 군인과 예비군의 뒷바라지함. 식사를 하는 예비군들과 군인들

06:25 한국전쟁 후 폐허가 된 서울, 재건과 새마을운동, 경제개발5개년계획 등으로 발전하는 한국의 모습 차례로 보여줌, 완공된 댐, 건설현장 준공식에 참석한 박정희 대통령, 기계조정실, 공업단지 등의 모습

07:41 건물이 높은 서울의 전경, 상점이 즐비한 서울 시가지의 모습. 스케이트를 타고, 거리를 누비는 활기차고 풍요로운 시민들의 모습

08:43 노동을 하고, 여성도 군사 훈련을 받는 등 경제적으로 빈곤한 북한 동포의 모습

09:59 신문기사 "서울에 北傀武裝間諜團"(서울에 북괴무장간첩단), "31 Red Agents Inter-cepted in Seoul"

10:06 서울시 전경, 한 밤 군인들의 모습.

10:24 무장공비들을 저지한 후의 흑백 자료 사진, 공비 저지 작전을 수행하는 군경의 회의 모습

10:47 이를 저지하고자 실시한 군용 트럭과 탱크, 수많은 군경 수색대의 작전 모습, 체포한 김신조와 사살한 간첩단 일행의 사진

11:38 체포된 김신조의 기자회견 모습, 수많은 국내외 기자들과 수거한 무기들. 한 명의 사회자가 질문을 하고 김신조 단상에서 대답. 기자회견 화면 위로 침입경

로가 오버랩 되어 소개됨

(체포된 간첩 김신조 기자회견 장면)

사　　회: 너 소속부대는 어디니?

김신조: 소속부대는, 소속부대는 일이사(124) 군부대입니다.

사　　회: 현재 직위는 뭐냐? 군대칭호.

김신조: 소입니다.

****

김신조: 기본 우리 삼십일 명 임무는 중요한 이런 간부들에게 총살할 임무 내
　　　　렸습니다.

사　　회: 그러면, 거이 거시기 실천하기 위해서 어떤 장비들을 가져왔나?

김신조: 장비는 이제 기관단총 서른한 정 하고,

사　　회: 어디 이 앞에 있나?

김신조: 예.

사　　회: 어느, 어느 이건가?

김신조: 예.

사　　회: 그리고?

김신조: 그 다음 권총 삼십일 정 하고.

사　　회: 권총하고, 권총들하고.

김신조: 네.

사　　회: 그 다음에?

김신조: 그 다음에 수류탄 ** ****, 저쪽에 보이는 저 수류탄입니다. **과 수류탄
　　　　개인당 하나씩 가져왔습니다.

사　　회: **과 수류탄이란게 대전차 수류탄 얘기하는데요. 이거 이이.

사　　회: 너희 부대 출발한 날짠 언제야?

김신조: 부대 출발한 날짜 16일입니다.

사　　회: 일시?

김신조: 16일 2시에 출발했습니다.

기자(멀리서): 몇시요?

사　　회: 16일 오후 2시입니다.

사　　회: 그 다음 개성엔 언제?

김신조: 개성은 16일 밤 12시에 도착했습니다.

사　　회: 그 다음 군사분계선 언제 통과했나?

김신조: 군사 군사분계선 17일 날 저녁 10시에 통과했습니다.

기자(멀리서): **** 어느지점입니까?

사　　회: 통과지점?

기자(멀리서): **지점?

김신조: 통과지점 비이사(B24).

기자(멀리서): 네?

김신조: 비이사(B24) 구역입니다.

기　　자: ***구역.

김신조: 비이사(B24) 구역, 서토입니다, 서토.

기　　자: *****

김신조: *****

기　　자: 네.

김신조: 그거, 거 가위로 절단했습니다.

사　　회: 하루에 얼마, 얼마 걸었나? (멀리서 기자 질문) 가만있어, 그렇게 묻지
　　　　　말고. 하루에 얼마를 걷게 돼 있었나?

김신조: 하루에 원래 강행군을 위해서 규정한 거는 시간당 십 키로(10Km)씩 올
　　　　　라가기로 했습니다.

기　　자: 시간당 십 키로(10Km).

김신조 : 네. 근데 제일 첫 날은 그렇게 나갔는데 두 번째 날부터는 좀 힘이 딸
　　　　　리기 때문에 시간이 좀 많이 걸렸습니다.

14:18　김신조 간첩단 일행에게 수거한 물건을 배경으로, 자막 "기관단총. 권총 … 소
　　　　　련 대전차지뢰…. 중공 수류탄 …… 북괴 농구화. 시계. 기타.. 일본"

14:38　신문기사 "Police, Military Searching For Remaining Terrorists"

14:40　수색작전을 하는 국군들

15:01 신문기사 "3 More Red Agents Killed in S. Korea"

15:03 평온한 시골마을, 숨어든 무장공비를 신고한 주민들, 한 주민의 인터뷰 장면

시 민: ..…됐을 거예요. 그 어떻게 놀랐던지요 세 식구가 먼저 나왔습니다. 근데 제 어머니는 저기서 나오질…..

15:31 무장공비를 수색하는 군경들에게 음식을 만들어 날라주는 아낙들과 군인들의 모습, 하늘에서 본 수색전. 포획되고 사살된 무장간첩의 모습

▋ 내레이션

00:02 이와는 대조적으로 이른바 군사분계선 북방에 도사리고 있는 공산북한괴뢰는 6·25 남침의 실패를 다시 만회나 하려는 듯 전쟁 준비에 광분하고 있습니다. 이들이 말하는 이른바 전인민의 무장화나 전 영토의 요새화라는 바람은 남한을 적화시킬 수 있는 유일한 길이 무력침공에 있다는 그들의 침략성을 그대로 나타내고 있습니다.

00:35 선전과 선동공작에 실패한 북한괴뢰는 여러 가지 형태의 간첩을 남파시켜 파괴 살인 질서교란 등 갖가지 만행을 자행하기 시작했습니다. 그중에도 특히 양민을 학살해서 공포분위기를 조성하느라 혈안이 되고 있습니다.

00:57 금년에 들어 북한괴뢰의 침략계획은 더욱 노골화하면서 서귀포에 무장간첩선을 잠입시키는가 하면은 1월 21일에는 청와대 폭발을 목적한 무장공비 서른한 명을 남파한 바도 있습니다.

01:15 그리고 1968년 10월 30일 급기야 북한괴뢰는 중대병력의 전투원을 동해안에 침투시켰습니다. 강원도 울진군에 있는 이 외딴 집에서 첫 희생자가 총칼로 난자돼 숨졌습니다.

01:56 이 집안의 모든 평화가 일순에 무너졌습니다. 통곡하는 유족들의 가슴에는 공산주의가 대천지 원수로 못 박혔을 것입니다. 우편낭을 메고 산길을 가다가 살해당한 우체부의 시체는 너무도 처참하게 찔리우고 찢겨 있었습니다.

02:19 휴전 중에 전쟁으로 희생된 양민들. 아무리 울부짖어도 희생된 남편과 아버지

는 대답이 없습니다. 미래 행복된 꿈으로 아롱지던 이 집안의 설계는 하루아침에 수포로 돌아가고 남은 것은 실의와 저주 외 아무것도 없습니다. 공산주의 그것은 피의 마술이란 좋은 증명입니다.

02:52 제 명을 못 다하고 비명에 간 시체들. 닥치는 대로 양민을 학살했다는 점이 놀랍다기보다는 사람을 죽인 그 방법이 너무나 잔인하다는 데 더욱 놀라움을 금할 수 없습니다.

03:15 불법에 침입자를 찾아내는 대간첩작전이 험준한 산곡을 따라 전개되고 있습니다. 월남전에서 게릴라 전투를 몸에 익힌 포병대를 포함해서 정예 한국군 특전대가 조석으로 작전의 성과를 올리고 있습니다. 한국군대에서는 이번 공비사태를 준 전쟁상태로 대체하고 있으며 유엔(UN)군으로 주둔하고 있는 미군 측도 전적으로 이 작전에 참가하고 있습니다.

03:53 이것이 무장공비들이 휴대하고 있던 살인무기들입니다. 연발기관총을 비롯해서 이발 기구까지 준비돼 있으며 대전차수류탄 등 과연 중대병력의 게릴라가 휴대할만한 것들입니다.

04:14 골짜기마다 둥성이마다 지역의 사제를 찾아내기 위한 엄청난 수색작전이 밤과 낮을 잊고 있습니다.

04:28 특기할만한 것은 지난 4월 한국에서 처음으로 창설된 예비군의 활약이 정규군의 전과에 못지않은 훌륭한 것이었다는 사실입니다. 6·25의 실전경험을 바탕으로 한 예비군 노장을 중심으로 해서 내 강토를 내가 지킨다는 일념으로 뭉친 비 팀(B team) 지역의 예비군들은 생업을 한쪽으로 밀어놓으면서까지 공비를 색출하는데 적극적이고 헌신적이었습니다.

05:03 예비군의 활약은 한국인들이 얼마나 공산주의를 미워하고 있는가를 잘 표현해주고 있습니다. 철야를 다짐하는 작전에 앞서서 또는 철야수색을 마친 과중한 작전 뒤에도 한국의 장병들은 피로를 논하지 않습니다. 그것이 설사 원하는 바 아니더라도 적이 총을 겨누는 한 나의 생명과 재산을 보호하기 위한 대응이 불가피하다는 것을 그들은 잘 알고 있습니다.

05:43 남자들이 총을 쏘는 동안 여자들은 밥을 짓고 국을 끓여 그들의 뒤를 보살핍니다. 공산주의와 싸우는 데는 너와 내가 있을 수 없으며 오직 우리가 있을 뿐이라는 것을 그들은 잘 알고 있습니다. 남의 도움에 의해서가 아니라 내 힘으로

의 방위만이 참다운 방위라는 것을 그들은 경험에 의해 알고 있는 것입니다. 이 사람들이 용기를 발휘해서 생명을 걸고 공비출연을 당국에 신고했던 민주시민의 귀감들입니다.

06:43 (이하 다른 남성 내레이터의 목소리) : 휴전 이래 한국은 전란의 폐허를 헤치고 다시 잘 살아보겠다는 굳건한 의욕에 불탔다.

07:17 2차 5개년계획의 성공적인 완수로 각 산업은 부흥을 이루었고 자유와 번영의 70년대를 향해서 우리의 앞날은 밝기만 했다.

07:40 쓰라린 어제의 폐허는 그 자취를 찾을 길 없으며 이제는 경제적인 발전 속에 자유를 누리게 됐다.

08:15 국민의 생활은 더욱 향상돼 가고 명랑한 시민의 얼굴은 밝고 그 발걸음은 가벼워졌다.

08:45 이와는 대조적으로 북한괴뢰는 이른바 7개년 계획의 실패에서 온 경제적 파탄과 내부의 갈등으로 북한동포의 생활은 더욱 비참하게 되고 이것을 은폐하려는 북한괴뢰 김일성 도당의 발악적 행동은 거칠어가기만 했다. 더욱이 한국이 급진적인 경제발전을 이루어 국민생활이 향상되고 사회가 안정되자 그들이 꿈꾸던 적화통일이 불가능하다는 것을 안 북한괴뢰 김일성 도당은 이에 당황한 나머지 여자까지도 동원 군사훈련을 시키는 등 소위 전인민의 무장화, 전국토의 요새화, 전인민군의 **을 내걸고 전쟁준비에 혈안이 되었다.

09:31 북한괴뢰는 모든 공장을 군수공장으로 만들어 지하에 시설하고 백이십만 (1,200,000)의 노농적위대를 강제로 조직, 각 농촌과 직장마다 무장화를 서둘렀다. 북한괴뢰의 이러한 침략적 무력증강행위는 우리의 경제건설을 방해하고 치안질서를 교란해서 대한민국의 국력을 약화시켜 적화통일을 이루는데 그 목적을 두고 있었다.

10:00 드디어 북한괴뢰는 1968년 1월 21일 밤 10시. 서른한 명의 무장공비로 하여금 한국의 심장부 청와대를 폭파할 목적으로 서울에 침입. 기습과 파괴와 학살을 자행했다. 이들 무장공비를 저지한 서울 종로경찰서장은 장렬히 전사했으며 무장공비들은 시내버스에까지 마구 수류탄을 던져 다수의 민간인을 학살했다.

10:41 수단과 방법을 가리지 않는 이 잔인무도한 북한군의 만행을 어찌 동족으로서 아니 인간으로서 용납할 수 있겠는가. 이 천인공로한 야만적 행위에 대해서 북

한괴뢰는 도리어 이것이 한국에서 일어난 무장유격대의 봉기라고 파렴치한 선동을 했다. 이것은 휴전협정 이래 최대의 사건이며 우리에 대한 공공연한 무력도전이라고 보지 않을 수 없다. 그것은 북한괴뢰가 휴전 이후 한국에 대한 음성적인 간접침략으로부터 노골적인 침략으로 도전해온 것이며 무력에 의한 적화통일을 노골적으로 나타낸 것을 뜻하기 때문이다. 우리의 군경수색대는 반나절 가리지 않고 이들을 섬멸하는데 과감했다.

11:45 이날 군경과 교전 끝에 생포된 김신조는 그들의 만행에 대해서 이렇게 말하고 있다.

14:03 여기 무장공비들이 가져왔던 무기들을 보라. 그들이 얼마나 침략행위에 혈안이되고 있으며 계획적이었는가를. 기관단총과 권총은 소련제이고 대전차지뢰는 중공제이며 수류탄은 북한괴뢰가 만든 것이고 농구화와 의류 등은 일본제품이었다.

14:40 생포된 김신조가 말하는 바에 의하면 현재 북한괴뢰가 무장공비를 남파할 목적으로 특별히 훈련된 자기 소속부대인 백이십사 군부대는 1967년에 이천사백 명이 선발되어 삼백 명씩 팔개 지대로 편성되고 한국의 각 지역을 분담 맡아 훈련되고 있다고 말했다.

15:07 그러나 우리국민의 멸공태세는 철저했다. 시골에 나무꾼은 무장공비 일가족 몰살위협에도 불구하고 그들의 출현을 지체 없이 당국에 신고했다. 잠자던 시민은 숨어든 무장공비에게 맨주먹으로 달려들어 영웅적인 죽음을 택했다. 침입에 실패하고 도주한 무장공비를 소탕하기 위해서 수색전에 나선 군경들에게 곳곳의 아녀자들 밥과 떡을 만들어 이들을 위로했다. 아, 얼마나 과감하고 믿음직한 애국적 행동인가. 이것은 바로 한국민의 반공정신이 얼마나 투철하며 이제 공산주의자에게는 한 치의 침략도 허용할 수 없다는 우리 승공태세와 결의를 과시하고 있는 것이다. 무장공비의 수색전에 나선 군경과 함께 전 국민은 이에 호응해서 곳곳에서 무장공비의 출몰을 신고해 왔다. 어떤 곳에서는 민가에 침입한 무장공비를 불을 질러 타 죽게 했다. 북한괴뢰는 우리국민의 철저한 멸공태세를 잘못 판단한 것이다. 이제 이곳엔 북한괴뢰가 발붙일 한 치의 땅도 없다. 군과 민이 합심한 이 수색작전은 모두 스물일곱 명의 무장공비를 사살하고 한 명을 생포하는 전과를 거뒀으며 생포된 김신조가 이들 시체를 모두 확인했

다. 이런 한국민의 공산주의에 대한 적개심은 그들이 무력으로 침공해도 6·25 때처럼 호락호락 넘어가는 상태는 이제는 없다는 것을 그들에게 알려주고 있는 것이다.

내일의 팔도강산 제3편 1

 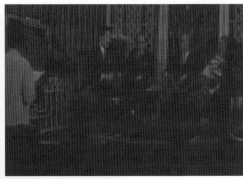

제 명	내일의 팔도강산 제3편 (1)
출 처	내일의 팔도강산 제3편 (1)
제작국가	대한민국
제작년도	1971년
상영시간	11분 55초

제공언어	한국어
제작	주식회사 삼영필림
형식	실사
컬러	컬러
사운드	유

█ 영상요약

고속도로가 건설되고 경제가 발전하고 있는 국가 안에서 김희갑 노인의 가족들이 어려움을 극복하고 행복한 대가족을 구성한다.

█ 연구해제

삼영필림이 제작하고 강대철이 감독한 〈내일의 팔도강산〉은 1967년 개봉했던 〈팔도강산〉 시리즈의 세 번째 작품으로, 1971년 서울 국제극장에서 개봉하여 약 16만 명의 관객을 동원한 흥행작이다. 이 영화는 〈팔도강산〉과 마찬가지로 김희갑, 황정순 부부와 자녀들을 통해 당시 국가적 상황들을 보여주고 있다.

이전 〈팔도강산〉 시리즈와 비교했을 때 〈내일의 팔도강산〉에서 가장 달라진 점이 있다면, 바로 1971년에 완공된 경부고속도로일 것이다. 영화의 시작과 함께 잘 구획된 농경지가 등장하는데 이 농경지는 애니메이션 효과를 통해 경부고속도로로 바뀐다. 이렇게 오프닝에서부터 강조된 경부고속도로의 완공은 이야기가 진행되는 내내 계속해서 강조된다. 생일을 맞은 김희갑이 아산 현충원으로 가는 부부 동반 버스 티켓을 선물 받는 장면, 생선을 보고 장인 어른이 생각난 허장강이 부산에서 서울로 자가용을 몰고 와 싱싱한 생선을 선물하는 장면, 그리고 TV 토론회에 나간 김희갑 노인의 연설 장면 등을 통해 경부고속도로 완공을 선전하는 것을 발견할 수 있다.

기존의 〈팔도강산〉 시리즈가 전국 또는 전 세계에 흩어진 가족들을 찾아 유람을 떠나는 김희갑, 황정순 부부의 이야기에 초점을 맞춰졌다면, 〈내일의 팔도강산〉은 유람이 최소화(아산 현충원과 제주도) 되는 대신 국민통합과 근면·자조 정신을 비롯한 국가

정책을 선전하는 내용들이 중심이 된다. 대표적으로 TV 토론회 장면에서 이러한 특징이 드러나는데, TV 토론회에 출연한 김희갑이 대한민국의 급속한 경제발전에 대해 찬사를 하며 "수출 50억불, 국민소득 500불이라는 목표를 달성하자"고 시청자들을 독려하는 식이다.

김희갑이 아침마다 동네 사람들에게 청소를 독려하며 국민교육헌장을 외우는 장면에서도 이러한 특징을 찾아볼 수 있다. 국민교육헌장은 1968년 처음 제정되었는데, 당시 문교부는 이 헌장의 이념을 구현하기 위해 전국의 학생 및 공무원들에게 국민교육헌장 전문을 암송하도록 하는 것은 물론 행사에서도 이를 반드시 낭독하도록 하였다. 국민교육헌장의 내용을 보면 민족적 차원에서의 국가에 대한 충성과 반공의식 강화에서부터, 개인의 성실한 마음, 튼튼한 몸, 공익과 질서, 협력, 책임과 의무 등을 강조하는데, 이는 영화 속 인물 관계에서도 잘 드러난다. 전편에서 부산에서 가발공장을 운영하며 많은 돈을 벌었던 허장강 부부는 무리한 사업 확장으로 사채를 빌려 쓰다가 도산 위기에 처한다. 그를 돕기 위해 가족들은 십시일반 자금을 모아 그에게 전달하고 이에 감동을 받은 허장강은 다시 성실하게 일해 일어날 것을 다짐한다. 모든 가족이 협력하여 위기를 극복한다는 것은 다수의 극영화에서도 엿볼 수 있는 요소이나, 이 영화에서는 새롭게 일어선 허장강의 얼굴 위로 나타나는 가발 공장의 노동자들과 힘찬 군대의 행진 장면을 삽입함으로써 가족의 협력이 결국 국민 통합의 과정이며 국력의 발전임을 주지시키고 있다.

마지막으로 〈팔도강산〉 시리즈 전반에서 통용되는 독특한 스타일 중 하나로 내러티브가 진행되는 도중에 가수가 등장하여 그 지역과 관련된 유행가를 부르는 장면들을 들 수 있다. 〈내일의 팔도강산〉에서는 이러한 가수들 중에서 특이하게도 외국인인 알랜 C. 헤이만(Alan C. Hayman)이 김희갑과 친분이 있는 이로 등장하여, 함께 제주도 여행을 떠나고 그곳에서 "아리랑"을 부른다. 헤이만은 매우 독특한 이력을 갖고 있는 외국인이다. 1971년 1월 9일자 『매일경제』 7면 기사 "홍익대 강사 알렌 C. 헤이만 씨 댁"에 따르면, 그는 미국 뉴욕 주 출신으로 콜롬비아 대학에서 피아노를 전공하였으며, 6 · 25전쟁 당시 한국에 파견되어 왔다가 한국의 국악에 심취하여 이후 15년을 한국에서 지내게 되었다. 헤이만은 전쟁 당시 야전병원 간호원으로 근무하고 있던 고정순 여사와 결혼을 하고, "해의만"이라는 이름으로 귀화했다. 국악에 대한 애정과 지식이 남달라 판소리와 다양한 국악기 연주에 능했던 그는 미국공보원(USIS)에서 제작한 다수의 문화영화 음악을 담당했다. 미국 국립문서보관소(the National Archives and Records Administration)에서 수집된 영상인 〈My Friend, Alan Heyman〉은 그러한 헤이만의 이야기를 담고 있다.

참고문헌

「홍익대 강사 알렌 C. 헤이만 씨 댁」,『매일경제』, 1971년 1월 9일.
김한상,『조국근대화를 유람하기』, 한국영상자료원, 2007.
성윤정,『국민교육헌장과 박정희 정권의 국민통제』, 성신여자대학교 석사학위논문, 2005.

화면묘사

00:00 자막 "제작 배급 주식회사 삼영필림"
00:06 떠오르는 해와 서울 시내의 전경을 보여줌
00:52 김희갑 노인이 운영하는 협동한의원이 있는 주택가의 전경
01:01 협동한의원의 마루에 온 가족이 둘러앉아 김희갑 노인의 생일을 축하하고 있음

김희갑: 고맙네, 이 사람들아. 환갑, 진갑 다 찾아 먹었는데, 또 뭘 이렇게 채렸나? 암, 간소화 해야지.

김진규: 암, 그러믄요. 아 참, 저 아버님. 올 생신 선물은 아주 간단한 걸로 했습니다.

김희갑: 선물이 따로 있나? 너희들이 다 잘 돼서 알뜰하게 살면은 그게 이 애비에겐 최고의 선물이야.

박노식: 아이고, 아따 이게 어떠신지 몰르신겨. 살기 좋은 세상 만나셨는디 눈 딱감고 한 100년 살아버리십시오.

김희갑: 오래 살기만 하면 뭘 하나? 일을 해야지. 외국 사람들은 내 나이에 모두들 열심히 일을 하고 있어요. 그래서 그 사람네들은 잘 살게 된 거야. 나도 이제부터 일을 해야지 않겠나? (선물을 열어봄) 아니, 아니 이거 차표가 아닌가?

이충범: 두 분께서 현충사에 다녀오시라구요.

방수일: 고속도로가 볼 만할 겁니다.

이수련: 아버님께서는 늘 충무공 정신으로 살라고 하셨잖아요?

김희갑: 암, 옛말에 이심전심에 비법이라 했는데, 이거야말로 자식 마음이 부모 마음이지 뭔가? 임자, 안 그렇소?

황정순: 그럼요. 이런 재미로 늙는 줄 모르고 살아왔지 않습니까? 고맙네 이 사람들아.

박노식: 자, 자, 현충사로 다녀오시려면 바쁘실 테니까 싹싹 인사 해부리더라고. 저, 만수무강 하십시오.

03:06 애니메이션으로 논과 밭이 생기고 그 위로 고속도로가 만들어지는 모습을 묘사함. 이를 배경으로 자막 "김희갑 황정순 신성일 윤정희 김진규 문희 박노식 홍세미 이충범 허장강 고은아 신영균 강미애 이수련 방수일 아역 김정훈 신현배 구봉서 곽규석 정민 이낙훈 스리보이 지방열 석운아 전숙/ 특별출연 패티김 이미자 나훈아 김추자 해의만 봉봉 펄시스터즈/ 각본 신봉승/ 촬영 배성룡/ 조명 고해진/ 음악 김희조/ 녹음 정기창/ 효과 심재흥/ 미술 노인택/ 기록 정연실/ 소품 이백/ 스틸 전창준/ 편집 이광수/ 현상 이건종 박남기/ 촬영보 정형준 윤건웅 곽경열 김순명/ 조명보 한상옥 이용우 송재봉/ 연출보 이지완 한덕규 윤홍섭/ 제작부장 이헌우/ 감독 강대철"

05:54 현충사의 전경. 김희갑, 황정순 부부가 현충사 경내를 걸어가고 있음

황정순: 세상에 원 참 좋기도 하지. 영감, 안 그러오?

김희갑: 암, 백문이 불여일견이라지 않았소? 임자, 저기가 충무공의 영정을 모신 사당이오.

황정순: 그렇군요.

두 사람이 사당 안에서 충무공의 영정에 참배를 함

김희갑: 자, 참배합시다.

충무정에서 물을 마심

김희갑: 에이, 시원하다.
황정순: 그러게 말이에요.
김희갑: 자, 가요. 임자, 여기서 조금 쉬었다 갈까?
황정순: 그렇게 하십시다요. 아유, 다리야. 아이고, 참 좋다.
김희갑: 사람 이 좋은 세상에 더 살다 가지 않고.
황정순: 아니, 누가요?
김희갑: 청주 사돈 말이요.
황정순: 에유, 정말 참 사돈 양반 생전에는 충청도 땅이 정답기만 하더니.
김희갑: 좋은 양반이었었지.

07:50 흑백 화면으로 사돈인 김승호 영감과의 만남을 회상함

김승호: 아이, 이 사람이 누구요? 눈이 멀었나 이거? 충청도엔 야간 통행금지가
        없어.
김희갑: 뭐? 야간 통행금지가. 아니, 저. 아니, 이 사돈어른 아니요?
김승호: 이 밤중에 이거.
김희갑: 밤차에 올라오니 이렇게 됐습니다.

08:22 현충사에서 쉬고 있던 김희갑의 시점으로 되돌아옴

김희갑: 지금도 살아계시다면 얼마나 반겨주겠나?
황정순: 그러게 말이에요. 벌써 10년 전 아니에요?
김희갑: 여보, 이제 그만 생각하고 딴 데로 가봅시다.
황정순: 그래요.

두 사람이 현충사를 둘러봄

김희갑: 하, 임자. 우리 좋은 세상에 오래오래 삽시다요.
황정순: 영감, 그게 어디 우리 뜻대로 될 수 있는 거요?

김희갑: 모든 게 마음먹기 달렸다지 않소? 여보 임자.

황정순: 아이, 이거 영감도 주책이슈. 사람이 보지 않우?

김희갑: 보면 어때? 자고로 부부는 일심동체라고 했어.

황정순: 아이 참, 영감도. 왜 이래요 진짜?

09:38 신성일이 집에서 작업을 하고 있던 중 방송국으로부터 전화가 옴

신성일: 아, 여보세요? 김희갑 씨 댁입니다. 아, 저 지금 안 계신데요? 두 분이
모두 아산 현충사에 참배를 가셨습니다. 어디십니까? *** 방송국이라구
요? 좌우지간에 김희갑 어른께서는 *** 방송국에서 연락이 올 거라고
두 주째 기다리고 계셨습니다. 네? 네, 염려 마십시오. 네? 정말입니까?
이 댁에 하숙하고 있는 신성일이라는 사람입니다. 네, 글쎄요. 염려 마
시라니까요. 네, 네, 알겠습니다. 오, 드디어 출연하시는구나.

10:37 텔레비전 방송 토론회에 출연하게 된 김희갑 노인. 토론회에 앞서 펄시스터즈
가 나와서 노래를 부름. 가족들은 집에서 텔레비전을 통해 방송을 보고 있음

황정순: 아이고, 저기 저기 영감이 계시는군 그래. 영감, 소원 푸셨구랴. 잘 하
세요. 내가 보고 있으니까. 아이, 어쩜 저렇게 적게 해주나. 좀 크게 해
주지 않구.

신성일: 아, 염려 마세요. 이제 노래가 끝나고 나면요 크게 나오실 겁니다.

황정순: 어, 그래?

█ 내레이션

(내레이션 없음)

내일의 팔도강산 제3편 2

제 명	내일의 팔도강산 제3편 (2)
출 처	내일의 팔도강산 제3편 (2)
제작국가	대한민국
제작년도	1971년
상영시간	90분 06초
제공언어	한국어
제 작	주식회사 삼영필림
형 식	실사
컬 러	컬러
사운드	유

영상요약

고속도로가 건설되고 경제가 발전하고 있는 국가 안에서 김희갑 노인의 가족들이 어려움을 극복하고 행복한 대가족을 구성함

화면묘사

00:00 노래가 끝나고 텔레비전 방송 좌담회가 시작됨

사회자: 네, 펄시스터즈의 노래를 들어봤습니다. 그러면 우리의 어제와 오늘을 비교하면서 내일을 살펴보는 좌담을 시작하겠습니다. 먼저 김희갑 노

인께서 한 말씀.

김희갑: 네. 우리가 흔히 쓰는 말에 상전벽해란 말이 있어요. 말하자면은 뽕나
무 밭이 변해서 바다가 된다 이 말인데 그 말의 뜻이 요즘 참 적절한
때가 없어요.

사회자: 네, 좀 더 구체적으로 말씀해주시면.

김희갑: 가만, 가만히 있어. 내가 어련히 풀이 할까봐 그래. 그 상전벽해란 말,
거 우리 집에서 더 풀이를 해본다면은 우리 딸애가 부산에 살아요. (부
산에서 살고 있는 은아네가 집에서 텔레비전을 통해 좌담회를 보고 있
음) 그 애들이 자갈치 시장에 나가서 생선을 보는 순간 이 애비 생각이
났다고 합시다. 얼마 전까지만 해도 생각만 있었지 별 도리가 없었는
데 요즘은 달라졌어요. 그 생선을 사가지고 고속버스에 오르면은 점심
시간에 이 애비의 식탁에 오를 수 있다 이 말씀이에요.

허장강: 장인어른이 우리보고 생선 사오란 말 아니가? 아, 안 그렇나?

고은아: 증말이에요.

김희갑: 뿐만 아니라 내가 이 시간에 테레비에 나와서 연설을 하는 것은 전국
팔도강산에 흩어져 있는 내 딸, 사위, 손주, 손주가 동시에 듣고 있을
거라 이 말이야. (전라도에 사는 박노식 가족들도 텔레비전을 통해 좌
담회를 시청하고 있음) 아, 수련이가 그렇고, 수일이가 그렇고 **가 그
래요. 그뿐만 아니라 노식이도 듣고 있을 거라 이거야.

박노식: 자, 들어지라? 우리 장인어른 연설하는 거. 하여간 우리 장인 출세해부
렀네. 테레비에 다 나오고 응? 하여간 우리 장인어른 연설이 (엄지손가락
을 들어 보임) 이것이여.

사회자: **님은 가까운 데서부터 예를 들어주셨습니다. 에, 금산위성중공업 중
계로 국내뿐만 아니라 외국에서도 동시에 방영이 이루어지게 돼있습니
다. 그럼 다음은.

김희갑: 가만, 가만. 얘길 시켰으면 끝을 보게 해야지.

사회자: 저, 선생님.

김희갑: 어허, 나 이 사람 보게나. 내 얘기가 끝날려면 아직 멀었어요. (촬영자
가 끊으라는 신호를 보냄) 이것 봐. 자네 왜 그러나? 응? 자네 왜 그래?

저 사람 왜 저러나? 어? 못 써! 내가 벼르고 벼르고 나온 사람이야. 에, 우리가 60년대 쏟아온 그 정열과 우리가 실천해온 근면과 노력은 10년 동안, 그러니까 상전벽해를 한 번만 더 하면 수출 50억 불에 개인소득 500불 이렇게 돼서 복지사회를 이룩할 수 있는데.

사회자: 저, 김 선생님.

김희갑: 가만히 있어. 이 사람 침착치 못하게 왜 이래? 내 그래서 이걸 가지고 나왔는데, (품에서 종이를 꺼내 보임) 자.

사회자: 김 선생님, 그럼 간단히 끝내 주십시오.

방수일도 부대에서 동료들과 텔레비전 좌담회를 시청하고 있음

김희갑: 그래서 76년도에는 농경공*의 **공업국이 선다 이 말씀이요. 이게 곧 우리 후손에게 물려줄 미래의 자부심이 아니겠습니까? 에, 그럼 내 얘기는 이것으로 간단히 마치겠습니다. 대단히 간단합니다.

집에 온 김희갑, 신성일과 대화를 나눔

신성일: 저 할아버지, 거 테레비에 나가셔서 집안 비하만 잔뜩 하고 오시면 어떡합니까?

김희갑: 무슨 소리야? 연설에는 요령이 있어야 되네. 알기 쉽게 얘기 해야지. 말하자면은 지난 10년 동안 한 집안이 이마만큼 달라졌으니까는 더 말할 나위 없이 발전했다 이 말씀이야.

신성일: 좌우지간요 할아버지 혼자서요 거, 30분 동안 다 하셨습니다.

김희갑: 아, 그건 그래. 같이 나온 사람에게는 좀 미안했지만은 허나 그 사람들도 내 연설만 듣고 출연료를 타갔으니 거 봉 잡은 게 아닌가?

04:26 다음 날 아침이 되자 김희갑 노인이 집 앞 골목길에 나와 가족들과 동네 사람들에게 골목길 청소를 독려함

김희갑: 자, 어서들 나와요. 자, 어서들 나오시라구요. 아, 언제 봐도 과수댁이

1등이로구만.

문 희: 그래도 할아버님보단 늦지 않았어요?

김희갑: 나야 뭐, 터줏대감이니깐. 자, 어서 나오시오. 고속도로가 뚫리고 **이 **으니 **** 아니라 **에 사는 사람들이 정신이 돼있어야, 정신이 돼있어 야 하는 거라구. 자 어서들 나오시라고. 어서. 봉사라는 것은 남을 위 해서 하는 게 아니고 나 자신을 위해서 하는 게라구. 나아가서는 우리 후손을 위해 하는 게라구. 왜 그 교육헌장에도 있지 않나? 국력과 질서 를 앞세우며 질서를 앞세우며. 질서를. 깜박 잊어버렸다. 잊었어. 가만 있자, 가만 있자. (수첩에 적힌 국민교육헌장을 몰래 엿봄) 능률과 실 질을 승상하고, 승상하고, 승상. **와 신의에 뿌리박은 상부상조의 전통 을 이어받은 명랑하고 따뜻한 협동정신을 이룩한다. (공장에서 일하고 있는 신성일의 모습) 우리의 창의와 협력을 바탕으로 나라가 발전하며 나라의 융성이 나라의 근본임을 깨달아 (공장에서 일하고 있는 윤정희 의 모습을 보여줌) 자유와 권리에 따르는 책임과 의무를 다하여 스스 로 국가 건설에 참여하고 봉사하는 국민정신을 드높인다. (군대에서 훈련을 받고 있는 방수일의 모습) 반공, 민주정신의 투철한 애국애족이 우리의 삶의 길이며, 자유세계의 이상을 실현하는 기반이다.

06:35 한의원에서 약재를 다듬고 있는 김희갑 노인의 모습

김희갑: 길이 후손에 물려줄 영광된 조국통일의 앞날을 내다보며.

황정순: 영감.

김희갑: 신념과 끈기를 지닌. 신념과 끈기를 지닌.

황정순: 여보 영감.

김희갑: 나 불렀소?

황정순: 오늘 아침도 그 과수댁이 면접디까?

김희갑: 아, 척 떨어지면 청실이요, 확 떨어지면 홍실이지. 그걸 말이라고 물어 보나?

황정순: 에이구, 부지런도 하지.

김희갑: 부지런뿐인가? 인사성 바르겠다, 얌전하겠다. 저, 내 아들놈 하나 더

있었더라면.

황정순: 누가 아니래우? 영감. 거 왜 진규말이에요.

김희갑: 뭐 진규?

황정순: 네. 그저 눈 딱 감고 그 자리에다가 그만.

김희갑: 음, 진규만 **준다면야 나야 발 벗고 나서지.

황정순: 어디 **해서 보겠습니까? 죽은 우리 딸을 생각해서 혼자 살겠다는 건 고마운 일이지만 커가는 자식을 생각해야지요.

김희갑: 그것도 그렇지. 진규는 그게 병이란 말이야. 재취를 놓는다고 누가 뭐라고 하는 것도 아닌데.

황정순: 그런 **니 마음인들 오죽하오. 속인들 오죽하겠소? 영감, 영감이 운을 띄워서 앞집 과수댁하고.

김희갑: 좋기야 좋지.

08:05 혼자 아이를 돌보고 있는 진규의 모습

김정훈: 에이, 밥 먹을 때마다 귀찮아 죽겠어.

김진규: 임마, 아빠가 해주는 게 싫으냐?

김정훈: 동네 애들이 아빠 보고 뭐라고 하는지 알아?

김진규: 뭐라고 하든?

김정훈: 남자 엄마래. **해서 죽겠단 말이야. 응? 아빠 왜 그래?

김진규: 응? 아니야. 어서 먹자.

08:41 앞집 미망인 문희에게 진규와의 재혼 의사를 물어보는 김희갑 내외

김희갑: 꼭 내 욕심 같아서 말하긴 어렵지만은 사람은 더할 나위가 없어.

황정순: 죽은 딸애를 생각해서 평생 혼자 살겠다는 건 우리 쪽에서 보면은 고마운 일이지만은 커가는 애들의 장래를 생각하면은 그럴 수도 없는 일 아니에요?

김희갑: **들도 나이가 있는데 혼자 살 순 없잖아요? 지금 당장 뭐 승낙을 하라는 것은 아니니까 생각이나 해달라는 거지. (자신이 지은 약을 줌) 이거 내일 아침 거든 할 거요.

황정순: 그저 흉허물 없는 사이라고 생각해서 이러는 거니까 노여워는 말고.

김희갑: 이 사람 울긴. 아, 좋은 일을 시작하면서 울긴 왜 울어?

황정순: 영감은 왜 그러우?

09:49 협동한의원 앞 골목에서 사람들이 공을 차며 놀고 있음

아이들: 아저씨, 공 이리 차주세요.

신성일이 찬 공에 윤정희가 들고 가던 병이 깨짐

신성일: 아, 이거 죄송합니다.

윤정희: 아이 참, 죄송하다는 말만 하면 다예요?

신성일: 그럼 이, 어떡합니까? 용서해주신다면 변상은 해드리겠습니다.

윤정희: 이것 봐요. 변상이 문제가 아니란 말이에요. 애들처럼 공이나 차고 다니니까 이런 일이 생기잖아요.

신성일: 아니, 변상을 해준다는데 그렇게 심하게까지.

윤정희: 듣기 싫어요. 그렇게 할 일이 없으면요 낮잠이나 자란 말이에요.

신성일: 아니, 이봐요. 이것 보라구.

윤정희: 그만 두시란 말이에요.

10:46 윤정희가 김희갑 내외의 집으로 들어옴

윤정희: 아이 참, 속상해서.

황정순: 정희야, 정희야 왜 그래? 무슨 일이 있었니?

윤정희: 신경질 나 죽겠어요.

김희갑: 왜 토라졌냐?

황정순: 왜 그래?

윤정희: 글쎄, 외할아버지 드리려고 정종을 한 병 가져왔는데 말이에요.

김희갑: 정종? 얘, 그 술 어디 있냐?

윤정희: 근데 얼간이 같은 녀석이 깨버렸단 말이에요.

김희갑: 뭐? 아니, 그 놈을 가만 뒀냐? 아, 그 녀석. 어디 있어 그 녀석? 그 얼간

이 같은 녀석 어디 있냐고? 그 얼간이 같은 녀석 말이야.

신성일: 그 얼간이 같은 자식 여기 있습니다.

신성일이 다른 정종을 사 들고 집으로 들어옴

황정순: 아니 이 사람이?

김희갑: 뭐, 뭐야? 그 얼간이 같은 녀석이 자네였었나?

신성일: 네. 아까는 죄송했습니다. 자 이거 변상해드리겠습니다.

윤정희: 그만두세요. 누가 변상하라고 그랬어요?

신성일: 저, 앞으론 조심하겠습니다. 할아버지, 이건 누가 가져왔건 간에 할아
버지께서 밑지신 건 전혀 없습니다.

김희갑: 나야 밑질 건 없지 뭐.

황정순: 에이, 저 영감은 술이라면 사족을 못 쓰신다구요.

김희갑: 암, 우리 정희가 사가지고 온 건데.

윤정희: 제가 가져온 술이 아니라구요.

김희갑: 그럼 성일이가 가져온 거지. 안 그런가?

신성일: 그러믄요. 흰 말 엉덩이나 백마 궁둥이나 그게 그거 아닙니까?

김희갑: 아, 옳거니. 거 성일이는 박력도 있거니와 그 유머가 또 한 *가 있단 말
이야.

윤정희: 똑같단 말이에요. 정말 두 분이 다 똑같단 말이에요.

황정순: 아, 얘, 얘, 정희야. 아 할아버지가 장난으로 하신 말씀인데 뭘 그걸 가
지고 그러니. 정희야 얘.

신성일: 저, 외손녀시군요? 아, 사나운데요?

김희갑: 무슨 소리야? 여자란 저 맛이 없으면 무슨 재민가? 냉면에 겨자 맛이라
고 겨자는 그저 톡톡 쏘는 맛이 있어야 하는 게야. 봐봐. 술이나 한 잔
하자구.

신성일: 할아버지, 제 방으로 가시죠.

황정순: 에이, 영감도. 애들 데리고 그 무슨 소리요?

김희갑: 임자는 가서 안주상이나 봐요.

황정순: 영감도 저 주책이시라구. 저 술이라면.

13:13 신성일과 김희갑이 신성일의 방에서 술을 마심

신성일: 자, 여기 앉으세요.

김희갑: 어때? 저 톡톡 쏘는 맛? 내 저 재미에 일생 살아온다고.

13:25 혼자 밤길을 걷고 있는 윤정희. 낮에 신성일과 있었던 일을 생각하고 있음

신성일: 할아버지께서는 누가 가져왔든 밑진 거 하나 없습니다. 흰 말 엉덩이 나 백말 궁둥이나 그게 그거 아닙니까?

13:48 협동한의원이 있는 주택가의 전경. 김희갑 노인이 집에서 신문을 읽고 있음

김희갑: 76년도까지 9개의 고속도 도로와 6개의 다목적 댐을 건설하고 23군데 의 공업단지를 건설한다.

고은아: 어머니.

황정순: 아니, 영감. 이거 부산애 목소리 아니오?

김희갑: 그러게.

고은아: 어머니

황정순: 오냐 나간다.

고은아 내외가 찾아옴

고은아: 안녕하셨어요 어머니? 아유, 오는 길에 자갈치 시장에서 생선 좀 샀어 요.

황정순: 아이고, 허 서방. 저, 저, 테레비들을 본 모양이구만.

허장강: 아 왜 아닙니까? 아 빙장어른께서 생선 가져오란 식으로 테레비 방송 까지 하셨는데. 가만있을 수야 있겠습니까?

황정순: 내 그럴 줄 알았네. 그럴 줄 알았어요.

허장강: 부인, 이거 갖고 들어가서 아버지 생선 좀 구워줘야 하지 않겠나?

황정순: 그냥 두게. 그냥 둬. 자, 허 서방, 들어가자고 어서. 자, 들어와 어서.
15:06 허장강 부부가 사온 생선을 구워 함께 식사를 함

김희갑: 자, 들자.
황정순: 먹어라 어서. 이 세상에. 번갯불에 용 구워먹는 세상이라더니 부산 생
　　　　선이 어느 세월에 벌써 서울 밥상에 올랐나?
허장강: 장모님, 그게 바로 이 *** 아니오?
김희갑: 자네 그 장모가 그걸 알 까닭이 없지.
황정순: 이 양반. 얘 너희 아버지 밤낮 **만 **대지 뭐냐?
고은아: 그러게 어머니도 아버지처럼 통계 숫자도 외시구요 저희 집에도 자주
　　　　자주 오세요.
김희갑: 비유가 좋다. 비유가 좋아.
이충범: 할아버지, 할아버지.
황정순: 아이, 얘, 충범이 아니냐?

충범이 식사를 하고 있는 방으로 들어옴

황정순: 오는구나.
이충범: 육군사관학교 제4학년생도 박충범 외할아버지 댁에 외출 나왔습니다.
김희갑: 그 박력이 좋았어. 그 노식이 아들이 아니랄까봐 그러냐? 좋았어!
황정순: 자, 이리 와서 앉아라.
이충범: 언제 오셨습니까?
허장강: 지금 막 안 왔나. 자, 같이 묵자.
고은아: 아이고, 너는 아주 그 제복이 썩 잘 어울리는구나.
이충범: 감사합니다.
황정순: 우선 먹자. 부산 이모가 자갈치 시장에서 곧바로 갖고 왔대지 뭐냐.
이충범: 오, 그래요? 시대는 바야흐로 고속시대라. 실례합니다.
고은아: 어서 먹어.
황정순: 어떻게 좋은지 몰라. 자, 먹어.

김희갑: 아니, 너는 왜 이거 안 하냐? (숟가락을 직각으로 들어올려 입에 가져감)

이충범: 네, 직각 식사요? 이제 학교 방침에 않기로 됐습니다.

전화벨이 울림

허장강: 여보세요? 네, 그렇습니다. 저예? 아하, 형님입니까? 저 장강입니다. 지금 막 왔습니다. 그래요? 가만히 계시소. 빙장어른, 노식이 형님입니다.

김희갑: 그래, 노식인가? 어, 노식인가? 날세, 나야. 뭐? 테레비를 봤어? 그래, 의젓하지? 연설도 잘 하고. 마침 자네 큰 놈이 외출 나왔어. 지금 점심을 같이 하고 있는 참이야.

박노식: 아, 그래요? 그 저, 그 동리 사람들이 장인어른 연설 말씀을 듣고 한 번 오셨으면 하는디 말입니다. 거 어떻게 **하십니껴? 아이, 오시겠습니껴? 아으, 참말로 오실랍니껴? 그렇다믄 말입니다잉, 나가 자가용으로 모실텐게, 오십시오. 들어가십시오.

18:02 강원도에 있는 박노식의 목장을 찾아가는 김희갑 내외

김희갑: 그거 이리 줘, 이리.

황정순: 고맙소. 당신 먼저 드슈.

버스 안내양: 많이 드세요.

황정순: 영감, 저것 좀 보오.

김희갑: 햐, 거 황금들이다. 황금들이야. 이제 우리 농촌의 초가집은 모두 저렇게 기와집으로 바뀌고 거 마을마다 전기가 들어갈 뿐만 아니라 공장도 들어서서 생산품을 바로 농촌에서 가공하게 되면은 정말 살기 좋은 농촌이 될 거란 말이야.

18:50 박노식이 운영하는 목장에 도착한 김희갑 내외

박노식: 자, 보십시오. 이 넓은 초원하고 저기 저, 젖 짜는 소. 저거 모두 내 꺼 아닙니껴. 어째 이만하면 성공했십니까?

황정순: 그럼 성공이고 말고.

김희갑: 정말 놀랬네. 내가 브라질에서 자넬 만났을 때는 난 폐인이 된 줄 알았어.

박노식: 그저 한 번 실수는 병가상사라는 말이 안 있습니껴.

김희갑: 암, 암. 이제부터야. 우린 이제부터 잘 해야 하는 게야.

박노식: 예, 염려 마십시오. 아 저, 큰 놈은 육사에서 배우고 난 또 집에서 일을 하면서 그저 우리 집안은 싸우면서 일하는 집안이라 이겁니다. 아, 저 어머님, 아버님, 저, 저것 좀 보십시오.

우유를 트럭에 싣고 있는 모습

황정순: 아니, 여보게, 저게 모두 우유 아닌가?

박노식: 저게 아침에 짠 우윤데 말입니다. 오후만 되면 고속도로를 타고 서울로 올라간다 이겁니다.

김희갑: 자네도 이 고속도 도로 덕을 단단히 보네 말이야.

박노식: 아이, 고속도 도로 덕을 안 보는 사람이 누가 있겠습니까? 자, 자, 가십시다. 세미가 하는 일을 보시면 또 깜짝 놀라실 겁니다.

황정순: 이보게, 이제 그만 떠들어.

박노식: 아이고, 내가 떨 게 없어서 허풍을 떨겠습니껴? 가십시다.

김희갑: 그래, 가자.

20:19 집에서 다른 여성들과 함께 바느질로 생활소품을 만들고 있는 홍세미

박노식: 자, 어서 들어오십시오. 자, 새미야 할아버지, 할머니 오신다. 에이고, 수고들 헌다. 자, 세미야, 세미야, 이제 니 차례니께 니가 설명을 잘 좀 해드리더라고.

김희갑: 어디 한 번 들어보자.

황정순: 아이, 대견들도 하지.

홍세미: 할아버지 할머니. 이건 농가의 부업으로 시작해본 건데요. 외국에서 인기가 하도 좋아서 본업이 될 정돕니다.

김희갑: 그럼, 돼지. 내가 세계일주를 하면서 내 눈으로 똑똑히 봤으니깐.

홍세미: 그리고 여기서 나오는 돈은 몽땅 저금을 하고 있어요.

황정순: 얘, 세미야. 이제 니가 어른 몫을 다 하고 있지 않냐?

홍세미: 아니에요. 농촌이 할 일이 너무 많아요. 이제 겨우 시작인 걸요.

황정순: 왜 안 그렇겠니?

김희갑: 세미야, 이젠 너희 세대가 이끌고 나가는 거야. 이제 여성분도 이렇게 활동을 해야 돼.

황정순: 그러믄요. 그게 바로 여권신장의 지름길이지 뭐예요.

김희갑: 햐, 햐, 이 사람 봐라. 이 사람 문자를 다 쓰네 그랴. 문자를 써.

황정순: 그러니까 천생연분이지. 천생연분이 따로 있는 줄 아슈? 안 그런가 박서방?

박노식: 맞습니다. 아이고, 맞고말고요. 거 장모님 말씀이 틀림없습니다.

김희갑: 여보게, 거 호남 사람들은 의욕에 차 있어.

박노식: 아, 이거 장인어른도. 아니 우리 집만 보고 그걸 어떻게 아십니껴? 자내가 골고루 설명해 드릴 테니까 내 자가용을 타고 가십시다.

황정순: 수고들 하십시오. 수고들 해요.

홍세미: 그럼 다녀오세요.

22:01 박노식의 경운기를 타고 농촌 생활을 살펴보는 김희갑 내외

박노식: 저 산 너머가 섬진강 다목적 댐이 아닙니껴. 강물을 막아 전기를 만들어놓고 산을 싹 넘어 여기를 흐르는데 말입니다. 아 요놈이 뚫려 갖고 저 넓은 뜰이 수리 안전답으로 변해버렸단 말입니다.

김희갑: 그 4대강 개발이 바로 그걸세. 한강, 금강, 영산강, 낙동강을 개발하는 것이 다 토지자원과 수자원을 고도로 이용하자는 얘기 아닌가?

박노식: 우리 장인어른 하여간 만물박사십니다. 어쩜 그리 아는 것이 많습니껴? 아, 어째 그러십니껴? (경운기가 흔들리자 김희갑 노인이 비명을 지름)

마음 푹 놓고 있으십시오.

김희갑: 이 사람아, 자가용 치곤 어째 불안스러운데?

박노식: 아이, 요놈이 어째서 그려라? 요게 바로 다목적이라는 거 아닙니껴.

황정순: 사람도. 여보게, 엉덩이가 좀 아파서 그렇지 괜찮네.

박노식: 저, 장인어른. 이번에 예산만 **히 나온다면은 나도 그 다른 사업을 해 봤으면 쓰는디요.

김희갑: 이 사람아, 그 예산, 예산 하지 말게. 거 정부는 농민이 낸 세금의 64배 나 농어촌을 위해서 쓰고 있으니 자네들은 도시민에 비해서 얼마나 많 은 혜택을 받고 있다는 그걸 알아야 돼.

박노식: 하하, 거참 그 듣고 본께 그럴 듯합니다. 그러나 그걸 누가 계산을 해 봤어야지요.

김희갑: 이 사람아, 모든 일을 주먹구구식으로 하지 말고 숫자로 따져가는 습성 을 키워야 한다는 거야.

박노식: 참 그러고 말고요.

김희갑: 나는 지금도 밤을 새가면서 공부를 하고 있네. 알았나?

박노식: 허따, 참 우리 장인어른한테는 내가 두 손 바짝 들었습니다.

농민들이 노래를 부름

25:21 집에서 신문을 읽고 있던 김희갑 노인이 마침 집으로 돌아오는 신성일을 불러 이야기를 함

김희갑: 이 사람아, 성일이 이리 좀 와보게. 여보게 지난번에 왜 자네하고 싸운 우리 정희말야 혹시 화해할 생각은 없나?

신성일: 그게 무슨 말씀이십니까?

김희갑: 아니, 별 얘긴 아니고, 자네가 내 집에 있는 이상 자주 만날 테니까 그 렇게 불편하게 대결할 필욘 없잖아. 응?

신성일: 필요 없습니다.

김희갑: 어째서?

신성일: 그렇지 않습니까? 그깟 일을 가지고 신경질 부리는 어린애하고 화해해

봤자 무슨 소용 있습니까? 고분고분해주니까 사람을 우습게 보는데 말입니다. 이제 또 다시 내 앞에 나타나서 요전과 같이 경거망동하는 날엔 내 이걸로다 그냥 내가.

김희갑: 아, 아니 그 손이 번쩍 올라가면은 친다는 말인가?

신성일: 치죠. 전 그런 걸 보면 참지 못합니다.

김희갑: 어허, 나 이 사람 보게. 큰일 날 소리하네. 그러다 우리 정희가 불쑥 들어오면 어쩔 셈인가?

신성일: 아니, 나타나면 대숩니까? 좌우간 다져진 주먹이 기다리고 있습니다. 아니 나타나면 대수냐구요. 어? 네, 네 이.

방 안에서 이들의 대화를 황정순과 함께 엿듣고 있던 윤정희가 방에서 나옴

신성일: 내 그냥 이 주먹으로다가 내, 이걸로.

김희갑: 친단 말인가?

신성일: 방긋방긋 웃어준다면야, 뭐 굳이 칠 것까지야.

김희갑: 음. 정희냐? 이 사람아 화해하게. 피장파장이네. 가만 있자, 내가 약을 짓는다는 걸 깜빡 잊었네.

윤정희: 그땐 미처 몰라 뵀어요.

신성일: 할아버지 말씀대로 피장파장이죠, 뭐.

황정순: 아, 여보.

김희갑: 저 쪽으로 가 있어. 주책없이.

황정순: 아, 나도 좀 봅시다.

김희갑: 뭘 본다고 이러나?

황정순: 나만 못 보고 영감만 보고.

김희갑: 이거 고집을 세운다고 그래?

문이 부서지며 김희갑이 넘어짐

김희갑: 애들아, 우리 아무것도 안 봤다.

황정순: 계속 해라. 계속들 하거라.

신성일과 윤정희가 급히 방으로 들어감

28:00 서울의 전경을 보여주며 패티김이 나와 "서울의 찬가"를 부름. 이와 함께 서울 곳곳을 다니며 데이트를 즐기는 신성일과 윤정희의 모습

29:48 바다에서 조업을 하고 있는 신영균의 모습을 보여줌

신영균: ** ***. 내려, 내려, 내려, 내려! (물고기가 잡혀 올라오는 모습을 보며) 하하. 됐어 좋았어. 어!

30:55 신영균의 사진을 보고 있는 강미애와 옆에서 신영균이 쓴 편지를 읽어주는 아들의 모습

영균아들: 당신이 염려해준 덕분으로 작렬하는 태양 아래서 남태평양의 험한 파도와 싸우고 있소. 아주 근사한데?

강미애: 까불지 말고 어서 읽어.

신영균: (목소리) 여보 자식을 두고 가는 것은 어느 부모나 마찬가지지만은, 서울에 가야만 잘 산다는 생각은 버렸으면 좋겠소. (과거 속초에서의 생활을 회상함) 속초는 우리가 가난을 이기면서 성공한 고장이요. 바다를 이기려면 바다에서 사는 게 옳은 거요. 우리는 무슨 일이 있어도 속초에서 삽시다. 사람이란 어디서 사느냐 보다 어떻게 사느냐가 더 중요한 게 아니요? 현배를 잘 부탁하오. 동봉하는 월말 보고서는 아버님께 보내주오. 앞으로 한 달이면은 당신과 현배 곁으로 돌아갈 거요. 그때까지 건강을 빌겠소. 당신의 아빠.

영균아들: 엄마, 엄마, 왜 당신의 아빠야?

강미애: 그럼 뭐라고 그러니?

영균아들: 당신의 남편, 그래야 맞잖어?

강미애: 요게 어디서!

32:00 방에서 신영균이 보낸 월말 보고서를 보고 있던 김희갑에게 황정순이 들어와서 말을 함

황정순: 영감, 도대체 영감 직업이 뭐요?

김희갑: 새삼스럽게 그건 또 왜 물어?

황정순: 아, 한의사면 약이나 지으실 일이지 어획고에다 수출고는 찾아서 뭐 하시겠다는 거예요?

김희갑: 이봐, 이 70년대에는 희망에 차 있어요. 자 이것 보라구. 이게 바로 내일의 팔도강산이란 말이야.

황정순: 허기야 뭐 세상이 많이 달라지긴 했죠. 아이 참, 내 정신 좀 보게. 이 편지도 꼬부랑 글씨니 내 알아볼 수 있어야지요.

김희갑: 뭔데 그래? 어라? 이거 대엽이란 놈이 보낸 거구만.

황정순: 저, 점, 대엽이가요? 그래 강문이도 잘 있소?

김희갑: 어째서 그리도 급한고. 미처 뜯어봐야지. 어떻게 잘 있는지 없는지 알게 아닌가.

황정순: ** 보지도 않우. 얼마만에 온 소식인데 급하지 않구요. 어서 좀 읽어 보시오.

김희갑: 빙장, 빙모님 전상서라. 때는 바야흐로 곡이 익어가는 중추화절에 댁네 *들이 두루 안녕하신지요.

황정순: 그럼 잘 있지 않구.

김희갑: 아니, 이 사람아.

황정순: 빨리 좀 읽어보슈.

김희갑: 저희들의 독일생활은 날로 안정되어가고 있사오며 지난 달 하순에는 득남을 하였습니다.

황정순: 아니, 여보 영감. 득남이라면은 아들을 낳았다는 게 아니오? 세상에 이런 경사가 또 어디 있겠소.

김희갑: 그래, 암, 경사지. 아버님께서 귀여운 외손주를 위하여 이름을 하나 지어주시기 바랍니다. 암, 이름은 내가 지어야지.

황정순: 에구, 영감 군소리 좀 그만 두시고 어서 좀 읽어보시오.

김희갑: 읽어야지. 몇 날이 있으면 독일과는 계약이 끝나 미국으로 가게 되었습니다. 시카고에 있는 태권도장으로 말입니다.

황정순: 아니, 영감 미국으로 옮기면은 얼마나 또 걸리는 거요?

김희갑: 오래 걸리면 어떤가? 그것이 다 인력수출이요, 국위선양이 아닌가? 여보게 내가 독일 갔을 때 말이야. 허, 이걸로 벽돌을 내리치는데 **들 놀랬지.

황정순: 영감도 심심하시면 그 말씀이시지. 그러다가 노망나시겠소.

김희갑: 나 이 참, 이 사람 보게. 그때 강문이도 봤지, 대엽이도 보고. 아 동리 사람들이 빙 둘러섰는데 모두들 놀랬지, 놀랬다고

(독일 태권도장에서 시범을 보이는 모습을 흑백 화면으로 회상함)

김희갑: 야, 저 벽돌 가져와.

이대엽: 아, 아버님, 참으십시오.

김희갑: 뭐, 벽돌을 가져오라면 가져와.

(다시 지금의 대화가 이루어지고 있는 방으로 돌아옴)

김희갑: 내 이래 봬도 이 손이 강철과 같다고. 강철. 자 이것도 딱 내리고, 아악!

전화벨이 울림

황정순: 네, 여보세요? 네 그렇습니다. 네, 잠깐만 기다려보세요. 여보, 영감 엄살 피우지 말고 전화나 하슈.

김희갑: 예, 예, 여보시오. 전화 바꿨습니다. 헤이만!

헤이만: 오우, 김 선생. 안녕하십니까? 한국 관광도 할 겸 좋은 사업 있으면 한번 해보려구요. 오늘은 제주도에 갑니다.

김희갑: 아, 그럼 내가 안내를 해야지. 미국 갔을 때 진 신세도 갚아야지요. 그래, 그래. 뭐? 한복을 입고 간다고? 그거 좋지. 그래 그럼 내 그리로 가지.

황정순: 영감 갑자기 어딜 가신다는 거예요?

김희갑: 거, 미스타 헤이만이라고 내 미국 가 만난 친군데 6.25 때 종군도 하고 아주 한국통이야. 나하고 같이 제주도를 가기로 했으니까 어서 챙겨요.

황정순: 그래요, 그럽시다.

37:19 헤이만과 함께 제주도를 방문한 김희갑 내외. 제주도 해안가의 전경과 폭포를 배경으로 헤이만이 판소리 가락을 부르는 모습. 김희갑이 판소리 가락에 맞춰 춤을 춤

38:42 김진규가 정훈을 데리고 김희갑 내외의 집을 방문하여 마루에 앉아 이야기를 나눔

김희갑: 이 사람아. 크는 애기들에게는 에미가 있어야 하네. 내가 자네를 올라 오라고 전보를 친 것은 저 다름이 아니고.

황정순: 여보게, 정훈 에미가 간 지도 벌써 5년이 지나지 않았나?

김진규: 결혼 얘기는 고만 두세요.

김희갑: 쓸데없는 소리. 남편은 고사하고 어린 자식을 남겨놓고 간 것을 생각 하면 뭐 하나? **를 생각해서 혼자 살겠다는 자네 마음은 내가 왜 모르 겠나? 하지만 자네에겐 정훈이가 있지 않나?

김진규: 아버님 어머님의 사위라는 분수를 잊지 않겠어요.

김희갑: 이 사람아 가고 없는 딸의 사위도 좋지만은 재혼을 해서 아들놈으로 함께 해주면 더 좋지 않나?

황정순: 김서방. 우리네 얘기를 듣게. 오죽 답답하면 그런 말씀을 하시겠나.

김희갑: 그럼. (황정순이 자리를 떠남) 자네 마음에 들라는지는 모르겠네만 마 땅한 자리가 있긴 있어.

황정순: (옆집 문희의 사진을 들고 돌아옴) 자 봐요.

김희갑: 이 사람이야. 자네만 좋다면은 애써볼 작정일세. 공부도 할 만치 하고 참한 자리 있대.

황정순: 여보게 기왕 올라왔으니 넌지시 좀 찾아가 봐.

김진규: 생각해보겠습니다.

황정순: 고맙네 이 사람아. 여보, 세상에 우리 김 서방 같은 사람이 어디 있오? 좋은 사람을 남겨놓고 개가 어떻게 눈을 감았는지 몰라.

김희갑: 그 **아파트 2층에서 양품점을 하고 있네.

황정순: 그래.

김희갑: 그 약국에서 왔다면 알아들을 걸세.

황정순: 자네 사진은 벌써 가 있네.

41:04 정훈을 데리고 문희가 운영하는 양품점을 찾아간 김진규

문 희: 어서 오세요. 저, 뭘 드릴까요?

김진규: 애가 입을 건데, 스웨타 같은 걸.

문 희: 자, 우리 골라 볼까? 아이, 넌 좋겠구나. 아빠가 스웨타를 다 사주시고.

김정훈: 우리 아빠는 엄마 몫까지 다 해주시는 걸요?

문 희: 어, 그래? 자, 어우, 아주 근사한데! 그지?

김정훈: 응.

문 희: 이걸로 하시죠. 제가 보기엔 이게 제일 잘 어울려요.

김진규: 그러죠. 얼맙니까?

문 희: 천 원입니다. 자.

김정훈: 아줌마 고맙습니다.

문 희: 감사합니다.

김진규: 고맙습니다.

문 희: 안녕히 가세요.

진규가 정훈을 데리고 가게에서 나가고 문희가 지갑에서 진규의 사진을 꺼내
봄

42:30 김진규가 혼자 거리를 걸으며 낮에 들었던 말들을 떠올림

김희갑: 이 사람아, 가고 없는 딸의 사위도 좋지만은 재혼을 해서 아들 노릇까
       지 해주면 더 좋지 않나?

김정훈: 우리 아빠는 엄마 몫까지 다 해주시는 걸요?

43:09 술집에서 사업 동료들과 술을 마시고 있는 허장강

허장강: 드이소. 듭시다.

동료1: 여보 허 사장 한 잔 마시는 것도 좋지만은 허사장 하는 일이 거 무리가 아니요?

허장강: 허허, 무슨 소릴 하십니까? 아이 이 허장강이가 돈 2,000만 원에 쓰러질 것 같습니까? 거 걱정 마시고 술이나 드시소. 듭시다.

동료2: 어, 이봐 허 사장. 하지만 허 사장, 그 2,000만 원이라는 것은 우리가 들인 돈이고 또 다른 사채가 있을 게 아니요?

허장강: 보소, 있으면 어떤교? 아 ***가 시원찮은기라. 걱정 말고 도와주이소.

동료1: 허 사장이 자신이 만만하다니까 도와는 드립니다만은 사채는 조심해야 합니다.

허장강: 마, 지는 수출실적이 있지 않습니까? 이 허장강이가 망한다 해서야 말이 됩니까? 걱정 마이소.

동료2: 하여튼 허 사장만 믿고 하는 일이니까 잘 알아서 하시오.

허장강: 이 사장이요, 술 맛 떨어지는 소리는 집어치우시오. 자 듭시다. 자, 자, 자 드이소.

술집에서 노래를 부르는 가수의 모습을 보여줌. 허장강이 무대 앞에서 춤을 추고 있는 신성일과 윤정희를 봄

허장강: 참말로 빠르긴 빠르구만. 빙장어른이 전화한 지가 엊그제 같은데.

허장강이 카운터에 있는 전화기로 김희갑 노인에게 전화를 함

허장강: 하하, 빙장어른이신교? 사업확장 때문에 왔습니다. 예? 내일 아침 일찍 들러 가보겠습니다. 사장들하고 한 잔하고 있었는데 일이 잘 돼가고 있는기라예.

김희갑: 자네는 그 허풍이 센 게 탈이지만은 잘해보게. 뭐? 골인? 골인이라. 그거 보게나.

황정순: 아니, 무슨 전환데 그렇게 안절부절 그러슈?

김희갑: 아닐세. 자네 장모가 무슨 영문인지 몰라서 **하고 있네 그래.

허장강: 우리 정희하고 성일이하고 말입니다. 아주 신났습니다요. 예, 예 신났습니다.

김희갑: 잘 되면 술이 서 말. 못 되면 뺨이 세 대.

황정순: 아이고, 영감. 아서요. 괜히 그러다 허리 다치시면. 아유 그만 좀 해두슈 인저. 아이고 지겨워, 아이고. 고만 좀 해요.

김희갑: 아이고, 허리야. 아이고, 여보 임자, 저 손녀딸 중신은 끝났고 이제 남은 건 진규 재혼이야.

황정순: 이왕 될려면은 진규 쪽이 먼저 돼지. 애들이야 바쁘지도 않은데 됐군요.

김희갑: 어느 쪽이 되든 한 쪽이 먼저 되는 게 순서가 아닌가. 여보게, 아무리 사위지만은 중신을 서려면은 철저히 서야 하는 게야.

황정순: 그러믄요. 진규 그저 새 장가드는 걸 보고 나면은 나는 지금 죽어도 눈을 감겠소.

김희갑: 이 사람아, 아 진규 새 장가 가는 걸 보면 더 오래오래 살아야지 죽긴 왜 죽어? 우리 내일이라도 강원도로 떠나세. 까짓 거 하는 김에 다 해치우지 뭐.

황정순: 그래요. 이왕 ** 떠난 김에 속초에도 들리고 수일이한테도 들려봅시다그려.

김희갑: 으음, 좋지 좋고말고. 임자, 자네는 이 앞집 과수댁 좀 다녀오라고.

황정순: 아니 과수댁은 왜요?

김희갑: 어허, 시키면 시키는 대로 해요. 쇠는 달았을 때 두들겨야 그릇이 된다는 말이 있지 않은가?

황정순: 도무지 무슨 소리를 하는 건지 알아들을 수가 없구려.

김희갑: 허허, 나 이 사람 보겠나. 과수댁더러 ** ** ** 바람도 쐴 겸 다녀오자고 넌지시 이야기하고.

김희갑: 아니, 여보 난 데 없이 죽서루 얘기는 왜 해요?

김희갑: 이 김희갑의 수완을 보라고. 김희갑이가 해서 안 되는 일이 있나? 안 되는 일이 없다구. 음, 되지.

49:13 비행기를 타고 강원도로 향하는 김희갑 내외

황정순: 여보 영감. 난 그저 이렇게 말만 들었지 이렇게 좋은 줄 몰랐구려.

김희갑: 그래, 참 잘 해놨다. 잘 해놨다구. 깨끗하게 잘 해놨어.

황정순: 아유, 좋기도 하지.

김희갑: 암, 땅에는 고속도 도로가 거미줄처럼 지나가구. 하늘엔 우매산까지 제 트기라. 이만하면 좋은 세상이지 뭔가?

황정순: 그러믄요, 좋고말고요. 원 세상에 이런 것이 다 있으니. (의자에 기대 자 의자가 뒤로 넘어감) 아이고, 아이고, 나 좀 잡아줘요.

김희갑: 아 이렇게 단추를 누르고 땡겨야지.

황정순: 나는 아주 땅으로 떨어지는 줄 알았어요.

김희갑: 아 이것 봐. 저것 좀 봐요. 강을 막아 전기를 일으키는 저 거창한 댐 공사를 보라고. 이러니 그 시원시원하지 않아?

황정순: 세상에 말만 들었지 눈으로 보긴 생전 첨으로구려.

김희갑: 이게 바로 백문이불여일견이요. 배워서 남 주라지.

황정순: 아유, 좋기도 하지. 세상 좋소.

김희갑이 담배를 꺼내 물자 옆자리에 앉았던 구봉서가 라이터를 꺼내 불을 붙여줌

김희갑 내외: 고맙소.

김희갑: 거, 젊은이는 어디까지 가오?

구봉서: 네, 휴가를 마치고 직장으로 돌아가는 길입니다.

김희갑: 어, 그래? 아주 인사성 바르고 마음씨가 착한 젊은이로구먼.

황정순: 고맙소 젊은이.

구봉서: 감사합니다. 전 어려서부터 동리 어른들에게 그런 말씀을 듣고 자라났 습니다. 동시에 직장 생활을 하면서도 상사를 모심에 있어서는 집안 어른 같이 섬기고 밑에 사람을 아끼고 사랑함에 있어서는

김희갑: 그만, 그만, 그만, 그만. 그 연설이라는 것은 요령 있게 해야지 그렇게 길게 한다고만 잘 하는 게 아니라고.

구봉서: 그러나 제가 하려는 말씀은 서론에서부터 본론을 거쳐 결론으로 들어

가려는 바.

김희갑: 으응, 그래도 요령이 있어야지.

구봉서: 그럼 다시 말씀드리겠습니다.

스피커: 안내 말씀이 있겠습니다. 앞으로 약 10분 후에 **공항에 착륙 예정이오
니 안전벨트를 매주시기 바랍니다. 감사합니다.

비행기가 착륙하는 모습

51:47 산을 폭파시켜 석회를 캐내는 작업을 보여줌. 산 바로 아래에 석회 가공 공장
이 있고 김희갑 내외가 진규의 안내에 따라 공장을 견학하고 있음

김진규: 어떻습니까? 동양 최대를 자랑하는 공장입니다.

김희갑: 참 굉장하구만.

구봉서: 생산부장님, 저.

김희갑: 아니, 이 사람은?

구봉서: 아니 이거 할아버지 또 뵙게 되는군요.

김진규: 아니, 안면이 계시구만요. 우리 공장의 공보관입니다.

구봉서: 다시 인사 올리겠습니다. 저로 말할 것 같으면 구봉서 공보관입니다.

김희갑: 어, 그래. 어쩐지 말이 많다 했었지. 저 생산부장이 내 사위야. 난 일찍
이 세계일주를.

황정순: 영감두, 세계일주는 퍽도 하쇼.

김희갑: 해야지. 자랑스러운 일인데.

김진규: 그럼 공보관이 공장을 설명해드리지 그래. 어머니, 저는 일 좀 보겠어
요.

구봉서: 가시죠.

김진규: 그럼 돌아보세요.

황정순: 나 먼저 간다.

김진규: 네, 돌아보시죠.

구봉서 공보관의 안내에 따라 시멘트 생산 공정을 돌아봄

구봉서: 국가 건설과 세멘트의 생산은 불가분의 관계에 놓여있습니다. 예를 든 다면 경부고속도로를 완성하는 데 있어 세멘트의 투입량은 6,632,000 만 톤이나 들었습니다.

김희갑: 공보관, 그 숫자쯤은 다 알고 있네. 그 숫자에 대해서는 나한테 이야기를 말게.

구봉서: 그렇다면 뭘 말씀드려야 합니까?

김희갑: 이를테면, 이 공장의 생산규모라든가 에?

구봉서: 아, 예에. 에, 이 공장으로 말하자면 동양 최대의 세멘트 공장으로 시간 당 20포대를 생산하는데 그렇게 해서 앞산에 매장된 석회를 다 쓰자면 앞으로 500년은 눈 하나 깜박하지 않고 계속됩니다. 특히 중요한 것은 몇 해 전 ** 삼척지구에 무장공비가 나타났을 쓰라린 경험을 되살려 본 공장이 예비군 훈련을 일층 강화하고 싸우면서 건설하고 싸우면서 일하는 모범적인 공장임과 동시에 아울러 자주국방의 태세를 옹립하여 공산당을 무찔르고, 무찔르고, 무찔.

연설을 끝내고 옆을 돌아보면 이미 김희갑 내외는 멀리 달아나고 있음. 달아나던 김희갑 내외가 다시 김진규를 만남

김진규: 그래 구경 잘 하셨어요?

황정순: 어마어마 해서 정말 놀랬네.

김진규: 점심은 집에 준비됐어요.

김희갑: 아닐세. 내가 꼭 해야 할 얘기가 있으니까 자네 여관으로 좀 나와야겠네.

황정순: 삼척여관 27호실일세.

김진규: 무슨 말씀인진 몰라도 집이 있는데요.

김희갑: 아니, 일은 중지하고 나와주게.

김정훈: 아버지!

황정순: 정훈아.

김정훈: 할머니.

황정순: 정훈아, 이게 웬일이니? 누구하고 싸웠니?

김정훈: 할머니.

황정순: 왜?

김정훈: 애들이 또 아빠를 남자엄마라고 놀렸단 말이에요.

황정순: 정훈아 울지 마라. 우는 게 아니야 이놈아. 에미없이 크느라구.

김정훈: 할아버지.

김희갑: 어, 대장이 울면 쓰나.

김정훈: 아버지. 오늘 점심은 집에 들어가서 잡수셔야 되겠어요.

황정순: 여보게, 세상에 이게 무슨 꼴인가?

김진규: 죄송합니다, 어머님.

황정순: 고집도 좋지만은 자식을 생각해야지. 내 정훈일 데리고 시내로 갈테니
　　　　까 자네는 꼭 좀 나와주게.

김정훈: 준비한 점심은 어떻게 하구요?

황정순: 할아버지랑 아빠랑 모두 나가서 먹으면 되지 뭐.

김정훈: 아이, 정말이에요?

김희갑: 이 사람아, 기다리지 말고 27호실이야. 바로 와.

황정순: 먼저 갈 테니, 꼭 나와주게.

김정훈: 아빠, 빨리 와야 돼.

56:43　택시를 타고 삼척여관으로 김희갑 내외를 찾아온 김진규

김진규: 늦었습니다, 아버님.

방문을 열자 안에서 문희가 기다리고 있음

김진규: 앉으시죠. 저, 아버님과 같이 오셨군요. 자 앉으세요. 아버님을 통해서
늘 소식을 듣고 있었습니다. 여러 번 망설이게 되더군요. (옆방에서는 김희갑
내외가 정훈이를 데리고 있음) 아시겠지만 제게는 정훈이라고.

문　희: 네, 정훈일 처음 봤을 때 퍽 총명한 애라고 생각이 들었어요.

김진규: 근데 아버님은.

문　희: 정훈이 점심을 멕이신다고 나가셨어요.

김진규: 네, 모처럼 오셨는데 우리 같이 나가시죠. 바닷바람도 쏘일 겸 네? 자 나가시죠.

58:10　김진규가 문희를 데리고 삼척 앞바다로 나옴. 이들을 따라 김희갑 내외가 정훈을 데리고 나옴. 가수 이미자가 바다를 배경으로 노래를 부름

김정훈: 저기 봐. 할머니, 정말 새엄마 될 사람이야?

황정순: 그래, 왜? 넌 새엄마 오는 게 싫으냐?

김정훈: 애들이 아버지보고 남자엄마라고 자꾸 놀려댔어. 그래서 새엄마 데려오라고 막 졸랐단 말이야.

황정순: 이놈 말하는 것 좀 들어보오.

김희갑: 그러게. 그저 아이들은 에미가 귀한 법이야.

황정순: 가자, 가자.

김정훈: 아버지!

김진규: 할아버지 할머니는 어디 계시니?

김정훈: 응, 조금 아까 속초**으로 떠나셨어.

김진규: 암말도 안 하시고?

김정훈: 꼭 어울리는 한 쌍이래. 나보고 새엄마한테 안겨보라고 하셨어. 아버지보다 따뜻할 거래. 왜 아버지보다 따뜻해?

문　희: 정훈아.

김정훈: 엄마!

김희갑 내외가 나무 뒤에 숨어서 이 광경을 지켜보고 있음

황정순: 영감.

김희갑: 엉? 울긴 이 사람아. 좋은 일 하지 않았나?

황정순: 좋아서 그런지, 서운해서 그런지.

김희갑: 어려운 일을 치렀구만. 죽은 그 애도 우리 심정을 알아주겠지.

황정순: 왜 모르겠소? 다 제 남편, 제 자식을 위한 일인데.

김희갑: 그래, 그래 줬으면 오죽이나 좋겠나? 어유, 저 임자 가. 가.

진규, 문희, 정훈이 손을 잡고 함께 걸어가는 모습을 보여줌
01:02:46 속초항의 전경과 그 인근 마을에 있는 미애의 집을 보여줌. 집안에서는 미애
가 술상을 차리고 있음

황정순: 얘야, 이번에는 고급 술이로구나.
강미애: 아버님 드리려고 일부러 간수해둔 거예요. 그 일을 생각하면 한이 돼
서.
김희갑: 한은 무슨. 애비 평생에 그때 마신 술보다 더 좋은 적은 없었다.
강미애: (김희갑의 잔에 술을 따라줌) 드세요 아버님. 이번에는 진짜예요. 물도
안 탔고.
황정순: 드슈, 어서.
김희갑: 미애야, 이 고급 술이 옛날 그 술 맛보다 못하구나. 엉?
황정순: 여보, 그 술에다가 비하겠소?

(과거 미애의 집이 어려웠던 시절 이들의 집을 방문했던 일을 떠올림)

신영균: 아니, 여보. 왜 여기다 물을 타고 그래?
강미애: 이건 물을 탄 것이 아니고 우리의 정성을 탄 거예요.
신영균: 제가 * 없는 솜씨는 내봤습니다. 모양은 없어도 맛은 좋을 겁니다.
김희갑: 모양은 봐서 뭘 하나? 그저 생선이란 싱싱한 맛에 먹는 거야.
황정순: 이보게. 이 사람아, 넉넉지 않은 살림에 이렇게 찾아와서 폐가 많네.
신영균: 아이, 장모님도.
김희갑: 술 맛 참 좋다. 여보, 이 강원도 물이 좋아서 그런지 술 맛이 꿀맛이구
려. 엉? 하하, 꿀맛이다, 꿀 맛.
황정순: 여보, 당신 한 잔 더 드시오. 아이들의 정성을 생각해서래두.
김희갑: 들구 말구. 이 술잔에 담긴 정성이야말로 어느 땅, 어느 사위의 정성에
비하겠는가?

(다시 현재 미애의 집으로 돌아옴)

황정순: 정말 우리 미애가 이렇게 된 걸 생각하면 영감, 꿈만 같지 않우?

강미애: 어머니, 그 얘긴 그만하세요.

황정순: 그래, 그 얘긴 안 한다.

김희갑: 애야, 옛말에도 젊어서 고생은 금을 주고 산다고 했어. 고생하던 시절을 거울 삼아서 더 알뜰히 살아야 한다.

강미애: 네, 명심하겠어요. 아버님.

김희갑: 암, 그래야지. 현배 이놈, 너는 아버지보다 더 큰 일을 해야 돼.

신현배: 그건 문제없어요 할아버지. 할머니, 할머니도 한 잔 하세요.

황정순: 이놈 좀 보라구. 할미 보고 저 독한 술을 어찌 먹으라고.

김희갑: 괜찮아. 미애네 집인데. 한 잔 마시고 나니깐 이 생각, 저 생각 생각나는 게 많네. 자, 임자도 한 잔.

황정순: 아이, 영감도 이 독한 걸 어떻게 먹으라고. 얘 에미야, 나 한 잔 먹는다.

김희갑: 쭈욱, 쭈욱. 어때 맛?

황정순: 영감, 속에 들어가니까 불이 나는 것 같소.

김희갑: 불이 나? 그게 술이라는 게지. 자, 자, 자, 안주 아.

01:07:03 속초항의 전경을 보여줌. 거대한 화물선이 들어와서 화물을 실어 나르는 모습. 속초항을 배경으로 가수 나훈아가 나와서 노래를 부름

01:08:27 신영균이 부산에 도착하여 택시를 타고 허장강의 집으로 찾아감. 집 앞에 도착하자 집 안에서 싸우는 소리가 들림

동료1: 이거 봐요, 허 사장. 큰 소리 텅텅 칠 땐 언제고 내놔 당장 (집안에서 허장강을 다그치고 있는 사채업자) 뭐가 어쩌고 어째? 없어? 하, 나 이거 원, 사람 봤나.

동료2: 괜히 살림살이 다 들어내기 전에 확답을 해요.

동료1: 나 이런, 이 사장 빨리 가서 수속하자고. 갑시다.

동료1: 나 이거야 원, 어디 두고 봅시다.

동료들이 나가고 집안에 들어와 있던 신영균이 허장강에게 말을 함

신영균: 형님!

은아가 울면서 방을 나감

허장강: 이제 오는 길인가?

신영균: 도대체 이게 어떻게 된 일입니까?

허장강: 면목 없네.

신영균: 형님, 형님 사업이 이렇게 될 이유가 없지 않습니까? 제가 미국에 들렀
　　　　을 때, 형님 상표가 붙은 가발을 보고 정말 얼마나 만족했는지 모릅니
　　　　다. 그때 전 형님을 만나면 그 기쁨을 함께 나누려고 했는데 형님, 말
　　　　씀 좀 하세요. 대체 이게 어떻게 된 일입니까? (방 밖에서 은아가 이들
　　　　의 대화를 듣고 있음) 전 형님을 부러워했습니다. 형님과 같은 사업가
　　　　가 되려고 했습니다. 그래서 뛰었습니다. 그리고 전 성공을 했습니다,
　　　　형님. 그 몸서리치는 가난을 이기면서 말이에요. 형님, 전 형님과 손을
　　　　잡고 오대양 육대주를 무대로 마음껏 활동해보리라는 희망과 의욕을
　　　　안고 돌아왔습니다. 형님, 우리가 ** 합치면 안 될 일이 없지 않습니까?
　　　　그러자면 경험이 많은 형님이 앞장 스셔서 아무것도 모르는 우리들을
　　　　이끌어주셔야 하지 않겠습니까?

허장강: 영균이, 내가 어리석었어. 욕심이 과했는지도 몰라. 부동산 투자를 했
　　　　다가 그만.

신영균: 사기를 당하셨군요.

허장강: 아휴, 공장도 문을 닫았어.

신영균: 형님, 용기를 잃지 마세요. 다시 일어서야 합니다. 무슨 일이 있어도
　　　　다시 일어서야 합니다. 나야 아무려면 어떤가만 이, 정희가 불쌍해.

신영균: 알고 있나요?

허장강: 다녀갔어. 차마 볼 수 없는 애비 꼴을 보고 갔지. **** 이런 꼴을 보여
　　　　야 했는지.

01:11:57   윤정희와 신성일이 만나서 대화를 나누고 있음

　　　신성일: 정희!
　　　윤정희: 몰라요. 이젠 제겐 아무것도 없어요.
　　　신성일: 아이, 바보 같은 소리. 내가 정희를 사랑하는 것은 아버지의 사업이나
　　　　　　　재산을 넘본 게 아니야.
　　　윤정희: 알고 있어요. 하지만 누구에게나 자격지심은 있어요. 때문에 전 서러운
　　　　　　　거예요.
　　　신성일: 정희, 왜 이러니 정말?
　　　윤정희: 아무 말 말아주세요. 이 처지를 동정 받고 싶지 않아요. 안녕히 계세
　　　　　　　요.
　　　신성일: 정희! (신성일이 정희의 뺨을 때림) 가봐. 가란 말이야. (윤정희가 신성
　　　　　　　일의 품에 안겨 움) 정희, 용기를 내자. 세상에는 그것보다도 아주 더
　　　　　　　한 설움도 얼마든지 있어.
　　　윤정희: 알겠어요. 무슨 일이 있어도 이 괴로움을 이겨나가겠어요.
　　　신성일: 정희, 우리 내일을 믿고 살자. 어제의 괴로움과 오늘의 쓰라림은 *릴
　　　　　　　수도 있고 잊을 수도 있는 거야. 정희의 어려움은 내가 돕고 내 어려
　　　　　　　움은 정희가 돕는 거야. 그래서 우리 손으로 내일을 만드는 거야. 거기
　　　　　　　에 화해가 있고 희망이 있는 거 아니겠어? 밀고 나가자. 오늘의 실패
　　　　　　　쯤 오히려 도움이 될 수도 있는 거야. 응? 정희. 날 봐. 응? 정희. 약속
　　　　　　　하자. 영광된 내일을 위해서 모든 시련을 극복하고 뛰는 것을 말이야.
　　　　　　　맨손이면 어떻고 맨발이면 어떠냐? 약속해 주겠지? 고맙다, 정희야. 한
　　　　　　　치의 부끄러움도 없이 살아가려는 나다. 내게도 아무것도 없어. 하지
　　　　　　　만 누구에게도 지지 않는 의욕과 의지가 있어. 그것이면은 된다. 그것
　　　　　　　을 믿고 너를 사랑해왔던 것. 정희야, 잊지 말자. 이 약속을 말이야.
　　　　　　　응? 정희.
01:14:46   온 가족이 김희갑 내외의 집에 모여 앞으로의 일에 대해 의논을 함

　　　신영균: 이 일을 그냥 넘길 수 없습니다. 작은 힘이라도 하나로 뭉치면은 커지

는 겁니다.

박노식: 그건 그런데, 한두 푼이라야 복구가 되는 거이지. 허 서방 덩어리는 너무 크단 말이여.

신영균: 크기는 합니다. 그렇다고 강 건너 불구경처럼 보고만 있을 수는 없지 않습니까? 우리의 힘이 전과 같은 회사를 차려줄 수는 없을 망정 최소한도 일할 수 있는 여건은 만들어 줄 수 있지 않습니까?

김희갑: 도와주는 것도 좋지만은 이제 겨우 살 만해진 자네들이 또 고생을 할까봐 두렵네.

신영균: 아버님, 아니 고생 좀 더 하면 어떻습니까? 전 물 탄 술로 아버님을 대접한 놈입니다. 아버님의 회갑날 다들 값지고 귀한 물건을 드릴 때 오징어 몇 마리를 들고 부끄러워서 들어가지 못하는 아내의 모습을 보고 가슴이 찢어지는 아픔을 맛보았습니다. 다시는 그렇게 살고 싶지 않아서 물불을 가리지 않고 뛰었습니다. 하지만 내 동기가 쓰러지는 것은 보고만 있을 수는 없지 않습니까? 도와줍시다. 같이 살아야 합니다.

김희갑: 영균이.

신영균: 알겠습니다. 동기 한 사람이 쓰러져가는데 왜들 이렇게 무심합니까? 입장을 바꿔놓고 생각을 해보세요. 형님들이나 제가 망했을 때 누구 한 사람 도와주지 않는다면 얼마나 섭섭하시겠습니까? 알겠습니다. 저 혼자라도 돕겠습니다. 다들 도와주시지 않는다면은 저 혼자라도 도와드리겠다구요.

김희갑: 영균이.

황정순: 영균이. 이 사람아. 영균이! 나 좀 보세.

신영균이 집을 뛰쳐나가고 그를 따라 황정순이 집 밖으로 나옴

황정순: 여보게.

신영균: 어머니.

황정순: 이 사람아, 여보게.

신영균: 어머니. 아무 걱정 마십시오. 부산으로 가겠습니다. 가서 형님의 공장

을 다시 일으켜 놓겠습니다.

황정순: 여보게, 자네 돈이 그냥 번 돈인가?

신영균: 떳떳하게 번 돈은 떳떳하게 써야 합니다.

황정순: 고맙네, 이 사람아.

신영균: 어머니, 그럼 다녀오겠습니다.

01:17:55   문을 닫은 공장에 홀로 남아있는 허장강. 신영균이 공장으로 찾아옴

신영균: 형님!

허장강: 어.

신영균: 형님. 다시 시작합시다. 아 작으면 어떻습니까? 기계가 없으면 손으로 하고 손이 말을 듣지 않으면 의지로 싸워 나갈 수가 있지 않습니까? 예?

허장강: 영균이.

신영균: 얼마 되지는 않습니다. 하지만 서로 따뜻하게 주고 받을 수 있는 마음 이라고 생각을 해주십시오. 형님, 동정이라고는 생각하지 마세요. 이 다음이라도 제가 어려울 때에 도와주시면 되지 않습니까?

허장강: 고맙네.

김희갑: 어, 영균이 왔나?

신영균: 아, 예. 어서 오십시오.

김희갑: 이 사람아, 내가 뭐랬나? *** 엉뚱한 짓을 하니까 이렇게 되지 않나?

허장강: 빙장어른. 영균이 얘기 듣고 생각하고 있습니다. 그래서 옛날처럼 작은 규모라도 다시 시작하기로 했습니다.

김희갑: 암, 그래야지. 그 결심이 있어야 하는 게야. 그래야 돼. 해서 안 되는 일이 어디 있나? 마음 먹기 나름이지. 참, 이거, 이거 봐.

김희갑이 돈이 담긴 봉투를 허장강에게 건네줌

김희갑: 내 전하기는 하네만 진규, 노식이, 수련이, 수일이가 모은 걸세. 그 인정들이 갸륵하지 않나. 내 남의 도움으로 사는 것은 반대해. 내 일은

내가 할 줄 알아야 해. 내 앞가림은 내가 차릴 줄 알아야 한단 말일세.

허장강: 아버님. 명심하겠습니다. 마 살기 전엔 뼈를 깎는 아픔이 있다 하더래도 다시 일어설 겝니다. 그래서 심려를 끼친 여러분들에게도 떳떳한 일을 할 겝니다. 두고 보시소. 꼭 해내고야 말 겝니다.

김희갑: 고맙네 이 사람아. 자네의 결심을 보고 나니깐 내가 내려올 때의 기분은 다 사라졌어. 어서 재기해서 사위를 봐야지. 그 성일이라는 놈 아주 크게 될 놈이야.

허장강: 그래 돼야 안 되겠습니까?

김희갑: 그래도 욕심은 많아서.

고은아: 여보.

허장강: 다시 시작하는 기라. 마음먹고 해서 안 되는 기 어디 있노? 하는 기라. 하는 기라.

01:21:01   허장강의 가발 공장이 다시 가동됨
01:21:14   군인들이 부대 깃발을 들고 행진을 함. 박노식의 가족과 김희갑 내외가 관중석에서 구경을 하고 있음

홍세미: 할아버지, 할머니, 이제 오빠 나올 차례에요.

김희갑 내외: 오, 그래?

박노식: 우리 충범이, 충범이가 나온단 말이야?

홍세미: 어머, 오빠에요.

박노식: 아이, 아이, 아이, 너희 아버지다, 아버지!

김희갑: 어디 있냐? 어디 있냐?

박노식: 저기 안 있습니까요, 저기.

김희갑: 얘야 할애빈 여기 있다.

황정순: 할민 여기 있다.

행진하는 군인들 가운데 수일도 함께 있음

황정순: 여보, 영감. 우리 수일이 좀 봐요. 얼마나 늠름헌가.

김희갑: 그게 다 누구 아들인데?

박노식: 어이, 여기시, 여기, 여기란 말이시.

황정순: 에미 여기 있다.

이어 병사들과 미사일을 실은 수송차가 지나감

황정순: 여보, 영감. 저기 저 그 찬 게 다 뭐요?

김희갑: 거 임자는 설명을 해줘도 모를 거야. 저게 모두 새로운 무기란 것만 알
아두라구.

박노식: 나 참말로, 저렇게 신무기를 갖춘 60만 대군이 있으니끼네 이제 마음
탁 놓게 살게 돼버렸습니다요.

김희갑: 아 그뿐인가? 250만 예비군이 또 있지 않나?

박노식: 아이고, 참말로 그렇구마이라.

김희갑: 여보게, 지난 날 우리는 굴욕과 설움 속에서 살아왔어. 그러나 최근 10
년 동안에는 그것을 박차고 힘차게 발전하고 있는 걸세.

박노식: 암요.

김희갑: 우리의 경제가 그렇고 군사력이 또 그래. 허지만 군대만 강하다고 싸
움에 이길 순 없어. 힘 있는 영도자와 국민의 단합된 힘이 필요한 거
야. 우리의 경제, 우리의 자유가 북으로 넘쳐흐를 때 바로 통일의 길은
열리게 되는 걸세. 그러니 우리는 한 덩어리로 뭉쳐서 나아가야 돼.

박노식: 뭉쳐야지라.

김희갑: 뭉쳐야 해.

황정순: 아이, 여보 왜 그렇게 떠들우? 저것 좀 봐요.

탱크의 행렬이 지나가고 하늘에서 펄럭이는 거대한 태극기를 확대하여 보여줌
01:24:39 김희갑 내외의 집 마당에서 신성일과 윤정희의 결혼식이 진행됨

사회자: 그럼 신랑, 신부 퇴장이 있겠습니다.

김희갑: 잠깐, 잠깐만, 잠깐만. (김진규와 문희에게 다가감) 저, 자네도, 자네도

저기 좀 나가 서야겠어. 복잡하게 할 게 뭐 있나? 같이 치르는 게 간소하지. 자, 자, 뭘 하고 있어?

가족들이 김진규와 문희를 데리고 앞으로 나감

박노식: 아따, 거 참 보기 좋습니다. 이러고 본께 나도 새 장가 한 번 들었으면 좋겠다.
김희갑: 됐어. 여보 됐소.
사회자: 그럼 두 쌍의 신랑 신부가 퇴장을 하겠습니다.

신성일, 윤정희, 김진규, 문희가 함께 사람들의 축하를 받으며 퇴장함.

황정순: 여보, 영감. 빠른 건 참 세월이로구려. 우리가 벌써 손녀 사위를 보다니
김희갑: 아, 꿈 같은 세월이로구면.
황정순: 죽기 전에 빨리 ***나 한 바퀴 휙 돌았으면 좋겠건만.
김희갑: *** 오늘인가? 길 좋겠다, 세월 좋겠다. 잠깐이면 돌지. 잠깐이면 돈다구.
황정순: 어느 사이에 팔도강산이 하룻길이 됐구려.
김희갑: 암, 하룻길이지.

뒤에 모여서 있는 가족들의 모습. 김희갑 내외가 가족들에게 다가감

김희갑: 저, 이 사람들아. 거 피로연은 영균이가 차릴 모양이니깐 영균이 여기 나와서 간단한 연설 한 번 해야지.
신영균: 아닙니다, 아닙니다. 저 형님 어디 가셨나? 형님 이리 나와서 * 한 번 하셔야 합니다. (허장강을 데리고 사람들 앞으로 나옴)
허장강: 감사합니다. 이 자릴 빌어서 제가 한 말씀 드릴 게 있습니다. 제가 마한때 욕심을 부렸다가 사업 상에 큰 곤란을 겪은 일 있지 않습니까?

그래서 여러 동기가 발 벗고 나서서 저를 도와주지 않았습니까? 그래서 다시 공장을 일으켜 세웠고 오늘 이 경사를 따뜻하게 맞게 되었습니다. 정말 감개무량합니다. 정말 감사합니다. 그래서 오늘 신부의 애비가 돼서가 아니라 제 사업의 재기를 자축하는 의미에서라도 피로연은 제가 내겠습니다. 부산으로 갑시다.

신영균: 그러면은 연회장소는 ***에서 돌아온 제 배의 갑판에서 하겠습니다.

박노식: 아, 아, 가만, 가만. 밖에 버스가 기다리고 있으니까 싸게 싸게 가서 탑시다.

온 가족이 버스를 타고 고속도로를 달려 부산으로 감

01:29:59   자막 "끝"

▌ 내레이션

(내레이션 없음)

위험약물(마약)

제 명	위험약물(마약)
출 처	위험약물(마약)
제 작 국 가	대한민국
제 작 년 도	1971년
상 영 시 간	05분 08초
제 공 언 어	한국어
제 작	국립영화제작소
제 공	보건사회부
형 식	실사/애니메이션
컬 러	흑백
사 운 드	유

▌영상요약

마약의 이로운 점과 해로운 점을 설명하며 특히 아편류가 정당한 의료 용도 이외로 사용되는 것은 보건사회부의 관리와 마약감시반의 단속하에 있음을 소개한다.

▌연구해제

이 영상은 마약과 습관성 약물에 중독된 사람들의 폐해를 보여줌으로써 마약 중독과 약물의 오남용을 경고하기 위한 것으로 보건사회부가 제공하고 국립영화제작소가 제작했다. 본래 영상은 10분 길이로 한국정책방송원 e영상역사관에서 〈위험약물(마약)〉과 〈마약의 폐해와 습관성〉으로 분리 서비스되고 있다. 1950~1970년대 국립영화제작소는 마약과 관련해 보건과 사회질서, 안보 등 여러 분야에 걸쳐 여러 편의 문화영화와 대한 뉴스를 제작했다. 예를 들자면 반공선전 영상인 〈간첩은 노린다〉(1962)와 〈대한뉴스〉 (「보라! 공산오열의 죄상」, 제51호, 1955년 1월 1일)에서는 간첩의 공작금을 마련하기 위한 수단으로서의 마약이 등장한다. 1966년에는 연두교서에 따라 마약이 '밀수, 탈세, 토벌, 폭력'과 함께 뿌리뽑아야 할 다섯 가지 사회악으로 규정되자 〈5대 사회악〉(1966), 〈대한뉴스〉(「박정희대통령연두교서」, 제554호, 「사회악을 뿌리 뽑자」, 제562호, 1966년 3월 19일)가 제작되기도 하였다. 〈위험약물(마약)〉과 〈대마초의 해독〉(1976)은 외형적으로는 마약의 위험성과 이와 관련한 보건사회부의 정책을 알리는 것이지만, 제작 배경에는 대마와 대학생들을 관리, 규제하기 위한 정부의 의도가 반영되어 있다.

〈위험약물(마약)〉은 마약의 공급 및 관리를 주관한 보건사회부의 활동을 통해 마약의 위험성을 경고한다. 영상은 병원에서 치료를 받는 환자의 모습을 통해 현대의학에 필요한 의약 진통제로서 마약의 순기능을 설명한 후, 마약 중독으로 인한 폐해를 보여주기 시작한다. 다음으로는 아편, 모르핀, 코카인 등이 국민 보건에 위협을 가져오기 쉬운 위험 약물임을 설명한 후 마약감시반의 활동을 보여준다. 마지막으로는 진정제, 각성제 등 습관성 약물에 중독된 사람들, 약을 조제하는 약사, 정신병원에 입원한 환자들의 모습 등을 연이어서 보여주며 약물의 오남용으로 인한 폐해를 경고한다.

영상이 제작된 1971년 마약과 관련된 사회배경을 살펴보면 헤로인, 아편 등의 밀매·제조 외에도 습관성 약물과 대마초의 규제가 사회문제의 큰 이슈를 차지하고 있었다.

1970년 미군부대를 통해 대학가에 퍼진 대마초인 일명 '해피스모크'를 사회악으로 규정하고 치안국이 단속하자 보건사회부는 대마를 마약으로 취급하기로 결정했다. 또한 대마를 비롯해 특정 수면제, 진통제를 비롯한 88종의 의약품을 습관성 약물로 지정해 관리·단속에 나섰다. 습관성 약물 관리의 핵심은 '대학가에 퍼진 대마초'였던 것으로 보이는데 문제는 농촌 어느 곳에서나 재배되는 한국산 대마가 마약으로 규정되어 있지 않았기 때문에 이를 단속할 법적 근거가 없었다는 것이다. 이에 1970년 10월 대마의 주성분인 테트라하이드로 칸나비놀을 습관성 의약품으로 명시한 관리법이 발효되어, 대마초는 마약에 준하는 규제와 단속을 받게 되었다. 1973년 습관성의약품관리법은 관리, 통제, 벌칙이 강화되어 최고 사형을 구형할 수 있는 법안으로 개정되었고, 대마초는 법적 규제 내에서 강력 단속 대상이 되었다. 이러한 규제가 강화됨에 따라 1975년에는 신중현, 김추자 등을 비롯한 다수의 연예인들이 대마초 흡연으로 연이어 구속되는 사건이 발생했고, 대마초는 사회에 파장을 일으키는 사회악으로 자리 잡았다.

참고문헌

「보사부 대마도 마약 취급키로」, 『동아일보』, 1970년 6월 9일.

「대학가에까지 번진 해피스모크 파동」, 『경향신문』, 1970년 6월 11일.

「치안국 대학가 해피스모크 단속」, 『동아일보』, 1970년 6월 17일.

「길트인 단속 습관성의약품관리법 통과로」, 『경향신문』, 1970년 7월 17일.

「대마초 담배 피워 신중현에 영장 김추자도 입건」, 『경향신문』, 1975년 12월 5일.

화면묘사

00:00   자막 "제공: 보건사회부 제작: 국립영화제작소"

00:03   장미꽃밭의 모습

00:24   양귀비의 여러 사진들

00:52   병원으로 응급차에 실려 오는 환자, 환자를 옮겨 수술을 진행하는 의료진의 모습

01:43   진료실에서 상의를 탈의한 채 의사에게 진료 받는 환자의 모습, 이어 환자에게 주사를 놓는 간호사의 모습. 약을 복용하는 여성 환자

02:26 아편을 피우고 있는 한 남자의 모습

02:34 "아편재배분포도" 애니메이션 삽입. 전 세계 지도를 제시하며 아편이 재배되는 곳을 보여줌

02:53 신문 기사 "생아편 피로인 대량 밀수입", "해방 후 최대 아편밀수단 검거", "텍사스촌에 환각제소굴"

03:06 공항 밖에서 택시를 타려는, 수상해 보이는 남자를 좇아 검문하는 세 명의 남자들, 곧 수갑을 채움

03:36 마약을 관리하고 있는 보건사회부의 행정 직원들의 업무 모습, 곧이어 실험실에서 실험하는 모습

04:08 마약감시반에게 잡혀 사무실 복도로 끌려오는 마약 중독자의 모습. 그의 신발과 옷 등에서 마약을 찾아내는 형사들

05:01 압수된 다양한 마약들

내레이션

00:09 아름다운 장미에도 가시가 있다는 말이 있습니다. 그것은 아름다움 속에도 무서운 독소가 있음을 의미하는 말입니다. 가련한 소녀처럼 외줄기에 피었다가 하루 만에 지는 청초한 꽃 양귀비. 그것은 마치 가을 하늘 위에 뜬 한 송이의 구름처럼 청초하고 아름답기만 합니다. 그러나 우리 인류는 이 아름답기만 한 양귀비에서 무서운 마약을 만들어 낸 것입니다.

01:01 마약. 우선 마약이라고 하면 누구나 두려움과 나쁜 맘을 갖게 마련입니다. 그러나 누구를 막론하고 마약의 혜택을 입지 않은 사람은 거의 없을 것입니다. 마약은 오늘날 현대 의학에 있어서 없어서는 안 될 소중한 의약품의 하나로 진통 진정제로 널리 이용되고 있기 때문입니다. 만약 우리가 생명에 관계되는 큰 수술을 받거나 심한 상처로 아픔을 참지 못할 때 그 아픔을 잊게 해주는 마약이 없었다면 그 고통을 어떻게 이겨낼 수 있겠습니까. 오늘날 마약이 개발됨에 따라 인류의 의학도 많은 발전을 가져 오게 됐습니다.

01:49 그러나 적은 펜대 하나로 사람을 헤치는 무서운 흉기로 변하고 말듯이 마약도 쓰거나 오랫동안 사용하게 되면 차츰 양을 늘려야 하고, 결국 헤어날 수 없는

마약 중독자가 되고 마는 것입니다. 마약 중독의 원인으로는 수술환자나 통증 환자에게 계속 마약을 사용하거나 정신적인 고민을 쉽게 해결하기 위해, 또는 유혹이나 호기심으로 인한 경우 등이 많습니다. 그러면 마약 중에서도 그 대표적인 아편에 대해 잠깐 알아보기로 합시다.

02:38 아편은 주로 인도, 터키, 유고슬라비아, 파키스탄에서 재배되고 있으며 전세계에서 연간 백만 킬로그램(Kg)이 산출된다고 합니다.

03:10 그러나 아편, 몰핀, 코카인 등 중독성을 지닌 마약은 본래의 목적 외에 달리 악용되는 경우가 많으며 국민 보건에 위협을 가져오기 쉬운 위험 약물입니다. 그러므로 밀수나 밀매에 대해서 엄중한 감시를 하고 있습니다.

03:42 특히 우리나라에서는 마약의 공급 및 관리를 보건사회부에서 직접 주관하고 있으며 마약의 해독 방지 및 그 사용을 정당한 의료용이나 학술연구에만 사용하기 위해 마약지급에 대한 ***, 마약 취급자 등에 대한 규정을 법률로 제정해서 엄격히 시행하고 있습니다.

04:13 그러나 마약 중독자나 매매자들의 조직은 공산당의 그것처럼 철저한 조직망을 가지고 있어 이들을 추려내기란 여간 어려운 일이 아닙니다. 보건사회부에서는 사회의 암적 존재이기도 한 이들을 추출해 내기 위해 강력한 수사권을 가진 마약감시반으로 철저하게 감시하고 있습니다.

05:02 이것이 압수된 여러 가지 마약입니다.

마약의 폐해와 습관성

제 명	마약의 폐해와 습관성
출 처	위험약물(마약)
제 작 국 가	대한민국
제 작 년 도	1971년
상 영 시 간	04분 49초
제 공 언 어	한국어
제 작	국립영화제작소
제 공	보건사회부
형 식	실사
컬 러	흑백
사 운 드	유

영상요약

마약과 습관성 약물에 중독된 사람들의 폐해를 보여주며, 마약 중독과 약물의 오남용을 경고하는 영상

화면묘사

00:01 마약의 폐해를 보여주는 마약중독자들, 뼈만 남은 마약중독자. 발가락 사이에 주사하는 모습, 팔에 주사를 놓는 모습
00:32 미군부대 앞의 기지촌 전경

00:48 　농촌의 한 초가집에서 마약을 물에 녹여 아이에게 먹이는 여인

01:09 　정신병원으로 들어가는 엠블런스

01:16 　서울시립정신병원에 수용되어 있는 마약 환자들 모습, 활기 없이 무력하게 철
　　　　창 병동이 갇혀있음

02:07 　종로의 약국 거리, 약을 사고파는 한 약국의 모습

02:25 　운전을 하며 각성제를 마시는 택시 운전사, 약을 먹으며 공부하는 수험생, 상습
　　　　적으로 두통약을 먹는 할머니, 수면제를 먹는 젊은 여성 등 습관성 약물에 중
　　　　독된 경우들

03:12 　약사가 약을 조제하는 모습, 한 알씩 늘어가는 약물, 팔에 주사를 놓는 모습

03:36 　습관성 약물에 중독되어 멍한 여성, 남성의 모습, 거적을 덮고 노숙하는 약물중
　　　　독자

04:01 　병원에서 치료를 받는 건전한 일반인들의 모습

04:15 　수많은 사람이 거니는 거리, 차가 다니는 도시의 전경

내레이션

00:05 　여기 뼈만 남은 마약중독자를 보십시오. 혈관이란 혈관은 모두 주사자국으로
　　　　굳어져 마지막으로 발가락 사이에 실오락 같은 혈관을 찾아 바늘을 꽂는 이 참
　　　　혹한 현상. 마약의 해독은 무서운 것입니다. 날이 가면 갈수록 점점 마약의 양
　　　　을 늘여야 하고 결국은 백만장자라도 파산하고 마는 것입니다. 특히 마약의 손
　　　　길이 뻗치기 쉬운 우범지로는 비교적 밀수가 용이하고 나쁜 *이 따르기 마련인
　　　　외인부대의 기지촌이나 밤의 환락을 누리는 유흥가 등을 들 수 있습니다. 특히
　　　　농촌에서는 아편을 만병통치약으로 알고 남용하는 수가 많으며, 결국 이것이
　　　　화근이 되어 아편중독자가 되는 경우가 많은 것입니다.

01:14 　그러면 여기서 서울시립 정신병원에 수용되어 있는 마약 환자들을 찾아 마약
　　　　중독이 얼마나 무서운가를 함께 보기로 합시다. 여기에 수용돼 있는 이 환자들
　　　　도 마약에 손을 대기 전까지는 여러분들과 조금도 다를 바 없이 건강한 모습으
　　　　로 행복한 삶을 누리던 사람들입니다. 활기라고는 조금도 찾아볼 수 없는 뼈만
　　　　남은 이 앙상한 체구. 금방 숨이라도 넘어갈 듯 벽에 머리를 박으며 버둥거리

는 환자. 우리는 참혹한 이 현상을 보고 무엇을 느끼는 것일까요. 그러나 이들은 희망이 있습니다. 머지않아 마약 중독을 뿌리뽑고 밝은 내일을 기약할 사람들입니다.

02:10 뿐만 아니라 우리가 두려워해야 할 것은 마약뿐이 아닙니다. 우리는 흔히 의사의 처방 없이 약을 잘못 쓰거나 필요 이상의 남용으로 건강을 해치거나 부작용을 일으켜서 생명의 위협을 가저오는 일도 종종 있기 때문입니다. 과로한 노동으로 잠을 쫓기 위해 습관처럼 각성제를 먹는 일이나 수험공부에 시달린 학생이 밝은 정신을 깨우치려고 계속 약을 먹어가며 책과 씨름하는 경우, 또 두통이 날 때마다 약을 먹는 사람.

03:00 매일 밤 수면제를 먹어야 잠을 이루는 사람. 고민을 잊거나 환락의 극치를 맞기 위해 환각제를 먹고 도취하는 사람. 이러한 사람들은 모두 습관성 약물에 중독됐거나 중독되기 쉬운 사람들입니다. 습관성 약물이란 마약처럼 중독성을 지니고 있으며, 이것 역시 한 알에서 두 알, 두 알에서 세 알로 점차 약의 양을 늘려야 하며, 특히 대부분의 마약 환자들은 당국의 엄격한 마약 단속으로 마약을 구하지 못하고 대신 습관성 약물을 대량으로 사용하는 경우가 많습니다.

03:47 단 한 번밖에 주어지지 않은 귀중한 생명을 순간의 쾌락이나 고통을 잊기 위해 죽음과 바꾸는 어리석음이 또 있을 수 있겠습니까.

04:05 건강은 제일의 보배입니다. 아차하는 실수로 평생을 망치는 불행이 또 있어서는 안 되겠습니다. 우리는 다시 한 번 생각해 봅시다. 이 수많은 사람 가운데 마약이나 습관성 약물 중독자가 없다고 누가 단언하겠습니까. 만약 있다면 한시라도 빨리 손을 떼고 건강한 몸과 마음으로 행복한 가정, 명랑한 사회를 이룩해야 하겠습니다

신영균씨의 어느 날

제 명	신영균씨의 어느 날
출 처	신영균씨의 어느 날
제 작 국 가	대한민국
제 작 년 도	1972년
상 영 시 간	10분 13초
제 공 언 어	한국어
제 작	국립영화제작소
제 공	국세청
형 식	실사
컬 러	컬러
사 운 드	유

▌ 영상요약

세금이 많이 나와서 영화촬영에 집중하지 못하던 신영균은 국세상담소를 찾아 세금 증가 원인에 대한 상담을 받고 스튜디오로 돌아와 자신의 상담결과를 관객에게 설명한다.

▌ 연구해제

〈신영균씨의 어느 날〉은 '공평한 과세, 성실한 납세, 명랑한 협동'을 내용으로 하는 국세청의 1972년 행정지표 '총화세정'과 1971년 11월 설치한 국세상담소의 역할을 홍보선전하기 위한 영상이다. 영상은 세금이 많이 나와서 영화촬영에 집중하지 못하던 영화배우 신영균이 국세상담소를 찾아 세금 증가 원인에 대한 상담을 받고 스튜디오로 돌아와 자신의 상담결과와 총화세정의 목표와 의미를 관객에게 설명하는 내용으로 구성되어 있다. 신영균은 카메라를 향해 "제3차 경제개발5개년계획 제1차년도인 1972년 총화세정을 통해 산업자금의 기반이 마련되고 이 산업자금이 결국 우리에게 돌아오기 마련"이라며, "나라의 발전을 위해 세금을 내는 국민이 되자"라고 관객을 설득한다.

1960~1970년대 국립영화제작소의 문화영화 중 〈신영균씨의 어느 날〉처럼 유명 영화배우들을 기용해 흥미를 유발함으로써 정책의 이해도를 높이는 홍보영상들이 적지 않은 비중을 차지하는데, 이러한 영상들은 국세청, 보건사회부 등 정책을 주관하는 주무부처에서 제작을 의뢰하거나 협찬하는 경우임을 확인할 수 있다. 1960년대부터 국세청은 세수증대를 위한 홍보선전 정책의 하나로 포스터와 표어, 노래를 모집하고 국립영화제작소를 통해 홍보영상을 제작했다. 국립영화제작소의 문화영화 중 서영춘과 송해가 출연해 만담형식으로 납세의 중요성을 홍보하는 〈내집살림 나라살림〉(1967), 김동훈, 김민자가 출연하고 국세청이 협찬한 〈내일에 산다(세금이 가는 곳)〉(1969), 김진규, 사미자가 출연한 〈달라지는 세금〉(1977) 등이 1960년대 납세의 의무를 홍보하는 영상이다.

1970년대에 접어들며 세계경기 불황에 따라 경제 성장률이 수직 하락하고 세수 목표의 과다책정에 따라 세수 실적의 목표가 미달되자 국세청은 총화세정이라는 지표를 내세우고 이를 범국민적인 납세의식 계몽운동으로 확장시켰다. 총화세정 홍보선전을 위해 국세청은 표어와 포스터를 공모하고, 정부간행물과 정부가 발주하는 공사장 등에 납세표어를 삽입하거나 게시했다. 또한 각급학교 교과서에도 납세의식 고취를 위한 교재를 삽입했으며, 〈신영균씨의 어느 날〉 같은 홍보영상을 제작했다.

　국세청의 홍보영화의 주인공으로서 신영균은 매우 적합한 인물이었다. 왜냐하면 1960~1970년대 부동의 톱스타였던 신영균은 1967년 제1회 세금의 날에 모범납세자로 국세청장 표창을 받은 것을 비롯해 매년 연예인 납세액 최고자 수위에 포함되었을 뿐만 아니라 공화당원으로 활동하고 있었기 때문이다. 1969년 공화당에 입당한 신영균은 1971년 중앙위원 및 영등포을 지구당위원장을 거쳐, 1972년 12월에는 통일주체국민회의 대의원으로 당선되었다. 따라서 이 영상에서 홍보선전의 전달자인 신영균의 이미지는 대중적인 연예인이자 정당인으로서 활용된다고 볼 수 있을 것이다.

▌ 참고문헌

「세수증대를 위한 국세청의 노력에 붙인다」, 『경향신문』, 1966년 4월 14일.

「고소득층에 중과」, 『경향신문』, 1967년 3월 11일.

「입당 소감 기대하시라」, 『경향신문』, 1969년 5월 7일.

「신성일 965만원 최고 연예인들의 반년 수입」, 『경향신문』, 1968년 11월 9일.

「법인 유공 1백35억 개인 강석진씨 3억」, 『매일경제』, 1970년 3월 3일.

「국세상담소 설치 12일부터 운영」, 『매일경제』, 1971년 11월 5일.

「공화당 중앙위원 명단」, 『경향신문』, 1971년 2월 19일.

「총화세정의 구현을 위한 참신한 아이디어를 찾습니다」, 『경향신문』, 1972년 1월 18일.

「침체 극복 위한 감세를」, 『동아일보』, 1972년 1월 25일.

「통일주체국민회의 대의원 당선자 명단」, 『동아일보』, 1972년 12월 16일.

▌ 화면묘사

00:00　제목 자막 "신영균씨의 어느날"

00:09　자가용 운전해서 스튜디오로 가는 신영균

00:43　스튜디오에서 영화 촬영하고 있는 모습. 늦어서 미안하다며 사과하는 신영균

00:56　가출한 아내의 전화를 받고 설득하는 장면을 촬영하는 신영균. 연기가 잘 되지 않자 다시 찍자고 하는 감독과 사과하고 다시 시작하지만 전화기를 떨어뜨려

엔지 내는 신영균

02:02 사무실에서 감독과 이야기하는 신영균. 세금 고지서를 꺼내 보이며 이야기하는 신영균

감독: 아니 그래 오늘 뭐 기분 나쁜 일이라도 있소?

신영균: 나 참.

감독: 아니 왜 그래요?

신영균: 이거 좀 보시오.

감독: 이거 고지서 아니오? 아니 톱스타 신영균 씨가 세금 많이 내는 것은 세상이 다 아는 사실 아니오.

신영균: 아무리 그래도 그렇지. 작년보다 20프로가 더 많으니 이런 법이 있어요? 아무래도 국세상담소에 좀 가봐야겠습니다.

감독: 참, 뭐 그럼 가 보는 거지. 세금이란 국민의 관심사니까 잘 알아보시고 나한테도 얘기 좀 해 주시오.

신영균: 미안합니다, 이거. 자 그럼.

02:48 세종로 전경과 "국세상담소" 건물 모습

02:58 차에서 내려 국세상담소 방문하는 신영균. 상담소 직원과 세금 고지서 가지고 이야기하는 신영균. 상담소에 걸린 "총화세정 1972년 임자신정 대통령 박정희" 라고 적힌 액자가 보임

03:59 웃으며 운전하는 신영균

04:10 스튜디오에서 영화 촬영하는 신영균이 감독에게 이야기를 하는 모습

신영균: 아, 잠깐. 시간을 좀 빌려야겠습니다.

감독: 좋습니다. 상담실에 갔던 일 ** 좀 들어봅시다.

04:27 카메라를 향해 이야기하는 신영균 "세금이란 우리 생활과 밀접한 관계에 있기 때문에 지금 시간을 빌려서 저의 상담결과를 여러분에게 알려드리고자 합니다. 잠깐 제 말씀을 들어주십시오. 금년은 제3차 경제개발5개년계획의 첫 발을 내

딛는 제1차년도입니다. 이 뜻 깊은 1972년의 세정목표는 총화세정이라고 하겠
습니다. 이 총화세정이라는 것은 관민의 명민한 협동정신을 의미하는 것이며
또 이것은 공평한 과세와 성실한 납세를 의미하는 것이라고 하겠습니다."

05:11   시장에서 옷 고르는 여성들의 모습

05:20   돗자리 만드는 여성들

05:26   배에서 어로 작업하는 어민들

05:32   공장 작업 모습

05:41   사무실에서 일하는 사람들

05:46   주판으로 계산하는 사람들의 모습

05:53   카메라 보고 이야기하는 신영균. "이와 같이 세계 모든 국가는 국민들이 낸 세
        금으로써 국정을 꾸려가며 발전을 도모합니다. 이 재원은 모두가 세금으로 이
        루어지는 것입니다. 우리의 현실을 놓고 보면 간단하게 알 수가 있는 겁니다."

06:10   가동되는 공장들 전경

06:24   고속도로의 모습

06:28   농촌의 정비된 가옥들과 도시의 아파트들

06:39   남대문 앞 도로 건설 현장

06:46   도로와 공장 건설 현장

06:58   카메라 보고 이야기하는 신영균. "보신 바와 같이 곳곳에 세워진 많은 공장은
        우리들의 것입니다. 우리들의 세금에 의해서 이룩된 우리나라의 자랑인 것입니
        다. 그러나 우리들은 그 정도의 성과로서는 만족할 수가 없지 않습니까?"

07:15   수납창구에서 세금을 내는 모습

07:34   카메라 보고 이야기하는 신영균. "제가 국세상담소를 찾은 것은 세액이 작년보
        다도 많아졌기 때문이었습니다. 여러분 가운데에서도 저와 같은 생각을 가지고
        계신 분이 많으리라고 생각합니다. 세액이 왜 작년보다 많아졌나를 생각하시는
        분은 국세상담소를 찾아주시면은 그 까닭을 알 수가 있습니다. 여기는 누구나
        이용할 수가 있더군요. 사실 저도 직원들과 한바탕 싫은 소리를 했습니다만은
        상담결과 세액이 높아지는 이유를 확실히 알았습니다."

08:12   국세상담소의 상담안내판이 보임

08:16   국세상담소에서 상담 받는 사람들의 모습

08:46 카메라 보고 이야기하는 신영균. "여러분, 우리가 낸 세금은 즉 산업자금이 되어 결국 우리에게 돌아오기 마련인 것입니다. 그러니까 산업자금은 우리를 위해서 내는 세금이 되는 것이 아니겠습니까? 여러분, 다 같이 기한 내에 세금을 냅시다. 그리고 우리나라의 발전이 우리의 손으로 이룩되었다는 자부심을 가져야겠습니다. 또한 발전하는 국가의 국민이 되었다는 긍지를 가져야겠습니다."

09:25 카메라 옆으로 들어온 감독이 "이제야 궁금증이 풀렸습니다."라고 말하며 촬영을 들어가자 하고 신영균은 카메라 보고 "감사합니다."라고 인사하는 모습을 보여줌

09:31 촬영에 들어가는 신영균

09:52 공장 지대의 야경

09:58 자막 "성실하게 납세하자 마을크고 나라큰다"

10:07 자막 "끝 제공 · 국세청 기술협찬 · 국립영화제작소"

내레이션

03:10 감독으로부터 양해를 얻은 저는 그 길로 국세상담소를 방문하게 되었습니다.

03:38 상담소에서는 바쁜 가운데서도 저를 반갑게 맞이해주었습니다. 이곳에서 금년도 세정 전반에 걸친 상세한 내용을 들을 수가 있었습니다. 저는 세무행정에 시달리는 공무원들의 애로점과 납세자의 협력을 호소하는 상담소 직원의 말을 듣고 저의 상담결과를 여러분에게 전해드려야겠다는 결심을 하게 됐습니다.

05:11 사람이 산다는 것은 움직이는 것을 의미합니다. 움직이는 것은 생존경쟁의 소용돌이 속으로 뛰어드는 것을 의미합니다. 이러한 생존경쟁은 인간이 존재하는 곳이면 어디에나 있기 마련입니다. 농촌에도 있고, 어촌에도 있고, 공장에도 있습니다. 작게는 가내수공업에서부터 크게는 대 공장에 이르기까지 인간의 피나는 노력을 찾아볼 수가 있습니다. 이러한 노력에 의해서만 개인이나 기업의 이윤이 있기 마련입니다. 그 이윤의 몇 퍼센트를 세금으로 내는 것은 동서양을 막론하고 어디에나 다 같습니다.

06:10 우리나라는 지난 10년 동안 제1, 2차 경제개발5개년계획을 성공리에 끝마쳤습니다. 곳곳에 거대한 공장들이 수없이 건설되었습니다. 그리고 전국을 일일 생

활권으로 묶는 고속도로가 완성되었습니다. 이와 같은 비약적인 발전으로 1971
년 말 현재 국민의 소득은 253달러로 늘어났습니다. 연간 11.4퍼센트의 성장률
을 보여주었습니다. 그와 같은 대 사업을 누가 했겠습니까? 오직 우리들이 했
습니다. 지금 이 순간에도 우리들은 국가의 발전에 공헌하고 있습니다. 우리나
라는 오직 우리들의 힘으로 발전하고 있습니다.

07:17 이와 같은 국가적 대 사업의 성공은 굳건한 정신력과 많은 재원을 필요로 하고
있습니다. 그렇다면 그 많은 재원이 과연 어디에서 나오는 것이겠습니까? 바로
이것이 우리들의 납세로만 가능한 것입니다.

08:12 세액이 작년보다 높아지는 것은 첫째, 경제성장에 따르는 소득증대로 자연 증
가를 들 수가 있습니다. 둘째는 기장을 하지 않았거나 신고를 하지 않았거나
자진납부 또는 영업감찰을 내지 않았거나 검열을 받지 않았을 경우가 되겠습니
다. 그리고 셋째는 벌금의 성질을 띤 불명예스러운 가산세인데 이것은 내지 않
아도 될 돈을 내게 되는 것입니다. 이게 얼마나 답답한 일입니까?

외국의 새마을(이스라엘)

출 처	외국의 새마을(이스라엘 이야기)
제 작 국 가	대한민국
제 작 년 도	1972년
상 영 시 간	14분 31초
제 공 언 어	한국어
제 작	국립영화제작소
제 공	문화공보부
형 식	실사/애니메이션
컬 러	흑백
사 운 드	유

▌영상요약

이스라엘이 1948년 독립 후 농토 개간과 주택 건설, 공동 작업 등을 통해 생산성을 늘린 성공 사례를 새마을운동의 본보기로 설명한다.

▌연구해제

이 영상은 1948년 독립 후 농토 개간과 주택 건설, 공동 작업 등을 통해 생산성을 늘린 이스라엘의 성공 사례를 새마을운동의 본보기로 제시하는 문화영화로 원제는 〈외국의 새마을-이스라엘 이야기〉이다. 상영시간은 14분 31초로 이스라엘의 문화영화를 국립영화제작소가 재편집하고 내레이션을 입혀 새마을운동 선전영화로 제작했다. 1972년 국립영화제작소는 이와 같은 방식으로 〈이스라엘 여군(여자민병대)〉(원제: 처녀군대-이스라엘)을 제작·배포했다.

〈외국의 새마을(이스라엘)〉은 계몽을 목적으로 사례비교를 하는 공보선전영화의 전형성을 띠고 있다. 영상은 이스라엘의 지리적 위치와 역사적 배경으로 시작해 농지를 개간하고 농업용수관을 설치해 사막을 농토화하는 이스라엘 사람들을 보여준 후 이스라엘 발전의 상징인 집단농장 키부츠를 상세히 설명한다. 이어서 편집된 후반부 영상은 이스라엘과 한국의 사례를 교차 편집해 비교한 후, 새마을운동을 통해 한국의 농촌이 좋은 사례로 발전할 수 있다는 선전 메시지를 전하며 마무리된다. 1960~1970년대 국립영화제작소의 문화영화에서 〈외국의 새마을(이스라엘)〉과 〈이스라엘 여군〉처럼 재편집해 제작·배포한 해외 영상들을 찾아볼 수 있다. 캐나다국립영화제작소(The National Film Board of Canada)의 문화영화 〈의자공과 소년들(The Chair maker and the Boys)〉(1962)과 자유베를린방송(Sender Freies Berlin)의 TV 다큐멘터리 〈철조망(Backed Wire Frontier)〉은 국내의 공보정책에 맞춰 내레이션이 재편집된 대표적인 해외 영상들이다.

그런데 국립영화제작소 출범 시 역할모델로 삼은 캐나다국립영화제작소의 영화나 분단이라는 공통분모를 갖는 독일의 다큐멘터리와 비교했을 때 이스라엘의 문화영화들에는 차이점이 존재한다. 이스라엘의 문화영화가 국립영화제작소를 통해 전국적으로 상영된 데에는 위로부터의 직접적인 지시라는 배경이 있었다. 1971년 12월 김종필 국무총리는 안보우선의 가치관을 국민들에게 주입시키기 위해 이스라엘과 스위스의 선전영화들을 공보정책의 역할 모델로 삼을 것을 문화공보부에 지시했다. 여기에서 더 나아가 1972년 1월 정부는 안보영화제작에 책정한 7,690만 원의 예산 중 이스라엘과 스위스의 예비군체제를 선전하는 안보영화 1편을 도입해 전국에서 상영할 것을 계획했다. 1972년 5월 광주에서 열린 새마을 소득증대촉진대회에서 새마을영화로 재편집된 이스라엘 문화영화를 관람한 박정희 대통령은 전국의 공무원들에게 이 영화를 보도록 지시했다. 이러한 분위기 속에서 문화공보부는 이스라엘을 공보선전에 적극적으로 활용하기 위해 이스라엘 무용단 내한공연(〈대한뉴스〉(「이런일 저런일」, 제863호, 1972년 1월 22일자))과 이스라엘 사진전(〈대한뉴스〉(「이런일 저런일」, 제914호, 1973년 1월 13일자)을 주최하기도 했다.

이 영상이 제작·배포된 1972년을 기점으로 국립영화제작소는 당시 하락세에 접어들고 있던 상업영화의 인력들을 투입해 극화화한 새마을운동 선전영화를 지속적으로 제작했는데, 그중에서도 특히 김희갑, 황정순이 부부로 등장하는 〈자가용 타고 친정 가세〉(1972), 〈새마을 만세〉(1973) 등은 국립영화제작소가 제작해 흥행한 극영화 〈팔도강산〉(1967)의 캐릭터 구성을 가져옴으로써 대중성과 상업성을 첨가한 선전영화라고 볼 수 있다.

█ 참고문헌

「김총리 지시 안보영화 생활화 국민개창 운동도」, 『경향신문』, 1971년 12월 21일.
「공무원에 계몽영화」, 『동아일보』, 1972년 5월 31일.
「안보영화 제작 위해 현지 로케」, 『동아일보』, 1972년 1월 22일.
「이스라엘 사진전 국립공보관서」, 『경향신문』, 1973년 1월 6일.
이정아, 「박행철 편」, 〈문화영화〉 구술채록연구팀, 『2014년 한국영화사 구술채록연구
    〈주제사〉』, 한국영상자료원, 2012.

█ 화면묘사

00:00   사막을 달리는 트럭의 모습
00:31   제목 자막 "외국의 새마을−이스라엘 이야기−"

00:38 세계 지도에서 이스라엘의 위치와 면적, 주변 정세를 설명함

01:00 이스라엘의 사막과 돌산을 보여줌

01:31 예수 그리스도의 사적들을 보여줌

01:57 이스라엘 농촌 모습

02:20 나치에 학살당한 모습을 사진 자료로 보여줌

02:33 "MAY, 15 1948"이라고 적힌 지도, 자료 화면과 함께 이스라엘의 독립, 이주의 역사를 설명함. 이스라엘로 돌아오는 사람들의 모습을 보여줌

03:08 땅을 개간하는 사람들. 지하 파이프를 설치해 농토로 만드는 모습

03:43 토질을 조사해서 농작물 연구를 하는 모습

03:57 농작물이 자라난 모습

04:04 농작물 관련 실험을 하는 연구원

04:14 농민들이 일하는 모습

04:33 농경지가 된 땅 전경

04:39 주택 건설하는 사람들

05:02 완성된 도시 전경

05:09 사해의 물을 정수 작업하는 모습

05:45 키부츠에서 일하는 사람들

06:07 트럭을 몰며 경비 서는 사람들

06:22 농장에서 공동 작업하는 사람들

06:45 트럭을 몰며 경비 서는 사람들

06:59 딸기와 장미를 재배하는 온실

07:14 오렌지 농장에서 일하는 사람들. 오렌지를 따고 수하하는 모습

07:51 시장의 모습

08:02 양계장에서 닭을 돌보는 사람들

08:19 식사 준비하는 여성들과 식사하는 남성들

08:45 탁아소에서 아이들을 돌보는 여성들

09:07 결혼식 모습

09:26 나무를 심는 사람들

09:41 밭일하는 농민들

10:09	가족들과 인사하고 헤어지는 남성들
10:20	훈련 받는 남녀 군인들
10:58	농장일 하는 사람들
11:10	휴식 취하는 남녀 군인들
12:22	지도를 통해 이스라엘과 주변국의 안보관계를 설명함
12:29	한반도 지도의 휴전선을 보여줌
12:33	이스라엘 결혼식 모습과 우리나라 결혼식을 비교하여 보여줌
12:49	이스라엘 농촌 풍경과 우리나라의 도시 풍경을 비교하여 보여줌
13:10	이스라엘의 사막과 돌산을 우리나라 자연 환경과 비교하여 보여줌
13:27	이스라엘 군인, 농민들이 일하는 모습과 우리나라 농촌에서 일하는 모습을 교차하여 보여줌
14:27	자막 "끝/ 제공: 문화공보부/ 제작: 국립영화제작소"

▌내레이션

00:12 내려 쪼이는 태양 아래 돌산과 사막만이 뜨거운 열을 내뿜는 메마른 땅 이스라엘.

00:40 중동 지역, 지중해 연안에 자리한 이스라엘. 면적은 우리 한국의 10분의 1, 인구는 12분의 1밖에 안 되는 작은 나랍니다. 사방 둘레는 그들의 몇 십 배나 되는 아랍 여러 나라가 적대관계로서 둘러싸고 있습니다.

01:03 이스라엘의 국토는 거의가 풀 한 포기 없는 메마른 사막이나 돌산이 대부분입니다. 고기조차 살 수 없는 죽음의 바다 사해. 요단강 유역의 습한 계곡 그리고 연이은 사막과 황야.

01:25 여름은 무덥고 건조하며 겨울에는 따스하고 약간의 비가 옵니다.

01:38 이스라엘은 예수 그리스도가 탄생한 나라로서 예수 그리스도의 사적이 도처에 있습니다. 예수가 탄생하기 훨씬 이전에 모세가 유태 민족을 이끌고 홍해를 건너 정착한 곳이 바로 이스라엘입니다.

01:58 2000년 전 로마제국의 침공을 받아 나라를 잃은 유태인들은 그 후 나라 없는 설움과 불안 속에 세계 여러 나라를 전전하며 흩어져 사는 동안 타 민족으로부터 끊임없는 위협과 학대를 받으며 살아왔습니다.

02:19 나치스 독일이 6,000,000의 유태인들을 학살한 것은 너무나 유명한 이야기입니다.

02:38 세계 제2차대전이 끝난 1948년에 이스라엘은 독립했습니다.

02:49 나라를 잃은 지 1900여 년 만에 조국을 재건한 것입니다. 민족 유랑의 역사는 막을 내리고 그들은 조국을 찾아 이스라엘로 돌아왔습니다.

03:08 오랜 불안과 유랑의 생활 속에서 못내 그리던 조국 땅에 돌아온 유태인들은 조국 땅을 마음 놓고 살 수 있는 낙토로 만들기 위해 발벗고 나섰습니다. 이스라엘에 천연적으로 농사를 지을 수 있는 곳은 불과 전 국토의 100분의 1밖에 안됩니다. 유태인들은 비가 오지 않는 나머지 99퍼센트의 메마른 땅에 인공으로 물을 끌어 농사를 짓기 시작했습니다. 갈릴리 호수의 물을 지하 파이프로 사막에 끌어대는 데 그 파이프 길이가 우리나라 서울과 부산을 두 번 왕복할 정도로 깁니다.

03:49 한편 그들은 토질을 조사해서 거기에 알맞는 식물이 무엇인가를 알아내고 좋은 농토를 만들기 위해 심혈을 기울였습니다. 주어진 환경을 그들의 지혜와 노력으로 최대한 활용함으로써 난 문제를 하나 둘 해결해 나갔던 것입니다.

04:16 이스라엘 국민들은 이처럼 풀 한 포기 없던 불모의 땅에 온갖 농작물을 재배케 함으로써 오늘날 신생 농업국으로 세계의 각광을 받기에 이르렀습니다.

04:41 강인한 투지와 불굴의 개척정신으로 버려졌던 사막을 개간한 이스라엘 사람들은 그들이 안주할 주택건설에 힘을 쏟았습니다. 사막과 황야*에 집을 짓고 나무를 심어 현대 도시를 이룩했으니 얼마나 놀라운 일입니까?

05:09 이곳은 염분이 많아 사람이 둥둥 뜨고 고기가 살지 못하는 사해. 이 버려졌던 죽음의 물마저 오늘 이스라엘 사람들은 보배로운 물로 바꿔놓고야 말았습니다. 이 물을 분해해서 그중 45퍼센트를 순수한 물로 만들어 농업용수로 사용하고 있으며 25퍼센트는 소금, 나머지 30퍼센트는 각종 화학약품의 원료로 활용하고 있습니다. 그중에 마그네슘은 많은 외화를 벌어들이고 있습니다.

05:48 이스라엘 사람들은 흩어졌던 개인의 힘을 한 데 뭉쳐서 자연과 싸우며 새마을을 건설하고 있습니다.

06:03 피와 땀의 나라 이스라엘, 그들은 평화를 사랑합니다. 그러나 주위에 있는 아랍 게릴라들로부터 끊임없는 위협을 받고 있습니다. 언제 어디서 쳐들어올지 모르는 아랍 게릴라들의 침공을 막아내기 위해 이스라엘 국민들은 밤낮을 가리

지 않고 물샐 틈 없는 경계를 하고 있습니다.

06:28 우리의 새마을운동의 기본 이념이 되는 자족, 자립, 협동정신은 이스라엘 국민들에게도 적용됩니다. 밖에서 잃은 것을 안에서 찾고 후손들에게 값진 유산을 물려주기 위해 그들은 남녀를 불문하고 오늘도 열심히 일하며 조국을 지키고 있습니다.

06:59 좋은 농작물은 모두 외국으로 수출합니다. 특수 온실에서 재배하고 있는 딸기와 장미도 그러한데 꽃을 외국에 파는 나라는 이 세상에서 화란과 이스라엘뿐입니다.

07:23 이스라엘의 농산물 수출 가운데 오렌지는 큰 비중을 차지하고 있습니다.

07:34 이스라엘 사람들은 오렌지를 엄격히 골라서 1등품은 단 한 알도 국내에서 소비하지 않고 전부 외국에 수출합니다.

07:53 국내 시장에서 파는 것은 모두가 찌그러지고 좋지 않은 것들뿐입니다.

08:03 양계의 경우를 보더라도 유정란만을 생산해서 비싼 값으로 외국에 수출하고 다시 외국으로부터 무정란을 싼 값으로 사들이는 실리를 취하고 있습니다.

08:21 유태인들에게 시간은 돈으로 통하고 있습니다. 그들은 누구나가 일손을 멈추지 않고 평등한 입장에서 일을 합니다. 능률과 평등의 원칙에 따라 아무리 지위가 높은 사람도 이 새마을에서는 돌아가며 식사 당번을 합니다.

08:47 탁아소의 당번도 어머니들이 돌아가며 맡고 있습니다. 비번인 어머니들은 모두 일터에서 일을 합니다. 그들은 누구나가 오늘보다는 내일을 위하고 후손들에게 물려줄 안전하고 풍요한 그들의 조국을 생각하며 살아갑니다.

09:07 검소하고 실리적인 이스라엘 국민의 생활태도는 인생의 가장 뜻 깊은 날인 결혼식에서도 엿볼 수 있습니다. 시간과 노력을 덜기 위해 밤에만 올리는 결혼식. 결혼 당일 오전까지도 신랑, 신부는 일을 하며 신혼여행은 다음 날 하루 쉬는 것뿐입니다. 그리고 그들은 결혼 기념으로 반드시 나무를 심습니다. 인생의 새 출발을 조국 땅에 나무를 심고 푸른 동산을 가꾸는 것으로 표상하고 있으니 뜻있는 일이 아닐 수 없습니다.

09:44 그들은 사치를 버린 지 이미 오랩니다. 건강한 웃음 속에 검소한 생활태도로 일하고 또 일하는 그들. 한 푼 두 푼을 모으는 것을 낙으로 삼고 살아가는 이스라엘 국민들. 그들은 기름져가는 그들 조국을 삶의 보람으로 알고 살아갑니다.

10:09 이스라엘 국민들은 2000년 만에 다시 찾은 민족의 안전을 결코 놓치지 않으려는 결의에 불타고 있습니다. 그들은 18세가 되면 남녀 구별 없이 누구나 다 군에 입대합니다. 젊은 처녀 군대들도 청춘을 조국 수호에 바치는 데 서슴지 않습니다. 그들 남녀는 3년간을 의무적으로 복무하고 45세까지 매년 45일간씩 현역에 나가 복무합니다.

10:51 청년들이 총을 매고 국경지대를 지키고 있을 때 여군들은 밥을 짓고 빨래를 하며 기지 주변의 개척농장에서 일을 돕습니다.

11:11 그리고 젊은 남녀들은 군대 생활에서 사랑을 속삭이고 제대하면 결혼하는 예가 많습니다.

11:37 그들은 나라의 안전이 곧 자기의 안전임을 뼛속 깊이 느끼며 살아갑니다.

11:50 서로가 합심해서 조국의 안전을 지키는 마음과 마음. 이것이 하나가 되어 마을을 건설하고 나라를 발전시키고 있는 것입니다.

12:21 안보 면에서 볼 때 이스라엘은 사방이 적진으로 둘러싸여 있으나 우리 한국은 북쪽 휴전선에서만 붉은 적과 맞서고 있습니다. 시간 절약을 위해 밤에만 올리는 그들의 간소한 결혼식에 비해 체면과 허영 때문에 아침부터 법석을 떠는 우리의 결혼식 풍경.

12:50 그리고 생활 면에서 볼 때 2000년을 쫓겨 다닌 불안정한 이스라엘 사람들에 비해서 비교적 안정된 역사 속에 살아온 우리들. 언제까지나 가난의 역사를 되풀이할 수만은 없습니다.

13:12 사막과 불모의 땅으로 지극히 살기 어려운 이스라엘 땅에 비해 산 좋고 물 맑은 우리의 국토. 우리가 이 땅을 기름지게 가꾸는 것은 그들보다 훨씬 쉽고 빠르지 않을까요?

13:39 이스라엘 사람들은 자조하고 자립하고 협동하는 정신에 가득 차 있습니다. 이제는 우리도 기틀이 잡혀 갈 우리 농촌을 우리들의 힘으로 하루 속히 개발해야겠습니다. 풀 한 포기 나지 않는 사막과 돌산에 푸른 마을을 가꾸고 있는 이스라엘 사람들에게 뒤지지 않도록 우리 마을을 하루 속히 살기 좋은 새마을, 기름진 낙토로 가꾸어 나가야 되겠습니다. 이러한 우리들의 단합된 노력이 우리 후손들에게 물려주는 값진 유산이 아니겠습니까.

자가용 타고 친정 가세

제 명	자가용 타고 친정 가세
출 처	자가용 타고 친정 가세
제 작 국 가	대한민국
제 작 년 도	1972년
상 영 시 간	29분 03초
제 공 언 어	한국어
제 작	국립영화제작소
제 공	문화공보부
형 식	실사
컬 러	컬러
사 운 드	유

▌ 영상요약

10월 유신의 필요성과 합당성을 대가족이 모여 토론하는 것으로 극화해 보여준다.

▌ 연구해제

　문화공보부가 기획하고 국립영화제작소가 제작(감독: 라한태)한 〈자가용 타고 친정 가세〉는 〈팔도강산〉 시리즈를 비롯한 여러 편의 문화영화에 출연한 김희갑, 황정순이 등장하여 10월 유신에 대해 이야기한다. 영화는 김희갑이 가족들을 불러 모아 가족회의를 진행하는 것으로 시작한다. 각자 하루 일과를 반성하며 회의가 진행되는 도중에 사위인 박노식이 찾아온다. 박노식은 농촌에서 새마을운동과 10월 유신을 통해 성공한 경험을 가족들에게 자랑한 후, 3년째 처가살이를 하고 있는 허장강 부부에게 함께 시골로 내려가자고 설득한다. 이러한 설득에 허장강은 부정적으로 응하지만, 방에서 웅변대회 연습을 하던 조카 박지영의 연설을 듣고 마음을 바꾼다. 시골로 내려가 열심히 일해 성공한 허장강 부부는 자가용을 타고 김희갑의 집을 방문한다.

　이 영화는 김희갑 가족 일원을 통해 10월 유신을 설명한다. 1972년 10월 17일 대통령 특별선언을 통해 선포된 유신헌법은 통일주체국민회의에 의한 대통령 선출, 대통령의 비상대권 인정, 대통령 중임제한 철폐, 대통령에 의한 국회해산권 등을 포함했다. 10월 유신과 함께 이 영화가 강조하는 것은 경제성장이다. 조카 신영일의 대사를 통해 설명되는 "10년 내 수출 100억 불, 국민소득 1,000불"은 유신시기 경제 성장의 중요한 지표였다. 영화는 경제성장을 위한 정책 중에서도 새마을운동을 주축으로 한 농촌 근대화를 강조한다. 박정희 정부가 내세운 새마을운동의 가장 큰 목표는 농촌의 소득증대를 통해 도시와 농촌 간의 격차를 줄인다는 것이었다. 조카 박지영의 웅변연습에서 등장하는 "농지정리, 영농기계화, 의무교육 9년 연장, 고속도로 4배 확대, 농촌·산간지역 전기 보급 확대, 주말에 휴식을 취할 수 있는 진정한 복지 사회 건설"이라는 대사와 허장강 부부가 자가용을 타고 상경하는 장면은 이 영화가 제작된 이유를 잘 보여준다.

　마지막으로 이 영화에서 10월 유신을 이야기하기 위한 발단이 되는 가족회의 역시 유신체제의 통치이념인 한국적 민주주의와 밀접한 관계를 맺고 있다. 한국적 민주주의는 "경제 발전과 안보를 위한 능률의 극대화를 추구"하는 것이었다. 이를 위해서는 "개인과 국가의 합일 정신과 충·효의 고전적 유교 이념이 강조"되었다. 김희갑의 지도 아래 가족들은 그날 하루 자신이 한 잘못에 대해 반성하고 난 후, 이에 대한 해결책으로 개인의 근면성실과 10월 유신의 전망을 자연스럽게 연결시킨다. 이와 같은 한국적 민주주의는 유신체제 안에서 민족주의의 강조와 이어지고, 영화 안에서는 이는 김희갑의 "남의 흉내를 내자는 것이 아니다. 우리 것을 찾자는 것이다"라는 말로 표현된다.

▎ 참고문헌

박진도·한도현, 「새마을운동과 유신체제」, 『역사비평』 47, 1999.
한국정치외교사논총 편집부, 「유신체제의 수립과 전개」, 『한국정치외교사논총』 15, 1997.

▎ 화면묘사

00:00 국립영화제작소 NATIONAL FILM PRODUCTION CENTER KOREA 마크
00:02 제목 자막 "자가용 타고 친정에 가세"와 함께 서울 도심 전경이 보여짐
00:21 자막 "기획 문화공보부"
00:25 자막 "제작 국립영화제작소"
00:29 자막 "나오는 사람들 김희갑 황정순 신영균 김지미 신성일 윤정희 허장강 고은아 신영일 박지영 박노식"
01:02 자막 "각본 신봉승 촬영 허동학 조명 고해진 미술 노인택 녹음 정기창 주제가 작사 신봉승 작곡 김강섭 노래 최희준 감독 라한태"
01:18 한옥 집안의 풍경. 벽 시계가 8시를 가리키고 아버지가 종을 울리며 자식들을 나오라고 재촉함

김희갑: 애, 큰 애야. 뭘 하느냐. 빨리빨리 나오지 않고. 애, 어서어서 나오너라. 이것들아, 빨리 나오너라.
자식들: 네, 나가요.
황정순: 영감, 참 주책이슈. 시간 되면 어련히 나올까 두부 종을 치고 계슈.

김희갑: 허허. 임잔 모르는 소리 말어. 소년 일촌광음(一寸光陰)이 불가경(不可輕)이라고 했어. 다들 나왔냐? 그럼 시작해야지.

02:06 마루에 모여 이야기하는 가족. "一日三省"이라고 쓰인 액자가 걸려 있는 모습

김희갑: 오늘 하루도 애들 썼다. 내일을 위해서 오늘 하루를 반성하는 것은 뜻 깊은 일이 아니냐. 그러면 잘못된 일은 반성을 하자구. 응? 가족이 잘못한 것은 내 일로 생각하고 다 같이 고쳐나가야 되는 게야. 자, 그럼 아무나 먼저 말을 해봐라.

첫째 아들(신영균), 첫째 며느리(김지미)부터 둘러앉은 자식들의 얼굴을 돌아가며 보여줌

김희갑: 어서 말들 해 봐. 어서 말 해 보라구. 아니, 왜들 꿀 먹은 벙어리냐 응? 에미부터 얘기해봐. (첫째 며느리를 바라봄)
황정순: 그래
02:43 첫째 며느리: 저, 연탄을 두 장 깼어요.
김희갑: 그러게 조심을 해야지. 연탄 1장이 20원이라고 해서 가볍게 보면 안 돼요. 티끌 모아 태산이라 그랬어. 백 장이면 2천 원이야. 알겠냐?
첫째 며느리: 네
03:01 김희갑: 장강이, 넌 반성할 일 없냐?
둘째 사위(허장강): 즈이야 뭐 처가살이 하는 주제에 입이 열 개 있다캐도 할 말이 있겠습니까.
김희갑: 그 정신이 틀렸어요. 자네는 맨날 그 모냥이니깐 (화면 끊김) 그 정신을 가지고서는 백 년을 가도(김희갑 다리 꼬집는 황정순의 손), 아얏. 말이야 바른 말이지 안 그래? 응? 안 그런가?
웃는 손자 철이(김정훈), 황정순
황정순: 그 좀 가만히 계슈.
03:32 김희갑: 그건 그렇고. 철이 넌?

철이: 전 학교에서 벌섰어요.

김희갑: 그럼 안 돼요. 너 또 나쁜 짓 했구나. 또 나쁜 짓 했어.

황정순: 어서 말해봐라.

철이: 숙제를 안 했다구요.

둘째 딸(고은아): (철이 쥐어박으며) 아유 맹추 같이. 했다고 했잖아, 했다구.

둘째 며느리(윤정희): (철이 두둔하면서) 이이 참 언닌. 아이들이니까 그럴 수
　　　　　　　　　　도 있잖아요.

김희갑: 아이만 나무랄 게 아니야. 어른들, 어른들 잘못이 더 큰 게야. 지영이,
　　　　넌 반성할 일 없냐?

03:59　지영(박지영): 전 웅변대회 원고를 쓰지 못했는데 내 실력이 그 정도라 생각하
니 눈물이 나올 것만 같애요.

김희갑: 그렇다면 앞으로 더욱 노력해야지. 응? (영일 바라보며) 니가 좀 써 주
　　　　면안 되겠냐?

영일(신영일): 원고를 써 오면 연습은 시켜줄 수 있지만 써 줄 수는 없어요. 책
　　　　　　　임완수는 할아버지 신조가 아녜요?

김희갑: 헤헤헤헤헤. 딴은 그렇구만. 그렇다면 그 문제는 나중으로 돌리기로 하
　　　　고. 큰 애야, 넌 반성할 일 없냐?

04:30　첫째 아들(신영균): 네, 전 아버지의 말씀을 명심해서 오늘 하루도 주어진 책임
과 의무를 완벽하게 해치웠습니다.

김희갑: 좋았다구, 좋았어요.

둘째 아들(신성일): 아니, 형님. 형님은 그 매일 밤 똑 같은 얘기만 하고 계세요
　　　　　　　　　그래?

지영: 아빠는 녹음기야 녹음기

다같이 웃음

04:53　김희갑: 조용, 조용. 그러면 토론순서로 넘어가자꾸나. 오늘은 10월 유신에 대
해 말해보자꾸나. 10월 유신. 지영이는 단단히 들어뒀다가 원고에 반영시키도
록 해라.

05:05　시끄럽게 대문을 열려고 하는 소리.

김희갑: 저저 대문 깨진다, 저 대문 깨져.

둘째 딸: 제가 나가보겠어요.

둘째 딸 일어나 나가고, 대문 밖에서 주먹으로 대문을 두드리는 첫째 사위(박
노식).

첫째 사위: 아, 문 좀 열어 주쇼. 아유 이거 사람이 왔는데 이렇게 문도 안 열
        어주고.

둘째 딸: 누구세요? (문을 연다)

첫째 사위: 어이구 처제.

둘째 딸: 어머나 형부. (반갑게 맞는다)

첫째 사위: 잘 있었어? 잘 있었냐고. (팔과 손을 어루만진다)

둘째 딸: 아유 웬일이세요? (웃음) 호남 형부가 왔어요 어머니.

식구들 모두 자리에서 일어섬

황정순: (나가며) 저 사람이 저. 웬일인가? 어서 오게.

첫째 사위: (웃으며) 어머니, 안녕하십니까? (빨간 보자기에 싼 선물 건네며)

황정순: (선물 받으며) 아니, 이 사람아. 소식도 없이 웬일인가?

첫째 사위: 뭐 넘어지면 코 닿을 덴데요 뭐. (거실로 올라서면서 첫째 아들과
        악수하며) 아이고 형님. (둘째 사위와 손 잡으며) 잘 있었어?

황정순: 그리 앉게 어서.

첫째 사위: 어머니, 아버지 인사 받으십시오. (절하는데 초록색 새마을 모자 쓰
        고 있음) 그간 안녕하셨습니까?

06:14 김희갑: 이 사람아, 우물가에 가서 숭늉 찾겠구만. 모자나 벗구. (다같이 웃음)

첫째 사위: (모자 벗으며) 아이구야 내 정신. (웃음) 나가 얼이 빠지면 가끔 이
        렇게 실수를 해 버린다 말입니다. (다같이 웃음)

김희갑: 자네 마침 잘 왔네. 우린 중대한 토론을 하고 있는 중이니깐 자넨 조용
      히 방청이나 하게.

첫째 사위: 아니, 뭔데 그렇게 중대한 토론을 하고 계십니껴.

김희갑: 어, 두고보면 알지. 그럼 본론으로 들어가서 10월 유신에 대하야..

첫째 사위: (박장대소 함) 아니, 나 참. 난 또 뭘 가지고.

김희갑: 아 왜 웃어? 왜 웃나? 자네 어디 아픈가?

첫째 사위: (웃으면서) 아니 아버님, 내가 언제 아픈 거, 아픈 거 봤습니껴.

둘째 아들: 아니 그럼 왜 그러세요 매부.

첫째 사위: 아니아니, 10월 유신이 어째 이제사 토론이 되니껴. 10월 유신에 대
　　　　　해서는 나가 박산께 나한테 얘기를 들어보라고라.

김희갑: 이것봐라.

07:06　첫째 사위: 하나도 어려울 것이 없다니께. 내 얘기 한 번 들어볼랍니껴.(자신이
싸가지고 온 물건을 풀며) 10월 유신이라는 것은 어렵게 생각할려면 한이 없이
어렵고 아주 쉽게 처음부터 생각을 해 버려야 한다고라. 요걸 좀 봅쇼. 요것이
전부 10월 유신과 관계있는 것이 아닙니껴. 요것이 상장. (상장 내 보이며) 요
것이 전부 내가 탄 상장입니다요. 자. 좀 보실랍니껴. 자, 상장. (상장 황정순에
게 건네며) 바로 내 이름이 고대로 백혀 있습니다. (김희갑에게도 한 장 건네
며) 아버지도 한번 보십시오. 여기 박노식. 보세요. 박노식이라고 안 써 있는
가.

황정순: 하이고. (웃으면서 상장을 들여다 봄) 애 많이 썼구먼.

첫째 사위: (사진 액자를 들어보이며) 이것이 말입니다, 헬리콥타를 타고 찍은
　　　　　우리 마을인데 말입니다 요거이. 아 그렇게 한 번씩 오라고 해도
　　　　　안 오니께 내가 들고 안 왔습니까요. (다른 사진 액자를 들어보이다
　　　　　가 김희갑에게 건네며) 요거이 우리 마을이고 요거이 우리 집입니
　　　　　다. (웃음)

황정순: (김희갑이 보고 있는 사진을 뺏으며) 당신만 보지 말고 나도 좀 봅시
　　　　다. 하이고.

첫째 사위: 10월 유신이라는 것은 우리 제도에 맞지 않는 것은 우리 실정에 맞
　　　　　도록 고치고 우리의 발전을 가로막았던 모든 병폐를 과감하게 아주
　　　　　수술해버리자 이거여. 바로 그거여.

첫째 아들: 응. 곪고 썩은 데는 싹 도려내자 이거지?

첫째 사위: 그렇지 그렇지. 첫째는 국력을 기르고, 둘째는 국력을 조직화하고, 셋째는 능률을 극대화해서 번영을 이룩하고 평화통일을 앞당겨 불자 이거여. 바로 내 말이. 어떻습니껴.

김희갑: 청산유수다 청산유수야. (웃음)

황정순: 그러게 말이에요.

08:34 첫째 사위: (웃음) 저, 가만가만 (영일에게) 너 대학생이쟈? 10월 유신에 대해서 니가 한 번 말해 봐라. 어. 말해 봐.

영일: 10월 유신이 성공하면 우리의 현실이 어떻게 되느냐? 이게 중요합니다.

첫째 사위: 음.. 엄마어마 얘가 아네요. 돈 들인 가치가 있구나. 잉. 그래서?

영일: 이것만은 단단히들 알아두십시오. 10월 유신이 성공하면요 수출이 100억 불이 됩니다.

첫째 사위: 음, 그렇지. 그리고 국민소득이 1,000불된다 이거여. 1,000불.

둘째 사위: 1,000불? (놀라서 눈 둥그렇게 뜸)

09:08 안방에서 저녁 식사하는 큰 사위와 대화하는 아버지와 어머니. 둘째 딸 들어와서 상을 놓고 감

둘째 딸: 형부 많이 드세요.

황정순: 아, 난 자네 얘기 듣느라고 저녁상 차리는 걸 깜빡 잊었지 뭔가?

첫째 사위: 저도 밥 먹을 생각을 깜빡 잊었습니다.

김희갑: 노식이 자네 말대로 때마침 잘 왔네. 그, 10월 유신을 쫙 풀어놨으니 애들 꿈이 좀 부풀었겠나? 응?

황정순: 그러믄요. 지금 방마다 수군수군 야단들이라오.

김희갑: 그래? 그래? 아. 잠이 올 리가 있나. 희망찬 내일이 열리는데, 저희들이 별 수가 있나. 응? 흐흐흐흐. 별 수가 있나? 응? 별 수가 없다구.

첫째 사위: (밥을 입에 가득 넣고) 두고 보십시오. 내일부터는 싹 달라질 것입니다. 알고야 어찌 가만히 있겠습니까. 암. 뛰어들죠. 뛰어들고야 말구요.

김희갑: 암. 팔다리를 걷고 뛰어들어야지. 이게 어디 남의 얘긴가? 우리 힘으로 해야지. 안 그래요 여보?

10:15   방에서 대화하는 첫째 아들 부부. 신문을 펴 든 첫째 아들과 뜨개질 하는 첫째
         며느리.

     첫째 아들: 옳은 말이야. 노식이 그 친구, 한동안 고생을 하더니 보람이 있어.
     첫째 며느리: 무섭도록 일하지 않았어요?
     첫째 아들: 응. 가난이 뼈에 사무쳤던 사람이니까.
     첫째 며느리: 부지런하면 다 그렇게 되는 건데. 시누이 시집보내고 처음엔 얼
                 마나 후회를 했어요?
     첫째 아들: 사람은 노력할 탓이야. 음. 그러고보면은 아버지가 사람은 잘 보신
                 단 말이야? (웃음)
     첫째 며느리: 지금 고모부의 수입이 우리보다 나을걸요? 시골에 사시지만.
     첫째 아들: 어, 물론 낫구말구. 우린 아이들 둘 공부시키는데도 힘이 들지 않았수.
     첫째 며느리: 여보 우린 너무나 변화가 없었어요. 우리도 어떻게 좀 해야겠어요.
     첫째 아들: 응. 앞으론 도시와 농촌의 격차가 없어질 거야.
     첫째 며느리: 아유. 그러문요. 없어져야죠. 없어져야 하구 말구요.
     첫째 아들: 오오? (웃으며 손을 잡으면서) 당신 입에서 그런 말은 처음 들어보
                 는데?
     첫째 며느리: 고모부의 말을 듣고 보니 가슴이 뿌듯해 오는걸요.
     첫째 아들: (양손을 맞잡으며) 여보, 힘껏 해보자구. 우리도 늦진 않았어.
     첫째 며느리: 네

     문 열리는 소리 들리며 김희갑 들어서려다가 멋적게 웃는다. 첫째 아들, 며느
     리 놀라며 서로 떨어진다

     김희갑: 거, 괜찮다, 괜찮다. 내 나중에 올게. 나중에.

     웃으며 포옹하는 부부
11:47   사과를 쟁반에 받쳐가지고 들어오는 둘째 며느리. 방에서 대화 나누는 둘째 아
         들 부부

둘째 며느리: 오늘 참 좋은 얘기 많이 들었어요.

둘째 아들: 그렇지. 참 좋은 얘기야. 내가 1966년에 일본에 갔을 때 일본의 국민소득이 1,000불이었거든.

둘째 며느리: 그때 일본은 잘 살았나요?

둘째 아들: 응. 텔레비전은 거의 집집마다 있었고 냉장고는 두 집에 한 대 꼴, 그리고 선풍기, 세탁기도 두 집에 한 대 꼴이 넘었지.

둘째 며느리: 자가용차는요?

둘째 아들: 가만있자. 서른 명에 한 대 꼴이니까 다섯 식구를 한 집으로 쳐서 여섯 집에 한 대 꼴이었어.

둘째 며느리: 국민소득이 1,000불이면 꽤 잘 살았군요.

둘째 아들: 잘 살고 말고. 1955년의 일본이 지금의 우리나라 국민소득과 같았는데 불과 10년 만에 1,000불을 넘어섰던 거야.

둘째 며느리: 그럼 우리도 10년 안에 1,000불을 넘어설 수 있겠군요?

둘째 아들: 그럼! 그러나 노력할 탓이야. (책을 들고 일어선다)

둘째 며느리: 재작년에 다녀온 화란이란 나라는 어땠어요?

둘째 아들: 오, 그 나라. 그 나라도 국민소득이 1,000불인데 잘 살더구만. 하숙집에도 방마다 텔레비전, 냉장고, 전화까지 있어요.

둘째 며느리: 그래요? 그럼 하숙하는 사람은 몸만 가면 되겠네요.

둘째 아들: 물론이지. 아 그리고 말이야 산에는 나무가 울창하고 곳곳에 목장이 있는데 거 젖소들이 풀을 뜯고 있는 풍경이란 아주 그림 같았어. (사과를 먹는다)

둘째 며느리: 아이, 그런 데서 산다면 얼마나 좋을까.

둘째 아들: 아니, 그렇게 잘 살면서도 얼마나 부지런한지 몰라요. 빈들빈들 놀고 있는 사람은 한 사람도 없었어.

둘째 며느리: 부지런하니까 잘 사나 보죠?

둘째 아들: 그렇지.

둘째 며느리: 우리도 십 년 안에 그렇게 된다면은 얼마나 좋을까?

둘째 아들: 암. 무슨 소리야? 될 거야. 되고 말고. 되지. (둘이 포용한다)

13:50 둘째 딸 부부 방에서 둘째 사위와 말다툼하는 첫째 사위

첫째 사위: (점퍼 지퍼를 내리며) 오메, 답답한 거. 천불 나네 천불 나. (넥타이를 풀며) 아니, 동서, 내가 지금 틀린 말을 하고 있는 것이 아니란 말이시.

둘째 사위: 아이 시끄럽다카이.

둘째 딸: 아이 여보. 잠자코 듣고 계시지 않고 괜히,

둘째 사위: 니가 뭘 안다꼬 나서노.

첫째 사위: 어이, 진정 진정하고 내 말 좀 들어보소. 새마을 사업 자금이 자그마치 3천 7백억 원이나 된다 말이야. 3천 7백억 원. 요 3천 7백억 원이라는 자금이 동네 강아지 이름이 아니란 말이여. 정신 똑똑히 차리라고. 허구헌날 이렇게 처가살이만 하고 헐 거이 아니고 나하고 같이 시골로 내려가세 응? 응? 눈 딱 감고 4, 5년만 고생을 해불면 십 년 안에 끝장나 분다고 내 얘기가 바로. 어? 안 그래?

둘째 사위: 보래이. 그걸 어찌 믿겠노? 생일날 잘 먹겠다고 일 년을 굶은 사람이 있다고 하면 그게 사람이가? 어이? 미친놈 아이가?

첫째 사위: 엄마 엄마 엄마. 이거 미친놈 또 하나 생겨부네요. 생일날 잘 먹기 위해서 굶는 게 아니라 평생 잘 먹기 위해서 일하잔 말이여 내 말이.

둘째 사위: 다 치아라 치아라. 되지도 않는 걸 가지고 권해쌌노?

둘째 딸: 여보, 그렇게만 생각할 게 아니잖우.

둘째 사위: 시끄럽다카이 왜 또 나서노. 암탉이 울면 집안이 망한다고 안카드나.

첫째 사위: 참아 참아 참아. 소리지른다고 되는 일이 아니시. 동서. 나 말 한 마디만 더 하겠네. 난 처음에 뭘 가지고 간 줄 아는가. 순 빈 손으로 시작했네. 이 손끝에 피가 맺히도록 일을 했단 말이시. 3년간 맨바닥에다가 천막을 치고 살면서 먹을 걸 내가 제대로 먹고 일한지 아는가. 새끼들이 입이 얼어 울지도 못했던 일이 한 두 번이 아니란 말이시. 그렇게 고생을 해가면서도 일어난 것이 어연간 8년이 지나버렸네. 응? 동서. 제발 알아서 하소. 내 말 제발 명심하소. 응? 응? 내가 지금 하는 말 헛된 말이 아니시. 경험에서 나온 말이 아니

가. 제발 내 말 명심하소.

16:14   웅변 소리에 잠을 깨는 김희갑과 황정순 부부의 방

황정순: 난 또 뭐라고. 영감 놀래기는. 원 참. 그래그래.

김희갑: 오오라. 오라.

16:27   웅변 연습하는 손녀 지영과 검토해주는 영일. 앉아서 구경하는 정훈과 어린 여자 동생 한 명

지영: 만장하신 신사 숙녀 여러분. 여러분은 지금 어떤 시점에 서 계신지를 생각해본 일이 있으십니까? 우리는 보다 잘 살기 위해서 지난날 우리 사회에 들끓든 모든 부조리 현상을 추방하고 보다 번영된 앞날을 내다보며 새로이 전진을 시작했습니다.

16:53   둘째 며느리: (뜨개질을 하며 누워서 책을 읽는 남편에게) 원고가 안 된다고 울고싶다드니 다 된 모양이죠?

둘째 아들: 그러게 말이야. 여보, 건너가 봅시다.

17:07   웅변 연습하는 지영

지영: … 10년 안에 펼쳐질 보람찬 우리의 내일을 생각해봅니다.

영일: 아무리 웅변이지만 감정이 있어야지. 감정이 있어야 호소력이 커지는 거야. 지금 같은 내용은 너무 악을 써도 안 되고 또 너무 비통하게 해서도 안 되는 거야. 알았지?

김희갑: (문을 열고 들어오며) 암. 안 되고 말고.

17:28   희갑 뒤로 온 식구들이 다 몰려와서 지영의 방을 바라보고 있음

지영: 아이 난 몰라. (뒤로 돌아섬)

첫째 아들: 애, 너 이리 나와 여기서 해 봐라. 우리가 모두 청중의 입장에서 들어줄 테니까 여기서 계속해봐.

황정순: 그래. 나오너라.

김희갑: 우리가 여기 쫙 서 있을 테니까 한 번 해 보거라.

영일: 지영아 어서 나가자.

지영: 아이.

영일: (지영의 팔을 잡아 끌며) 이런 바보 같으니. 자 가자.

첫째 사위: 자, 박수 박수. (일동 박수치고 웃으며 환영함)

18:02 영일: (지영을 쳐다보며) 자, 어서 해.

지영: 어디서부터야?

영일: 수출. (원고를 지영에게 넘기고 화면 밖으로 사라짐) 잘 해.

지영: 수출 실적 100억 불이 넘어서고 국민소득 1,000불이 넘어선다면 우리는 선진국 대열에 들어섭니다. 그때 우리의 조국은 어떻게 변할까요? 황폐했던 산과 들은 아름답고 푸른 숲으로 덮이게 됩니다. 또한 나직한 야산은 젖소들이 떼지어 다니는 목장이 되고 농지는 반듯반듯하게 정리되며 영농방법은 기계화됩니다. 어찌 그것뿐이겠습니까? 질병은 사라지고 의무교육은 9년으로 연장되어 돈 없이도 중학교를 마칠 수가 있습니다. 고속도로는 지금의 네 배로 늘어 거미줄처럼 쳐지고 산간벽지에도 전기가 들어가서 산촌에서도 텔레비전을 보고 냉장고를 쓸 수가 있습니다. 또한 주말에 휴식을 즐길 수가 있습니다. 이것을 우리는 복지사회라고 합니다. 바로 이와 같은 복지사회 건설을 위해서 우리는 10월 유신을 시작했습니다. 이제 잘 살기 위해서 우리가 뭉쳤다는 사실은 세계 만방에 알려졌습니다. 지나온 가난의 역사가 뼈에 사무친다면은 어찌 이 10월 유신 대열에 뛰어들지 않을 수가 있겠습니까? 우리의 목표는 단 하납니다. 조국의 번영과 통일, 바로 그것입니다. 잘 사는 나라, 영광된 조국 건설에 어찌 너와 내가 있을 수가 있겠습니까? 우리는 위대한 지도자를 중심으로 굳게 뭉쳐 번영의 대로를 향해 전진을 계속해야겠습니다.

지영이 연설을 하는 동안, 고개를 끄덕이거나 서로 쳐다보는 가족들의 모습을 보여줌. 중간중간 둘째 사위의 고민하는 얼굴을 클로즈업 하거나 줌 인하는 등 강조해서 보여줌

19:54 박수 치는 가족의 모습

첫째 사위: 1등이다 1등. 틀림없는 1등 당선이여. 1등은 떼어 논 당상이다. 내
　　　　　조카다 내 조칼세.

큰아들: 아니 여보게, 그러다 1등이 안 되면 어쩔려고 이러나.

첫째 사위: 아하. 사람 그렇게 못 믿나. 만약에 1등이 못 돼서 상품이 없다면
　　　　　내가 황소를 팔아서라도 갖다 댈 거여. 안 그렇습니껴?

김희갑: 야, 일구이언(一口二言)은 이부지자(二父之子)다. 알아서 해라. (모두
　　　　웃음)

20:19　아이들 네 명이 자고 있는 둘째 딸의 방 모습. 둘째 딸과 사위, 방으로 들어 옴

둘째 딸: 여보, 주무세요. (이불을 덮고 누움)

둘째 사위: (한숨쉬며 생각에 잠김)

회상 속 장면. 김희갑과 황정순이 앉아 있고, 김희갑이 야단치는 장면

김희갑: 이 사람아, 뭐든 해야 할 게 아냐? 응? 자넨 그 정신이 틀렸어. 그러니
　　　　까 자넨 3년 동안이나 처가살이를 하지. (일어섬) 쯧쯧쯧쯧.

황정순: 영감, 왜 일어나슈.

회상 속 장면. 첫째 사위가 돌아 앉으며 얘기함

첫째 사위: 아니 이 사람아. 그래 사내가 무슨 일을 못해서 처가살이를 밤낮 하
　　　　　고 있단 말인가. 이렇게. 떽. 이 사람.

회상 속 장면. 둘째 딸이 일어서며 말함

둘째 딸: 몰라요. 이젠 당신 마음대로 하세요. (방을 나감)

시계가 12시 20분을 가리키고 있음. 팔짱을 끼고 앉아 계속 생각을 하고 있는
둘째 사위. 잠에서 깬 둘째 딸

둘째 딸: 아니, 아직 안 주무셨어요?

둘째 사위: 가자. 노식이를 따라 가자.

둘째 딸: 아니.

둘째 사위: 팔 다 걷어붙이고 손에서 피가 나도록 일 해 보는 기라. 너무 늦긴
　　　　　했지마는 해 보는 기라. 내가 땅 속에 묻힐 때까지 말이다.

둘째 딸: 여보. 고마워요. 정말 고마워요. (울면서 어깨에 기댐)

둘째 사위: 고맙긴. (손을 잡으며) 내가 할 소리다. 여보.

21:55　해가 뜨는 서울. 아침에 집 앞 청소하는 식구들

김희갑: 오늘을 보람 있게 산다는 것은 내일의 번영을 위한 게야. 10월 유신은
　　　　남의 흉내를 내는 것이 아니라 우리 것을 찾자는 게야. 한국적 민주주
　　　　의를 우리 땅에 뿌리박자는 게야. 안 그러냐 노식아.

첫째 사위: 네. 아주 그 지당하신 말씀이십니다. ** 내 집 앞부터 깨끗이 쓸어버
　　　　　리는 겁니다.

둘째 사위: 동서. 나 동서 따라 갈란다.

첫째 사위: 이야. 이거 참말로 잘 생각했다. 진작 그렇게 마음을 먹어버려야지.

둘째 아들: (다가가며) 아니, 뭘 잘 생각했다는 거예요?

첫째 사위: 아, 동서가 마음 잡았단 말이시. 나하고 같이 시골로 가기로 결정
　　　　　안 해버렸는가.

둘째 아들: 아니, 그게 정말입니까?

첫째 사위: 그럼 (웃음)

둘째 사위: 동서따라 시골로 갈 기라. 앓던 이가 빠진 거 같을 기라. 안 그런
　　　　　가?

둘째 아들: 아이 무슨 말씀을. 오랫동안 고생하셨습니다. 매부한테서 내 언젠가
　　　　　는 그런 말이 나올 줄 알았습니다. 놀고먹는 것처럼 괴로운 것은 없
　　　　　으니까 말이에요.

23:09　집안 청소하는 어머니와 첫째 며느리, 둘째 딸

첫째 며느리: (방에서 나와 양동이에 걸레를 담그며) 섭섭해서 어떡하우?

둘째 딸: 그동안 언니 신세 많이 졌어요. 우선 내려가서 닥치는 대로 해 보겠어 요. 그러다가 돈이 모아지면 가축도 기르구요.

첫째 며느리: 그래요. 꼭 성공해야지.

황정순: 애 은아야. 너 그 생각, 참 잘했다.

둘째 딸: 어머니, 두고 보세요. 10년 후에 친정에 올 때는 자가용 차를 타고 올 테니까요.

황정순: 애, 너 그런 허황된 생각하면 못 쓴다. 착실히 저축할 생각을 해야지.

둘째 딸: 하루에 400원씩 모으면 1년에 144,000원, 10년이면 1,440,000원 돈이 되잖아요?

첫째 며느리: 그래요. 1,440,000원 돈이면 웬만한 차는 살 수 있지요.

황정순: 애. 그 생각은 참 좋다마는,

둘째 딸: 두고 보시라니까요.

황정순: 오냐, 그래. 두고 보마. (웃음)

24:08 마루에서 아침 식사하는 가족

김희갑: 장강이, 오늘 아침 특별히 많이 먹어라. 시원섭섭하다.

둘째 사위: 괜않습니다. 10년 후에 올 때는 곱빼기로 해서 갚겠습니다.

김희갑: 암 갚아야지. (다들 웃음)

첫째 며느리: 아버님. 작은 고모가 자가용을 타고 친정에 온대요.

김희갑: 자가용? 자가용은 무슨 자가용이냐. 부지런히 일 해가지고 저축을 해 서 검소하게 살아야지.

둘째 사위: 두고 보이소. 꼭 사고 말겁니다.

첫째 사위: 나도 내년 봄에나 하나 살라는 구만. 두고 보더라고. 멋진, 이건 세 단 반 트럭인데 말이여, 짐도 싣고 사람도 타고. 미칠 거이다. 미쳐.

첫째 아들: 오. 자넨 그런 차가 필요할 걸세.

둘째 며느리: (둘째 아들을 쳐다보고 찡그리며) 그러다간 우리만 자가용이 없게 될 지도 모르잖아요.

둘째 아들: 아. 이런. 염려 말라구. 나도 다 생각이 있어요. 생각이.

첫째 사위: 암. 생각이 있어야제. 생각이 있어야제. 어이어이. 두고 보라고. 뭐

니뭐니해도 노식이가 장강이 사람 만들어 부렸구만.

둘째 사위: 떼끼. 이 사람.

황정순: 내 말 좀 들어봐요. 아무튼 쉽지는 않다니까. 성공 여부는 얼마나 어려 움을 참고 견뎌나가느냐에 달린 거에요.

김희갑: 암. 시련을 극복한 자에게는 영광이 있지만은 그 시련을 이기지 못한 자는 자멸이 있을 뿐이란 말을 명심해야 하느니라"

둘째 사위: 해 볼깁니다. 뼈가 부서지도록 해 볼 깁니다.

둘째 딸: 네. 해 보겠어요. 두 분 기대에 어긋나지 않도록 열심히 해 보겠어요.

김희갑: 암. 그래야지.

25:57 기차를 타고 시골에 내려가는 둘째 딸 부부

26:13 농사일하는 둘째 딸 부부. 배경음악, 최희준의 노래 "자가용 타고 친정 가세"

27:16 방에서 돈 세며 가계부 쓰는 둘째 딸

27:22 가축 돌보고 밭일 하는 둘째 딸 부부의 모습

28:04 2층 양옥집 앞에 서 있는 둘째 딸과 자식들 앞에 자가용을 타고 들어오는 남편

28:27 자가용 타고 친정에 온 둘째 딸 부부

28:56 자막 "끝"

(노래 가사: 앞을 보고 살아가는 새나라 새일꾼. 보람찬 내일이 눈 앞에 왔네. 험한 일 궂은 일, 가리지 않고 땀흘려 일한 보람 꽃으로 피네. 에헤야 데헤야 살기 좋은 이 강산. 흥겹게 노래하며 친정에 가세. 자가용 타고서 친정에 가세. 에헤야 데헤야. 에헤야 데헤야. 내일 위해 살아가는 새나라 새일꾼. 희망찬 앞 날이 활짝 열렸네. 비바람 맞아가며 애쓰는 마음. 쉬지 않고 가꾼 보람 열매가 됐네. 에헤야 데헤야 살기 좋은 이 강산. 신나게 웃으면서 친정에 왔네. 자가용 몰고서 친정에 왔네. 친정에 왔네)

내레이션

(내레이션 없음)

김치

제 명	김치
영문제명	Kimchi
출 처	김치
제작국가	대한민국
제작년도	1973년
상영시간	21분 16초
제공언어	한국어
제 작	국립영화제작소
제 공	문화공보부
형 식	실사
컬 러	컬러
사 운 드	유

영상요약

요리전문가 황혜성의 지도로 김장김치부터 계절 김치까지 김치 담그는 방법을 보여준
다.

연구해제

   영문제목 Kimchi. 이 영상은 내레이터가 다양한 한국의 김치 종류와 김치 담는 방법,
효능 등을 소개하며 김치가 통조림 등의 가공식품으로 만들어져 외국에서 판매되고 있
다는 것을 설명하는 일종의 홍보영상이다. "한국의 중서부", "한국의 겨울", "한국의 야
채" 등의 표현을 사용하는 것으로 보아 국내용이라기보다는 해외용으로 제작된 것으로
보인다. 또한 굳이 한복으로 갈아입고 일하는 여성들과 김치 통조림의 수출을 강조하는
것으로 미루어 외국인을 대상으로 하는 영상인 것으로 짐작된다. 〈김치〉는 다양한 김치
의 종류와 김치 담는 과정의 위생과 청결을 강조하고, 김치의 미와 영양 등을 강조하면
서 김치를 일종의 문화상품으로 판매하고자 하는 전략을 드러낸다. 양종해 감독의 구술
에 따르면 문화영화에는 영화제용과 해외홍보용이 따로 있어서 기획, 제작되었다고 하
는데, 해외 홍보용으로 제작되는 영화들은 우리나라의 문화를 소재로 하는 〈설악산〉,
〈김치〉, 〈오월 단오〉와 같은 것들이 있었다. 이 영화들은 주로 해외 대사관으로 보급되
었는데, 대사관 파티 등에서 공보담당 영사들이 이 영화들을 활용하였다고 한다.
   한호기 감독 기증 자료에 따르면, 이 영상은 1974년 제20회 아시아영화제(대만) 민속
및 지방색부문상과 1974년 제13회 이란교육영화제 작품상을 수상했다.

참고문헌

공영민 구술채록, 『2006년도 원로영화인 구술채록 자료집－양종해』, 한국영상자료원,
      2006.
"한호기 감독 기증 자료 : 국립영화제작소 해외영화제 수상 내역", 이순진 채록연구,
      『2012년도 원로영화인 구술채록 사업 〈주제사〉 김인태, 이지완, 이정섭』, 한국
      영상자료원 편, 2012.

화면묘사

00:01 제목 자막 "김치 Kimchi"

00:09 배추 밭 전경과 배추 뽑아서 트럭에 담는 사람들

01:06 배추를 실은 트럭이 고속도로를 달려가는 모습

01:21 남산, 거리, 백화점, 스케이트장 등 겨울을 맞은 도시의 모습

01:50 요리강습소에서 김치 만들기를 배우는 모습

02:01 텔레비전 프로그램에서 김장하는 장면이 나오는 것을 보여줌

02:08 학교에서 김장 실습하는 여학생들

02:19 옹기를 고르는 주부들

02:28 배추와 무 등이 가득 쌓여있는 김장시장 전경과 배추와 야채, 과일, 견과류, 생선, 어패류 등의 김장 재료를 구입하는 사람들

03:34 황혜성 요리 전문가와 주부들이 모여 두건을 쓰고 앞치마를 두르는 등 김장 준비를 하는 모습

04:05 배추를 다듬어 소금물에 절여 배추를 씻는 모습

05:59 무를 손질하고 마늘, 미나리, 갓, 파, 생강, 과일 등을 다듬는 주부들

07:37 마늘과 생강을 고춧가루와 함께 절구질해서 고명을 만드는 모습

07:54 대청마루에서 양념을 만들어 야채, 과일, 견과류, 생선, 젓갈 등을 넣어 통김치에 넣을 소를 만드는 주부들

10:36 김치 소를 넣어 항아리에 담는 모습

11:13 비늘김치를 항아리에 같이 담는 모습

11:49 기숙사에서 김장 하는 여성들

12:03 깍두기를 만들어 항아리에 담는 주부들

12:57 소금에 절인 무와 배, 통고추, 청각, 파, 생강, 마늘 등을 넣고 국물을 부어 동치미 담는 모습

14:01 배춧잎에 소를 넣어 싸서 보쌈김치 만들어 항아리에 담는 주부들

15:31 항아리에서 통김치, 깍두기, 보쌈김치, 동치미 등의 각종 김치를 꺼내 상을 차려 방에 들여가는 여성과 김치 맛을 보는 황혜성

17:11 개나리가 핀 모습과 함께 나박김치, 오이소박이 등이 상에 차려진 모습을 보여줌

17:40	여름의 해수욕장의 모습과 함께 냉면과 열무김치, 파김치 등이 차려진 상을 보여줌
18:00	신선로와 김치 등이 차려진 술상의 모습
18:17	골목길, 고궁 등에 눈이 내려 쌓인 모습
18:29	마트에 진열된 김치 통조림을 보여줌
18:35	아파트의 냉장고에서 김치를 꺼내는 주부
18:48	한옥에서 식사를 하는 가족의 모습
19:00	거리와 고궁 등 도심의 모습
19:30	레스토랑, 기차 등 식사 자리에서 김치를 먹는 사람들
19:46	겨울 등산을 한 사람들이 김치 통조림을 먹는 모습
20:07	김치를 먹는 외국인들
20:23	사찰의 장독대에서 김치를 꺼내는 승려의 모습
20:47	눈이 쌓인 산이 꽃이 핀 들판으로 변하는 모습
21:13	자막 "국립영화제작소 KOREAN FILM UNIT. SEOUL"

▌ 내레이션

00:18	사계절이 뚜렷한 한국에서 단풍의 가을이 깊어지면 성큼 겨울의 문턱인 11월로 접어듭니다.
00:34	이때쯤이면 한국에선 어느 가정이나 김장을 담아야 하기 때문에 야채 밭에서는 수확의 일손이 몹시 바빠집니다. 김장김치는 겨울 내내 야채를 싱싱하게 저장해서 먹는 조리방법입니다. 김치의 역사는 약 2,500년 전인 삼국시대 이전부터 비롯됐다 합니다. 이렇게 김치 담는 비법은 한국 주부들의 생활예술로서 수천년 동안 이어왔습니다.
01:13	야채는 수확하자마자 일일생활권으로 다듬어진 교통망을 따라 전국으로 재빨리 수송돼야 합니다.
01:29	저무는 가을이 아쉬운 듯 연인들의 발길은 낙엽이 쌓인 고궁으로 향하고 어버이들의 발길은 따스한 겨우살이 준비를 위해 백화점의 옷가게로 향하고 있습니다.
01:52	이때가 되면 맛있는 김치 담기를 위해 요리강습소는 문전성시를 이루고 일상대

화에서는 김장 하셨습니까 라는 인사말이 오고 갑니다. 한국에서의 좋은 신붓 감은 김치 담는 솜씨로도 좌우됩니다. 그래서 예비신부들은 학교 실습도 게을 리 하지 않습니다.

02:21 김치를 담는 그릇 옹기 고르기도 **빼놓을** 수 없는 주부들의 일이고 김장철에는 대규모 김장 시장이 곳곳에 열립니다. 보통 한 식구당 15에서 20포기의 비율로 다섯 식구 한 가족이면 80에서 100포기의 배추를 구입합니다.

02:46 김치는 배추, 무 등 주 재료에 첨가되는 양념, 고명의 다채로움에 따라 맛이 달 라집니다.

02:57 마늘, 고추, 무, 파, 미나리, 갓, 생강 등은 물론이요, 배, 사과, 밤, 호도, 잣 등 과일과 열매는 김치의 향그러운 맛을 더해줍니다.

03:21 그리고 오염되지 않은 삼면의 맑은 바다에서 잡히는 각종 생선과 새우, 전복, 조개도 **빼놓을** 수 없는 김치의 양념이 됩니다.

03:42 김장철이면 친척과 이웃 아낙네들이 일을 도와주러 옵니다. 이웃과 서로 돕는 풍습은 한국의 미풍양속입니다. 여러분은 이제 한국의 요리전문가 황혜성 여사 의 지도로 김치의 대종인 김장김치와 그 외 몇 가지 김치 담는 법을 알아보겠 습니다.

04:16 우선 배추는 곁의 누런 잎이나 위아래 지저분한 곳을 말끔히 다듬어서 칼로 절 반을 쪼갭니다.

04:38 그리고 하루 저녁을 소금물로 절여놓습니다. 야채를 소금에 절이면은 세포의 수분을 압출해서 잎이 유연해지며 세균을 사멸시켜 체독을 제거해주는 살균작 용을 하고 소금 맛이 스며들어 야채의 싱싱함이 오래 보존됩니다.

05:04 김장담기의 함께 첫째 조건은 청결하고 깨끗하게 담는 일입니다.

05:13 하루 저녁 소금에 절인 배추는 맑은 물에 배추 속까지 청결히 씻어냅니다.

05:29 보통 3단계에 걸쳐 절인 배추를 씻는데 이런 3단계 배추 씻기는 오랜 습관으로 이어온 것으로 위생적인 면을 크게 고려한 것입니다.

05:46 김장 담을 시기는 날씨가 너무 추우면은 재료가 얼 염려가 있고 날씨가 더우면 은 재료가 부패할 염려가 있으므로 보통 입동 전후 기온이 섭씨 0도 이하로 내 려가기 직전이 가장 적당합니다. 한편 무도 껍질을 벗기고 3단계로 청결히 씻 어냅니다.

06:19 배추 절이기와 함께 양념 준비도 서둘러야 합니다. 마늘은 껍질을 벗겨 씻고 미나리, 갓 등도 다듬어 놓습니다.

06:48 파도 뿌리를 잘라버리고 겉잎을 떼어버린 후 맑은 물에 씻어놓습니다.

07:16 밤, 배 등의 과일도 껍질을 벳깁니다. 이러한 복잡한 김장담기는 분업적으로 질서 있게 지체 없이 진행됩니다. 주부들의 협동하는 즐거운 일손이 하나가 돼 움직여지는 것입니다.

07:38 향내 짙은 생강, 마늘은 고춧가루와 함께 절구질을 해서 고명을 만듭니다. 김치 종류는 현재 알려진 것만도 50여 종에 이릅니다.

07:59 통김치의 속 넣기가 마침내 넓은 대청마루에서 시작됩니다.

08:08 김치소 즉 배추 속에 넣는 것은 무를 가늘게 채를 쳐서 각종 양념을 넣어 만들어집니다. 수십 종의 양념 고명은 한국미 그윽한 오밀조밀한 백자 항아리에 담겨져 알맞는 분량으로 속 넣기에 활용됩니다.

08:39 미나리, 갓, 파 등 야채는 그 크기에 따라, 생선류는 폭이 좁고 먹기 좋게 썰어 넣습니다.

08:58 이제 큰 함지에 썰어놓은 무채에 양념을 섞는 과정을 알아봅니다. 우선 고춧가루와 실고추로써 매움기의 정도를 조절합니다.

09:21 그리고 파, 갓, 미나리 등의 야채를 섞습니다.

09:31 계속해서 생강, 마늘을 다진 양념을 넣습니다.

09:49 그리고 새우젓, 굴, 꼴뚜기 등 생선과 기타 준비된 양념을 순서대로 넣으며 골고루 버무립니다.

10:00 김치 속은 추운 지방은 싱겁게, 기후가 따뜻한 남쪽 지방은 맵고 짜게 해서 기후에 맞추어 신선도를 유지해야 합니다.

10:15 그리고 어떠한 양념과 고명을 어느 정도 어떻게 넣고 배합하느냐에 따라 김치 맛이 달라짐은 물론이요, 맛과 더불어 김치의 색깔도 달라집니다. 따라서 김치 맛과 색은 지방마다 다르고 또 가정마다 특색 있는 비법으로 전해 내려옵니다.

10:48 김장소의 준비가 다 되면은 배추 반포기짜리 하나씩을 그릇에 펴 넣고 소를 잎사귀 사이사이에 골고루 넣고 배추 포기를 오므려서 겉잎사귀로 잡아맨 뒤 항아리에 차곡차곡 넣습니다.

11:14 한편 소금에 절인 무를 물고기 비늘모양으로 엇비슷이 **서 그 틈에 소를 넣은

것을 비늘김치라고 하는데 이 비늘김치를 배추김치와 함께 한 켜씩 항아리에 넣으면은 더욱 맛있는 김장김치가 됩니다. 다른 나라도 채소를 소금에 절여 먹는 방법이 있지마는 한국 김치 같이 미각, 영양 면에서 조밀하게 연구 개발한 것은 극히 드물다고 하겠습니다.

11:50 이렇게 김장김치는 가정에서 학교 기숙사에서 어디서나 때맞추어 담아야 합니다.

12:04 통김치와 더불어 어느 가정에서나 깍두기도 만듭니다. 깍두기는 무를 네모나게 듬성듬성 썰어 넣고 고춧가루와 곱게 다진 마늘, 생강을 넣어 빛깔을 보면서 골고루 섞이도록 버무립니다. 그 외에 파, 갓, 미나리 등 야채와 온갖 양념을 넣은 후 소금이나 젓갈로 간을 맞추면은 됩니다.

12:40 깍두기에 굴을 많이 넣으면은 굴 깍두기, 닭고기를 넣으면은 닭 깍두기, 무청이 달린 통무로 담그면은 총각김치가 됩니다.

12:58 다음에는 시원한 맛을 자랑하는 동치미 담는 법을 알아봅니다. 우선 연하고 고운 무를 소금에 절여놓습니다.

13:13 그리고 배는 껍질을 벗겨 반으로 쪼개 씨가 있는 부분을 도려내고 통고추는 씨를 빼서 4등분 하고 청각을 알맞게 자르고 파는 잎으로 통째로 묶어놓습니다.

13:33 다음에는 납작하게 썰어놓은 생강, 마늘 등을 모든 재료와 함께 항아리에 넣은 다음 국물을 붓습니다.

13:48 국물은 깨끗한 소금물에 설탕으로 간을 맞추어도 좋습니다.

14:02 한국의 중서부 개성지방에서 비롯돼 예전 궁중에서도 애용됐다는 보쌈김치. 보쌈김치는 고명의 다양함과 감칠맛으로 일품요리에 속합니다.

14:19 담는 방법을 보면은 배추, 배, 미나리, 갓, 무 등을 4센치 정도로 썰어놓고 파, 마늘, 생강 등 양념은 채를 쳐서 낙지 등 생선과 함께 고춧가루를 섞으며 버무려서 속을 만듭니다.

14:40 다음에 소금에 절인 여러 배추 잎을 보시기에 펴놓고 김치소 위에 밤, 갓, 청각, 전복 등을 보기 좋게 배치하고 다시 검은색의 표고버섯, 붉은색의 실고추를 곁들여 모양과 색깔을 고려하며 아름답게 장식합니다.

15:08 그리고 배추 잎을 차곡차곡 쌓아서 항아리에 담으며 소금이나 젓국으로 김칫국을 만들어 붓고 잘 봉해둡니다.

15:36 김장을 담은 후 일주일 정도 지나서 김칫국이 고여 올라올 때 기온이 영하로 떨어지면 알맞게 담아진 것입니다. 김치는 발효식품이기 때문에 비타민 C의 함유량이 많으며 체력을 증강시키는 음식으로 손색이 없습니다.

16:02 김치는 그 종류에 따라 담는 그릇이 다르며 상을 차릴 때는 격식과 구색을 갖추어야 합니다.

16:12 깍두기는 적은 사기그릇에 담고 통김치는 썰어서 세워 담습니다.

16:25 알맞게 익은 보쌈김치를 열면 각종 양념이 다채로운 색감을 과시합니다. 맛과 색과 모양이 조화를 이루는 보쌈김치야말로 한국 주부의 정성이 깃든 예술품이라고 말할 수 있습니다.

16:44 흔히 한국에서는 떡과 같은 별식을 먹을 때 반드시 동치미를 곁들입니다. 보기도 시원한 동치미. 여기엔 알맞게 익은 노란색의 무, 푸른색의 야채, 붉은색의 홍고추가 삼원색의 조화를 이루어 보는 이의 구미를 당기게 합니다.

17:13 한국은 사계절이 뚜렷한 온대지방으로 봄이 오면 김장김치가 떨어지고 봄 배추가 햇김치 담기를 기다립니다. 햇배추와 무를 재료로 한 나박김치, 오이를 재료로 한 오이소박이 등 산과 들에서 움트는 각종 야채가 봄의 식탁을 새롭게 합니다.

17:45 바다가 좋아지는 무더운 여름이 오면 시원한 냉면과 함께 열무김치, 파김치 등 싱싱한 야채들이 식탁을 더욱 푸짐하게 만듭니다. 이와 같이 한국은 예부터 사계절 내내 싱싱한 야채가 식탁에서 떠나지 않고 반식량으로 김치를 담아왔습니다.

18:18 김장김치가 온기에서 제 맛을 내면서 한국의 겨울도 깊어만 갑니다.

18:30 요즘 김치는 통조림으로 수출돼 외국의 식탁에도 오르고 근대화하는 생활환경으로 김치의 보관이 편리해지기도 합니다.

18:48 그러나 김치는 언제나 식탁에서 모든 음식의 맛을 장악하며 식탁에 오르는 갖가지 음식은 김치를 사이사이에 먹음으로써 그 맛이 더욱 돋구어집니다.

19:06 김치를 먹는 한국인은 오늘도 도시에서, 농촌에서, 직장에서, 학교에서 자기의 할 일에 열중하면서 오늘을 살아가고 있습니다.

19:26 싱싱한 야채에다 매우 자극적인 맛을 지닌 김치는 한국 사람들에게 어떤 활력소 같은 역할을 해주고 그 김치를 먹고 한국의 어린이들은 건강하게 자라고 어디를 가더라도 김치를 먹으면서 여가를 즐기고 있습니다.

19:52 　겨울 등산에서 김치를 먹는 젊은이들은 그 나름의 멋을 느끼나 봅니다.

20:08 　요즘 한국을 찾는 관광객들도 김치 맛을 음미하며 한국인을 이해하려 합니다.

20:25 　김치 담그기 2,500여 년. 한국의 심산유곡에 있는 해묵은 사찰에서도 김치의 맛은 전승되고 있습니다. 그리고 이러한 문화재들이 소중하게 보존되듯이 김치의 미각은 한국사람들의 식탁에 대대로 이어져나갈 것입니다. 김장김치 맛을 즐기다 보면 한국의 겨울은 어느덧 가고 해가 바뀌면서 새봄이 옵니다. 그러면 또 새로운 봄김치를 담그는 가운데 한 해의 새 삶이 펼쳐져 가고 있습니다.

새마을 만세

제 명	새마을 만세
출 처	새마을 만세
제 작 국 가	대한민국
제 작 년 도	1973년
상 영 시 간	36분 27초

제공언어	한국어
제작	국립영화제작소
제공	문화공보부
형식	실사
컬러	컬러
사운드	유

영상요약

한 가족이 유신헌법 공포 이후 허례허식을 벗기 위해 신년 연휴를 가나안농군학교에 입교해 과학적 영농방법과 새마을운동을 체험하고 온다는 이야기이다.

연구해제

1973년 문화공보부에서 기획하고 국립영화제작소에서 만든 새마을운동 선전영화이다. 김희갑, 황정순, 첫째 딸, 첫째 사위, 둘째 아들, 둘째 며느리, 둘째 사위, 둘째 딸, 영일, 지영과 같은 당대 유명 영화배우들이 총출동하였으며, 감독은 〈산업시찰〉(1969), 〈한글〉(1969) 등을 연출한 라한태, 각본은 신봉승이 맡았다.

김희갑, 황정순 부부는 1973년 유신정권이 시작된 1월 1일, 자식·손자들을 모아놓고 새해 인사를 나눈다. 김희갑은 세배와 같은 허례허식을 갖추기보다는 소의 해를 맞아 황소처럼 묵묵히 일하는 사람이 되자며, 가족들을 모두 데리고 영농학교에 들어간다. 그곳에서 김희갑 부부와 그의 자녀들은 체험을 통해 새마을운동의 실천적 측면들을 배우고, 의미를 깨닫게 된다는 내용을 다루고 있다.

이 영화는 새마을운동의 주요 목표인 정신계발, 환경개선, 소득증대를 인물 각자의 사연과 대사를 통해 전달하고자 하는데, 그중에서도 가장 강조되는 지점은 1970년대 새마을운동의 핵심 과제이기도 했던 소득증대이다.

정신계발의 경우 김희갑의 대사를 통해 좀 더 직접적인 방식으로 드러나는데 "부지런하면 누구라도 잘 살 수 있다. … 내가 부지런히 일해서 내 힘으로 한 번 잘 살아보자"

는 그의 말은 1972년 지방장관회 유시 당시 박정희 대통령의 어조와 유사함을 알 수 있다. 이와 더불어 새마을 운동의 정신계발 목표인 '근면', '개척정신', '자력'은 영화 속 인물들의 성격이나, 개인사를 통해 개조되거나 신장되어야 하는 것으로 강조된다.

1970년대 농촌의 소득증대를 위해 국가가 가장 신경 썼던 부분은 증산정책을 통한 생산과정 개입과 양곡 관리정책이었다. 그러나 〈새마을 만세〉에서는 새로운 생산기술의 도입과 축산 그리고 경제작물의 재배를 독려한다. 영화 속에서 둘째 아들, 둘째 며느리 부부는 대사를 통해 직접적으로 '소득증대사업'을 언급하며, 농촌으로 돌아가 '표고버섯을 재배할 것'을 계획한다. 당시 국가에서 장려한 경제작물로는 양송이, 백합, 표고 등과 같이 수출전망이 밝은 품목과 육류, 과채류와 같이 국내수요의 증가가 뚜렷한 품목들이 주를 이루었다. 그리고 이 과정에서 농약, 비료, 비닐하우스 등의 보급을 중요하게 생각했는데, 1970년부터 시멘트와 슬레이트 등의 농업자재의 경제성 문제가 해결되기 시작하면서, 일반 농가에서도 농약, 비료, 비닐하우스 등의 사용이 증가할 수 있었다. 영화는 이를 반영하여, 둘째 아들, 둘째 며느리 부부뿐만 아니라, 둘째 사위, 둘째 딸 부부가 언급하는 '비닐하우스를 이용한 겨울딸기 재배' 같은 새로운 농업 기술의 개발을 장려한다.

환경개선의 측면은 특히 여성에게 그 초점을 맞추고 있는데, 영화 속에서는 이를 '부엌개량'을 통해 강조한다. 메탄가스를 사용한 가열기구와 수도가 설비된 개량된 부엌의 편리함을 강조하고 이것이 집안일의 효율을 올릴 수 있다고 설명한다. 이와 같이 남녀노소를 가리지 않고 전 국민을 새마을운동의 주체로 호명하려는 노력은 영화 안에서 그려지는 다양한 세대의 실패와 배움의 경험담을 통해 드러난다. 다양한 세대와 직업군의 묘사는 더욱 많은 대중에게 다가갈 수 있는 길을 마련하고자 하는 선전책으로 보이기 때문이다.

마지막으로 영화의 배경이 되는 영농학교는 '가나안농군학교'이다. 가나안농군학교는 현재도 운영되고 있는 곳으로, 1933년 김용기가 자신의 고향인 경기도 양주군 와부면 능내리에 세운 봉안이상촌이 그 시초이며, 1954년 경기도 광주에 이와 유사한 형태로 가나안 농장을 조성하였다. 김용기는 1962년 가나안 농장 안에 기독교정신을 바탕으로 인격도야와 민족정신 함양을 도모하고 농촌지도자를 육성하기 위해 가나안농군학교를 설립하였다. 오늘날 기본적인 교육 시설은 개축되었으나, 영화 속에 등장하는 고구마 저장고 등의 시설은 그대로 남아있다.

참고문헌

김보현, 「박정희시대 지배체제의 통치 전략과 기술 : 1970년대 농촌새마을운동을 중심으로」, 『사회와 역사』.90, 2011.

황병주, 「새마을 운동을 통한 농업 생산과정의 변화와 농민 포섭」, 『사회와 역사』 90, 2011.

'가나안농군학교' http://www.canaanin.or.kr/

화면묘사

00:00   국립영화제작소 NATIONAL FILM PRODUCTION CENTER KOREA 마크

00:01   설날, 아버지 김희갑 집 앞의 골목 풍경. 한복 입고 노는 아이들의 모습. 배경음악 "까치까치 설날"

00:16   골목길 걸어오는 첫째 딸(도금봉)과 사위(박노식). 집 앞에 서 있는 관광버스 보고 이야기하는 부부

        첫째 딸: 워매 저게 어쩐 버스여?

        첫째 사위: 뭐 버스?

        첫째 딸: 아따, 우리 아버지 돈 벌어서 버스 사셨네잉.

        첫째 사위: 아, 옆집에서 전세 낸 차여.

        첫째 딸: 어쩌코롬 그리 잘 안다요? 분명히 우리 집 앞에 서 있는디. 사셨어잉.

        첫째 사위: 들어가 물어보장게 얼릉.

        첫째 딸: 아버지, 엄니, 왔서라.

00:54   첫째 딸 부부를 반기는 식구들

        황정순: 그래. 하여간에 오느라고 참 애썼다. 너 그러고 보니 이제 너도 서울말을 다 잊어버렸구나.

        첫째 딸: 그렇게 돼버렸네요, 엄니.

01:29   마루에 앉아 얘기 나누는 아들 사위들

둘째 아들(신성일): 지금 매부네 기다리느라고 세배도 못 하고 있습니다.

첫째 사위: 무슨 소리? 영균이 형님네도 지금 안 왔잖아.

황정순: 응, 아범은 회사일 때문에 못 온다고 전보가 왔지 뭔가.

01:49   방에서 나오는 김희갑

김희갑: 자 그대로 앉아라. 시간 낭비할 필요 없어요. 자 앉아라, 앉어.

02:02   부모님에게 세배 드리려는 자식들

첫째 사위: 그랑께 우리가 제일 꼴찌가 돼부렸구만. 아부지 미안합니다요. 자
          이왕 다 모였응께 쭉 스라고. 쭉 서. 세배를 드려야지, 세배를. 일
          렬로 잉? 아부지 세배 받으십쇼.

02:12   중대 발표를 하겠다고 세배하지 말고 앉으라고 말하는 부모님. 자식들에게 이
        야기하는 아버지

김희갑: 자 그대로 앉아라. 내 세배는 받은 배나 진배없으니깐 그냥 앉으라고.

둘째 사위(허장강): 아부지 왜 이러십니까? 1년에 한 번밖에 없는 설날 아닙니
                  까?

둘째 며느리(윤정희): 아버지, 세배는 받으셔야지요.

황정순: 얘들아, 어서들 앉으려무나. 중대발표를 하시겠다고 일주일째 지금 벼
        르고 계셨지 뭔가. 앉어, 어서들.

김희갑: 어서 앉어.

둘째 사위: 그럼 그냥들 앉겠습니다.

김희갑: 내 오늘은 너희들에게 세 가지만 얘기할 테니까 명심해야 되겠다. 그
        첫째는 세배를 다니면서 낭비하는 시간이 너무 많아. 그것도 허례허식
        에 진배 없지가 않으냐. 박 대통령께서도 금년부터 신년하례를 받지
        않기로 했어요. 나도 그 분의 뜻을 따라서 금년부터는 세배를 받지 않
        기로 했어요. 둘째는 올핸 황소 해에요. 황소는 어떠한 고난이 와도 맡
        은 바 소임을 다하기 위해서 묵묵히 일을 한다는 거지. 안 그렇소, 여
        보?

황정순: 아, 그럼요.

김희갑: 그러니까 우리도 올해는 황소처럼 묵묵히 일을 하자는 거야.

03:31 호응을 보내는 자식들. 문 밖의 버스를 궁금해하는 첫째 사위. 말을 이어가는 아버지

첫째 사위: 의장! 의장!

김희갑: 귀청 떨어진다, 귀청 떨어져.

첫째 딸: 이 이는 원래부터 이렇당께요.

첫째 사위: 조용, 조용, 조용하랑께. 저 그랑께 저 밖에 있는 마이크로 버스라
　　　　　는 것은.

김희갑: 그 사람, 성질, 성질 참. 그게 궁금했다 그거지?

첫째 사위: 네, 그게 바로 궁금했습니다.

김희갑: 다들 들어보라구. 셋째는 연초에 연 3일 공휴일이 있지 않으냐. 올해는
　　　　유신헌법이 공포된 첫 번째 해기도 하거니와 제4공화국이 첫발을 내딛
　　　　는 의미에서 연 3일의 공휴일을 좀 더 보람 있게 보내야 되겠기에 조
　　　　그마한 계획을 마련했어요. 알았냐? 허니까 모두들 밖에 있는 그 마이
　　　　크로 버스를 타도록 해라.

04:18 아버지의 말에 사장님 댁에 세배를 가야 한다고 말하는 둘째 아들

둘째 아들: 저, 전 집사람과 사장님 댁에 세배를 가기로 했습니다.

둘째 며느리: 네, 그래요, 아버님.

04:27 일어서 나가며 이야기하는 김희갑과 황정순. 일어서서 나가는 식구들

김희갑: 내 미리 알려주지만은 오늘만은 배가 아파도 할 수 없고 머리가 아파
　　　　도 할 수가 없어요. 자, 여보, 우리 나가 갑시다. 가자구.

황정순: 네, 가십시다.

김희갑: 솔선수범이란 게 있지 않소. 자, 가자구.

황정순: 애들아, 아버님 말씀 들어. 어서 나오너라.

지영(박지영): 할아버지, 저희들은 안 가도 되지요?

영일(신영일): 저, 집 볼 사람이 없는데 집이나 보지요.

04:53 마당에 나가 기다리는 김희갑과 황정순

김희갑: 뭐, 뭐라구?

황정순: 집은 벌써 할아버지가 옆집 아주머니한테다 부탁을 해놨어요, 다. 어서
나와.

김희갑: 여보, 어서 가자구.

05:01 집밖으로 나서는 식구들

영일: 아, 친구들하고 약속 있는데, 이거.

둘째 아들: 자, 우리 나가보죠. 설마하니 아버님이 하시는 일인데 별 일이야 있
을라구요.

둘째 며느리: 그래요. 괜히 엄포만 놓으시지 실상은 파티가 있을런지도 모르잖
아요.

둘째 아들: 자, 가시죠.

05:29 제목 자막 "새마을 만세"와 함께 고속도로 달리는 미니 버스의 모습을 보여줌

05:39 자막 "기획 문화공보부 제작 국립영화제작소"

05:46 자막 "나오는 사람들 김희갑 황정순 신성일, 윤정희, 박노식, 도금봉, 허장강,
고은아, 신영일, 박지영과 함께 버스에 탄 배우들의 모습을 자막 순서대로 보여
줌

06:08 자막 "만든 사람들 각본 신봉승"과 함께 버스에 탄 가족의 모습. 배경음악, 최
희준의 노래 "새마을 만세"

06:12 자막 "촬영 허동학 조명 이억만 주제가 작사 신봉승 작곡 김강섭 노래 최희준
감독 라한태"와 함께 시골길 달리는 버스의 모습을 보여줌

06:24 가나안농군학교 교정 전경. 김희갑 가족을 반기며 박수를 치는 학생들의 모습

06:35 김용기 교장과 인사하는 김희갑 가족

김용기: 기다리고 있었습니다. 오시느라 수고 많으셨습니다.

김희갑: 이리들 오너라. 가나안농군학교 김용기 교장선생님이시다.

김용기: 뵙게 돼서 반갑습니다. 부디 뜻 깊은 하루가 되시길 바랍니다.

황정순: 감사합니다.

김희갑: 교장선생님. 우리는 가나안농군학교를 구경하러 온 것이 아니라 저, 신년 연초에 사흘이나마 우리 정식으로 입교를 해서 새마을 지도자들과 동거동락을 같이 하려고 온 것이니까 그렇게 아시고 허락해주세요.

첫째 사위: 우리 여 공부하러 왔네잉.

07:13   직원에게 학교 안내를 부탁하는 김용기 교장

김용기: 아, 그렇다면은 뭐 더욱 더 큰 영광이겠습니다. 그럼 우선 우리 학교 환경부터 돌아보시죠. 자, 안내해드려요. 자, 그럼.

김희갑: 고맙습니다.

07:28   자식들에게 학교에 온 목적을 이야기하는 김희갑

김희갑: 애비가 말한 조그마한 계획이란 바로 이것이니깐 착오 없길 바란다.

07:44   "개척정신" 구호 외치며 구보하는 가나안농군학교 학생들 모습

08:00   숙소에서 작업복으로 갈아입으며 대화하는 아들, 사위, 손자

첫째 사위: 참 이거 요상하게 되어보네. 그 농사면 나가 박산데 말이여. 그나저나 장인이 언제 이런 걸 준비했는지 모르겠네요.

둘째 사위: 아, 왜 아니라. 정초부터 우에 된 기요?

영일: 느닷없이 뒤통수를 얻어맞은 거 같은데요.

둘째 아들: 난 이거 제대한지 5년 만에 다시 입대하는 기분입니다.

첫째 사위: 아, 그래? 나도 마찬가지여. 어이, 장강이, 마누라들은 여군이 되는 건가?

둘째 사위: 여군? 그라믄 우리 마누라 계급이 뭐가 되노?

첫째 사위: 아, 볼 것 없지. 새카만 이등병이지, 이등병.

둘째 사위: 이판에 내 마누라 고집을 고칠 기야.

08:43   고구마 저장소 앞에 도착해 고구마 저장에 대해 이야기하는 김희갑과 아들 사위들

첫째 사위: 아, 우와! 고구마 저장고 아닙니껴, 이거이?

김희갑: 그래.

첫째 사위: 농촌의 소득증대는 농산물의 관리저장과 직결되는 거인디. 안 그래, 장강이?

둘째 사위: 아, 농산물 중에서 고구마 저장이 제일 어려운 기라.

첫째 사위: 아, 농사 좀 했다고 알긴 알고 있구만잉.

둘째 사위: 그렇다이.

첫째 사위: 하여간 고구마란 잘 썩고 싹이 잘 나는 거잉께 저장을 잘 해부러야 한다 말이지.

김희갑: 얘, 너 지난번에 보내온 고구마 중엔 썩은 게 많더구나. 그렇게 잘 아는데 왜 썩혔어?

첫째 사위: 아, 나 그 말 나오실 줄 알았습니다. 하여간 고구마는 잘 썩어부는 거랍니다.

김희갑: 자, 들어가자. 옳지, 들어가.

09:30 고구마 저장소 안을 둘러보는 남성들

둘째 사위: 야, 이거 굉장하구만.

첫째 사위: 아, 이렇게 해야쓰는 거인디. 아, 난 작년에 이걸 몰라가지구 몽땅 썩혀버렸다 말이여.

김희갑: 이게 8년간 연구 끝에 성공한 저장고래요. 풍년 들고 배고프다는 말이 저장할 줄 몰라서 나온 말이에요.

둘째 아들: 아, 그렇고 말고요. 이웃 일본만 해도 웬만한 저장고는 집집마다 있더군요.

김희갑: 그렇지.

둘째 아들: 농산물 집하장, 저장고 처리공장이 마을마다 있다시피 하니깐 말이에요.

영일: 저 우리나라도 머지않아 그렇게 될 겁니다. 고속도로 주변에 집하장이 많이 있고 농산물 가공공장도 많이 섰잖아요.

10:21 저장고 규모를 메모하는 첫째 사위

둘째 사위: 어이, 동서. 벌써 시작인가?

첫째 사위: 아이, 가만있어. 아, 요걸 몰라가지고 무작스럽게 썩혀 버렸다구.

10:33 온상에서 이야기하는 여성들

황정순: 아, 애, 아가. 넌 뭘 그렇게 생각하고 있니?

둘째 며느리: 저희들은 헛된 시간을 보내고 있는 거 같애서요.

황정순: 애, 사람이 얼마나 잘 살 수 있느냐 하는 건 얼마나 부지런허고, 또 얼
마나 정성을 들이고, 그리고 얼마나 머리를 잘 쓰느냐에 달려있는 거예
요.

첫째 딸: 그렇고 말구라. 아, 우리도 아침에 일찍 일어나선 비니루하우스에서는
가마니를 벗겨 주구라우, 밤엔 또 덮어주구, 낮이나 밤이나 온도를 맞
춰주구, 물을 주구 하는데 정신을 다 뺏기지라우. 아, 그이가 새마을
지도자고, 아, 농사에는 모르는 게 없응께.

황정순: 그래 돈벌인 잘 되니?

첫째 딸: 아따, 그걸 말씀이라고 한다요?

둘째 딸(고은아): 아, 언닌 얼굴 하나 붉히지도 않고 남편 자랑이우?

첫째 딸: 아따, 본 대로 들은 대론데 아, 그것이 어째 그게 자랑이당가.

황정순: 애, 그야 자랑도 할만하지. 아, 박서방이야 자수성가하고 사는 사람 아
니냐.

첫째 딸: 아이고, 어마시, 아이구. 처음에는 워쩌쿰 고상을 했간디유. 그것을 말
로 다 하자면 삼국지랑께. 아따, 삼국지랑께유.

둘째 딸: 또 자랑이군.

둘째 며느리: 언니 집에도 비닐하우스 만들었수?

둘째 딸: 응. 시험 삼아 조그맣게 만들었지만 이제 시작인걸, 뭐. 이만저만 힘
드는 게 아니야.

둘째 며느리: 아이, 이만한 온상을 만들려면은 얼마나 들까?

둘째 딸: 아, 글쎄? 돈보다도 사람 일손이 많이 들지.

둘째 며느리: 그래요? 나도 살림을 날 때는 변두리로 나가서 조그마한 온상을
만들어야 되겠어요.

둘째 딸: 아이, 결심만 단단하면 못 할 것도 없지, 뭐.

12:44 강의실에서 학생들과 같이 수업 받는 김희갑 가족. 강의하는 김용기 교장

김용기: 여러분 우리는 잘 살아야 합니다. 우리가 가난해야 할 이유는 하나도 없습니다. 근면하고 검소하고 우리 모두가 협동을 한다면은 반드시 우리는 잘 살 수 있습니다. 협동이란 곧 단결을 의미하며 단결 없는 곳에 나라의 발전은 없는 것입니다. 하나의 지도력을 중심으로 굳게 뭉친다면 우리의 장래는 반드시 잘 살게 되는 것입니다. 우리의 농촌은 어제와 오늘이 다릅니다. 그 달라진 이유는 박정희 대통령께서 새마을운동을 일으켜서 온 국민이 호응한 까닭입니다. 그러므로 우리는 앞으로 더욱 더 근로와 자조와 협동의 정신으로 일심협력을 해서 보다 잘 사는 내 마을, 내 나라를 이룩하는 여러분이 되어주시길 간곡히 부탁합니다.

13:39 숙소 전경. 방에서 황정순 주물러주는 손자와 손녀

황정순: 애야, 어떠냐? 친구들하고 어울려서 쓸데없는 시간 보내기 보다는. 응?

영일: 처음엔 왜 이런 델 가자고 하셨나 하고 할아버지를 원망도 했지마는 이젠 잘 왔다고 생각돼요.

황정순: 지영이 너는?

지영: 저도 같은 생각이에요, 할머니.

황정순: 그래야지. 말보다는 마음의 자세가 문제니까. 그래야지.

영일: 교장선생님 말씀 중에는 감명 깊은 말이 많았어요. 육체의 잠이 깊이 들게 되면은 물질을 도둑맞게 되고, 민족사상이 잠이 깊이 들면은 영토와 주권을 도둑 맞게 되고, 심령이 잠이 들게 되면은 영혼이 멸망케 된다는 말씀이라든지, 또 외모만 아름답게 단장하지 말고 마음을 더 아름답게 단장하자. 이런 말씀 말이에요.

황정순: 그래.

지영: 또 이런 말이 있잖아요. 버는 재주 없거든 쓰는 재주도 없도록 하자. 꼭 저보고 하시는 말씀 같지 뭐예요.

황정순: 니들도 이제 다 자랐구나.

14:44   숙소로 들어오는 김희갑

황정순: 아니, 어디 갔다 이제 오시는 거예요?

김희갑: 그래, 그래, 그래. 가만 있자. 아, 여보.

황정순: 네?

김희갑: 애들 모두 어디 갔소? 어?

황정순: 저희들끼리 수근수근 하더니만 나갑디다.

김희갑: 뭐, 나갔어?

황정순: 예.

김희갑: 이거 큰일났는데, 큰일났어.

황정순: 영감도 참, 큰일은 또 무슨 큰일이에요?

김희갑: 여보, 애들이 혹시 도망간 거 아니오?

15:08   숙소에서 메모한 내용을 보며 농사에 대해 대화하는 첫째 사위와 첫째 딸

첫째 사위: 아, 농사에는 나가 박산디 말이여. 여기 와봉께 맨 아는 사람들이
      많응께 영 명함을 못 내민다 말이여, 나가. 안 그래, 어? 참, 나 이
      거.

첫째 딸: 참말로. 나는 그런 것도 모르고 당신 자랑만 했지 뭐여?

첫째 사위: 가만 있어. 가만 있어.

첫째 딸: 뭔데 그렇게 찾아쌌는다요?

첫째 사위: 이걸 좀 보라고. 이게 고구마 저장고란 말이시. 좋은 거 하나 배워
      부렀다, 나가, 참말로.

첫째 딸: 아이고, 또 고구마 농사를 질려고. 참말로 그런 소리 말드라고잉. 작
      년에 그렇게 썩혀버리고도 또.

첫째 사위: 자, 들어보라고. 이런 저장고를 만들어노면은 나는 자신이 생겨부러
      인제. 자, 요걸 좀 크게 만들어갖고 말이여, 우리 집도 쓰고 동네 마
      을 저장고로 같이 써부리면 말이시, 이거야 주머닛돈이 어디로 새버
      리냐 그거여, 틀림없지.

첫째 딸: 참말로 당신 머리 잘 돌아가요잉.

첫째 사위: (머리를 돌리는 손짓을 하며) 아, 이거 도는 거는 묻지 말라고. 척하면 삼십 리잉께.

16:16 온상에서 과학적 온상 운영에 대해 이야기하는 둘째 사위와 둘째 딸

둘째 사위: 아, 이렇게 잘 된 온상을 보고 시작할 긴데 우리기 너무나 서둘렀는 기라.

둘째 딸: 아이, 내려가서 고치면 될 건데요, 뭘.

둘째 사위: 아니다. 우리는 너무나 주먹구구식으로 했는 기라. 과학적으로 해야 되는 긴데. 나자가이.

16:36 온상에서 나오며 겨울철 온상에서 딸기 재배를 하는 것에 대해 이야기하는 둘째 사위와 둘째 딸

둘째 사위: 참, 겨울철에 딸기가 있다는 말을 들어봤소?

둘째 딸: 아이, 겨울철에 무슨 딸기예요?

둘째 사위: 어, 그런데 그게 사실인 기라. 저 강원도에 사는 사람이 이 겨울철에 딸기 재배에 성공을 해서 많은 수입을 올렸다고 하는 기다.

둘째 딸: 어머, 온상 재배겠지요?

둘째 사위: (손으로 머리를 가리키며) 하모. 그래서 그 재배방법을 내가 안 집어넣어뒀노?

둘째 딸: 그럼 우리도 우선 있는 비닐하우스에 좀 해보면 되겠네요?

둘째 사위: 어, 나도 그럴 생각인 기라. 시험 재배에 성공하면 크게 벌려보는 기다.

둘째 딸: 아이, 벌리긴. 당신도 다 늦게 와서.

둘째 사위: 늦긴? 안 늦었다.

17:18 대화하는 둘째 사위와 둘째 딸 앞에 나타나 이야기에 끼어드는 김희갑과 황정순

김희갑: 안 늦었다. 안 늦었다구. 인생은 50부터야.

둘째 사위: 들으셨습니까?

김희갑: 그래.

황정순: 영감. 내년 겨울에는 딸기 실컷 먹게 됐구려.

김희갑: 그래. 야, ** 주련.

황정순: 영감두. 애, 아니다.

둘째 사위: 예, 보내드리죠.

17:42 놀이터에서 분가와 소득증대사업에 대해 이야기하는 둘째 아들과 둘째 며느리

둘째 아들: 농민들도 이젠 생각하는 게 달라졌어.

둘째 며느리: 여기 와서 공부하는 사람들 눈초리가 벌써 다르든 걸요.

둘째 아들: 응. 가난을 이겨내자는 어떤 결의 같은 것이 엿보이더구만.

둘째 며느리: 우리도 우리 장래를 위해서 뭘 좀 해봐야 되겠어요.

둘째 아들: 어, 나도 지금 그걸 생각하고 있었어. 형님이 봄에 다시 서울에 올
　　　　　 라오시면은 우린 변두리에 집을 짓는 거야. 그때 가면 시작해야지.

둘째 며느리: 하지만…

둘째 아들: 왜?

둘째 며느리: 우리가 나가 산다는 게 아무래도 부모님께 불효한다는 생각이 들
　　　　　　 거든요.

둘째 아들: 아, 염려말라구. 효도란 반드시 가까이에 있어야만 되는 게 아니잖
　　　　　 아. 응?

둘째 며느리: 아이, 변두리에 나가면 뭐부터 할까요?

둘째 아들: 어, 이봐. 비닐하우스에 묘목을 가꿔보는 거야. 그게 소득이 대단한
　　　　　 거야.

둘째 며느리: 어머, 어쩌면 내 생각하고 똑같애요?

둘째 아들: 이런, 그러길래 부부가 아닌가. 아, 그리고 말이야. 소득증대사업은
　　　　　 반드시 넓은 땅에서만 할 수 있는 것이 아니거든? 예를 들자면은
　　　　　 표고 재배 같은 것은 웬만한 빈터가 있으면 된다는 거야. 당신의 그
　　　　　 근면과 자력이라면은 안 될 것도 없다구.

둘째 며느리: 또 비행기 태우고 있다.

둘째 아들: 아이구, 비행기가 아니야요. 진짜라구. 하면은 안 되는 게 어딨어?
　　　　　　되는 거야.

둘째 며느리: 그래요.

19:12　둘째 아들 내외의 대화를 듣고 기특해하는 김희갑과 황정순

김희갑: 참 고것들 참. 임자 어떤가, 내 계획이?

황정순: 영감도 그 엎드려서 절 받으실려구 그러시우?

김희갑: 임자두 남편 하나야 잘 만났지, 뭘 그래?

황정순: 주책은.

김희갑: 여보, 가십시다.

황정순: 가시자구요, 어서.

19:34　숙소에서 취침 점호하는 남성들

20:01　아침 조회에 집합해 "개척정신" 외치며 구보하는 남성들. 김용기 교장과 김희갑
　　　　가족이 보임. 구보 중 주저 앉은 김희갑을 부축하며 가는 사위들

21:45　빨래하면서 "구보하던 식구들이 주저앉았다"고 이야기하는 여성들

지영: 큰고모, 작은고모, 주저앉았대요.

둘째 딸: 아니, 모두들 주저앉다니?

첫째 딸: 으이구, 그랗께 *서부터 운동을 해야하는 기여, 에이구.

지영: 아무튼 도시 사람들이 망신을 톡톡히 당하는 모양이에요.

둘째 며느리: 아무리 그렇기로 모두들 그렇게 주저앉을 게 뭐야?

22:07　운동장으로 뒤늦게 달려오는 아버지와 자식들 보며 웃는 여성들. "개척정신" 외
　　　　치며 구보하는 김희갑과 자식들

김희갑: 당신 왜 웃어? 젊은 사람들이 왜 이렇게 못해?

22:41　젖소 사육장에서 이야기하는 남성들

첫째 사위: (젖소 보며) 잘 생겼다, 그놈들. 젖소에 대해서는 내가 잘 모르지만
　　　　　　비육우에 대해서는 내가 박산께 허는 소린디 소를 잘 골라 석 달만

잘 키워서 팔면 한 마리에 최소한도 사료 값 빼고 한 30,000원씩은
나온다 말이여. 어, 장강이, 안 그래? 어째, 장강이, 자네?

둘째 사위: 어, 왜 아니야. 우리도 한 마리가 두 마리가 되고, 두 마리가 네 마
리로 늘은 기라요.

첫째 사위: 아하, 그래? 그리고 사료에는 석회하고 소금을 쪼끔씩 섞어서 먹히
는 거 알고 있지?

둘째 사위: 동서한테 배우지 않았나.

첫째 사위: 그리고 하루에 물 얼마씩 주제, 물?

둘째 사위: 그야 두 말 내지 서 말 아이가.

첫째 사위: 아따, 장강이도 농사꾼 다 돼부렀네. 다 돼부렀어.

둘째 사위: 왜 아니라요, 다 동서 덕분인 기라요.

첫째 사위: 아, 좋아, 좋아. 아, 배와, 배와서 남 주나.

23:32 개량부엌에 들어와 가스레인지와 메탄가스에 대해 이야기하는 여성들

둘째 며느리: 어머나, 이게 개량된 부엌이로구나.

첫째 딸: 워매, 요것이 메탄가스구먼이.

황정순: 이게 뭐라구? 무슨 소리냐, 그게, 뭐?

첫째 딸: 아이참, 요것이 버린 오물을 썩히면 나오는 것이 메탄가스랑께, 그러
니까 요것이 뭣이냐. 가스, 가스…

황정순: 가스렌지라는 게 아니냐, 이게.

첫째 딸: 맞었어라, 가스렌지.

황정순: 그래.

첫째 딸: 그 가스렌지랑 진배 없당께로, 요것이 바로.

황정순: 그렇구나, 그래.

첫째 딸: 우리 집에도 그이가 연구를 해서 만들었지라우.

둘째 딸: 언니, 또 그 자랑이 시작되시는군요.

첫째 딸: 아따, 자랑은 뭔 자랑이여? 아, 사는 *이 그런 게 워쩔 거여?

황정순: 그래, 그래.

둘째 며느리: 아무튼 시골 부엌도 이렇게만 되면 도회지 못지 않겠어요.

둘째 딸: 시골에도 지금 부엌 개량이 한창이야.

지영: 과거엔 여자들이 하루 세 끼 밥 짓는 데만 30리를 걸었다잖아요? 우물은
　　　마당, 쌀 뒤주는 대청, 또 장독대는 뒤뜰에 있구 해서.

황정순: 그래, 니 말이 맞다.

지영: 우린 부엌뿐만 아니라 모든 생활을 개선해야 돼요.

황정순: 그래, 너도 제법이로구나.

지영: 학교에서 다 배운 건데요, 뭐.

황정순: 그래, 자식.

지영: 그리고 할머니.

황정순: 뭐냐, 또?

지영: 이 행주 말이에요. 이 행주에 얼마나 균이 많은지 아세요?

황정순: 그래?

지영: 행주는 꼭 말려 쓰거나 끓는 물에 자주 담궈서 소독을 해 줘야 하구요.
　　　음식도 비싼 고기가 아니더라도 영양을 충분히 섭취할 수가 있거든요?

황정순: 자식도 신통하지.

첫째 딸: 그려. 콩이 쇠고기보다 영양가가 높다는 걸 알아야 혀.

황정순: 그래, 그래, 그래.

둘째 딸: 언니, 콩을 많이 먹어서 그렇게 살이 쪘수?

첫째 딸: 아따, 내가 뭔 살이 쪘단 말이요? (한 바퀴 빙그르르 돌며) 아, 요로콤
　　　날씬헌디. 옷을 빌려입었으니깐 그렇지.

황정순: 그래. 옷이 커서 그렇구나.

25:17　밤에 숙소에 모여 이야기하는 가족

김희갑: 오늘밤이 농군학교의 마지막 밤이다. 너희들을 데리고 올 때만 해두
　　　내가 혹시나 했지만은 이제 너희들의 얼굴을 보아하니 이 애비가 만족
　　　스럽다. 너희들 그동안 보고 들어서 잘 알겠지만은 소득증대란 말은
　　　농어촌에만 적용되는 말이 아니야. 노식이나 장강이는 물론이고 성일
　　　이 너두 머리를 써서 안 될 거 없어요. 응, 성일아, 어떠냐?

첫째 사위: 아, 바로 그거이지요. 아, 뭐 어렵게 생각할 거 하나도 없다구요.

아, 소득증대사업이란 지역의 특성에 알맞는 것을 골라서 얼마든지 할 수 있는 거 아닙니꺼?

첫째 딸: 아, 그걸 말이라고 한다요. 양송이, 양잠, 굴 양식.

첫째 사위: 잉어 양식, 뱀장어 양식, 가축 기르기, 과수, 유실수 등등 뭐니 뭐니 해도 그렇게 하여간 사람들이 머리를 써야 한다고, 머리를.

첫째 딸: 맞아라우.

김희갑: 노식인 모르는 것도 없어.

첫째 사위: 그렇게 내가 박사란 이름, 그 박사는 아니고 저…

둘째 아들: 아니 왜 박사란 말을 못하고 쩔쩔 매고 계세요?

첫째 사위: 그 사실 여기 와봉께 나도 모르는 게 한두 가지가 아니란 말이여. 박사는 저 우리 집안에서만 박사란 말이여.

26:49 가나안농군학교에 온 소감을 말하자고 하는 아버지

김희갑: 자, 조용, 조용. 그러면 여기 온 소감부터 말해볼까? 누가 먼저 말해볼 까?

영일: 전 많은 걸 배우고 느꼈어요. 제가 공부하고 있는 것이 산 공부가 되도록 노력하겠습니다. 그리고 저 방학이고 하니까 친구들을 데리고 보름 동안 다시 입교할 생각입니다.

김희갑: 좋은 생각이구나.

황정순: 그게요.

김희갑: 지영이 넌?

지영: 전 새마음운동의 기수가 되겠습니다.

첫째 딸: 뭐여? 새마을운동이지, 새마음운동도 있당가잉?

첫째 사위: 저저, 이 사람 설치니까 가끔 실수를 한단 말입니다, 가끔 실수를.

첫째 딸: 아, 워째 그려?

첫째 사위: (첫째 딸에게 귓속말로) 아, 새마음 있다니까 그 참.

김희갑: 그리고 성일이 넌?

둘째 아들: 네, 전 묘목 재배를 할 생각입니다. 이 사람하고 다 계획이 서 있습 니다.

김희갑: 음, 그럼 너 올 봄부터 나가서 너희들끼리, 너희들끼리 한 번 해봐.

황정순: 그래.

김희갑: 여보, 다 들었다, 우리도.

둘째 며느리: 어머나.

둘째 아들: 아니!

둘째 아들 내외: 감사합니다, 아버님.

김희갑: 그리고 새마을 지도자. 그래 올해 소득은 좀 커지겠나?

첫째 사위: 암, 크구 말구요. 아주 올해는 나는 말입니다, 고구마를 한꺼번에 저장하게 해볼랍니다, 한 번 나가. (메모한 수첩을 내보이며) 저장 방법일랑 요렇게 알아놨응께 말입니다. 사람이 실패만 하고 살겠십니꺼?

김희갑: 태산이 높다 해도 하늘 아래 뫼이로다.

첫째 딸: 맞어라우. 오르고 또 오르면 못 오를 일 없응께잉.

첫째 사위: 사람이 제 아니 오르고 뫼만 높다 하더라제잉.

김희갑: 조용, 조용, 조용, 조용. 다음은 장강이 얘기 좀 들어보자.

둘째 사위: 마, 전예 집에 가자마자 집 뒤 야산에 몽땅 딸기 하우스를 만들 생각입니다.

첫째 사위: 응? 딸기, 딸기, 딸기? 아, 겨울용 딸기 말인가?

둘째 딸: 네, 재배방법을 배웠거든요.

첫째 사위: 어이, 어이, 어이, 그거 나 좀 아르켜주소, 나 좀.

둘째 사위: 수강료만 톡톡히 내라이?

첫째 사위: 암, 세상에 공짜비가 어딨는가? 안 그런가? 줘야제. 좀 아르켜줘.

황정순: 참 좋은 생각했네.

김희갑: 그래.

둘째 사위: 이번에는 제가 마 여기 잘 왔다고 생각됩니더. 지가 지금 하고 있는 비닐하우스 관리법을 충분히 습득했습니다. 인자는 실패가 없을깁니더.

황정순: 그래야지. (둘째 딸의 손을 잡으며) 애, 너 손이 많이 거칠어졌구나.

둘째 딸: 요즘 여자의 손은 이래야만 아름답대요.

황정순: 외모보다 마음을 아름답게 단장하잔 말이 바로 너를 두고 한 말이로구
　　　　나, 자식들. 그래야지.

둘째 사위: 쪼만치도 염려마소. 이제 막 억수로 호강시켜주면 안되겠십니꺼.

황정순: 그래야지. 자네가 우리 집을 떠나면서 "해볼 겁니다. 뼈가 부서지도록
　　　　해볼 겁니다." 하던 말 내 아직도 기억하고 있네.

둘째 사위: 예, 맞습니다. 이 *** 같은 손에서 피가 나도록 한 번 해볼 김니더.

김희갑: 암, 해야지. 참, 좌우당간 처가살이 할 때 진 빚 이제야 갚나 보다.

둘째 사위: 그람요. 마, 쪼맨치만 기달리시면 될 김니더. (자리를 떠나는 둘
　　　　째 딸) 이 장강이도 이젠 하면 된다는 신념이 안생겼십니꺼.

김희갑: 암, 안 된다는 푸념보담 된다는 신념을 가지고 살아야 해.

황정순: 그러믄요, 그러믄요.

30:52　밖에 나와 울고 있는 둘째 딸을 달래는 둘째 사위

둘째 사위: 와 추운데 여기 나와 있노? 여보.

둘째 딸: 떳떳해서요. 당신의 모습이 정말로 떳떳해서요.

둘째 사위: (둘째 딸의 손을 잡아주며) 모두 당신 덕이 아이가. 이 작은 손이
　　　　피투성이가 되면서 우리도 남 같이 살게 된 게 아이가.

둘째 딸: (눈물 흘리며) 아니에요. 가족들이 모인 자리에서 언제나 기가 죽어있
　　　　던 당신 아니에요? 그런 당신이….

둘째 사위: 서로 돕는 기라. 서로의 뜻과 힘을 모아서 더 해보는 기다.

둘째 딸: 고마워요.

32:25　둘째 딸 부부에게 박수를 쳐 주는 식구들

김희갑: 장강이를 배우는 거야. 그리고 은아를 배우는 거야. 자기가 살아나가는
　　　　길을 스스로 개척해나가는 그 정신, 이게 바로 곧 새마을운동이야.

황정순: 아무려면요.

김희갑: 저게 바로 새마을 만만세다. 새마을, 새마을 만세라구, 이게 바로 새마
　　　　을 만세야. 새마을 만세야.

첫째 사위: 새마을 만세고 말구요. 그랑께 우리가 이왕 새마을 만세를 불르라

면 말입니다이 지금 이 자리다 모닥불 피워놓고 아주 한꺼번에 불
러버려라우.

첫째 딸: 맞아라우, 맞아라우.

33:03   박수치는 가족

33:05   모닥불 피워 놓고 모여 앉은 김희갑 가족과 가나안농군학교 사람들

둘째 아들: 자, 좋습니다. 이번에는 그러면 다 함께 새마을 노래를 불러봅시다.

33:17   다 같이 "새마을 노래" 부르는 모습

34:44   가나안농군학교를 퇴교하고 버스에 올라타는 가족. 김용기 교장과 직원들과 인
사하는 모습

김희갑: (교장과 악수하며) 교장선생님, 감사합니다.

황정순: 감사합니다, 감사합니다.

김희갑: 아, 우리** 3일이지만은 어찌 이걸 30년에 비할 수가 있겠습니까?

첫째 딸: 모두들 세배 왔다가 세뱃돈 한 번 크게 받아가네요이.

김희갑: 또 언제 뵈러 오겠습니다. 자, 타자.

35:22   버스에 올라탄 가족. 가나안농군학교를 나서는 버스의 모습

35:33   고속도로를 달리는 버스의 모습. 배경음악 "새마을 만세"

36:25   자막 "끝"

내레이션

(내레이션 없음)

영농수첩

제 명	영농수첩
출 처	영농수첩
제 작 국 가	대한민국
제 작 년 도	1973년
상 영 시 간	18분 47초
제 공 언 어	한국어
제 작	국립영화제작소
제 공	문화공보부
형 식	실사/애니메이션
컬 러	컬러
사 운 드	유

영상요약

감자, 오이, 뽕나무, 밤나무 등의 묘상과 접묘를 온상에서 키우는 방법 및 돼지 사육방법을 설명.

연구해제

본 영상은 1970년대 농촌 새마을운동 농업 정책 중 하나였던 농어민 소득증대 사업에서 농사개량을 다루고 있다. 영상에는 당시 박정희 정부가 소득증대책으로 농민들을 지도하기 위해 내놓았던 각종 농사개량방법이 담겨있다. "봄 채소 온상만들기"를 비롯해 "봄 감자 묘상만들기", "밤나무 접목법", "볍씨 쭉정이 고르기", "온상 못자리 만들기", "오이 접목법", "뽕나무 새순 삽목법", "돼지 기르기"와 같은 각종 농사개량방법이 시청각 교재의 역할을 하고 있다. 영상에서는 자세한 설명과 애니메이션을 통해 각각의 구체적인 과정과 방법을 보여주고 있으며, 각각의 농사개량법을 통해 얻을 수 있는 소득증대 효과를 설명해준다. 특히 영상의 마지막 부분에서 다루고 있는 "돼지 기르기"는 국민소득 증가에 따른 육류 소비 증가와 수출 증대로 인해 "가장 권장할 만한 수지맞는 축산업"으로 홍보된다. 영상을 통해 알 수 있는 것은 박정희 정부가 농민에게 농사개량의 필요성 강조와 농사개량 지도를 통해 농촌 새마을운동의 궁극적 목적인 소득증대를 이끌어내려 하고 있다는 것이다.

1971년부터 시작된 농촌 새마을운동에 대해 박정희 정부는 "새마을운동은 잘 살기 운동"이라며 그 의의를 누누이 강조하였다. 내무부 역시 "새마을 운동은 농촌 후진성의 두 가지 요소인 과학적 합리주의 정신의 결여와 소농사회의 전통적 정체성을 극복하여 소득의 획기적 증대를 꾀하고 고소득 복지농촌을 건설하는 데에 그 궁극적 목표를 두고 있다"고 밝힌 바 있다.

소득증대 사업은 1980년대 농가소득 140만 원 달성을 목표로 경지정리, 농업용수시설, 농업기계화 등의 영농구조 개선사업과 종자 및 못자리개량, 퇴비 증산 등의 과학 영농 그리고 협동생산, 유통구조 개선사업 등을 역점으로 추진되었다. 그 밖에도 농업 외 소득 증대를 위한 새마을 공장 건설 확대와 농한기 노임소득사업, 잠업, 양송이 등의 특용작물 재배, 축산, 산림, 수산 등의 소득증대 특별사업도 함께 추진되었다. 이러한 사업

들을 통해 영농기술을 강화하고, 다수확 품종을 도입하고, 영농 기계화로 미곡 자급자
족을 달성하는 것은 궁극적으로 농가소득 증대를 이루려는 것이었다. 이에 따라 박정희
정부는 1972년부터 1976년까지 제2차 농어민 소득증대 특별사업을 시행하여 소득증대
사업을 전개했다.

그러나 박정희 정부의 소득증대 사업은 새마을운동의 성공신화와 달리 농촌사회의
붕괴를 막지 못했다. 1968년 1,600만 명으로 전체 인구의 51.6%를 차지했던 농가인구는
1979년 1,100만 명으로 절대적 인구수가 감소하였으며, 그 비중도 31.1%로 축소되었다.
감소된 인구의 상당수는 14~49세로, 이는 농촌의 노동력이 도시로 유출되었다는 것을
의미했다. 또한 새마을운동이 소득증대 운동을 내세운 것과 달리 실질적으로 소득증대
관련 사업들은 큰 실적을 이끌어내지 못했다. 오히려 새마을운동은 개인의 소득증대보
다 마을의 부채를 양산하는 결과로 이어졌다. 그 결과 "잘 살기 운동"으로서의 새마을운
동은 1970년대 후반 농촌의 붕괴와 농민들의 이촌향도로 귀결되었다.

참고문헌

황병주, 「새마을 운동을 통한 농업 생산과정의 변화와 농민 포섭」, 『사회와 역사』 90,
    2011.

화면묘사

00:00   제목 자막 "영농수첩"

00:08   자막 "봄 채소 온상만들기"

00:12   촉성재배용 온상을 만드는 모습. 짚을 잘라 온상에 펴고 물을 주면서 밟아주고
         그 위에 두엄, 닭 똥, 쌀겨 등을 넣고 다시 밟아주는 것을 다섯 층으로 반복한
         후 비닐 덮개를 씌워줌

01:18   자막 "봄 감자 묘상만들기"

01:23   감자 묘상 만드는 모습. 따낸 감자의 눈에 재를 묻히고 묘상에 절단한 면이 땅
         에 닿게 밀짚에 열을 맞춰 깔아준 후 위에 퇴비를 덮고 모래를 펴서 깔아준 후
         그 위에 연탄가루를 깔아주고 거적이나 비닐로 지붕을 덮어줌

03:07	묘상에 물을 주는 모습
03:18	자막 "밤나무 접목법"
03:22	농촌 방문해 산을 둘러보는 박정희 대통령
03:39	밤나무 묘목 돌보는 연구원들
03:53	온상에서 싹밤 접목하는 모습. 온상포장을 만들어 싹을 틔운 밤을 소독한 칼로 싹을 자르고 접수를 빚어 끼움
04:29	밤 접목하는 것을 그림과 애니메이션으로 보여줌
04:33	접목한 부위를 세 겹 실로 감아 접목상에 심고 이끼로 덮어줌
04:56	접목묘를 본포에 옮겨 심은 모습
05:04	1년생 접목묘를 산에 옮겨 심는 교복 입은 학생들
05:23	"식재방법"을 그림과 애니메이션으로 설명함
05:49	옮겨 심은 묘목 주변을 정리하는 학생들
05:58	자막 "볍씨 쭉정이 고르기"
06:03	농가 전경
06:08	실험실에서 볍씨 쭉정이 고르는 작업을 하는 연구원들. 대두와 소금을 용해시킨 물에 소금을 띄워 소금물의 농도를 측정하는 교수
06:37	"염수선 비중과 달걀"이라고 필기한 칠판을 가리키며 강의하는 교수
06:42	소금물에 볍씨를 담근 후 저어서 떠오르는 쭉정이를 건져낸 후 가라앉은 볍씨를 꺼내어 보여줌
07:03	자막 "온상 못자리 만들기"
07:08	온상 못자리를 만드는 모습. 비료를 주어 만든 모판에 볍씨를 뿌리고 밭 흙을 덮은 후 그 위에 숯을 뿌려주고 골조를 만들어 비닐을 덮어줌
07:53	자막 "오이 접목법"
07:57	온상의 오이에 물 주는 모습
08:10	호박에 오이를 접목하는 모습. 대목인 호박과 접수인 오이를 보여줌. 오이 대궁을 자르는 모습
08:28	오이 접수를 만드는 모습을 그림과 애니메이션으로 보여줌
08:32	호박의 양 잎 사이에 구멍을 냄
08:46	호박의 양 잎 사이에 구멍을 내고 접수를 끼우는 방법을 그림과 애니메이션으

로 보여줌

09:00 호박의 양 잎 사이에 접수를 끼우는 것을 보여줌

09:16 접목묘를 흙을 담은 비닐봉지에 심은 모습

09:31 성장한 접목묘를 밭에 옮겨 심는 모습. 석회를 뿌리고 밭을 갈은 후에 골을 파서 두엄과 비료를 준 후 덮고 그 위에 다시 구덩이를 파고 비닐봉지를 벗긴 접목묘를 심음

10:19 옮겨 심은 오이 접목묘에 물을 주고 위에 비닐을 덮어줌

10:36 자막 "뽕나무 새순 삽목법"

10:40 뽕밭에서 일하는 사람들의 모습

10:50 뽕나무 새순 삽목법을 보여줌. 교련복 입은 학생들이 강의를 들으며 공책에 필기하는 모습. 양 잎만 남기고 뽕나무의 윗부분을 잘라낸 후 칼로 줄기를 엇비슷하게 자름

11:30 삽수 만드는 법을 그림과 애니메이션으로 보여줌

12:07 약재 처리과정을 보여줌. 발근 촉진제를 물에 넣어 용해시킨 후 삽수를 다발로 묶어 약물에 5초 정도 담갔다 빼냄

12:52 삽수를 묘상에 줄 맞춰 심은 후 물을 주고 골조 위에 비닐을 덮고 그 위에 다시 거적을 덮어줌

13:41 자막 "돼지 기르기"

13:46 돈사 전경

13:54 돈사 안 환경을 보여줌. 고정된 먹이통과 창의 위치, 따로 만들어 놓은 배분실, 분만실, 따로 격리돼 우유 먹는 새끼돼지를 보여줌

14:39 칠판에 붙인 "우량돼지 선발요령" 방법을 가리키며 강의하는 연구원. 우량돼지를 그림으로 보여줌

14:59 젖 먹는 새끼돼지들의 모습

15:13 돈 콜레라를 앓고 있는 돼지의 증세를 보여줌. 피가 섞인 묽은 똥을 싼 돼지의 모습

15:24 돼지 항문에 체온계 넣어 체온을 재는 수의사

15:35 코에 줄을 메어 고정시킨 돼지에게 약을 먹이는 모습

15:49 젖 먹는 새끼돼지들

15:55	실습실에서 빈혈 증세가 있는 새끼돼지들의 뒷다리 안쪽에 철분주사를 놓는 방법을 시연하는 모습
16:37	새끼돼지의 이빨 때문에 유정염에 걸린 돼지를 보여줌
16:58	실습실에서 새끼돼지의 송곳니를 자르는 모습
17:25	땅을 파는 돼지와 철사고리로 돼지 코를 꿰는 것을 보여줌
18:01	정육공장에서 손질한 돼지고기를 상자에 포장하는 근로자들
18:30	젖 먹는 새끼돼지들의 모습
18:41	자막 "제작: 국립영화제작소 -1973.6-"

▍내레이션

00:15	2~3월이면 봄채소를 가꾸기 위한 적송 대비용 온상을 만들어야 합니다.
00:25	우선 볏짚을 2 내지 3등분으로 잘라 흠뻑 물을 축인 다음 약 10cm의 두께로 온상에 짚을 펴고 충분히 밟아줍니다.
00:46	이 위에 보조재료인 외양간 두엄이나 말린 닭 똥, 쌀겨 등을 같은 두께로 넣고 충분히 밟습니다.
00:58	이렇게 반복해서 다섯 층을 다져 넣은 다음 5일 내지 7일 후에 겉흙을 깔고 씨앗을 뿌리면 충분한 발열로 좋은 성과를 얻게 됩니다.
01:27	우리는 모내기까지 몇 달 동안 귀중한 땅을 그냥 놀려왔습니다.
01:38	3월 중순에 감자 묘상을 만들어서 육아재배에 손을 쓰면은 모내기 안에 충분히 감자를 수확할 수 있어 식량 자급자족에 큰 도움이 됩니다.
01:54	감자 묘상 만들기를 과정별로 보면은 먼저 따낸 감자의 눈에 충분히 재를 묻힙니다.
02:11	묘상에 절단한 면이 땅에 닿게 감자의 눈을 밀짚에 깝니다.
02:23	이때 유의해야 할 점은 산소의 유통을 막지 않게 감자를 다져 누르지 말고 되도록 열을 맞추는 것이 좋습니다. 이 위에 감자가 보이지 않을 정도로 퇴비를 덮습니다.
02:42	다시 1cm 정도의 두께로 모래를 폅니다.
02:54	되도록 많은 태양열을 받아들이기 위해 타지 않은 연탄가루를 덮습니다. 이것

으로 묘상 설치는 끝나는 셈인데 밤에는 반드시 거적이나 비닐로 지붕을 덮어야 하고 2일 후부터 2~3일에 한 번씩 물을 주면 됩니다. 이렇게 하면 일찍 본포에 옮겨 심을 수 있어 조기수확에 성공합니다.

03:26 울창한 산림은 곧 나라의 부강을 말해줍니다. 박정희 대통령은 조림사업이 농가의 수익과 직결될 수 있도록 수익성이 높은 유실수를 많이 심도록 권장했습니다.

03:42 밤나무 접목법을 익혀 비싼 묘목을 농가에서 직접 생산해서 수익성이 높은 밤나무를 많이 심읍시다. 그러면 1년간이나 정식 기간을 단축할 수 있는 싹범 접목법을 보기로 하겠습니다. 먼저 이끼나 고운 모래로 온상 포장을 만들어 밤의 싹을 틔웁니다.

04:13 다음은 잘 소독된 칼로 싹을 가릅니다.

04:26 갈라진 싹 사이에 5cm 내외로 접수를 빚어 끼웁니다.

04:36 다음은 삼합 실로 접목한 부위를 감아 접목상에 심는데 눈 하나는 반드시 내놓고 심어야 하며 심은 후 이끼로 덮어주면은 보온과 수분 증발을 막아 더욱 좋습니다.

04:56 심은 후 20일 후면 완전히 뿌리가 내려 본포에 옮겨 심습니다.

05:09 접목해서 1년간 자란 묘목을 산에 옮겨 심습니다.

05:17 토질은 모래가 약간 섞인 찰진 흙이 가장 좋습니다.

05:24 구덩이의 깊이와 직경은 각각 90cm로 파야 합니다.

05:31 심는 방법을 그림으로 보면은 잘 섞은 퇴비 10 내지 15kg을 2~3회에 나누어 흙과 섞어 구덩이에 넣고 복합비료 50kg을 살포한 후 흙을 30cm 정도의 두께로 넣고 밤나무 뿌리를 고루 펴서 곧게 심은 다음 잘 밟아준 후 낙엽이나 짚을 덮어 수분의 증발을 막아줘야 합니다.

06:05 씨앗은 열매의 어머니입니다. 모든 농사가 그렇듯이 벼농사도 씨앗을 잘 골라야 성공합니다. 간단한 방법으로 볍씨 쭉정이 고르기를 보면은 물, 대두 한 말에 소금 4,500g을 넣어 용해시킵니다. 소금물의 농도를 손쉽게 측정해보는 방법은 계란을 띄워 약간 모로 뜰 때가 가장 알맞습니다.

06:38 준비된 소금물에 볍씨를 담근 후 충분히 젓습니다. 이때 떠오르는 것은 쭉정이이므로 모두 건져내야 합니다. 유의해야 할 점은 볍씨를 오래 담가두면은 싹

트는 데 지장이 있으므로 곧 맑은 물에 가셔야 합니다.

07:10 3월 중순부터 하순까지는 통일벼 온상 못자리를 만들어야 합니다. 비료를 주어 잘 고른 묘판을 2~3일간 굳힌 후 볍씨를 고루 뿌려줍니다. 다음 채로 친 밭 흙을 볍씨가 보이지 않을 정도로 덮고 그 위에 다시 왕겨를 구워 숯을 만든 보조 재료를 1cm 정도의 두께로 깔고 비닐을 덮습니다.

07:39 이렇게 하면 괴불, 못썩음 등 병충해를 막을 수 있고 빨리 자라 일찍 모내기를 할 수 있습니다.

07:59 고등 소채 재배기술을 익혀 적은 땅에서도 많은 소득을 올려보지 않으시겠습니까.

08:09 그럼 여기서 호박에 오이를 접목하는 법을 보기로 하겠습니다.

08:15 이것이 대목인 호박이며 조금 적은 것이 접수인 오이입니다. 먼저 오이 대궁을 잎에서부터 1cm 길이로 자릅니다.

08:31 잘라낸 접수의 양면을 칼로 빚습니다. 다음 가늘고 매끄럽게 깎은 대나무 송곳으로 호박의 양 잎 사이에 구멍을 내는데 반드시 호박의 순을 잘라내야 합니다. 그림으로 보면은 구멍을 낼 때 약간 엇비슷하게 뚫어야 하며 뚫은 구멍에 접수를 끼웁니다. 유의해야 할 점은 접수를 꽂을 때 대목과 접수가 잘 밀착되도록 꽂아야 합니다.

09:06 이렇게 호박에 오이를 접하면은 가장 피해가 많은 만할병을 막을 수 있고 실패율도 적어 90% 이상 성공합니다.

09:19 접목이 끝나면은 비닐봉지에 심습니다. 흙은 축축하게 젖어야 합니다.

09:29 접목한 지 20일 후면 밭에 옮겨심기에 알맞게 성장합니다.

09:39 옮겨심기에 앞서 반드시 석회를 뿌려 밭을 갈아야 합니다.

09:47 골과 골의 간격은 90cm 정도가 알맞습니다.

09:57 20센치의 깊이로 판 골에 두엄과 비료를 준 후 덮습니다.

10:06 그 위에 다시 구덩이를 파고 접목한 오이묘를 심는데 비닐봉지는 반드시 벗겨서 심어야 합니다.

10:21 밭에 옮겨 심은 지 약 25일 후면 오이를 수확할 수 있으며 사철 계절에 관계없이 접목해서 싱싱한 오이를 생산해낼 수 있습니다.

10:46 새순 삽목법으로 뽕밭을 더 늘려 더 많은 소득을 올려봅시다.

11:00	작년에 자란 새순을 15cm 정도의 길이로 잘라 위쪽 잎만 남기고 밑부분 양 잎을 잘라냅니다.
11:16	잘라낸 잎 반대 부위를 칼로 엇비슷하게 빚습니다.
11:32	채취한 새순의 길이가 50cm 이상 될 때는 새순 한 가지에서 두 번의 삽수를 만들 수 있습니다. 삽수의 길이는 10 내지 15cm가 알맞습니다. 삽수 빚기를 그림으로 다시 한 번 보면은 윗 잎만 남기고 밑부분 두 잎을 잘라냅니다. 다음 칼로 밑부분을 엇비슷하게 빚습니다. 유의해야 할 점은 따낸 잎 부위의 반대편을 상처가 나지 않게 잘 빚어야 합니다.
12:15	다음은 약재 처리과정입니다. 삽수를 묘포상에 옮겨 심은 후 곧 뿌리가 내리게 하기 위해서 나프타린 초산 즉 발근촉진체를 사용해야 하는데 이 약은 시중에서 쉽게 구입할 수 있습니다. 먼저 정제로 된 나프타린 초산을 물에 잘 용해시킵니다.
12:43	삽수를 25벌 정도 다발로 묶어 약물에 담그는데 담그는 시간은 약 5초 정도가 가장 알맞습니다.
12:57	삽수를 심을 때 간격은 10cm 정도가 알맞고 5cm 정도의 깊이로 삽수를 꽂아야 합니다.
13:13	알아둘 것은 삽수 굵기의 나무로 구멍을 뚫은 뒤 삽수를 꽂는 것이 좋습니다.
13:25	삽수 심기가 끝나면 충분히 물을 준 후 비닐로 덮고 잎이 시들지 않게 뿌리가 내릴 때까지 햇볕을 막아줘야 합니다.
13:48	이제 돼지 기르기는 대량사육으로 기업화하고 있습니다. 올바른 양돈사양법을 배워 수지를 맞춥시다.
14:00	돼지를 기르자면 우선 돈사가 개량돼야 합니다. 먹이통은 움직이지 않게 고정시켜야 합니다.
14:15	창은 통풍이 잘 되도록 동남쪽으로 내야 합니다.
14:22	그리고 배분실은 따로 만들어 위생관리를 철저히 해야 합니다.
14:32	분만실도 별도로 만들어 새끼돼지가 치어죽지 않도록 신경을 써야 합니다.
14:43	우량 돼지새끼를 선택하는 방법은 등이 곧고 활처럼 둥글며 꼬리는 높게 붙어야 하며 특히 뒷다리 안쪽 근육이 잘 발달된 놈이 좋습니다.
15:02	돼지 사육에 있어 가장 중요한 것은 질병 예방입니다. 특히 돈코레라 같은 악

성질환은 격리시켜 치료해야 합니다.

15:17 증세로는 피가 섞인 묽은 똥을 누며 고열이 납니다.

15:27 일단 이러한 증세가 보이면은 체온을 재본 후 수의사에게 치료법을 문의해야 합니다.

15:37 알아둘 것은 돼지에게 약을 먹일 때 코를 달아매면 요동을 하지 못해 다루기가 좋습니다.

15:53 돼지도 빈혈증이 있습니다. 특히 젖먹이 새끼돼지는 거의가 혈액 중에 철분이 모자라 빈혈증상입니다. 가축용 철분 주사액을 농가에서 직접 구입해서 놔주면은 많은 경비가 절약될 것입니다. 주사 방법은 뒷다리 안쪽 약 3~4cm 정도의 위치가 좋으며 용량은 생후 3일까지는 2cc, 어미돼지는 체중 10kg당 10㎖가 알맞습니다.

16:43 새끼돼지는 송곳처럼 이가 예리합니다. 젖을 빨 때 젖꼭지를 자주 물어 어미돼지는 유정염에 걸리기 쉽고 심하면은 새끼돼지를 물어 죽이기도 합니다.

17:00 여기에 처방법이 있습니다. 어디서나 손쉽게 구할 수 있는 손톱깎이로 새끼돼지의 송곳니를 잘라내는 방법입니다.

17:21 자른 이빨은 더 튼튼하게 자라 건강에도 좋습니다.

17:32 또 땅을 파는 버릇을 고치는 방법도 있습니다.

17:39 철사고리를 만들어 좀 아프기는 하겠지만 코를 꿰어두면은 땅 파는 버릇이 아주 없어집니다.

18:11 양돈은 가장 권장할만한 수지 맞는 축산업의 하나입니다. 국민소득이 높아짐에 따라 육류의 소비는 급격히 늘어나 미처 수요를 따르지 못하고 있습니다. 뿐만 아니라 돼지고기는 외국으로도 많이 수출돼서 양돈농가의 전망은 더욱 밝습니다.

한국 미술 2000년전

제 명	한국 미술 2000년전
영문제명	2000 years KOREAN ARTS -AN EXHIBIT-
출 처	한국 미술 2000년전
제작국가	대한민국
제작년도	1973년
상영시간	31분 34초
제공언어	한국어
제 작	국립영화제작소
제 공	문화공보부
형 식	실사
컬 러	컬러
사운드	유

▌ 영상요약

1973년 4월 17일부터 6월 17일까지 국립중앙박물관에서 개최된 "한국미술 2000년전"에 전시된 유물들을 시대별로 분류해 기록하고 설명하는 영상

▌ 연구해제

이 영상은 1973년 4월 17일부터 6월 17일까지 두 달 동안 국립중앙박물관에서 열린 특별전시 〈한국미술 2천년전〉을 소개하기 위해 제작되었다. 이 특별전에는 삼국시대부터 조선말까지 제작된 회화, 도자기, 공예품, 불상, 토기 등 5백여 점이 전시되었는데, 국립중앙박물관 자체 소장 미술품뿐 아니라 각 대학의 박물관과 사찰 및 민간소장품도 광범위하게 전시되었다. 영상은 전시품들을 시대순으로 나누어 설명하며 주요작품들을 클로즈업하거나 줌인(zoom in)을 통해 각 부분을 자세하게 보여주며 이에 대한 설명을 곁들이는 방식으로 진행된다. 전문적인 내레이션은 각 미술품의 예술적 가치와 함께 한국미술사에서 차지하는 중요성에 대하여 설명해준다.

〈한국미술 2000년전〉은 1972년 국립중앙박물관이 덕수궁에서 경복궁으로 이전한 뒤 본격적인 기획전시로 개최된 것이었다. 국립중앙박물관은 착공된 지 5년 9개월 만인 1972년 8월 25일에 개관하였는데, 총 12억 원의 공사비가 든 이 건물은 연건평 4천2백50평, 전시실 면적 1천3백80평의 "매머드"급 건물이었으며, 소장유물 총 7만 2천 점, 전시유물 3천7백 점 등의 막대한 규모를 자랑했다. 개관 이후 최대규모로 기획되었던 이 전시는 당시 문화공보부에서 기획하여 관 중심 행사로 개최된 것으로 약 25만 명의 국내외 관람객이 전시회를 찾았다. 당시 국립박물관의 한 해 평균 관람객이 20만 명 이하였던 것으로 미루어 볼 때, 이 전시는 매우 인기 있었다고 할 수 있을 것이다.

〈한국미술 2000년전〉은 문화영화 출품작으로 선정되어, 극영화 〈토지〉, 〈태양을 닮은 소녀〉, 문화영화 〈태권도〉와 함께 1974년 11월에 개최되었던 파나마영화제에 출품되었다. 또한, 이 영화를 감독한 이형표는 1950년대 주한미공보원과 국제연합한국재건단(UNKRA), 대한영화사 등에서 활동하면서 〈위기의 아이들(Children in Crisis)〉, 〈한국의 미술가(Korean Artists)〉 등의 문화영화를 테드 코넌트(Theodore Conant)와 함께 공동연출하기도 했고, 〈대한뉴스〉 제작에 관여하기도 하는 등 문화영화 및 뉴스영화를 통해 영

화 작업을 시작했다. 이후 1958년 신필름에 입사하여 〈성춘향〉(신상옥, 1961) 등의 촬영 감독을 거쳐 1961년 〈서울의 지붕 밑〉으로 극영화 감독으로 데뷔한 이래, 1980년대까지 80여 편의 극영화를 연출했다.

참고문헌

「한국미술 2천년전 내일부터 중앙박물관서」, 『경향신문』, 1973년 4월 16일.
「국립박물관 景福宮 시대 14년 舊中央廳으로 이전 위해 月末로 막내려」, 『동아일보』,
    1986년 3월 17일.
「73 文化界 결산7. 美術 李逸 弘益大교수 미술 評論家」, 『경향신문』, 1973년 12월 25일.
「現代와 古代의 調和」, 『매일경제』, 1972년 8월 25일.
「〈土地〉, 〈太陽을 닮은 少女〉 등 4편 파나마 映畵祭출품선정」, 『경향신문』, 1974년 10월
    22일.

화면묘사

00:00 국립영화제작소 NATIONAL FILM PRODUCTION CENTER KOREA 마크
00:02 자막 "기획 문화공보부 제작 국립영화제작소"
00:11 포스터 클로즈업 " 한국미술 2000년전 2000years KOREAN ARTS -AN EXHIBIT-
       4.17. → 6.17 · 1973 국립중앙박물관 NATIONAL MUSEUM OF KOREA SEOUL,
       KOREA"
00:18 경복궁 국립중앙박물관 전경
00:29 박물관 내 전시실의 모습
00:42 전시된 빗살무늬토기 등 신석기시대의 유물을 보여줌
01:00 갈색간토기, 붉은간토기, 청동기시대 유물들의 모습
01:16 청동기시대의 방울, 칼 등의 유물들을 보여줌
01:36 무령왕릉에서 발견된 왕관과 왕비관의 모습
01:53 백제의 귀걸이들을 보여줌
02:08 비취곡옥, 은팔찌, 장식 금구 등의 백제 유물들의 모습

02:28	금관들과 허리띠, 목걸이, 귀걸이 등 신라시대 장신구들을 보여줌
04:16	신라의 토기 유물들의 모습
05:12	신라 토기 유물의 하나인 전을 보여줌
05:34	골호들의 모습
06:14	전시된 고구려 연가칠년 등 고구려 불상들의 모습
07:07	백제 반가사유상, 신라 반가사유상, 관음보살입상, 애기불 등의 삼국시대 조각 물들을 보여줌
08:47	녹유전 조각, 금동불상 등 통일신라시대 조각품들의 모습
10:27	통일신라시대 사리함, 금판 불경 등의 사리 장치들을 보여줌
11:15	금동탑, 법당 장식품, 청동종, 용두보당, 정병, 향관 등 고려시대 금속공예품들의 모습
13:47	순청자, 상형순청자, 상감청자, 퇴화문청자, 회청자 등 고려시대 자기들을 보여줌
17:00	분청사기, 순백자, 백자상감, 청화백자, 자기로 만든 문방구, 철화체 백자, 인형 부장품 등 조선시대 자기들의 모습
21:13	흥국사 대웅전 후불탱화를 보여줌
21:43	안견의 산수화들이 전시된 모습
22:17	양송당의 그림들이 전시된 모습
22:28	이징의 미금산수도를 보여줌
22:55	청풍계 등 정선의 산수화들이 전시된 모습
23:35	현재의 산수도를 보여줌
23:45	이인문의 강산무진도의 모습
24:24	김홍도의 산수화들과 만월도계회도 등을 보여줌
25:42	이인상의 산수화, 김정희의 세한도, 대원군의 난초, 민영익의 난초 등 문인화들이 전시된 모습
27:05	홍세섭, 변상벽 등의 영모도를 보여줌
28:26	현재와 단원의 신선도가 전시된 모습
28:42	윤공재의 자화상, 이재의 초상, 신윤복의 미인도 등 조선시대 초상화들이 전시된 모습

내레이션

00:22 민족의 오랜 역사와 문화의 전통을 전해주는 것은 문자로 된 기록과 미술작품들입니다. 삼국시대부터 이조 말까지의 한국미술의 명작 600여 점을 한 자리에 모아 한국미술 2000년전을 여는 뜻은 한국미술의 오랜 문화전통과 우리 고미술의 가치를 체계화해서 그 주체성을 확립하려는 것입니다. 뛰어난 예술적 재주를 지닌 우리 조상들은 오륙천 년 전인 신석기시대부터 한반도에 들어왔으며 흙을 빚어 그릇을 만들고 그 위에 원시적인 공예의장으로 볼 수 있는 소박한 빗살무늬를 나타냈습니다.

01:04 그 후 무문토기를 사용하는 부족과 붉은색 홍도를 사용하는 부족이 들어와서 빗살무늬 토기를 쓰던 사람들을 동화, 흡수하면서 점차 전국적으로 퍼져나갔습니다.

01:19 서기 전 7~8세기부터는 발달한 청동문화가 들어왔으며 이들이 남긴 청동의 방울, 칼, 장신구 등에는 훨씬 세밀하고 세련된 미술적 문양이 새겨져 있으며 이런 것들이 삼국시대 미술의 바탕이 됐습니다. 한국의 금속공예는 삼국시대에 이르러 크게 발전했으며 백제 무령왕릉에서 발견된 왕관과 왕비관의 입식은 연화문, 인동문 같은 아름다운 식물 문양으로 장식돼 있었습니다.

01:55 백제의 금속공예의 발달한 모습을 볼 수 있는 귀걸이에는 꽃무늬와 향엽이 화려하게 장식됐습니다.

02:09 세공된 금장식으로 물려 있는 비취 곡옥, 만든 사람의 이름과 기타 명문이 새겨진 은팔찌에는 용이 조각돼 있었으며 수천 개의 별처럼 왕릉을 덮었던 화려

한 장식품들은 당시의 부귀영화를 엿보이게 합니다.

02:30 백제 금관의 식물 문양과는 달리 신라 금관은 단순화한 나무가지나 사슴 뿔 모양으로 장식됐는데 1921년 한국을 깊이 이해하고 올바르게 세계에 알린 스웨덴의 구스타브 황제가 발굴에 참석했다는 서봉총 금관이 유명합니다.

02:55 세 마리의 봉황이 앉아있는 내관식. 정면에 출자 모양의 금 판 두 장을 세우고 좌우에는 사슴 뿔 모양의 장식이 있는 외관. 신라 금관의 뛰어난 단순화의 솜씨는 백제와는 또 다른 하나의 한국미술의 특질을 나타내고 있습니다.

03:17 허리띠를 위시한 삼국시대의 신라의 장신구들은 고도로 세련된 금속공예품들입니다. 방울 모양과 잎사귀 모양의 금장식을 연결하고 한가운데 비취 곡옥을 달은 목걸이. 또는 금장식 사이에 유리 구슬을 끼워서 액센트를 주고 큰 비취 곡옥으로 아무린 목걸이의 디자인은 각종 장식 금귀의 다양한 세공기술과 더불어 너무도 현대감각과 흡사한 점이 놀랍습니다.

03:52 신라의 귀걸이는 귀에 닿는 고리의 모양으로 보아 태환식 즉 굵은 고리, 세환식 즉 가는 고리의 두 가지로 나뉘어지는데 유리알을 박은 것, 가닥이 많은 것 등 여러 가지 의장이 있는 중에서도 금싸래기나 금실을 붙여 문양을 만든 **** 기법이야말로 신라 세금공예의 극치라 하겠습니다.

04:18 금속공예에서뿐만 아니라 신라는 토기분야에서도 매우 앞서 있었으며 정선된 태두를 써서 1,000도 이상의 온도로 구워낸 매우 단단한 신라 토기를 만들어내 일상생활에 쓰기도 하고 분묘의 부장품으로 사용하기도 했습니다. 이 신라 토기들이 후에 일본으로 건너가서 소위 스에키 토기가 됐던 것입니다. 신라 토기 중에는 모양이 특수한 이형 토기가 많이 있습니다. 말 탄 사람이나 집 그리고 여러 가지 동물의 형태를 본 딴 이 토기들은 속이 비어있어 그 속에 술이나 음료수를 담아서 무덤에 부장한 것으로 생각됩니다. 매우 사실적인 수법으로 만들어진 이런 토기들을 순수한 미술품이라고 볼 수는 없지만 그 솜씨에는 힘찬 삼국시대의 기상이 깃들어 있습니다. 토기에는 그릇뿐 아니라 기와라든가 벽 또는 바닥을 장식하는 전, 즉 일종의 타일도 있습니다. 이 백제 말엽의 전에는 원시적인 투박성을 완전히 탈피한 원숙한 솜씨로 식물이나 산수의 문양을 양식화해서 조각했습니다.

05:36 불교 의식에 따른 화장이 시작되자 유골을 담는 골호가 만들어졌습니다. 통일

신라시대에는 토기 골호 표면에 유리질을 씌우는 수법이 보편화됐고 그릇 모양도 곡선적이며 굽이 낮아졌습니다. 골호에는 내호와 외호가 있어 작은 내호에 뼈를 담고 그 내호를 다시 외호에 담아서 분묘에 모셨던 것이며 이런 토기와 녹유의 기법은 고려, 이조 자기에 계승됐던 것입니다.

06:14 고구려 연가칠년, 서기 539년의 명이 있는 이 불상은 지금까지 발견된 것 중 제일 오래된 불상입니다. 삼국시대부터 우리나라 조각 활동이 본격화됐는데 고구려 불상의 특색은 상징적이고 이념적인 조각이라는 것입니다. 또한 이 시대의 부처님들은 상무적이고 씩씩했던 고구려인들의 기상을 반영해 근엄하면서도 자비로운 미소를 띄우고 있습니다.

06:47 그러나 삼국시대 후반에 이르러서는 그 날카로움이 차차 가시고 부드러움이 깃들기 시작하는데 얼굴 모양이 둥글어지고 몸매에는 인체의 사실미를 나타내려는 의도가 엿보이기 시작합니다.

07:09 한편 백제에서는 일찍이 인간미 있는 조각 양식이 발달했고 소위 백제의 미소라 불리우는 부드러운 미소를 띄운 온화한 불상들이 만들어졌습니다.

07:25 7세기 전반에 만들어진 이 반가상은 삼국시대 반가상의 대표작이며 부드럽고 풍만한 얼굴, 아름다운 팔과 몸매의 곡선, 생기에 넘치는 옷자락의 표현에 있어 상징적인 일면의 한국적인 사실주의를 확립한 것입니다.

07:55 같은 모양의 부처님에 있어서도 신라 것은 근엄하고 예리하며 몸매도 가늘어서 백제 조각보다도 훨씬 추상적이고 보수적인 지방색을 나타내고 있습니다. 그러나 서울의 삼양동 출토 관음보살입상은 그 부드러운 얼굴, 시원한 눈썹의 선, 널찍한 가슴 등 한국적인 조형미를 갖추고 있고 애기불이라 불리우는 이 석불 역시 근엄하고 이념적인 면 보다는 소박하고 천진한 아름다움을 지녀 누구에게나 사랑을 받는 석불입니다.

08:49 통일신라시대로 들어가면서부터는 힘찬 사실주의 양식의 작품들이 나와서 신라 조각 원숙기로 향하는 다릿목 역할을 하고 있습니다.

09:17 마귀를 누르고 있는 사천왕의 모습이 새겨진 이 녹유전의 조각에서는 자태의 균형이나 근육 표현이 거의 완벽에 가까운 뛰어난 솜씨를 볼 수 있습니다.

09:35 통일신라의 금동불상도 몸매, 굴곡의 표현이 발전한 사실주의 작품들이며 이 순금제여래좌상과 여래입상은 연대가 정확한 점에서 귀중한 불상들이라 하겠

습니다. 8세기 중엽에 만들어진 이 보살입상은 불상의 이념적인 면과 사실주의
가 잘 조화된 불상으로서 통일신라를 대표하는 걸작이라 하겠고 이 무렵의 불
상의 특색은 풍만한 얼굴과 얇은 옷 너머로 육신의 아름다움을 나타내려는 사
실주의 조각이며 신라 조각의 황금기를 이룩하는 대표적 예술작품들입니다.

10:34 통일신라의 불교 예술품 중에서도 사리 장치에는 당시의 금속공예, 유리공예
등 모든 기량이 동원된 느낌이 있습니다. 불타가 입적했을 때의 유골인 불 사
리는 후에는 각종 **으로 애용됐고 이 사리를 사리병 속에 모시고 화려하게 장
식된 순금 사리함에 넣어서 석탑 깊숙이 모셨습니다. 이 사리함에 곁들였던 금
판 불경은 불교권에서 가장 화려한 불경입니다.

11:15 신라 공장들이 이룩한 공예미의 전통은 고려시대의 금속공예에 계승됐습니다.
고려시대에는 금동탑이 많이 만들어졌는데 그중에도 우리나라 금동탑 중에서
제일 큰 이 금동탑은 목조건축 양식을 그대로 재현한 것으로서 당대의 건축의
장을 알아볼 수 있는 귀중한 자료입니다.

11:47 통일신라의 미술이 조각 면에서 우수했다 치면 고려 미술은 공예 면에서 우수
하다고 말할 수 있을 만큼 고려의 공예는 기백에 찬 독자적인 원숙을 보여주었
고 법당 안 수미단 장식에 사용됐던 여러 가지 금속공예품에서도 그 우수한 격
조를 볼 수 있습니다.

12:12 고려의 청동 종은 신라 종의 양식을 계승한 한국 종으로 단정하고 우아한 형태
의 곡선미와 그 위에 여러 가지 문양의 독특한 배치로 이름났고 그 발달된 합
금 주조 기술과 아울러 청아한 종소리로 세계 종 중의 종이라 하겠습니다.

12:34 불단 장식에 쓰였다고 보이는 이 용두보당은 섬세하면서도 기백에 차 있던 고
려시대의 금속공예의 특징을 잘 나타내고 있습니다.

12:53 역시 불전에 쓰였던 이 종병은 청동 면을 파고 그 자리에 은실을 메꾸어 문양
을 나타낸 소위 은입사 기법을 쓴 것입니다. 이 기법은 고려자기의 상감 기법
과 흡사한 것이며 정교하고 화려한 고려 공예의 일면을 대표하는 것입니다. 둘
레에는 버들과 갈대가 우거진 호숫가에서 고기 낚는 사람과 날으는 물새 등을
아름다운 그림 솜씨로 은입사 했습니다.

13:28 역시 은입사 기법으로 장식된 이 향관은 대좌에는 구름 속의 용을 몸에는 구름
초와 연당초 무늬를 은실로 나타낸 고려 공예의 걸작입니다.

13:48 고려시대에는 종교 중심의 미술과 더불어 일반 생활미술이 매우 발달한 것이 특색인데 고려자기야말로 세계에 자랑할 수 있는 고려 공예의 백미라 하겠습니다. 순청자는 아무 문양이 없는 비색의 청자를 말하는 것이며 이 중에는 상형 순청자라 해서 동물이나 식물의 형태를 나타낸 것도 많습니다.

14:24 여러 동물 모양을 한 연적들 중에서도 오리연적은 그 색채와 조형의 섬세한 감각으로 순청자 중의 걸작이라 하겠습니다.

14:54 이런 순청자에 마치 은입사 같이 백토로 무늬를 새겨 넣은 상감청자가 있습니다. 12세기 중엽부터 발달한 이 상감 기법은 세계 도자기 역사상 가장 특이한 문양 기법입니다.

15:17 끝없이 흐르는 고려의 선이 그려내는 우아한 모습의 절묘한 상감 기법으로 표면에 심어진 도식화된 운학문, 모란문, 국화문 등이 비색의 바탕에서 떠오를 때 우리들은 고려 상감청자 아니고는 맛볼 수 없는 신비스러운 도예미의 극치를 느낍니다.

16:06 순청자 표면에 질감이 있는 안료로 문양을 그린 청자를 퇴화문청자라 부릅니다. 그릇모양에 어울리는 여유 있는 선이나 면으로 문양을 나타낸 퇴화문청자에서는 상감청자와는 다른 양감과 조형의 아름다움을 찾을 수 있습니다.

16:31 퇴화문과 달리 청자 표면에 질감이 없는 안료로 문양을 그린 것을 회청자라고 부르는데 그 안료로는 철분을 썼습니다. 회청자는 순청자나 상감청자의 우아하고 여성적인 아름다움에 비해 소탈하고 대범한 남성적인 아름다움을 지녔다 하겠으며 문양의 필치도 호탕하고 대담한 것이 많습니다.

17:01 이조자기의 두 주류의 하나는 쇠락한 고려청자의 뒤를 이어 신흥 조선왕조의 기백을 담아 청신하고 순박하게 탈바꿈한 분청사기입니다.

17:17 대담하고 관용을 엿보이는 분청사기의 선은 일찍이 고려에서는 못 보던 것이며 이것은 바로 귀족적인 표현으로부터 실질성이 강조된 민중적인 조형으로 변한 때문입니다.

17:45 분청사기의 특질은 신선하고 소박한 장식효과에 있다고 할 수 있는데 백토로 분장한 그릇 표면에 여러 가지 기법으로 나타낸 장식의장에는 자유스럽고 순박한 야취가 넘치고 있습니다.

18:20 이조자기의 또 하나의 주류를 이루는 백자. 그중에서도 풍요한 백자 항아리에

나타난 폭넓은 흰빛의 세계와 자연스럽게 이그러진 원이 그려지는 관용하고 선량한 공간미는 바로 한국미술이 지니는 순정미의 특질입니다.

18:50 백자 바탕에 상감초 기법으로 연당초 문양을 넣은 백자 상감은 고려의 유려와 이조의 힘이 한데 곁들인 아름다움을 지니고 있는 것이 특징이라 하겠습니다.

19:11 순백자 중에는 투각의 의장을 사용한 것도 있으며 이 투각 필통은 그중에서도 대표적인 것입니다.

19:22 이조시대의 백자에는 색채 문양이 없는 순백자 외에 청화라 불리우는 코발트색 물감으로 여러 가지 문양을 그려 넣은 청화백자가 15세기경부터 숭상되고 점차 보편화됐습니다. 청화백자 초기에는 명 화가의 솜씨로 보여지는 소탈하고 운치 있는 문양이 많이 그려졌으며 그 문양에는 송죽, 연화문 같은 식물의장이 있는가 하면 새, 물고기 등이 도안화된 동물문양도 있습니다.

20:10 19세기에 들어서면서 편편한 청화접시가 많이 만들어지는데 여기에 나타난 회화적인 운치와 공예적인 도안미의 일체화가 이조 공예의장의 특색이라 하겠습니다.

20:28 또한 이조시대에는 여러 가지 문방구가 자기로 만들어졌는데 여러 모양의 연적, 필통 등은 선비의 생활 주변에 높은 격조를 곁들였습니다.

20:45 청화 재료가 희귀하므로 대신 쓰여지기 시작한 철화체 백자 중에서도 이 매죽문과 포도문 항아리는 명 화가의 능숙한 필치로 그려진 이조자기의 거작입니다.

21:04 묘지에 분장됐던 이 인형에서는 이조 도공들의 소박성과 해학성을 느낄 수 있습니다.

21:19 이조 종교화의 걸작인 전라남도 여천군 흥국사 대웅전의 후불탱화는 화려한 색채를 구사하면서도 색채의 조화를 잘 이룩했고 장식적인 선이 강하면서도 유려하게 흐르는 점이 특이합니다. 불상들의 풍만한 모습 역시 이 종교화의 가치를 더하는 것입니다.

21:46 이조의 일반 회화의 주류는 직업적 화원인 도화서원이 쥐고 있었으나 상류 지식인들 중에서도 많은 문인화풍의 명가가 나왔습니다. 안견은 세종대왕 때의 화원으로 이조 초기 산수화의 대표적 작가였으며 회화의 본질을 터득한 대가로 후에 여러 화가들에게 깊은 영향을 주었습니다.

22:18 역시 화원이었던 양송당은 대담한 생략법과 색채의 호상에 있어서 한국적인 본질을 모색한 작가입니다.

02:31 검은 바탕에 금가루로 그린 이징의 이금산수도도 안견의 영향을 받았으며 이념주의 산수화의 대표적인 작품입니다.

22:59 17세기 후반의 명가인 겸재 정선에 이르러서는 한국 산수의 참다운 아름다움을 화폭에 옮김으로써 진경산수의 양식을 완성했습니다. 그의 노년기의 대표작인 청풍계에서는 대담하고 독자적인 구도는 물론 힘찬 필치로 단순화하고 양식화한 바위나 소나무 등을 그림으로써 독창적인 화풍을 확립했습니다.

23:39 같은 시대의 대가였지만 현재의 산수도는 아직도 이념주의에서 벗어나지 못한 것이었습니다.

23:48 이인문의 강산무진도도 같은 경향을 보여주긴 하나 8메타의 긴 화폭에 그려진 구도의 다양성과 놀랄만한 필력은 한국인 화가의 회화 기법의 높은 수준을 과시하는 작품입니다.

24:29 겸재의 진경산수화의 전통을 이은 단원 김홍도는 한국의 자연미를 추구하면서 자기 특유의 산수화를 대성했습니다. 그뿐 아니라 주변의 사회생활에 깊은 관심을 가지고 종래 화가들이 외면했던 인물의 동작이나 표정을 사실적으로 묘사한 점이 특이하며 겸재와 함께 이조 후기 화단을 대표하는 거장입니다. 단원은 그의 만월대계회도에서 절묘한 산수의 표현과 군중 인물의 변화 있는 묘사로 살아있는 한국의 자연 속의 존재되는 인간 생활을 기발하고 독창적인 구도와 힘찬 선으로 그려내 천재적 재질을 과시했습니다.

25:43 한편 화원들이 아닌 대학자나 사대부 화가들은 선비의 기풍과 높은 기백을 표현한 소위 문인화가에 있어 일반 화원의 그림에 비해 사유적이고 추상적인 화풍을 자아냈습니다.

26:10 시문이 뛰어났던 이조의 대학자 이인상의 산수에서는 자신 속에서 재구성한 문인화풍 산수화의 묘미를 볼 수 있습니다.

26:27 그러나 이조 문인화 중의 백미는 역시 추사 김정희의 세한도라고 할 수 있으며 대학자며 대서예가였던 추사의 고고한 심정을 엿볼 수 있습니다.

26:43 저명한 대원군의 난초나 민영익 운미의 난초도 문인화의 걸작품들이며 한 폭의 난초에 자신들의 정치적 기백을 표현하려는 뜻이 스며 있습니다.

27:07 주위에 생동하는 자연물에 시야를 돌리기 시작한 이조의 동물화 중 새나 오리를 그린 영모도는 각 작가에 따라 독특한 기법과 개성을 보여줍니다.

27:51 홍세섭 작인 오리 그림의 근대적 감각. 위에서 내려본 구도나 순*의 농담이 자아내는 회화적 효과는 마치 현대의 수채화를 보는 듯 합니다.

28:14 동물을 즐겨 그렸다는 변상벽은 동물 묘사에 있어 그 형태뿐 아니라 동작과 정신적 내용을 놓치지 않은 동물화의 대가였습니다.

28:28 이조에 있어서는 또한 이상적인 생활을 묘사한 신선도가 많이 그려졌으며 이조 후기에 현재와 단원의 신선도가 각각 묘미를 지니고 있습니다.

28:46 이조의 추상화는 비록 작가의 이름은 알 수 없는 것이 많으나 살아있는 듯한 얼굴의 묘사나 인물의 정신을 화면에 발산하게 하는 눈빛의 정확한 파악으로 으뜸가는 것입니다. 특히 얼굴의 입체감을 선과 색채로 표현하려는 노력이 엿보이며 이조 회화가 근대적 사실주의로 옮겨가는 것을 느끼게 합니다.

29:24 이조 중엽의 명 화가였던 윤공재의 자화상은 이조 회화사에 빛나는 걸작이며 과장된 수염의 묘사가 이색적입니다.

29:42 유명한 도학자 이재의 초상은 얼굴의 입체감, 굳게 다문 입과 빛나는 눈초리가 나타내는 인품, 흑백 두 색으로 대담하게 처리한 의관의 구도 등으로 18세기 초상화의 최대 걸작이라 하겠습니다.

30:03 이조 풍속화의 대가인 혜원 신윤복의 미인도는 우리나라에서 유일한 단독 여인 전신상으로서 이조 미인의 이상형을 짐작할 수 있는 작품입니다.

30:25 이와 같이 삼국시대 이래로 주로 종교를 중심으로 발달해온 한국의 미술은 고려, 이조로 내려오면서 인간 생활에 밀착하게 됐고 유동성 있는 한국 고유의 사실주의를 갖게 됐습니다.

30:44 이번 2000년전에서 본 삼국의 공예, 신라의 조각, 고려의 도자기, 이조의 회화 등 예술작품은 시대를 따라 계승되어온 우리 민족의 생동하는 얼로써 새로운 민족 역사와 문화 창조에 기여할 것이며 세계 인류 앞에 한국의 미를 자랑하는 것입니다.

한국의 어린이들

제 명	한국의 어린이들
영문제명	Children of Korea
출 처	한국의 어린이들
제작국가	대한민국
제작년도	1973년
상영시간	28분 23초
제공언어	한국어
제 작	국립영화제작소
제 공	문화공보부
형 식	실사
컬 러	컬러
사운드	유

영상요약

한국의 어린이들이 학교에서 각 과목 별로 수업하는 모습과 서울의 국립중앙박물관을 비롯한 한국의 여러 명승지를 관광, 견학하는 모습을 보여준다.

연구해제

이 영상은 윤석중을 "글쓴이"로, 윤석중 작사의 다양한 동요를 배경음악으로 사용하면서 어린이들의 밝고 희망찬 모습들을 담아낸 영상이다. 유치원 어린이들부터 리틀엔젤스, 보이스카우트에 이르기까지, 그리고 시골 어린이들의 씨름 장면부터 도시 어린이들의 '민주적' 학급회의 모습까지, 붓글씨를 연습하는 어린이부터 매스게임에 참여한 어린이까지 다양한 연령대의 다양한 활동을 하는 도시와 농촌의 어린이들을 비교적 고르게 소개하고 있다. 또, TV 스튜디오에서 직접 연극하고 이를 촬영하는 어린이들, 물고기를 해부하고 천체 관측을 하고 망원경으로 새를 관찰하는 어린이들, 경주의 각종 문화재들을 탐방하는 어린이들, 어린이 대공원과 어린이 회관, 풀장 등에서 뛰노는 어린이들 등 당시 어린이들이 누릴 수 있는 최상의 공간들을 보여주면서, 이것들을 마음껏 누리는, 가능한 '바람직한' 어린이의 상을 제시하고 있는 것으로 보인다.

이 영상에서 주목해볼 것은 '글쓴이'로 등장하는 윤석중이다. 윤석중(1911~2003)은 1920년대 소년시절부터 '깃븜사'라는 소년문예조직을 이끌었고 1930년대 '계수나무회'라는 노래 모임을 조직하여 방송과 신문 잡지를 통해 아동문학 보급 운동을 펼쳤다. 해방기에는 조선아동문화협회를 통해 출판 운동을 벌이는 한편으로 노래동무회를 조직해 동요 보급운동을 이어갔다. 한국전쟁이 한창이던 1952년 '윤석중 아동연구소'라는 1인 아동문화단체를 만들어 전쟁기 아동들을 대상으로 출판 운동을 지속했으며, 1956년에는 아동문화운동단체인 '새싹회'를 조직했다. 새싹회는 어린이 운동의 선구자라 할 수 있는 소파 방정환을 기리는 소파 25년제(1956.7.23)를 개최했고, '소파상'을 제정(1956)했다. 또한 1961년에는 '장한 어머니상'을 제정했다. 윤석중 역시 3·1 문화상 예술부분 문학본상(1961), 서울교육대학교 제정한 '고마우신 선생님'상(1965), 문화훈장 국민장(1966), 외솔상(1973), 필리핀 라몬 막사이사이상(1978) 등을 수상하면서 아동문화운동의 중심인물로 부상했다. 1960년대를 정점으로 윤석중은 동요 창작 활동보다 문화인으로 사회활동, 회

고록 작성, 전집 출판에 더 열의를 보였다. 1970년대 동요 장르의 퇴조와 함께 그의 활동도 아동문화 운동의 범주를 넘어섰다. 방송용어심의위원회 위원장(1974)을 시작으로 문교부 국어심의회 소속 국어순화분과위원회 위원장(1975), 방송윤리위원회 위원장(1979), 1981년 초대 방송위원회 위원장을 맡아 1984년까지 역임했다. 1983년에는 대한민국 세종문화상 받았고, 2003년 사후에는 금관문화훈장을 추서받았다.

이러한 윤석중의 활동에 비추어볼 때, 이 영상이 제작된 1973년은 윤석중이 외솔상을 받은 해이자 그 자신이 '새싹문화상'을 제정한 해였다. 또한, 1960년대 정점을 이뤘던 윤석중의 동요동시 창작 활동이 한풀 꺾이면서 그가 방송용어심의위원회 위원장(1974)으로 사회적 활동을 시작하기 직전이었다. 이 시기에 제작된 〈한국의 어린이들〉은 윤석중의 동요들을 최대한으로 활용하고, 그의 동요와 동시에 주로 등장하는 낙천적이고 긍정적이며 미래의 희망인 어린이들의 모습을 최대한 현실화하여 영상으로 그려낸, 윤석중에게 바치는 헌사와 같은 영상이라고 할 수 있을 것이다.

그러나 1973년 실제 현실 속의 어린이들의 모습은 영상에서 그려낸 모습과 상당한 거리가 있었음은 주지의 사실이다. 그리고 이러한 현실과의 괴리로 인해 윤석중 동요와 동시에 등장하는 어린이들이 일견 '초현실적'이라는 평가를 받았던 것도 기억해 둘 필요가 있을 것이다.

▌참고문헌

김제곤, 『윤석중 연구』, 인하대학교 박사학위논문, 2013.

▌화면묘사

00:00   국립영화제작소 NATIONAL FILM PRODUCTION CENTER KOREA 마크

00:06   자막 "produced by Korea Films 1973"

00:13   제목 자막 "한국의 어린이들 Children of Korea"

00:20   자막 "글쓴이 윤석중 writer Yoon Sok-Jung"

00:25   자막 "음악 김대현 Music Kim Dae-Hyon 전정근 Chun Jeong Keun"

00:30   자막 "현상 김현동 processing Kim Hyon-Dong 녹음 정기창 Sound Chung Kee-

Chang"

00:35	자막 "촬영 허동학 Camera Huh Dong-Hak"
00:40	자막 "감독 이광수 Direction Lee Kwang-Soo"
00:48	서울 세종로 전경
00:56	세종로를 지나는 버스 안의 어린이들
01:08	한강에서 배를 타고 가는 어린이들
01:16	남산 길을 자전거 타고 달리는 어린이들
01:26	어린이들이 아파트 단지에서 자전거 타는 모습
01:34	농촌의 길을 걷는 아이들
01:41	아이들이 바다가 보이는 길을 걸어가는 모습
01:50	서울 도심에서 등교하는 아이들의 모습
02:04	운동장에서 체조하는 아이들
02:32	유치원에서 그림을 그리고 종이 접기 하는 아이들
03:11	계곡에서 종이배 띄우며 물놀이하는 아이들
03:37	초등학교 저학년 교실의 국어 시간. 카드를 이용해 한글 공부하는 모습
03:57	초등학교의 국어 수업. 칠판에 필기하는 여자 어린이와 공책에 필기하는 학생들
04:25	수업시간에 어린이들이 "한산섬 밝은달"을 붓으로 쓰는 모습
04:59	음악시간에 선생님의 지휘에 맞춰 합주하는 학생들
06:16	미술시간에 크레파스로 그림을 그리는 모습
06:51	운동장에서 줄넘기, 피구, 꼬리잡기 등을 하며 뛰어 노는 아이들
07:23	강변에서 기마전과 씨름 하는 남자 어린이들
07:57	산으로 소풍을 간 아이들의 모습. 산에 올라가 그림을 그리고 곤충 채집하는 아이들. 한데 모여 "야호"를 외치는 모습
09:35	나비 표본을 설명하는 선생님과 수업 받고 곤충 표본 만들어보는 아이들
10:26	과학 실습하는 모습
11:30	별자리를 알아보는 어린이들
11:56	슬라이드 사진으로 유적지와 공장 등을 보는 모습
12:13	국립중앙박물관을 방문해 전시실을 둘러보는 학생들. 신라금관, 고려청자, 조

선백자, 반가사유상 등을 감상하는 모습

13:26   경회루의 앞 뜰과 경복궁 잔디밭에서 부채춤 추는 리틀엔젤스

16:28   달리는 기차와 고속도로를 달리는 버스 안의 어린이들이 노래 부르는 모습

17:10   남해대교를 달리는 버스

17:16   배를 타고 가는 아이들. 어로 작업과 양식 작업을 하는 어민들을 보여줌

17:52   야외에서 물고기 해부하는 아이들

18:23   생태수업 나가 백로 등의 새를 망원경으로 관찰하고 공책에 필기하는 모습

18:45   법주사 미륵불상 앞에서 그림 그리는 아이들

19:04   첨성대를 보여줌

19:16   현충사 전경과 입구, 사당 내부의 영정과 그림, 거북선 모형 등을 보여줌

19:40   야외수영장에서 물놀이하는 어린이들

20:02   여름 휴가철 해수욕장과 강, 바다 등에서 수영하고 낚시 등을 하는 사람들의
         모습

20:19   해변에서 소라껍질을 주워 귀에 대는 아이들

20:40   보이스카우트들이 캠핑하는 모습. 캠프 파이어 하는 보이스카우트

21:10   태극기 게양하는 보이스카우트

21:26   학급회의에서 토론하는 어린이들의 모습

         "남자 어린이 1: 우리는 이웃나라의 여러 어린이들과 사이 좋게 지내야 하겠습
                        니다. 우리나라의 남쪽에 위치한 월남도 그중의 한 나라입니
                        다. 월남의 어린이들과도 친하게 지내야겠습니다.
          남자 어린이 2: 이 사진은 우리 국군 아저씨들이 지어준 학교라고 합니다. 우리
                        는 이런 어린이들과 사이좋게 지내야겠습니다.
          여자 어린이 1: 그것도 참 좋겠습니다."
          여자 어린이 2: 저는 저 사람 의견과 이 사람 의견이 모두 다 좋다고 생각합니
                        다. 의장은 여러 사람에게 의견을 물어주시기 바랍니다."

22:11   텔레비전으로 시청각교육 받는 어린이들

22:15   어린이회관의 텔레비전 스튜디오에서 어린이들이 출연한 프로그램을 어린이들
         이 직접 녹화하는 모습

22:51	교실에서 텔레비전 시청하며 웃는 어린이들
22:59	어린이무용극과 연극을 관람하는 모습
23:32	무대에서 "고향의 봄"을 부르는 선명회 어린이 합창단
24:26	목장의 언덕 위에서 "고향의 봄"을 부르는 선명회 어린이 합창단
25:00	트럭의 건초 더미 위에서 노래 부르고 손 흔드는 선명회 어린이 합창단
25:15	태권도, 체조, 수영, 축구, 배구, 야구 등의 운동히는 어린이들의 모습을 보어줌
26:05	운동회 모습
26:48	체전에서 매스게임 하는 학생들의 모습. 관중석에는 "약진 한국", "100억 $ 수출액은"이라는 카드섹션이 보임
27:17	해가 떠오르는 모습과 바닷가 모래사장을 달리는 어린이들의 모습
27:37	산 길, 들길을 달리는 어린이들
28:18	자막 "끝 The End"

▌ 내레이션

01:02	반만년의 역사를 지닌 오래고도 쭉쭉 뻗어가는 새로운 나라 우리나라 한국. 그 품에 안겨 씩씩하게 자라고 있는 우리들은 나라의 꽃이요 겨레의 새싹이라고 어른들은 말합니다.
01:30	자전거를 타고 씽씽 달리는 즐거운 학교 길. 도시에서, 농촌에서, 어촌에서 우리들의 하루는 노래 속에 시작됩니다. 활짝 열린 아침 학교 길의 푸른 하늘이 우리들의 희망으로 가득 찹니다.
02:13	하늘 향해 두 팔 벌린 나무들같이 무럭무럭 자라나는 나무들같이 우리들은 오늘도 착하고 아름답고 씩씩하게 자라갑니다.
02:40	유치원은 우리 아우들의 즐거운 얘기동산이고 놀이동산이고 소꿉동산입니다. 우리 아우들은 아직 자기 생각을 글로 써내지는 못하지만 그 대신 그림으로, 종이접기로 아름다운 생각, 놀라운 손 솜씨를 펴 보입니다.
03:16	우리 아기가 접어 물 위에 고이 띄운 종이배는 아기 꿈이 실려서 먼 나라로 둥실둥실 떠내려갑니다.
03:48	우리나라 글자는 모두 스물넉 자를 서로 잘 맞추면 그 무슨 소리든지 척척 다

적어낼 수가 있습니다. 우리 한글이야말로 세계에서 으뜸가는 소리글자입니다.

04:12 그 글자를 펴내신 세종대왕은 임금님 중의 임금님이십니다. 학교에 갓 들어간 1학년짜리도 대번 깨우치는 것이 우리나라 한글입니다.

04:31 벼루에 먹을 갈고 몸가짐을 바로 해 쓰는 붓글씨. 깨끗한 종이 위에 붓글씨를 쓰는 동안만은 친구들과 놀고 싶은 생각도 씻은 듯이 잊게 됩니다.

05:27 가지각색 소리가 한데 어울려 아름다운 소리로 우리들의 마음을 곱게, 참되게, 한 덩어리가 되게 해주는 것도 음악입니다.

06:30 그림은 우리들의 마음의 거울입니다. 우리들의 웃음과 눈물과 꿈을 그림은 그대로 다 나타내줍니다.

07:08 빨리빨리 넘어라. 빨리빨리 자라라. 줄넘기 하고 나서 키를 한 번 대보자.

07:35 기마전과 씨름. 이런 것들은 우리 조상님들이 예부터 즐겨오던 놀이들입니다. 우리들이 이러한 놀이들을 익히고 있는 것은 옛 것에서 새 것을 찾고 조상님들의 슬기를 물려받고 싶어서입니다.

08:39 산은 우리들의 즐거운 교실입니다. 우리나라에는 설악산과 같은 좋은 산이 많습니다. 그래서 예로부터 금수강산이라 불렀습니다.

09:41 "여러분 이 나비들의 표본을 살펴보세요. 날개가 X자 모양으로 되지 않는 것도 있지요? 이런 것들은 표본을 만들 때 잘못 만들은 것들입니다. 곤충 표본은 그 종류에 따라 만드는 방법이 다 다르지요."

09:59 곤충채집은 그들을 미워하고 못살게 하기 위해서 장난 삼아 하는 것이 아닙니다. 그것들로 조심조심 곤충 표본을 만들어서 그들의 생김생김과 하는 짓, 앓는 병, 먹이들을 연구해보려는 생각에서입니다. 보잘것없는 벌레들. 그러나 그들은 우리를 위한 고마운 희생자들입니다.

10:34 우리는 과학 하는 어린이들입니다. 이치를 캐고 수수께끼를 풀면서 우리나라를 과학의 나라로 이끌어나가는 어린 일꾼들입니다.

11:00 잠수함의 조상인 거북선을 그리고 해시계를 발명한 분들을 조상으로 모신 우리들은 자랑스러운 과학나라의 어린이들입니다.

11:33 해바라기처럼 우리들의 마음은 항상 하늘을 향해 있습니다. 꿈에만 그리던 하늘나라를 우리도 가볼 때가 오고야 말 것입니다.

11:58 슬라이드는 우리가 일일이 찾아가서 보는 대신 여러 곳에 흩어져 있는 값진 문

화재도 그리고 큰 공장들도 사진을 통해 골고루 보여줍니다.

12:19   그러나 백 번 듣는 것이 한 번 보는 이만 못하다는 옛말처럼 우리는 직접 가서 보고 듣기를 좋아합니다. 여기는 우리 조상님들의 빼어난 슬기가 그 안에 가득한 우리나라의 국립박물관입니다.

12:53   우리는 조상님들이 남겨 논 찬란한 문화재를 눈여겨보면서 조상님들의 얼과 숨소리를 들을 수 있습니다. 그리고 그분들이 어떻게 살아오셨나를 생각해봅니다.

13:48   리틀엔젤스 즉 어린 천사라 불리우는 이 어린이들은 춤과 노래를 위하여 이 땅에 태어났다고 하겠습니다. 그들은 하늘이 보내신 춤과 노래의 사신입니다. 해외 공연에 앞서 고궁에서 어린 사신은 포즈를 취했습니다.

14:41   접혔다 펴졌다 하는 꽃부채를 따라서 슬픔도 기쁨도 쌓였다 흩어졌다 하는 눈물과 웃음이 담긴 부채춤입니다. 재앙을 멀리 쫓아버리기도 하고 복을 불러들이기도 하는 것이 우리나라 부채춤입니다.

16:36   산이 부릅니다. 들이 부릅니다. 물이 부릅니다.

17:01   복잡한 도시에서 벗어나 우리들은 차를 달려 자연을 찾아가고 있습니다.

17:20   삼면이 바다로 둘러싸여 있는 우리나라는 바다 역시 보배로운 일터요 놀이터며 푸른 교실입니다. 여기서 잡히는 고기들과 따내는 굴은 맛난 반찬이 되고 수출도 합니다.

18:02   또한 물고기 배를 갈라 샅샅이 살펴보면서 우리들의 궁금증을 풀어봅니다.

18:27   하루는 새를 찾아 나섰습니다. 그들의 생태를 연구하고 따뜻이 보살펴주기 위해서입니다. 겨울아 겨울아 더 있다가 오너라. 둥지 속 새끼 감기 들라. 이것은 새들을 사랑하는 우리들의 노래입니다.

18:51   법주사는 우리나라 이름난 절 중의 하나입니다. 이 절에는 동양에서 제일 큰 미륵불상이 서 있습니다.

19:06   이것은 1400년 전에 만들어진 동양에서 가장 오래된 천문대입니다.

19:19   여기는 1592년 7년에 걸친 일본의 침략 전쟁에서 거북선을 만들어 나라를 구한 충무공 이순신 장군의 넋이 깃들인 사당 현충사입니다.

19:51   여름이면 물놀이. 어른들도 어린 시절로 돌아가서 벌거숭이가 되어 우리와 함께 물놀이를 즐깁니다.

20:07 고기를 잡는 재미, 잡은 고기를 도로 놓아주는 기쁨. 고기들과 친하고 싶어 우리들은 물로 뛰어들어가 고기잡이를 합니다.

20:26 바다에서 주어온 소라껍질을 가만히 귀에다 대고 있으면 들려요 들려요 물결 소리가. 들려요 들려요 물새 소리가.

20:42 우정과 단결 그리고 실천과 봉사를 목표로 삼고 굳게 뭉친 보이 스카우트는 나라 안의 벗들뿐만 아니라 나라와 나라끼리도 서로 오고 가며 모임을 갖습니다.

21:51 우리가 할 수 있는 좋은 일이 없을까? 이것은 우리 머리에서 항상 떠나지 않는 학급회의의 숙제요 과제입니다.

22:14 텔레비전 교실은 살아 움직이는 교실입니다. 가만히 앉아서 뛰어다니고 가만히 앉아서 바다 속을 드나들고 하늘을 날아다닐 수 있는 것이 바로 텔레비전 스튜디오입니다.

22:57 화면을 통해 또 하나의 자기 모습을 바라보면서 웃고 울고 즐기고 깨닫는 것이 바로 텔레비전 교실입니다.

23:14 동양인이 서양 것을 즐기고 서양인이 동양 것을 즐기는 동안 세계가 가까워지고 지구에 사는 사람들이 마음과 마음이 서로 정다와집니다. 세계는 하나, 우리들은 지구에 사는 한 식구들입니다.

23:45 이 세상 어린이가 서로 손을 잡으면 노래하며 지구를 돌 수가 있겠네. 그렇습니다. 우리나라 선명회 어린이합창단은 벌써 여러 차례 세계 일주를 하고 있습니다. 그리운 "고향의 봄"을 부릅니다.

25:19 1936년 여름 베를린올림픽에서 마라톤의 우승한 선수는 바로 우리 한국의 손기정 선수입니다. 그때부터 우리는 어려서부터 참고 견디어 달리기에 더욱 힘을 썼습니다. 어려운 일을 잘 참고 견디는 우리들의 힘은 몸과 아울러 마음을 튼튼히 기르고 있기 때문입니다. 보다 세게, 보다 높게, 보다 빠르게. 우리는 가지가지 운동을 통해서 우리들의 힘을 골고루 기르고 있습니다.

26:09 싸우던 벗들과도 손잡고 나가는 우리는 자유와 평화의 사도들. 우리는 이처럼 운동을 통해서도 자유와 평화를 널리 세상에 퍼뜨리고 싶어합니다. 날으는 우리 마음 동해물도 건너고 든든한 우리 힘이 백두산도 들겠네. 이것은 학교 운동회 때 우렁차게 들려오는 우리들의 "운동회 노래"입니다.

26:47 새 나라의 어린이는 몸이 튼튼합니다. 무럭무럭 크는 나라 우리나라 좋은 나

라. 정말입니다. 엉금엉금 기어 다니던 아기가 두 발로 걷고, 뛰고, 달리고, 유치원을 거쳐 국민학교로, 국민학교를 나와 중학교로. 이처럼 무럭무럭 크는 동안 우리나라도 그들과 함께 무럭무럭 크고 있는 것입니다.

27:31 푸른 하늘, 푸른 바다, 모두모두 우리 차지입니다. 푸른 들, 푸른 산, 모두 우리들 차지입니다. 밝은 해 맑은 바람 모두 우리 차지입니다. 맑은 눈 바른 웃음 모두 우리 차지입니다. 마음껏 힘껏 들길을 달리지. 살아있는 꽃 노래하는 꽃 우리들의 무궁화. 가슴에 손을 얹고 그들 노래에 다시 한 번 귀를 기울여봅시다.

리틀엔젤스 유엔 공연

제 명	리틀엔젤스 유엔 공연
영 문 제 명	Little Angels performs at the United Nation
원 제 명	"Little Angels performs at the United Nation -리틀엔젤스 U.N 공연-
부 제 명	-리틀엔젤스 U.N 공연-
출 처	리틀엔젤스유엔공연
제 작 국 가	대한민국
제 작 년 도	1974년
상 영 시 간	21분 19초
제 공 언 어	한국어
제 작	국립영화제작소
형 식	실사
컬 러	컬러
사 운 드	유

영상요약

1973년 미국 유엔본부에서 있었던 리틀엔젤스(Little Angels)의 공연실황. 공연 후, 귀국해 박정희 대통령 내외에게 귀국보고를 하고 치하를 받는다.

연구해제

리틀엔젤스는 1962년 5월 창단된 어린이 민속 예술단으로, 한국문화재단의 지원을 받고 있는데 한국문화재단은 1963년 한미자유문화재단의 이름으로 설립되었다가 1969년 12월 한국문화재단으로 설립인가를 취득하였다. 한국문화재단은 당시 문화공보부(현 문화체육관광부) 소관하의 재단법인으로 리틀엔젤스예술단과 학교법인 선화학원 지원을 주요 사업으로 한다. 한국문화재단의 창시자는 문선명(1920~2012)으로, 문선명은 1954년 세계 기독교 통일신령협회를 창립하여 교주를 역임하였고, 1974년 선화예술학교 설립, 1977년 선화예술고와 한국통일신학교를 설립하였으며 1984년에는 유니버설발레단을 창설한 바 있다.

리틀엔젤스는 1965년 미국 아이젠하워 대통령을 위한 특별공연을 첫 시작으로 해외공연을 시작하여 1967년에는 미국 순회공연을 했고, 1973년에는 UN 초청 공연을 하는 등 '국제친선과 세계 평화에 이바지'한다는 모토에 따라 활발한 해외공연 활동을 벌였다. 이 중 1967년 미국순회공연은 주한미공보원에서 제작한 〈어린 천사들Little Angels of Korea〉이라는 문화영화에 담겨있다. 리틀엔젤스는 1968년 멕시코 올림픽 민속 예술제에 정부에서 파견되어 참가한 바 있으며, 1973년에는 대통령표창을 수상하기도 했다. 현재 리틀엔젤스예술회관은 서울시 광진구 능동에 위치해 있는데, 이 부지는 박정희 대통령이 하사했으며, 1973년 준공식에 영부인 육영수가 참석했다.

이 영상은 1973년 UN 초청 공연 실황을 담고 있는데 리틀엔젤스가 미국에 도착하여 UN 본부에서 공연하는 실황과 이후 귀국하여 박정희 대통령 내외에게 귀국인사를 하는 모습을 담고 있다. 공연 실황에는 아리랑 합창, 부채춤, 장고춤, 꼭두각시춤, 가야금 병창 등 다양한 민속무용과 음악이 담겨 있는데, 1962년 신순심을 초대 단장으로, 인간문화재 박성옥이 안무자로 참여하여 부채춤, 장고춤, 농악, 강강술래, 꼭두각시춤, 시집가는 날, 화랑도, 무사놀이 등의 작품을 리틀엔젤스 공연 레퍼토리로 선정, 각색하였다.

리틀엔젤스의 역사와 공연실황, 그리고 이들의 활동에 대한 의의를 소개하는 이 영상은 비교적 종교적인 색채를 드러내지 않고 있으나, 오프닝 부분에서 흐르는 합창의 내용에 서는 종교적인 내용이 추가되어 있다는 점이 특기할 만하다.

참고문헌

리틀엔젤스 홈페이지 http://www.littleangels.or.kr/index.asp
신은경, 「리틀엔젤스 예술단 40년사 연구」, 중앙대학교 석사학위논문, 2003.
정은숙, 「리틀엔젤스 예술단의 현황 및 발번방향에 관한 연구 : 무용단 활동을 중심으로」,
　　경희대학교 석사학위논문, 2003.

화면묘사

00:00　제목 자막 "Little Angels performs at the United Nation −리틀엔젤스 U.N 공연−"
00:10　비행기에서 본 한국의 모습
00:16　파리 에펠탑, 그리스 유적 등 세계 각지의 모습과 한복을 입은 리틀엔젤스 단
　　　　원들의 공연 장면이 교차편집
01:18　미국의 유엔(UN) 본부에 초청된 리틀엔젤스 단원들의 모습
01:34　리틀엔젤스 단원들의 공연실황, 장구춤, 부채춤, 가야금 병창, 꼭두각시 춤, 탈
　　　　춤, 농악놀이가 차례로 진행, 피아노 반주에 맞추어 단원 모두가 나와 합창으로
　　　　공연을 마무리, 환호하는 객석의 관중들
20:29　귀국하는 비행기의 모습
20:34　사울 시가지의 전경
20:38　귀국한 리틀엔젤스 단원들, 박정희 대통령 내외에게 귀국 인사, 한 명씩 악수를
　　　　하고 다과를 나누고, 노래를 하는 모습
21:10　자막 "IN ASSOCIATION WITH THE LITTLE ANCELS OF KOREA 協賛 : 大韓어
　　　　린이舞踊團(협찬 : 대한어린이무용단)" "Produced by NATIONAL FILM PRODUCTION
　　　　CENTER 製作 國立映畵製作所"(제작 국립영화제작소)

내레이션

00:34 귀여운 한국의 딸 리틀엔젤스는 한국의 노래와 춤의 사절입니다. 리틀엔젤스는 1962년 창설된 이래 세계를 여덟 번이나 돌며 우리나라의 국위를 선양하는 한편 국제친선과 세계평화에 이바지해 왔습니다. 세계 어린이들의 꿈과 희망의 상징인 리틀엔젤스는 노래와 춤을 통해서 세계 어린이들의 마음과 마음을 하나로 이어주고 있습니다. 1973년 12월 유엔(UN) 초청으로 유엔사상 처음으로 유엔공연을 가졌습니다. 여기 그 생생한 공연실황을 보시겠습니다.

20:36 유엔본부 공연에서 박수갈채를 받은 리틀엔젤스는 한국의 위상을 국제사회에 심는데 큰 공을 세웠습니다. 모국에 돌아온 리틀엔젤스는 박 대통령 내외분에게 귀국 인사를 드렸습니다. 대통령 내외분께서는 이 어린 사절들을 크게 치하했습니다. 리틀엔젤스는 앞으로도 계속 세계 순회공연을 통해서 한국의 이름을 전 세계에 빛내줄 것입니다.

가사호접

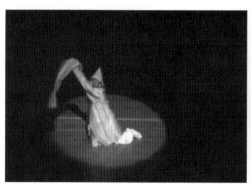

제 명	가사호접
출 처	가사호접
제 작 국 가	대한민국
제 작 년 도	1975년
상 영 시 간	16분 43초
제 공 언 어	한국어
제 작	국립영화제작소
형 식	실사
컬 러	컬러
사 운 드	유

조택원(1907~1976)의 금관문화훈장 수훈 기념으로 1975년 1월 24~25일 양일간 국립극장에서 거행된 헌정 공연 실황을 기록한 영상

연구해제

이 영상은 한국 현대무용의 개척자인 조택원(1907~1976)이 1974년 제1호 금관문화훈장을 받은 뒤, 송범 등의 제자들이 1975년 1월 24일과 25일 국립극장에서 기념공연을 연 것을 기록한 영상이다. 이 영상에는 공연된 작품 중 조택원의 대표 창작무용인 〈가사호접〉, 〈身老心不老〉, 그리고 〈만종〉의 공연실황이 수록되어 있는데, 〈가사호접〉과 〈만종〉은 1930년대에, 〈身老心不老〉는 해방 이후에 창작되었다. 실제 공연에는 일본의 창작무용단 이시이 미토리 일행 20명이 초청되어 오키나와 한국인위령탑건립 기념공연도 함께 열렸다고 한다.

조택원은 1925년 보성전문 법과대학에 입학하여 법을 공부하다가 일본인 무용가 이시이 바쿠(石井漠)의 공연에 매료되어 1928년 3월 도일한 뒤, 이시이 바쿠 무용연구소에 입소하여 현대무용을 배우게 된다. 최승희와 함께 이시이 바쿠 무용연구소 1기 졸업생이 된 그는 1932년 조선으로 돌아와 이시이 바쿠 무용연구소 조선지부를 열고, 조선 최초의 창작현대무용(신무용)으로 알려진 〈가사호접('승무의 인상'의 개제)〉(1934), 밀레의 '만종'을 모티프로 한 〈만종〉 등을 창작했다. 1938년에 파리에서 성황리에 공연을 가진 뒤 1년간 파리에서 활동하기도 했다. 식민시기 말에는 〈부여회상곡〉, 무용시 〈학〉, 〈춘향전 조곡〉 등의 레퍼토리를 개발하는 한편, 일선위문공연에 투입되어 중국과 만주, 몽골 등을 다니며 친일의 전력을 남겼다. 해방 후에는 유럽과 미국 등을 돌며 수 백 차례의 공연을 가지면서 〈농악〉, 〈身老心不老〉 등의 새로운 레퍼토리를 개발하기도 했다. 1947년 도미한 뒤 이승만 정권하에서 공산주의자로 몰려 1960년까지 한국에 돌아오지 못한 채 공연활동을 이어가다가 1957년 일본에서 은퇴 공연을 했다. 이후 1960년에 귀국한 뒤 문총 최고위원 및 무용협회회장을 역임했고, 1969년에는 민속무용단을 창단, 1973년에는 예술원상을 수상했으며 1974년 금관문화훈장 제1호를 수훈했다.

이 공연에 등장한 무용가 송범은 조택원의 제자로, 1945년 조택원의 무용소에 입소하

면서 본격적으로 무용을 배우기 시작했으나 1947년 조택원이 도미하게 되자 장추하 문하로 자리를 옮겨 수업을 받았다. 1948년 데뷔한 뒤, 현대무용, 발레, 민속무용 등을 넘나들면서 활발한 활동을 한 당대의 대표적인 무용가였다. 1973년 제5회 대한민국 문화예술사 연예부문에서 수상하였으며, 1963년부터 1992년까지 30년간 국립무용단의 단장으로 활약했다.

〈가사호접〉은 현재 KTV에서 1963년 작으로 서비스되고 있으나, 영상에서 밝히고 있듯이 1975년 1월 조택원의 금관문화훈장 수훈 기념공연을 영상으로 찍은 것이기 때문에, 제작년도는 1975년으로 수정되어야 한다.

█ 참고문헌

「조선연극사 무용부 조택원」, 『동아일보』, 1931년 7월 11일.
「巴里에서 激讚받은 우리의 古典舞踊」, 『동아일보』, 1938년 3월 22일.
「趙氏舞踊公演을 보고」, 『동아일보』, 1938년 11월 22일.
鄭芝溶, 「舞踊人 趙澤元論(下) ─ 斬新한 東洋人」, 『동아일보』, 1938년 12월 3일.
「民俗舞의 現代化試圖 舞踊生活20年의 宋范씨」, 『동아일보』. 1962년 9월 20일.
「민속무용단창립」, 『매일경제』, 1969년 7월 16일.
「내가 겪은 20세기(62) 원로와의 대화 조택원씨」, 『경향신문』, 1973년 11월 13일.
「이순석, 조택원씨 예술원 새회원으로」, 『동아일보』. 1974년 7월 31일.
「박화성 씨 등 9명 문화훈장을 수여」, 『경향신문』. 1974년 10월 19일.
「인터뷰 첫 문화훈장 받은 무용가 조택원씨」, 『경향신문』, 1974년 11월 9일.
「趙澤元씨의 一生, 사라진 舞踊半世紀의 證人」, 『동아일보』 1976년 6월 9일.
「송범, 임성남씨 국립극장생활 고별무대」, 『한겨레』, 1992년 11월 26일.

█ 화면묘사

00:00   국립영화제작소 NATIONAL FILM UNIT SEOUL 마크
00:09   자막 "이 영화는 한국 무용계에서 처음으로 금관문화훈장을 받은 무용가 조택원 씨의 대표작을 기록한 것입니다."

00:24 제목 자막 "袈裟胡蝶 －가사호접－"

00:32 산사 전경

00:55 무대에서 승무를 추는 무용가 송범

00:41 승무복을 벗고 흰 저고리와 바지 차림으로 춤을 추는 송범

05:18 벗어놓았던 승무복을 들어 춤을 추는 송범

06:08 자막 "身老心不老 －신노심불로－"

06:15 흰 두루마기 복장에 갓과 양반탈을 쓰고 장죽을 든 채 춤을 추는 무용가

11:28 자막 "晩種 －만종－"

11:36 서양 농부의 복장을 한 남성 무용가와 여성 무용가가 춤을 추는 모습

16:36 자막 "국립영화제작소 1975. 2"

내레이션

(내레이션 없음)

찾 아 보 기

ㄴ

ㄷ

ㄹ

ㅁ

ㅂ

ㅅ

ㅇ

'한국 근현대 영상자료 수집 및 DB구축' 과제 참여자

연구책임자

허은 (고려대학교 한국사학과 교수)

공동연구원

강명구 (서울대학교 언론정보학과 교수)

김려실 (부산대학교 국어국문학과 교수)

조준형 (한국영상자료원 한국영화사연구소장)

최덕수 (고려대학교 한국사학과 교수)

지우지 피자노(Giusy Pisano) (프랑스 루이-뤼미에르 고등영상원 교수)

전임연구원

박선영 (현 고려대학교 한국사연구소 연구교수)

박희태 (현 성균관대학교 CORE사업단 연구교수)

양정심 (현 대진대학교 인문학연구소 연구교수)

장숙경 (전 고려대학교 한국사연구소 연구교수)

연구보조원

공영민, 금보운, 김명선, 김성태, 김재원, 김진혁, 마스타니 유이치(舛谷祐一), 문민기, 문수진, 서홍석, 손지은, 심혜경, 예대열, 유정환, 윤정수, 이동현, 이상규, 이설, 이수연, 이정은, 이주봉, 이주호, 이진희, 임광순, 장인모, 정유진